Monte Rosa 4634m Dom 4545m Weisshorn 4506m Matterhorn 4478m Dent Blanche 4357m
Grand Combin 4314m Finsteraarhorn 4274m Zinalrothorn 4221m Rimpfischhorn 4199m
tschhorn 4195m Breithorn(VS)4164m Jungfrau 4158m Mönch 4107m Schreckhorn 4078m Piz
nina 4049m Weissmies 4017m Eiger 3970m Bietschhorn 3934m Piz Palü 3905m Breithorn 3782m
mhorn 3709m Blümlisalp 3664m Doldenhorn 3643m Mt. Collon 3637m Dammastock 3630m Tödi
4m Sustenhorn 3504m Mittelallalin 3452m Piz Corvatsch 3451m Piz Kesch 3418m Piz Linard
1m Rheinwaldhorn 3402m Piz d'Err
8m Blinnenhorn 3374m Piz Ela
9m Mt. Fort 3329m Oberalpstock
8m Piz Buin 3312m Muttler
4m Helsenhorn 3272m
riden 3268m Piz Languard 3262m
ts du Midi 3257m Wildhorn 3248m
gelspitz 3247m Wildstrubel 3244m
rettahorn 3244m Titlis 3238m
blerets 3210m Piz Medel 3210m
Sesvenna 3205m Grand Spannort
8m Grand Windgällen
8m Pit
t 3121m
nergrat
0m Grand
veran 3051m
Segnas3099m
h Ducan 3063m
ab 3028m Centrale
1m Piz Beverin
7m Schilthorn 2971m

自由行

乐游全球……13

瑞士

走进博大而神秘的大自然
感受瑞士人的热情好客
感动你我的美丽小国

实业之日本社海外版编辑部◎编著
徐珊珊◎译

北京·旅游教育出版社

自由行

乐游全球…… 13

瑞士

Schweiz（德语） Suisse（法语） Svizze（意大利

CONTENTS

vizra　　Swiss
罗曼什语）　（英语）

出游携带版

便携超宽幅地图

全国地图/主要铁路&巴士运行线路图
苏黎世市内地图
日内瓦市内地图

采尔马特周边（德语圈）

圣加伦周边（德语圈）

日内瓦周边（法语圈）

卢加诺周边（意大利语圈）

圣莫里茨周边（罗曼什语圈）

旅行必备常识（中国篇）

旅行必备常识（瑞士篇）

●参考●

●徒步旅行介绍●

●温泉介绍●

本书的使用方法

●货币标记

CHF代表瑞士法郎，CHF1≈6.6元人民币。EUR代表欧元，EUR1≈8.1元人民币（2014年9月）。

●地图标记

- H…酒店
- R…餐厅
- S…商店
- P…停车场
- 〒…邮电局
- 文…学校
- ✈…飞机场
- ⌂…基督教堂
- ♀…公交车站
- ℹ…旅游局
- ▲…山
- ——铁路
- ——Tram(无轨电车)
- ……Metro(地下铁)
- ┼┼┼┼缆车
- ++++索道车 Ropeway
- ----郊游路线
- ——步行专用道

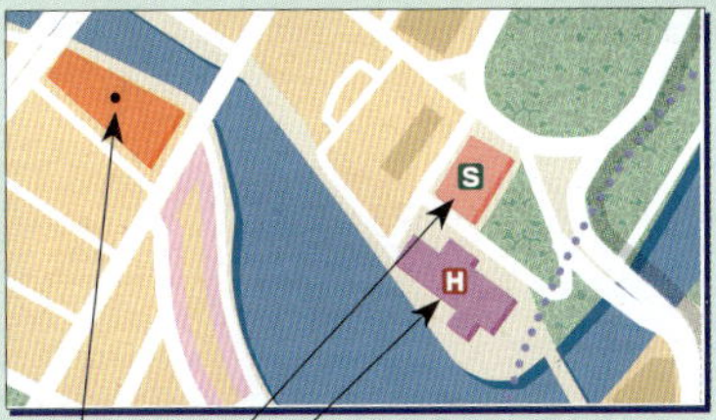

●此颜色的建筑物代表酒店

●此颜色的建筑物代表购物中心

●此颜色的建筑物代表主要景点

●本书卷头附赠的剪切地图
红色边框和蓝色边框=正面和反面

剪切地图正面的边框为红色，反面边框为蓝色，分别记录了书中将要提到的旅游相关场所的位置，如：

●剪切地图-3,p.17-C

首先看到红色边框，也就是在剪切地图正面找到瑞士全国地图中标有“3”的位置，目标地点就在这个范围内。其次，这个目标地点还可以在17页地图中的“C”的范围内找到。

●剪切地图-18,p.75-B

首先看到蓝色边框，也就是在地图反面找到市内地图中标有“18”的位置，目标地点就在这个范围内。其次，这个目标地点还可以在75页地图中的“B”的范围内找到。

使用本书的注意事项

●本书中的德语

在德语中，如火车站大街写作“Banhnhof-srasse”、集市广场写作“Marktplatz”等，通常两个单词字母连在一起写，本书为了便于理解，会在两词中间添加上连字符，如“Banhnhof-srasse”“Markt-platz”。

●建筑层数的数法

瑞士人认为中国人所称的第1层是地上楼层，因此会看到酒店等的电梯里把地下1层表示为“-1F”，地上第1层表示为“0F”，第2层为“1F”，第3层为“2F”（“0F”在不同的语言圈中有不同的表示方法）。本书采用瑞士惯用的建筑物楼层数法。

●午休

要注意的是，旅游局、邮电局、私营商店等多在中午关门午休。

●周日、休息日&周一闭馆

还需注意，在都市许多餐厅、百货、商店都把休息日定在周日。另外，博物馆一般会在周一闭馆。

●暑假&春秋假期

在都市，私营餐厅或商店大多的会在每年的7~9月休息约3周，这期间不营业。

相反，在阿尔卑斯旅游胜地，酒店或是餐厅、商店等只在夏季(6月中旬~9月中旬)以及冬季（12月上旬~次年4月上旬）营业，春秋两季不营业，这一点要格外注意。

●酒店房价

本书中介绍的酒店房价均表示淡季标准间（2人房）一晚上的房价。附有“含早餐”标志的表示房费中包含了2人份的早餐费，“半食宿公寓”表示含有2人份的早餐和晚餐。

●重要事项需在当地确认

本书提供的大部分数据为2010年2月截止的数据，重要事项建议读者到当地再确认。

●因地图中位置有限，部分餐厅、酒店等场所在地图中仅标示了英文（或其他外文）名称，请读者使用时注意。

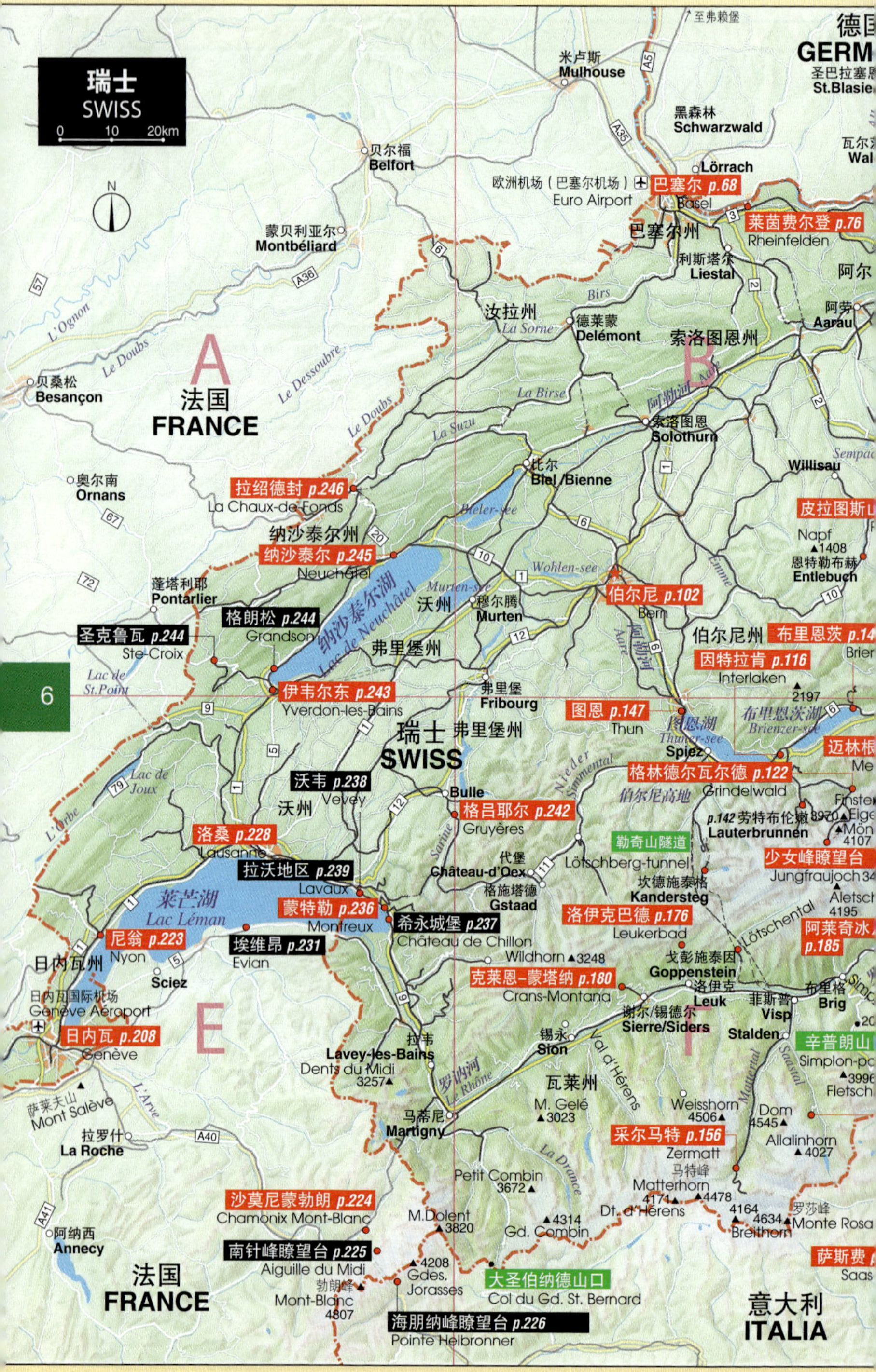
瑞士
SWISS
0 10 20km
N
米卢斯
Mulhouse
至弗赖堡
德国
GERM
圣巴拉塞
St.Blasie
黑森林
Schwarzwald
贝尔福
Belfort
Lörrach
欧洲机场（巴塞尔机场）
Euro Airport
巴塞尔 p.68
Basel
巴塞尔州
莱茵费尔登 p.76
Rheinfelden
蒙贝利亚尔
Montbéliard
利斯塔尔
Liestal
阿尔
汝拉州
La Sorne
德莱蒙
Delémont
Birs
阿劳
Aarau
索洛图恩州
L'Ognon
Le Doubs
Le Dessoubre
A
B
贝桑松
Besançon
法国
FRANCE
La Birse
阿勒河 Aare
Le Doubs
La Suze
索洛图恩
Solothurn
Willisau
奥尔南
Ornans
比尔
Biel/Bienne
拉绍德封 p.246
La Chaux-de-Fonds
Bieler-see
皮拉图斯
纳沙泰尔州
纳沙泰尔 p.245
Neuchâtel
Napf
1408
恩特勒布赫
Entlebuch
Wohlen-see
蓬塔利耶
Pontarlier
纳沙泰尔湖
Lac de Neuchâtel
Murten-see
沃州
穆尔腾
Murten
伯尔尼 p.102
Bern
格朗松 p.244
Grandson
圣克鲁瓦 p.244
Ste-Croix
弗里堡州
伯尔尼州
布里恩茨 p.14
Brier
因特拉肯 p.116
Interlaken
Lac de St.Point
伊韦尔东 p.243
Yverdon-les-Bains
弗里堡
Fribourg
2197
图恩 p.147
Thun
图恩湖
Thuner-see
布里恩茨湖
Brienzer-see
瑞士
SWISS
弗里堡州
Spiez
迈林根
Me
Lac de Joux
沃韦 p.238
Vevey
沃州
Bulle
格林德尔瓦尔德 p.122
Grindelwald
Nieder Simmental
伯尔尼高地
格吕耶尔 p.242
Gruyères
p.142 劳特布伦嫩
Lauterbrunnen
3970
4107
L'Orbe
洛桑 p.228
Lausanne
Sarine
代堡
Château-d'Oex
勒奇山隧道
Lötschberg-tunnel
少女峰瞭望台
Jungfraujoch
拉沃地区 p.239
Lavaux
格施塔德
Gstaad
坎德施泰格
Kandersteg
Aletsch
4195
莱芒湖
Lac Léman
蒙特勒 p.236
Montreux
希永城堡 p.237
Château de Chillon
洛伊克巴德 p.176
Leukerbad
阿莱奇冰
p.185
Lötschental
尼翁 p.223
Nyon
埃维昂 p.231
Evian
Wildhorn 3248
戈彭施泰因
Goppenstein
日内瓦州
克莱恩-蒙塔纳 p.180
Crans-Montana
洛伊克
Leuk
菲斯普
Visp
布里格
Brig
Scicz
日内瓦国际机场
Genève Aéroport
E
谢尔/锡德尔
Sierre/Siders
日内瓦 p.208
Genève
锡永
Sion
Stalden
辛普朗山
Simplon-pa
拉韦
Lavey-les-Bains
Dents du Midi
3257
罗讷河
Le Rhône
瓦莱州
Val d'Hérens
Saastal
3996
Fletsch
萨莱夫山
Mont Salève
L'Arve
马蒂尼
Martigny
M. Gelé
3023
Weisshorn
4506
Dom
4545
Mattertal
拉罗什
La Roche
采尔马特 p.156
Zermatt
Allalinhorn
4027
马特峰
Matterhorn
Petit Combin
3672
La Drance
4478
沙莫尼蒙勃朗 p.224
Chamonix Mont-Blanc
M.Dolent
3820
4314
Gd. Combin
Dt. d'Hérens
4171
4164
4634
罗莎峰
Monte Rosa
Breithorn
阿纳西
Annecy
南针峰瞭望台 p.225
Aiguille du Midi
4208
Gdes. Jorasses
萨斯费
Saas
法国
FRANCE
勃朗峰
Mont-Blanc
4807
大圣伯纳德山口
Col du Gd. St. Bernard
意大利
ITALIA
海朗纳峰瞭望台 p.226
Pointe Helbronner
A5
A35
A36
A40
A41
57
67
72
3
2
6
1
10
20
12
9
5
79
11
瓦尔
Wal
Sempac
Emme
Finste
Eige
Mön

6

Suisse（法语）

本书插图系原文插图

瑞士国情概观

国名

国名“瑞士”用其四种官方语言表示分别是德语Schweiz、法语Suisse、意大利语Svizzera，以及罗曼什语Svizra。似乎不论使用哪种官方语言都显得有失公平，为了统一，瑞士的正式名称采用了拉丁语，叫Confederatio Helvetica，其意思是“海尔维西亚联邦”，来源于最早进驻瑞士的凯尔特人海尔维西亚部落，因此瑞士的简称为CH。

此外，正是由于官方语言比较复杂，最近瑞士国内也开始将英语“Swiss”作为国名，中国国内称之为瑞士联邦。

国境

瑞士位于内陆，被德国、法国、意大利、奥地利及列支敦士登公国这5个国家包围着，它北接德国（Deutschland），西邻法国（France），南接意大利（Italia），东临奥地利（Österreich）和列支敦士登公国（Liechtenstein）。去往这些邻家只需在出境时出示护照（列支敦士登公国入境自由），出入境十分方便。

国旗(位于图中央)和各州的州旗

国旗

正方形的瑞士国旗旗底为红色，正中为一个白色十字。我们熟知的国际红十字会白底红十字的标志正是来源于瑞士国旗。

国歌

瑞士国歌是《瑞士颂歌》，歌词也有德语、法语、意大利语、罗曼什语这四个版本，有趣的是，可能是由于有太多版本，瑞士人反而不常唱国歌。

国花

瑞士国花是常出现在歌词里的高山植物火绒草（Edelweiss），以前它属于稀有植物，人们只有登上高山才能“一睹芳容”，

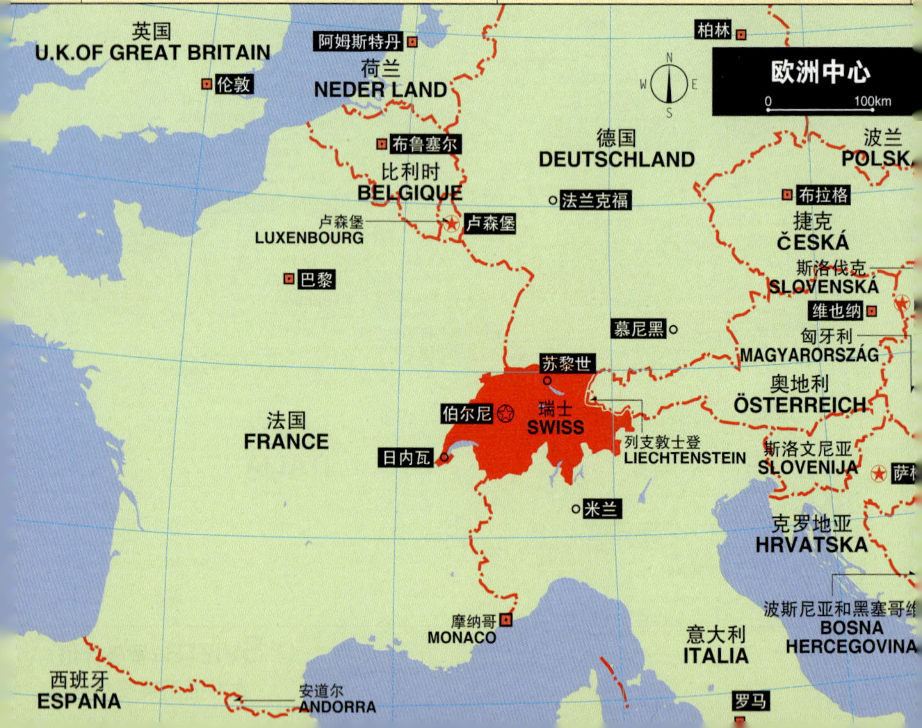

■主要城市的平均最高、最低气温

单位：℃　上行：最高气温　下行：最低气温

城市名称	1月	2月	3月	4月	5月	6月	7月	8月	9月	10月	11月	12月
苏黎世	2.0 -4.1	4.5 -3.2	8.8 -0.7	13.2 2.5	17.9 6.4	21.2 9.7	23.6 11.6	22.7 11.2	19.5 8.5	13.7 4.9	7.0 0.2	3.1 -2.8
因特拉肯	1.9 -4.1	4.3 -3.1	8.5 -0.7	12.8 2.6	17.3 6.5	20.4 9.7	23.0 11.9	22.0 11.4	18.8 8.7	13.8 4.6	7.1 0.0	2.7 -3.1
采尔马特	0.2 -8.4	1.3 -7.8	3.7 -5.5	7.3 -2.2	12.1 2.1	15.6 4.8	18.9 6.8	17.9 6.7	15.4 4.2	11.2 0.7	4.6 -4.0	1.1 -7.1
日内瓦	3.7 -1.9	5.9 -0.9	9.8 0.8	13.9 4.1	18.4 8.0	22.2 11.3	25.3 13.3	24.4 13.0	20.8 10.3	14.9 6.6	8.4 2.1	4.5 -0.5
圣莫里茨	-2.2 -18.0	-0.2 -17.2	2.7 -11.9	6.4 -5.5	11.7 -1.1	15.5 1.5	18.4 3.0	17.7 2.8	15.1 -0.1	10.8 -4.2	3.5 -10.6	-1.5 -16.1

瑞士国花火绒草

现在已经可以人工栽培了，甚至在许多花店都有出售的盆栽火绒草和花种子。

国家元首

瑞士的国家元首为联邦主席，联邦主席实行轮任制，每年，由联邦委员会7名委员轮流担任联邦主席职务。2010年度由女性多丽丝・洛伊特哈尔德（Dorisleuthard）担任总统。

首　都

首都伯尔尼，仅次于苏黎世（人口约36.5万人）、日内瓦（约18.3万人）、巴塞尔（约16.5万人），为瑞士第四大城市，人口约12.3万人。联邦议会两院的会议厅位于首都老城区的中心。

面　积

总面积约4.1284万平方千米。

地　理

请参考p.328“瑞士详情”。

气　候

瑞士地处北温带，但比北海道更靠北，与库页岛的纬度基本相同。由于地处内陆山岳地带，湿气较少，日夜温差大。夏季，绿树繁茂，气温宜人，早晚还会感觉到些许凉意。在山区，即使到了盛夏，仍需带上冬天穿的毛衣和羊毛大衣。

4月~5月是春季，6月~9月是夏季，10月~11月是秋季，12月~次年3月是冬季。如果您想去瑞士观光，建议您在繁花盛开的5月~10月前往，如果是徒步旅行的话，那最佳时期是山花烂漫的7月~8月。

异常气候

由于地球暖化的加剧，世界各地气候常出现异常，当然瑞士也不例外。近年来，夏季的瑞士也饱受40℃以上高温天气的折磨。不仅如此，热带常见的暴风骤雨也在这里横行，再加上冰川、积雪融化形成的洪水，给当地人们带来不少损失。

日出与日落

夏季日出时间在5:00，21:30左右日落。冬季日出时间是8:00，日落时间是16:00左右。

而在山区的山阴一带，日出时间会比上述时间晚一些，日落时间则会更早。

天气预报

在当地旅游局的网页上可以查看天气预报和天气实况播报。全国转播的“SF”电台、阿尔卑斯旅游胜地的地方有线电视台都会在上午转播天气预报及来自各个气象站的实况信息，了解天气情况非常方便。

瑞士国情概观

人 口

总人口约803.9万（2012年度统计），其中外籍人口超过22.59%。在日内瓦约有38.7%的外籍人口，其中多是来自欧盟国家的工作人员。此外，由于国土的70%是山地，不宜居住，因此70%的人口集中居住在都市。

民 族

祖先是阿勒曼尼人的日耳曼族日耳曼瑞士人（说德语）占63.7%，属于勃艮人的瑞士法兰西人（说法语）占20.4%，巴伦第人血统的瑞士意大利人（说意大利语）占6.4%，属于凯尔特人后裔雷托罗曼人的瑞士罗曼什人仅占0.5%。

语 言

瑞士官方语言有德语、法语、意大利语及罗曼什语四种。瑞士人口比例采用上述民族人口比例来划分，而面积则是按照下面的“语言圈和各州地图”来划分。另外，为了发展国家观光旅游业，在瑞士，英语的使用率也很高，可以说100%通用英语。此外，几乎所有的瑞士人都至少能说2种语言，能掌握3～4种语言的语言高手也不少。

就连“车站”这个单词也需用四种语言标示

政治体制

瑞士实行联邦民主制。行政区划以州（又译邦）为单位，共划分为20个州和6个半州（=3个州），这些州具有独立政府和完整的主权。全国的领导机关是联邦议会，实行国民议会和全州议会的两院制。召开国民议会时会按照人口比例从各州选出议员，全州议会则采取各州一律2个席位（半州1个席位）来选取议员。此外，当表决重大事宜时，还需按照法案进行公民投票。

宗 教

瑞士人绝大多数是基督教徒，基督教是主要宗教。其中，人口的41.8%为天主教徒，新教教徒占35.3%，剩下的22.9%的人口属于其他教派。

语言圈&各州地图

金额越大，纸币的长度越长，让人一目了然，容易辨认

CHF½=CHF0.05硬币是最小的硬币（第二排右）

与首都机场之间的距离和时间

从北京首都机场到苏黎世的距离约1万千米，直达飞机需约10小时30分，转机则需14～32小时。

时　差

瑞士与中国的时差为7小时。3月的最后一个周日～10月最后一个周日采用夏令时（格林尼治标准时间加上1个小时），此时与中国的时差是6小时。瑞士下午6点的时候，中国是次日凌晨的1点（采用夏令时的时候是凌晨0点）。打国际长途时，要特别注意时差。

货　币

瑞士的货币单位是瑞士法郎，通常用“CHF”表示，在有些地方也采用“Sfr.”这个标记。

辅助货币单位有生丁（法）、拉邦（德），分别用“Ct”和“RP”来表示。CHF=Ct100。

目前，瑞士发行CHF10、CHF20、CHF50、CHF100、CHF200、CHF1000这6种面额的货币。很有意思的是，金额越大，纸币的长度越长，整理好放入钱包，当要使用时会发现一目了然，使用方便而且不易出错。

瑞士还发行Ct1、Ct5、Ct10、Ct20、CHF½、CHF1、CHF2、CHF5这8种面额的硬币。

此外，被称为中立国的瑞士虽然没有加入欧盟，也没有导入欧元，但不用担心，在瑞士不论是酒店、餐厅或是购物、乘坐交通工具都通用欧元。但要注意的是，这样汇率不大合算，还是建议大家用瑞士法郎支付。而且，即使用欧元支付，商家还是会找瑞士法郎的零钱给您。欧元用“EUR”或是“€”标记。

汇率

2014年9月瑞士法郎CH的汇率是CHF1=6.6元人民币。

- ●CHF1 ························ 6.6元人民币
- ●CHF5 ························ 33元人民币
- ●CHF10 ························ 66元人民币
- ●CHF50 ························ 330元人民币
- ●CHF100 ························ 660元人民币

2014年9月欧元EUR的汇率是EUR1=8.1元人民币。

- ●EUR1 ························ 8.1元人民币
- ●EUR5 ························ 40.5元人民币
- ●EUR10 ························ 81元人民币
- ●EUR50 ························ 405元人民币
- ●EUR100 ························ 810元人民币

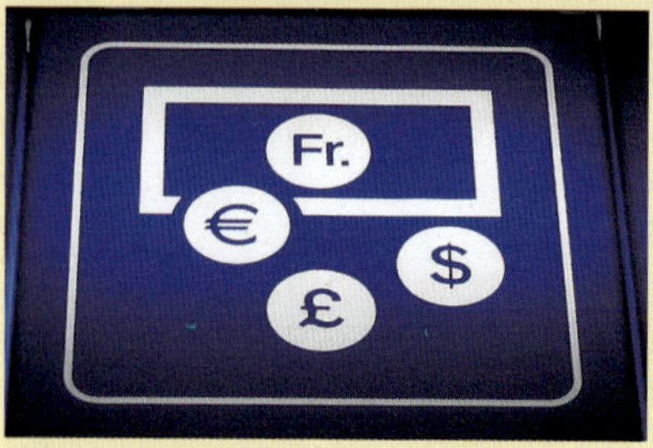

国铁汇兑窗口的汇兑标志

汇　兑

从人民币兑换瑞士法郎，可以在各外汇银行兑换，中国银行、农业银行、建设银行、交通银行等。境内个人购汇年度总额是5美元等值的瑞士法郎。

在瑞士，外币兑换可以在机场的兑换窗口和自动兑换机、主要火车站的兑换窗口和自动兑换机、外汇银行办理。不仅如此，在银行业相当发达的瑞士还有许多兑换商和外汇银行。兑换时，每CHF1需另加部分费用。此外，兑换外币与金额大小没有关系，兑换一次需另付CHF3～5的手续费。

也就是说，如果想兑换大笔的钱款，建议到了瑞士之后再办理，这样比较划算。但是，旅行结束后若将剩余的瑞士法郎带回国内，兑换回人民币时会因为较高的兑换费用而相应减少。所以，建议兑换一些小额现金，其他大额支出尽量使用信用卡结算。

信用卡

在瑞士，VISA、万事达卡(Master Card)、美国运通卡等主要的信用卡可在绝大部分酒店、餐厅、商店、交通工具和出租车公司使用。信用卡还可以作为在国外的身份证明。如果没有信用卡，在办理入住或是租车时就会被要求交一定的押金，因此建议您在出国时尽量带上信用卡。

物　价

不论在哪个国家，人们常常会切身感受到物价的差异。瑞士绝对是世界上数一数二的高物价国家。游客时常会发出“不会吧，这么贵!”的惊呼，可见瑞士物价之高。

在瑞士，最费钱要数在外的伙食费了，就连最便宜的麦当劳套餐也需要CHF10（约65元人民币），路边摊买的火腿夹面包这种简单的三明治也需要CHF8（约53元人民币），在咖啡厅随随便便吃一些零食也要花CHF25（约163元人民币）。可以说，在瑞士要花大价钱才能填饱肚子。

与之相应，在瑞士，最低月薪是CHF 3300（约21 450元人民币）。超市的收银员的时薪是CHF23（约150元人民币）。看来，在这个高工资水平的国家有高物价也是可以理解的。

小　费

瑞士是个不需要付小费的国家。餐厅和酒店的账单上都已经包含了服务费，除非想表达感谢之情，否则无须另付小费。但是，许多客人会给酒店帮助运送行李的服务人员CHF1~2的小费。这大概是因为服务人员习惯性地弯下腰接过行李的良好服务态度打动了客人。另外，为了感谢仔细打扫房间的服务员，不少客人会在枕头下放CHF1~2的小费。

物价对照表	中　国	瑞　士
500ml的矿泉水（超市）	约1元	约CHF0.90
500ml的矿泉水（报摊）	约2元	约CHF3.50
500ml的矿泉水（咖啡厅）	约10元	约CHF7
1杯咖啡（咖啡厅）	约10元	约CHF4.30
最便宜的汉堡套餐（快餐店）	约15元	约CHF11.50
便利店三明治	约10元	约CHF7
1个国产鸡蛋	约1元	约CHF0.3
1包香烟	约2元	约CHF8
一次性打火机	约2元	约CHF4
卫生纸12卷	约20元	约CHF8

无碳酸矿泉水

饮用水

瑞士境内冰川融水丰富，自来水可直接饮用，而且口味甘甜。但要注意水质偏硬，肠胃不好的游客尽量不要直接饮用自来水。瑞士人习惯在水中加入碳酸，他们不常直接饮用自来水，爱喝这种添加碳酸的矿泉水。

添加碳酸的矿泉水在德语中叫做“Mineral Wasser mit Gas”、法语中叫做“Eau minérales Avec Gazeuse”。无碳酸的矿泉水德语叫“Mineral Wasser Ohne Gas”、法语叫“Eau minérales Non Gazeuse”。

卫生间

卫生间标示为WC,不论哪个语言圈都叫“TOILET”。男士和女士卫生间都用简单明了的象形图表示。

车站内设有公共卫生间，但要注意，卫生间多是McClean（CHF2），建议事先准备好零钱。使用火车车厢内的卫生间时，冲水时可按下墙上的“WC”或“Flush”控制板，抑或踩下地上的黑色皮革按钮。列车上还设有排出式的卫生间，这种卫生间在列车停站时禁止使用，且废纸要扔进垃圾桶内。

餐饮店的厕所一般设在地下，甚至有些餐饮店需要向店员询问3~4位数的密码，输

街道上喷水池中的流水和自来水一样都可以直接饮用

含碳酸矿泉水

入密码后方可使用。另外，为了防止有人在公共卫生间注射毒品，大多公共的灯都采用不易找到静脉的蓝色室内灯。

建筑层数的表示方法

我们所说的1层，瑞士人叫做地上层，即“0F”，2层表示为“1F”，3层为“2F”。“地上层”在不同的语言圈中有不同的表示方法，德语为“E”（Erdgeschoss），法语为“R”（Rez-de-chaussée）。本书采用瑞士全国通用的称呼“0F”。

单　位

距离单位为千米（km），重量单位为千克（kg），容量单位为升（l）。在餐饮店，酒水按细颈瓶或大酒杯计价时，常使用分升（dl）这个单位。1dl=100ml。

电　压

瑞士通用电压为220伏，频率为50赫兹。

瑞士有2孔和3孔的插座，这两种插座都适用于双孔的C-1型插塞式接合器（转接器），建议大家带上C-1型。

此外，照明和电器开关，一般用“｜”表示开，用“○”表示关。

插座和插头（左边是C-1型转换插头）

瑞士国情概观

出国旅游必备电话号码	
警察局	☎117
急救车	☎144
消防车	☎118
汽车交通事故	☎140
中国大使馆（伯尔尼）	☎031-352-7333
总领事馆（苏黎世）	☎0041-44-2011105

电　话

请注意，在瑞士，即便是市内通话也需要在电话号码前加拨区号。

●从酒店客房拨出

首先拨分机号码（各个酒店不同，但一般是0或9），听到“嘟……”的声音后拨对方号码。

●使用公共电话时

公共电话的使用方法比较简单，投入硬币后直接拨打对方号码。但最近开始广泛应用只能使用电话卡、信用卡、国际预付电话卡的公共电话机。

电话卡在瑞士叫“tax card”，有CHF5、CHF10、CHF20三种面值。在电话局（瑞士移动通信运营公司“swisscom”）、邮电局、火车站、报刊亭都能买得到。

●瑞士国内通话

区号+对方电话号码

●从瑞士拨打中国国际长途

国际识别号码（00）+中国（86）+区号（头数字0省略）+对方号码。

邮　寄

邮寄至中国的明信片、信件（20克以内）的邮费为CHF1.80、经济型的航空邮寄小包裹（2千克以内）邮费为CHF32。

瑞士旅游局

瑞士旅游局不提供针对游客个人的电话、传真、书信等方式的信息咨询服务，旅游局所在地和联系方式不公开，唯一的信息公开渠道是官方网站和电话号码查询。印刷资料需要通过网站申请下载。

●网址

www.myswitzerland.com

旅游局

当地旅游局是游客最有力的支援者。在世界著名观光旅游国度瑞士，大小城市甚至小城镇上都设有旅游局。旅游局内都备有丰富的指南资料，包括城市地图、郊游线路地图以及山区交通的时刻表，游客可以先在此索取资料或咨询旅游信息。

火车站、邮电局以及主要街道都有明显的指引标示，i就是其重要标志。

瑞士风格的数字写法

瑞士人有着独特的阿拉伯数字写法，如果不熟悉，常常会看错手写价格标签或电话号码。阿拉伯数字的写法中，与中国人写法最大相径庭的是“1”“7”“4”这三个数字。瑞士人在书写“1”的时候会在头部加上长长的一撇，特别像倒过来的“V”字，写“7”的时候一定会在竖上添上一个短横，写“4”字的时候会将两笔分开来，并且没有交叉点，有点儿像大写字母“H”。

下图就是瑞士人最典型的数字写法，建议大家熟悉熟悉，对您的瑞士之旅一定有帮助。

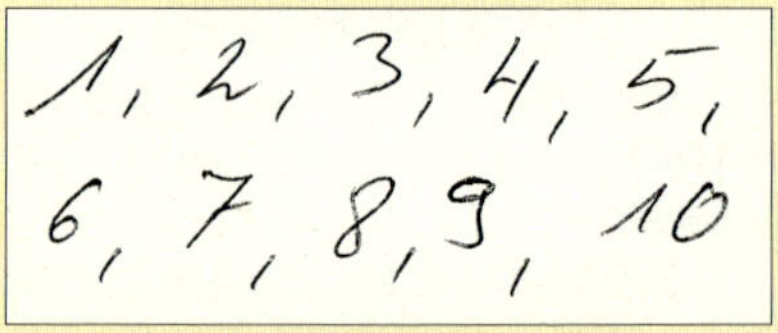

标准营业时间

- 旅游局8:30~12:00、13:30~18:00，周六、日、节假日、淡季缩短营业时间。
- 邮电局8:30~12:00、14:00~17:00，周六半天、周日、节假日休息。
- 银行8:30~16:00，周六、周日、节假日休息。

瑞士法定节日（2012年）	
1月1日	新年
4月6日	耶稣受难日（Good Friday）
4月8日、9日	复活节及周一
5月17日	耶稣升天节
5月27日、28日	圣灵降临日及周一
6月7日	圣体节
8月1日	国庆节
12月25日	圣诞节
12月26日	圣斯蒂芬日

州（邦）徽章

瑞士是700余年来由26个州（其中6个州是半州）逐渐组成的联邦国家，不是中央集权制国家，而是典型的地方分权制国家。

各州拥有自主权，而且在每个州的官方语言、法律、教育制度等都不尽相同。因此瑞士人都有很强的地方归属感，州内的大街小巷都挂着本州的旗帜。此外，比较特殊的是，下瓦尔登州半州和上瓦尔登州半州是原来的翁特瓦尔登州所分成的。

阿尔高州
Aargau［AG］
加盟联邦时间：1803年
州府：Aarau

外阿彭策尔半州
Appenzell-Ausserrhoden［AR］
加盟联邦时间：1513年
州府：Herisau

内阿彭策尔半州
Appenzell-Innerrhoden［AI］
加盟联邦时间：1513年
州府：Appenzell

巴塞尔乡村半州
Basel-Land［BL］
加盟联邦时间：1501年
州府：Liestal

巴塞尔城市半州
Basel-Stadt［BS］
加盟联邦时间：1501年
州府：Basel

伯尔尼州
Bern［BE］
加盟联邦时间：1353年
州府：Bern

弗里堡州
Fribourg / Freiburg［FR］
加盟联邦时间：1481年
州府：Fribourg

日内瓦州
Genève［GE］
加盟联邦时间：1815年
州府：Genève

格拉鲁斯州
Glarus［GL］
加盟联邦时间：1352年
州府：Glarus

格劳宾登州
Graubünden［GR］
加盟联邦时间：1803年
州府：Chur

汝拉州
Jura［JU］
加盟联邦时间：1979年
州府：Delémont

卢塞恩州
Luzern［LU］
加盟联邦时间：1332年
州府：Luzern

纳沙泰尔州
Neuchâtel［NE］
加盟联邦时间：1815年
州府：Neuchâtel

下瓦尔登半州
Nidwalden［NW］
加盟联邦时间：1291年
州府：Stans

上瓦尔登半州
Obwalden［OW］
加盟联邦时间：1291年
州府：Sarnen

圣加仑州
St. Gallen［SG］
加盟联邦时间：1803年
州府：St. Gallen

沙夫豪森州
Schaffhausen［SH］
加盟联邦时间：1501年
州府：Schaffhausen

施维茨州
Schwyz［SZ］
加盟联邦时间：1291年
州府：Schwyz

索洛图恩州
Solothurn［SO］
加盟联邦时间：1481年
州府：Solothurn

图尔高州
Thurgau［TG］
加盟联邦时间：1803年
州府：Frauenfeld

提契诺州
Ticino［TI］
加盟联邦时间：1803年
州府：Bellinzona

乌里州
Uri［UR］
加盟联邦时间：1291年
州府：Altdorf

瓦莱州
Wallis / Valais［VS］
加盟联邦时间：1815年
州府：Sion

沃州
Vaud［VD］
加盟联邦时间：1803年
州府：Lausanne

楚格州
Zug［ZG］
加盟联邦时间：1352年
州府：Zug

苏黎世州
Zürich［ZH］
加盟联邦时间：1351年
州府：Zürich

徒步旅行

如果您喜爱徒步旅行，那么一定不能错过“瑞士徒步之旅”。被称为徒步旅行天堂的瑞士拥有世界上最长的徒步旅行线路。长达5万千米的徒步旅行线路比绕地球一周还长。

最佳的郊游时间是在每年的6月～9月，最佳地点是苏黎世州和位于瑞士中心的卢塞恩（p.80）。在徒步旅行前可以先做一些热身运动，然后走进卢塞恩周边的阿尔卑斯山，抑或登上山中的瞭望台远眺群山美景。这条线路上，特别值得推荐的是里吉山（p.92）徒步之旅。

格林德尔瓦尔德（p.122）周边的徒步旅行线路也很受欢迎。

格林德尔瓦尔德、少女峰地区有多条徒步线路，本书给大家推荐的是能近距离感受艾格尔峰、门希峰、少女峰三峰的门利兴瞭望台→小沙伊德克瞭望台”徒步旅行线路1（p.128）和位于阿尔卑斯中心的湖水地区的“菲尔斯特瞭望台→巴赫阿尔卑湖”徒步旅行线路2（p.130）。

如果游览完少女峰地区的线路后还不累的话，可以接着挑战采尔马特（p.156）地区。这个地区天气晴好，美中不足的是空气较干燥。在这里能感受到与少女峰地区截然不同的徒步旅行乐趣。

在采尔马特，最值得游览的是可近距离欣赏“阿尔卑斯女王”马特峰美景的“史尼加瞭望台→采尔马特”郊游线路1。这里海拔较低，可以欣赏到堪比画卷的山水。

返回时，离开苏黎世前往日内瓦的途中不妨顺路到世界遗产拉沃地区（p.239）的葡萄园去走一圈，领略瑞士葡萄园的别样风情。

苏黎世
↓
卢塞恩
- 里吉山徒步
↓
格林德尔瓦尔德
- 徒步旅行线路1
- 徒步旅行线路2
↓
采尔马特
- 徒步旅行线路1
- 徒步旅行线路2
↓
蒙特勒
- 拉沃地区徒步
↓
日内瓦

格林德尔瓦尔德地区的徒步线路

采尔马特地区的徒步线路

铁路之旅

在这里可以体验欧洲最早的登山铁路、世界最陡的登山铁路，坐上蒸汽火车、冰川快车以及贝尔尼纳快车。

来到苏黎世州，首先应该去**卢塞恩**（p.80）。位于卢塞恩的瑞士交通博物馆收藏了包括火车在内的所有交通工具的相关物品，很值得一看。

从卢塞恩出发到**里吉山**（p.90）的一日游是铁路之旅的不错选择，这条线路上的VRB登山铁路于1871年开通，是欧洲最早的登山铁路。此外，位于**皮拉图斯山**（p.88）的登山铁路是世界上最陡的登山铁路，其中最陡处的倾斜度达到48度。如果您还有时间，不妨去**铁力士山**（p.94）体验一下世界上最早的旋转索道车。

游览完卢塞恩，还可以到**布里恩茨**（p.148）的罗特峰去看看，体验一会儿小型的蒸汽火车。如果觉得这还不够过瘾，推荐坐一坐从**奥伯瓦尔德**到**雷阿尔卑**穿越富尔卡山口的真正的蒸汽火车，途中可看到罗讷河冰川的壮丽美景，这是在穿过山口隧道的冰川快车上看不到的美景。接下来，可从雷阿尔卑前往**安德马特**（p.152），或在雷阿尔卑乘坐冰川快车前往**圣莫里茨**（p.264）。

来到圣莫里茨，不能错过的是贝尔尼纳快车（p.30）之旅，乘坐这趟快车可以到达意大利的**蒂拉诺**（p.276）。全线为单程设计，会经过多座圆形环行高架桥，当快到蒂拉诺的时候，列车会与小镇上的街道并排行驶，让喜爱铁路游的旅客惊喜不已。

除此之外，还可乘坐蒂拉诺的巴士去往**卢加诺**（p.250）。到此，如果您想返回中国，可利用意大利航空提供的服务，即在卢加诺乘坐免费的接驳巴士，到达意大利米兰国际机场，转机回中国。如果没有选择这条线路，可以选择从苏黎世或日内瓦乘飞机返回中国。

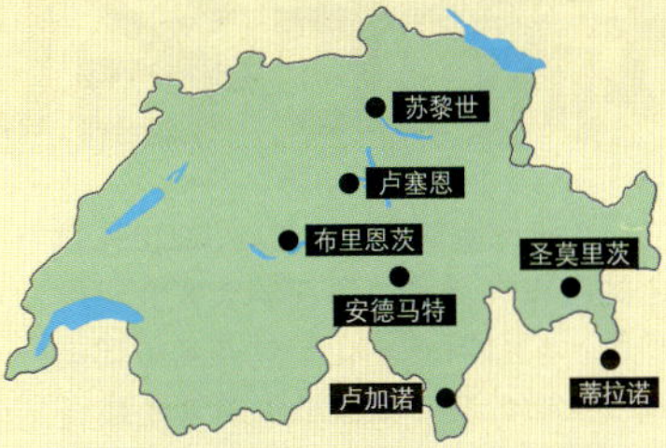

苏黎世
↓
卢塞恩
↓
布里恩茨
●罗特峰SL
●富尔卡山口SL
↓
安德马特
●冰川快车
↓
圣莫里茨
●贝尔尼纳快车
↓
蒂拉诺
↓
卢加诺

驶过世界最陡斜坡的皮拉图斯山登山铁路

穿过富尔卡山口的蒸汽火车

瑞士名山

山地国家瑞士拥有海拔3000米以上的山峰60余座。下面给大家介绍位于5个地区的7座名山。这些名山都铺设了盘山公路，在接近山顶处还建有供游客观景的瞭望台。其中，瑞士最高峰是罗莎峰的杜富尔峰，海拔4634米，最高的瞭望台是位于马特峰3883米处的马特峰冰川天堂（小马特峰瞭望台）(p.160)，海拔最高的火车站是设在3454米处的少女峰瞭望台（p.140）。

❶艾格尔峰、门希峰和少女峰 *Eiger, Mönch, Jungfrau*

从左到右，艾格尔峰、门希峰和少女峰并排耸立着

艾格尔峰、门希峰和少女峰是瑞士最著名的三座山峰。三座山位于伯尔尼州与瓦莱州的边界，其中艾格尔峰海拔3970米，门希峰海拔4017米，少女峰4158米。三山的入口在因特拉肯，最佳观景地点是门利兴瞭望台（p.125）和小沙伊德克瞭望台（p.138）。

三山的入口因特拉肯

❷马特峰 *Matterhorn* *4478m*

直指天际、冷峻逼人的马特峰是名副其实的“阿尔卑斯女王”

马特峰位于瑞士瓦莱州与意大利边境，海拔4478米，是阿尔卑斯山最美丽的山峰，也是瑞士引以为骄傲的象征。最佳观景地点是马特峰冰川天堂（小马特峰瞭望台）(p.160）和戈尔纳格拉特瞭望台（p.160）。

采尔马特是观赏马特峰的最佳地点

③罗莎峰 *Monte Rosa* 4634米

瑞士最高峰罗莎峰的杜富尔峰（Dufourspitze）

罗莎峰是瑞士最高峰，位于瓦莱州与意大利边境，海拔4634米。最佳观赏地点在采尔马特。最佳观景地点是马特峰冰川天堂（小马特峰瞭望台）（p.160）和戈尔纳格拉特瞭望台（p.160）。

最佳观赏地采尔马特

④贝尔尼纳峰 *Piz Bernina* 4049米

洛塞克峰（3937米）和贝尔尼纳峰（4049米）

贝尔尼纳峰是绵延瑞士东南部的贝尔尼纳阿尔卑斯山的最高峰，海拔4049米。最佳观景地点是圣莫里茨（p.264），观赏据点有奈尔瞭望台（p.266）和迪亚沃莱扎瞭望台。

最佳观赏地圣莫里茨

⑤勃朗峰 *Mont-Blanc* 4807米

法语名字为“Mont Blanc”，而意大利语为“Monte Bianco”

勃朗峰并不属于瑞士，位于法国和意大利边境，但比起法国或意大利主要城市，距离瑞士日内瓦更近一些，因此本书把它也列入瑞士名山。勃朗峰是阿尔卑斯山脉最高峰，也是西欧第一高峰，海拔4807米。最佳观景地点是日内瓦（p.208）或沙莫尼蒙勃朗（p.224）。

最佳观景地点日内瓦

在阿尔卑斯徒步旅行

在面积不大的瑞士，有世界上最长的东西，那就是世界上最长的徒步旅行线路，长达5万千米比地球一周还长。郊游线路途经神秘而秀丽的山川，五彩缤纷的高山植物常伴旅途，还可大口呼吸澄净的空气，如此健康的徒步旅行自然让人神往。

徒步旅行在国内多是“上山、下山线路”，而由于瑞士拥有发达的山区交通，人们常常乘车到达高山，然后选择下山或是水平线路进行徒步旅行，因此“下山线路”或“水平线路”较为普遍。徒步旅行是一项男女老少都适合参与的运动，很多瑞士人喜欢在周末和家人一起徒步亲近大自然，可以说“徒步旅行=瑞士人的爱好”。

不仅如此，在瑞士，徒步旅行线路铺设得非常完备，每一条线路上都明确标示了各个重要地点的名字以及到达目的地所需时间，不必担心途中迷路。一般线路“Wanderweg”为黄色路标，在这种线路徒步旅行时要注意穿运动鞋或轻便旅游鞋。针对较专业的徒步旅行者的阿尔卑斯线路“Berweg”为黄色和红色路标，如果想尝试这种线路需备齐登山鞋。另外，不论您选择哪种线路，即便是在盛夏也要带上毛衣、防风短外衣、太阳镜、帽子等登山必需品。

在瑞士，常常能看见与儿女一起徒步旅行的和睦场景

当地旅游局免费发放的郊游线路地图“Wanderkarte”就能满足一般徒步旅行者的需要。对于那些冷门线路，则建议您去书店购买配有等高线的详细地图。

巴克普湖（格林德尔瓦尔德）

禁止摘花的标志

使用登山杖

采尔马特地区的徒步旅行线路

在这里还要提醒大家，瑞士是一个环境保护意识很高的发达国家，对那些在山间乱扔垃圾和破坏植被的游客有着相当严格的惩罚措施。因此请大家铭记“留下的仅是您的足迹，带走的是您美丽的留影”，享受美丽的大自然是人类的权利，同时保护大自然也是每个人应尽的义务。

徒步旅行信息

郊游和高山病对策……………p.326~327
里吉山徒步旅行线路……………p.92~93
格林德尔瓦尔德徒步旅行线路……p.128~131
采尔马特徒步旅行线路……………p.162~165
克莱恩-蒙塔纳徒步旅行线路 ……p.182~183
迈恩费尔德徒步旅行线路……………p.203
瑞士名山索引……………p.344

格林德尔瓦尔德地区的徒步旅行线路

高山植物图鉴

瑞士阿尔卑斯地区被誉为高山植物的宝库。夏季漫山遍野的山花，美丽迷人。让人欣慰的是，这里的一草一木都得到了很好的保护。到了当地，可先购买翔实的高山植物图鉴。图鉴根据花的颜色，进行了细致分类，同时还贴心地附上了英文解说，方便实用。

火绒草 Edelweiss

雪绒花/火绒草 Leontopodium alpinum

火绒草是瑞士的国花，被称为“阿尔卑斯之星”。属雏菊科，植株高度5~20厘米，每年的7到9月盛开在海拔1800~3500米的高山上。被列为保护植物。

春花龙胆
Gentiana verna

它被称为“春龙胆”，英文名字叫“Spring Gentian”。它有着由5片青紫色花瓣组成的五星形小巧可爱的花朵。属雏菊科，植株高3~8厘米，每年的3至7月盛开在海拔800~3000米的高山。是阿尔卑斯地区常见植物之一。

心叶球兰
Globularia cordifolia

它有着淡紫色或是白色绒球一样的花朵。属于桔梗科紫斑风铃草属，植株高3~15厘米，每年的5到8月盛开，生长在海拔1800~2500米的高山岩石地区和峭壁上。图片中的心叶球兰拍摄于瓦莱州克莱恩-蒙塔纳1900米山地。

高山刺芹
Eryngium alpinum

由于它的美艳，人们称它为“阿尔卑斯女王”，英文名叫“Queen of the Alps”。属于人参科，植株高40~100厘米，生长在海拔1200~2400米的高山，花期在7到9月。由羽毛似的淡紫色的苞片托在中央的就是高山刺芹的花朵。被列为重点保护植物。

柳穿鱼花
Linaria alpina

赤紫色花瓣将橘色的花冠托在中央，虽然花朵纤小，但十分艳丽。属于玄参科，植株高5~10厘米，生长在海拔1500~3000米的高山，花期在6至7月。图片中的柳穿鱼花拍摄于瓦莱州克莱恩-蒙塔纳1900米山地。

欧洲金莲花
Trollius europaeus

黄色花瓣向内聚拢包裹成球状（似灯罩），因此在英语中叫灯罩花（Globeflower），属毛茛科，植株高10~70厘米，生长在海拔700~2400米的高山，花期在6至7月。

球花牧根草
Phyteuma orbiculare

桔梗科花卉，植株高15~50厘米，生长在原野或是海拔2600米的高原，花期在5到9月。形似莲花或白车轴草，有着像鹰爪般的青紫色的花瓣。在草原牧场上比高山上更常见。

银蓟草 Carline acaulis

属于雏菊科，植株高度约5~25厘米，生长在原野或是海拔2800米的高山，花期在7至9月。它有直径约6~12厘米的向日葵般的花朵，毛茸茸的叶子特别像蓟或蒲公英。是阿尔卑斯地区常见植物之一，被列为保护植物。

高山玫瑰杜鹃
Rhododendron ferrugineum

“阿尔卑斯蔷薇”是人们对它的爱称，也俗称阿尔卑斯玫瑰（Alpine Rose）。但它并不属于蔷薇科，而是杜鹃科，是植株高20~100厘米的灌木，生长在海拔1500~3000米的高山，花期在6至8月。花朵为粉红或红色。

黄龙胆
Gentiana lutea

它是龙胆科植物，植株高30~130厘米，生长在海拔1100~2500米的高山，花期在7至8月。整体的特征是，有着细长结实的花柄，椭圆形的两片叶子像一双手紧紧地包裹着金黄色的花朵。被列为保护植物。

圆币草
Soldanella alpina

它开放在冰雪消融的初春，有着粉红中带着淡紫色（微白）的可爱花朵，英文名叫“阿尔卑斯的雪喇叭（Alpine Snowbell）”。它是樱草科报春属，株高5~15厘米，生长在海拔1200~2800米的高山湿地，花期在4至8月。

白头翁属
Pulsatilla alpina

它有银莲花般较大的花朵，6瓣白色花瓣（内部稍带淡蓝色）包裹着中央金黄色的雄蕊。属于毛茛科，株高15~50厘米，生长在海拔1500~2700米的高山石灰岩土壤上，花期在5至7月。被列为保护植物。

风铃草
Campanula scheuchzeri

风铃草深受人们喜爱。野生品种在瑞士阿尔卑斯地区十分常见，风铃草是其中的代表。风铃草是桔梗科紫斑风铃草属，株高8~30厘米，生长在海拔800~3000米的高山，花期在7至9月。花朵像风铃，花瓣薄，淡紫色。

假龙胆
Gentianella germanica

假龙胆属，龙胆科，株高5~40厘米，生长在海拔2800米的高山，花期在6至10月。其特征为，花常5数或是4数，多为紫色、淡紫色或是粉红色，也有部分为白色。花名“Gentianella germanica”是“德意志的龙胆”的意思。被列为保护植物。

野兰花
Orchis mascula

属兰科，植株高20~60厘米，生长在海拔800~1800米的高山，花期在5至8月。其花朵与其说是兰花，其实更类似于风信子。其特征为一根花茎，直径为1~1.5厘米的细小花朵簇拥着，花呈紫红色或粉红色。被列为保护植物。

《阿尔卑斯山的少女海蒂》

©ZUIYO

众所周知，日本动漫产业发达，每一部都制作精良，但说到代表作，不能不提到《阿尔卑斯山的少女海蒂》。该片改编自瑞士著名作家乔安娜·斯比丽夫人（Johanna Spyri）（1827~1901）的小说《海蒂》，日本的高畑熏担任演出（监督），场面设定和画面构成由宫崎骏担任，小田部羊一担任人物设定和作画监督工作，可以说它是日本动漫领军人物共同努力下诞生的佳作。

至1974年电影首映以来，日本先后放映了无数场，在欧洲瑞士、德国、法国、意大利、西班牙等国家也重复放映，深受好评，其中在德国得到了观众空前的喜爱，先后放映达35次。

作品中描绘了阿尔卑斯山壮丽迷人的四季风光，碧草蓝天、一望无际的原野上点缀着色彩斑斓的野花，美不胜收。同时，故事背景地的生活风貌也得到了生动的呈现，如屋内摆设着干草小床、黑面包和柴火煮化了的奶酪，朴实的放羊小孩彼得以及坐在轮椅上的克拉拉……每个人看到这部瑞士风格浓郁的电影都会有“一定要去瑞士走走”的冲动吧。该片为我们奉献了曲折生动的故事情节、真挚感人的艺术形象、精致优美的卡通画面、优美动听的背景音乐和完美的配音效果，带领观众们进入动画的世界里。而它的成功来自于工作人员的不懈努力，他们花了一个月的时间亲自到瑞典巴特拉加茨、迈恩费尔德、马兰斯等地进行外景拍摄，最后才创作出电影中“海蒂”的生活背景地。此外，不论是作品中的风景、生活用品的设计还是牧歌、牛铃声等都取材于瑞士当地。因此，作品中有许多背景画来源于瑞士，到这些画中的景点走一走，会给您的瑞士之旅增添不少色彩。关于巴特拉加茨请参考p.197，迈恩费尔德请参考p.201，马兰斯没有什么观光景点，没有时间的话可以省略，但如果想去看看的话，可以从迈恩费尔德乘坐邮政巴士前往。

《阿尔卑斯山的少女海蒂》日本主题官方网站的网址是www.heidi.ne.jp。

乔安娜·斯比丽夫人博物馆

Johanna Spyri Museum

斯比丽出生于苏黎世郊外的一个叫希尔泽尔（Hirzel）的小乡村。她生前的家如今已改建成敬老院，她曾经上过的小学改建成了乔安娜·斯比丽夫人博物馆。博物馆内存放着与斯比丽相关的物品。博物馆每周日14:00~16:00免费对游客开放，其他时间则需以参加收费旅游团的方式参观。可通过044-729-9566或网站www.Johannna-Spyri-Museum.ch（德）进行预约。从苏黎世中央火车站出发，转S-Bahn2号线（Ziegelbücke方向）或8号线（Pfäffikon方向），约20分钟在Horgen下车，接着换乘邮政巴士，约15分钟后在Hirzel-Kurche下车，沿着教堂旁小路直走再右拐即可看到。

■动画电影中的背景图片

■现实中的瑞士美景

这里是海蒂去爷爷家之前生活的温泉小镇。海蒂的伙伴，也就是生活在轮椅上的克拉拉，为了疗养来到了这里

巴特拉加茨的公共温泉多尔夫帕特（Dorfbad）入口处

《阿尔卑斯山的少女海蒂》中出现的虚构的村庄以及通往希尔泽小村庄的小路，海蒂常常跟着黛特婶婶沿着这条道路去爷爷家

通往马兰斯教堂的小路

海蒂爷爷生活的山中小屋，屋前是广阔的绿草原。海蒂的好朋友牧童彼得，常常赶着他的羊儿来到这里

迈恩费尔德的山间小屋（海蒂夏之家）

爷爷在山中小屋（阿尔穆小屋）制作奶酪，然后到山麓小镇上去卖。这就是动画电影中山麓小镇的中心广场

迈恩费尔德的市政厅广场

瑞士温泉

大多数人可能不大了解，其实瑞士有很多温泉［Bad（德）/Bains（法）］。曾经多作为医疗保健设施使用，如今，为了满足大众休闲娱乐需要，公共温泉中心如雨后春笋般建起来，为民众提供了一个放松疗养的好去处。

有意思的是，在日本泡温泉是“温泉=泡澡=裸体入浴”，而瑞士是“温泉=游泳=穿泳衣”。一同泡在泳池，欣赏四周阿尔卑斯山的美景，也不乏浪漫的感觉。

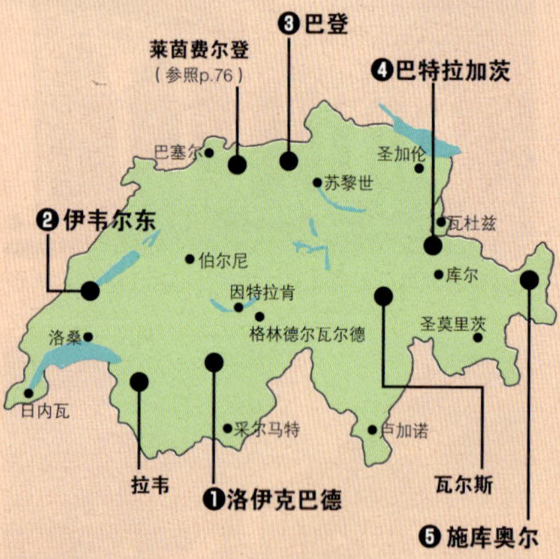

公共温泉中心“Burgerbad”

①【洛伊克巴德】*Leukerbad*

属于瓦莱州的温泉度假城市，位于因特拉肯和采尔马特两地区的中间地带。度假村有两座公共温泉中心分别是“Burgerbad”（村营）和“Alpentherme”（作为度假村酒店经营，即与酒店结合）。这两个温泉中心均设有室外温泉，温泉的四周环绕着雪山。泡温泉的同时可感受近在咫尺的盖米山口的魅力，眺望阿尔卑斯远山，让人心旷神怡。

详细信息请参考p.176~179。

洛伊克巴德

②【伊韦尔东】*Yverdon*

公共温泉中心“Centre Thermal ”

伊韦尔东镇的中心区

从洛桑乘列车约20分钟可到达。是位于乌里州纳沙泰尔湖畔的温泉度假城市，风景宜人。人们多简称它为伊韦尔东，它的正式名字是伊韦尔东莱班（Yverdon-Les-Bains）。

城镇的中心区有一个公共温泉中心（Center Thermal），它与高级酒店格兰德酒店（Grand Hotel des Bains）（四星级）相连接，既能享用理疗又能充分休息。

详细信息请参考p.243~244。

❸【巴登】*Baden*

公共温泉中心“Thermal Baden”（正在改建中）

巴登的城镇风貌

从苏黎世乘坐列车约15分钟就能到达，可以到这里一日游。巴登是位于阿尔高州的温泉度假城市。名字“Baden”在德语中是入浴的意思，这里自罗马时代已是相当知名的温泉之乡，现在仍是一个具有浓厚中世纪风情的小镇。

公共温泉中心（Thermal Baden）就位于小镇郊区。

详细信息请参考p.61～62。

❹【巴特拉加茨】*Bad Ragaz*

入住酒店游客专属的温泉泳池“Helenabad ”

巴特拉加茨的全景

从苏黎世乘坐列车约1小时15分钟可到达。巴特拉加茨是位于“海蒂”的故乡圣加伦州的温泉度假城市。巴特拉加茨城内设有“Tamina therme”公共温泉中心、“Grand Hotel Quellenhof&Spa Suites”和“Grand Hotel Hof Ragaz”高级温泉酒店，以及高尔夫场一体化设施“Grand Resort Bad Ragaz”。

详细信息请参考p.197~200。

❺【施库奥尔】*Scuol*

大众温泉中心“Engadin Bad Scuol”

施库奥尔村的中心区

从圣莫里茨乘坐列车约1小时30分钟可到达。施库奥尔村位于接近奥地利国境的山谷中，是格劳宾登州的温泉度假城市。施库奥尔中心街区的建筑风格非常独特，房屋的墙壁是用一种称为“苏格拉费蒂（Schugrafit）”的独特花纹装饰而成的，小镇也因此出名。

村子里随处可见带有两个水龙头的饮水处，中心部有一座建于1992年大众温泉中心的“Engadin Bad Scuol”。

详细信息请参考p.272~273。

瑞士冰川快车
Glacier Express

驶过兰多瓦萨桥的冰川快车，圣莫里茨至采尔马特全线沿途共穿越291座桥

观景列车多运行在瑞士的私营铁路上。其中最有名的是1930年开始运行的冰川快车（Glacier Express），它在雷蒂亚铁路和马特洪哥达铁路上同时运行，贯穿圣莫里茨至采尔马特地区，约270千米，全线旅行时间为8小时，平均时速约34千米，虽低于普通的快车，但可满足游客欣赏沿途美丽风景的要求。这列舒适的火车会带您穿越深邃峡谷和4000米以上的高山，还经过291座高架桥，穿越 91 个隧道，带给您一次激情刺激的旅行。

2009年，冰川快车列车厢全部改装成景观车厢（Panorama Car），每个席位都安装有耳机，游客可边欣赏沿途风景边听列车内的解说。

圣莫里茨—库尔为雷蒂亚铁路的阿尔卑斯山路段，其中圣莫里茨—图西斯路段于2008年被列为世界文化遗产。区间内最精彩的部分是普雷达 (Preda) 至贝尔金 (Bergün) 之间的连续环线地带。普雷达至贝尔金两个车站之间的直线距离为5千米，高低差为416米，为了更加平稳地穿越这条线路，区段设计了3个环形隧道和2个半环形隧道，因此列车会在这段转圈，可以体验到同样的风景在

著名的斜角杯（CHF19）在车厢内或始发站销售

行驶在格劳宾登州和瓦莱阿尔卑斯山所在的瓦莱州之间的列车，沿途穿越溪流山谷

窗外出现后消失的神奇旅行。

除此之外，沿途还有一个精彩路段不能错过，那就是列车会驶过菲利苏尔(Filisur)至图西斯(Thusis)之间的兰多瓦萨桥(Landwasserviadukt)。这座高达65米的高架桥位于兰多瓦萨隧道的入口处，在山谷间画出一道美丽的弧线。当从圣莫里茨穿过长长的隧道，看到眼前的壮丽风景，有种豁然开朗的美妙感觉。

在库尔—采尔马特路段，还能看到被称作“美国大峡谷”的莱茵峡谷。一路上经过欧伯拉普山道和罗纳河谷，驶过美丽的瓦莱阿尔卑斯山，不断变化的神奇景观正是这条线路的魅力所在。

游客可以坐全程也可以只坐一段区间，但整列车厢都为指定席位，需要提前预订。圣莫里茨—采尔马特单程1等座票价是CHF22，2等座为CHF13，但还需要付CHF33（含午餐CHF7）的额外预订费用。持有瑞士通票的游客只需付席位预订费用。

在瑞士境内预订可登录冰川快车官方网站www.glacierexpress.ch（德、法、意、英、日）或前往各大火车站。

没有餐车的班次，服务员会运送午餐到座位上

车皮上印着冰川快车的品牌标志

■列车时刻表精选（2012年夏季）

906	908				905	907
09:53	10:00	发车	圣莫里茨	抵达	17:00	17:30
11:18	11:37	发车	图西斯	抵达	15:39	15:58
12:54	13:20	发车	库尔	抵达	13:45	14:09
15:45	15:45	发车	安德马特	抵达	11:27	11:27
16:31	16:31	发车	布里格	抵达	10:50	10:50
18:10	18:10	发车	采尔马特	抵达	09:15	09:15

※其他还有907、906、达沃斯～采尔马特区间的列车班次。

■冰川快车经过地区的海拔

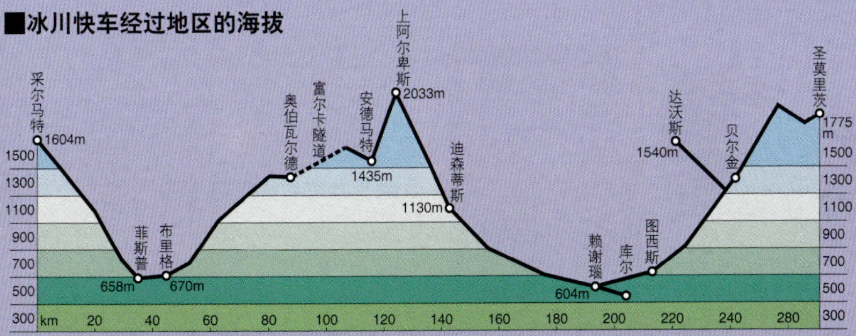

贝尔尼纳快车
Bernina Express

从圣莫里茨发车，驶过第二个车站莫尔特拉施（Morteratsch）后就会看到壮丽的莫尔特拉施冰川

贝尔尼纳快车（Bernina Express）是让铁路迷以及瑞士通们最着迷的观景列车，它行驶在雷蒂亚铁路的阿尔布拉线（库尔—圣莫里茨）和贝尔尼纳线（圣莫里茨—蒂拉诺）上。贝尔尼纳线上还有一段为冰川快车的行驶线路，线路上的精彩路段的介绍请参考p.28～29。

贝尔尼纳快车从瑞士格劳宾登州的库尔、达沃斯、圣莫里茨这3个城市开出，穿过贝尔尼纳山口的最高点奥斯匹齐奥·贝尔尼纳（2253米），经过55个隧道和196座高架桥，最后到达意大利境内的蒂拉诺。从车窗可以欣赏格劳宾登州的山峦、溪谷以及针叶树林等满目绿意的风景，渐渐变换成意大利语圈截然不同的乡村景色、阔叶树林以及街边棕榈树的别样风景，沿途景色变化万千。到了夏季，还会开通从蒂拉诺到瑞士提契诺州的卢加诺的巴士，这样就可以计划瑞士→意大利→瑞士的一日游。

其实，贝尔尼纳快车这么让人着迷的秘密不仅仅在于这些，还体现在线路都设计成单程。上行和下行的班次，一般会经过不同的车站，有时由调度设备指挥车辆等待其他列车经过，实现错开行驶。此外，路线中会

贝尔尼纳快车的终点站，意大利的蒂拉诺

一等和二等车厢均设为观景车厢

■贝尔尼纳快车路线图

当娜教堂前的交叉路口

在世界各地铁路迷眼中久负盛名的布鲁西奥环行高架桥

经过许多环行隧道和环行桥，尤其当驶出布鲁西奥（Brusio）车站约3分钟后，就会看到著名的环行高架桥。快到蒂拉诺的时候，列车还会与各个小镇的电车轨道并行或者是横穿过车行道，最经典的是当列车到达蒂拉诺麦当娜教堂前的交叉路口时，全部机动车都要为列车停下，观景车就这样雄赳赳气昂昂地横穿马路，非常有趣。

贝尔尼纳快车售全程票，也售区间票，但整列车厢都为指定席位，需要提前预订。库尔—蒂拉诺—卢加诺的单程1等座票价是CHF118，2等座为CHF80，圣莫里茨—蒂拉诺—卢加诺的单程1等座票价是CHF74，2等座为CHF55，还需要支付列车和巴士的预订费用CHF21。持有瑞士通票的游客只需付席位预订费用。

在瑞士境内预订可登录雷蒂亚铁路官方网站www.rhb.ch（德、法、意、英、日）或前往各大火车站。

■列车时刻表精选（2012年夏季）

951	961				950	960
08:32		发车	库尔	抵达	18:27	
—	09:34	发车	圣莫里茨	抵达	—	16:39
—	09:52	抵达	蓬特雷西纳	发车	—	16:26
11:23	10:33	抵达	阿尔卑格·吕姆	发车	15:22	15:45
12:01	11:13	抵达	波斯基亚沃	发车	14:44	15:07
12:09	11:27	抵达	莱普雷斯	发车	14:32	14:49
12:39	12:03	抵达	蒂拉诺	发车	14:04	14:22
巴士5951					巴士5950	
14:25		发车	蒂拉诺	抵达	13:00	
17:30		抵达	卢加诺	发车	10:00	

■贝尔尼纳快车路线海拔

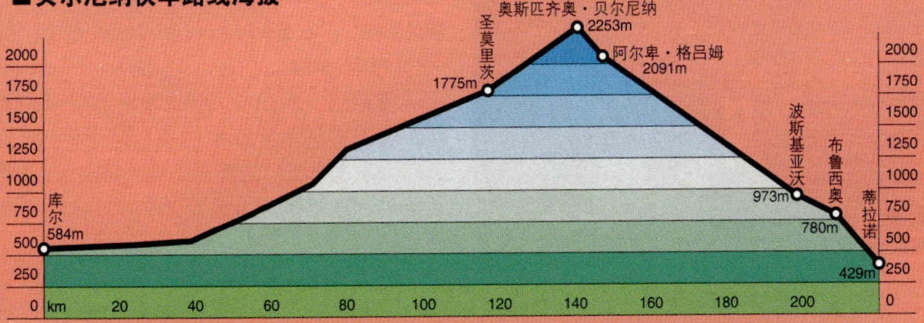

瑞士的世界遗产

瑞士拥有联合国教科文组织世界遗产(UECSCO World Heritage)认定的文化遗产8处、自然遗产3处。

1 伯尔尼老城区

坐落在阿尔河U字形弯曲处的伯尔尼老城区

登记时间：1983年　分类：文化遗产
登记名称：The Old City of Berne

阿尔河的一个天然的U字形弯曲处坐落着伯尔尼老城区，它是1191年由柴林根公爵建立的城市。古色古香的大教堂、塔门、石造拱廊以及散布在街道各处的喷泉等，洋溢着浓郁的中世纪风情，这一切又与现代化都市的机能巧妙地融合在一起，这一点使它获得了很高的评价并被列入世界文化遗产。

关于伯尔尼的详细介绍请看P.102。

2 圣加伦修道院

凝聚着中世纪建筑装饰精华的附属图书馆

登记时间：1983年　分类：文化遗产
登记名称：The Convent of Saint Gall

612年由修道士圣加路斯(Gallus)建造的礼拜堂是它的原型，现在人们看到的修道院诞生于9世纪。修道院拥有中世纪欧洲最大的图书馆，图书馆与修道院附属学校并称为中世纪欧洲的“学术中心”。馆内珍藏有大量公元8～12世纪的手写本原稿。

关于圣加伦的详细介绍请看p.190。

3 米施泰尔的圣约翰本笃会女修道院

目前仍有许多修女生活在这里

登记时间：1983年　分类：文化遗产
登记名称：The Benedictine Convent of St. John at Müstair

修道院坐落在意大利边境附近格劳宾登州山谷深处的米施泰尔小镇，建于8世纪。教堂保存有9世纪的壁画，其中著名的《最后的审判》被推定为世界上现存最古老的绘画作品。

关于米施泰尔的详细介绍请看p.274。

4 贝林佐纳的三座城堡及护城要塞

山腰处建造的蒙特贝洛城堡静静守护着山脚下的城镇

登记时间：2000年　分类：文化遗产
登记名称：Three Castles, Defensive Wall and Ramparts of the Market-town of Bellinzone

贝林佐纳是连接瑞士与意大利之间的交通要塞，自中世纪就已开始繁荣。城中保存着三个城堡：格朗德城堡、蒙特贝洛城堡、萨索・科尔巴罗城堡，这些城堡和老城区周边的城塞一起被列入世界文化遗产。

关于贝林佐纳的详细介绍请看p.256。

5 少女峰—阿莱奇冰川—比奇峰地区

在阿莱奇冰川地区（瓦莱州）看到的阿莱奇冰川

登记时间：2001年　分类：自然遗产
登记名称：Jungfrau-Aletsch-Bietschhorn

瑞士赫赫有名的少女峰位于伯尔尼州与瓦莱州的交界处，更靠近瓦莱州。少女峰（4158米）、阿莱奇峰（4195米）、阿莱奇冰川（约23千米）、比奇峰（3934米）一带地区被联合国教科文组织确定为世界自然遗产。关于阿莱奇冰川地区的详细介绍请看p.185。

6 卢加诺近郊的圣乔治山

位于卢加诺湖畔的圣乔治山

登记时间：2003年　分类：自然遗产
登记名称：Monte San Giorgio

提契诺州的圣乔治山地区已经被联合国教科文组织确定为世界自然遗产。圣乔治山位于卢加诺近郊，海拔1097米，植被葱郁茂盛，并保藏着三叠纪时期（2亿4500万年前~2亿3000万年前）的各种爬行动物和鱼类的化石，被誉为化石宝库。目前，从这里发掘了超过1万件化石，其中包括被称为恐龙祖先的铁沁鳄的化石和地球上颈部最长的长颈龙化石。

关于卢加诺的详细介绍请看p.250。

7 拉沃地区的葡萄园

梯田式的葡萄园和秀丽的莱芒湖

登记时间：2007年　分类：自然遗产
登记名称：Lavaux, Vineyard Terraces

拉沃阶梯葡萄园分布在莱芒湖畔，绵延在洛桑与蒙特勒之间丘陵地带的拉沃地区（Lavaux），并以其历史悠久的梯田式葡萄种植、酿造传统，以及美丽的莱芒湖风光和阿尔卑斯山景观闻名。拉沃葡萄园在2007年被纳入联合国教科文组织的世界遗产名单，同时也成为文化遗产。

关于拉沃地区的详细介绍请看p.239。

8 雷蒂亚铁路阿尔布拉线和贝尔尼纳线和周边景观

位于阿尔布拉线上高达65米的兰多瓦萨桥

登记时间：2008年　分类：文化遗产
登记名称：Rhaetian Railway in the Albula / Bernina Landscapes

运营冰川快车和贝尔尼纳快车，贯穿阿尔卑斯山险要地段的雷蒂亚铁路，阿尔布拉线（图西斯—圣莫里茨）和贝尔尼纳线（圣莫里茨—蒂拉诺）被纳入世界文化遗产名单。关于冰川快车和贝尔尼纳快车的详细介绍请看p.28、30。

9 萨多纳地质结构区

格拉鲁斯・阿尔卑斯的中心地带是萨多纳峰（Piz Sardona）(3055米)

登记时间：2008年　分类：自然遗产
登记名称：The Swiss Tectonic Arena Sardona

格拉鲁斯·阿尔卑斯山脉的地质结构区清晰地展现了冰川时期后大规模地壳运动（板块构造学）过程。覆盖在圣加伦州、格拉鲁斯州、格劳宾登州之间的格拉鲁斯·阿尔卑斯山脉一带被列入世界自然遗产。这一地带地形奇特，形成于3亿年前~2亿5000万年前的岩层被抬升到形成于约5000万年前的岩层之上，因此具有很高的研究价值。

10 制表城镇拉绍德封和勒洛克规划

犹如棋盘的拉绍德封城镇全貌

登记时间：2009年　分类：文化遗产
登记名称：La Chaux-de-Fonds / Le Locle, Watchmaking Town Planning

拉绍德封和邻镇勒洛克是根据钟表工业和钟表制作师的要求，于19世纪建造的城镇。这两个城市都产生于一个产业，这在世界上是稀有的，拥有特殊的历史价值和城市研究价值，因此被列入世界文化遗产。

11 阿尔卑斯地区史前湖岸木桩建筑

复原后的古代住宅和考古学博物馆

登记时间：2011年　分类：文化遗产
登记名称：Prehistoric Pile Dwellings around the Alps

史前欧洲人就在湖畔和山边聚居，阿尔卑斯地区留下了111处聚居遗迹，可以说这是欧洲7国的共同文化遗产。其中，56处遗迹位于瑞士，最具代表性的是纳沙泰尔郊外的拉泰尔。这里有著名的考古学博物馆。

关于纳沙泰尔的详细介绍，请参考p.245。

瑞士美食

奶酪大国瑞士的餐桌上最不能缺少的就是“牛”、牛肉、幼牛肉、香肠、风干牛肉、牛奶、奶油、酸奶、黄油以及奶酪，这些都取于牛。由于瑞士是个山地国家，在漫长的冬季，许多山区都会因大雪与世隔绝。另一方面，漫长的冬季也使得香肠、风干牛肉、奶酪等食物的生产制作工艺得到长足的发展。

如今，许多种类的地方风味美食都可以在瑞士全国各地品尝到，当然也有一些只有到了当地才能享用到。对于这些特色乡土美食本书会标上“只限地方”标记，供大家参考。

黄金土豆饼
Rösti

土豆丝制成的瑞士风味黄金饼可以称作瑞士人的“心灵佳肴”。它的做法是用擦菜板将土豆擦成细丝状，然后用黄油煸炒，最后在上面浇上奶酪和煎鸡蛋。常作为其他料理的配菜。

瑞士烤面包
Käse-schnitte

这是一种具有瑞士风格的烤面包，分量十足。普遍做法是在面包上浇上足量的奶酪，并将其煎成金黄色。此外还有多种做法。可根据个人口味在面包上放一些火腿，然后再盖上奶酪，还可以在奶酪上再放上煎鸡蛋。

德式削面
Spätzli

这是瑞士传统的面食。将面粉和鸡蛋和好后用手掌将其捏成一段段小面团，样子类似于意式面团。可以翻译成“瑞士面疙瘩”。这道美食的做法是将做好的小面团过水煮熟后，和青菜、肉类一块煸炒，这样一份美味的德式削面就完成了。

苏黎世小牛肉
Geschnetzeltes

瑞士人常用小牛肉烹饪食物，苏黎世小牛肉属于炖奶油汁牛肉。其做法是，将切成薄片或小块的牛肉与蘑菇一起用黄油煸炒，然后倒入白葡萄酒和奶油汁一起烹饪，配菜就是黄金土豆饼。这道菜肴的发源地是苏黎世（p.46），不过目前在瑞士全国各地都可以享用到。

风干牛肉

Bündner Fleisch / Viande Sesche

将牛肉块蘸上由香辣调料调制的酱汁后自然风干，然后切成薄片食用。由于肉中渗透着香咸味，作为啤酒或葡萄酒的下酒菜最合适。风干牛肉在瑞士全国都可以品尝到，不过要数原产地圣莫里茨和格劳宾登的风干牛肉最有名。同时，风干牛肉是容易保存的过冬美食。

牛肉馅饼

Chügelipastete

卢塞恩（p.80）地区的地方美食。把用奶酪和樱桃酒炖煮的小牛肉浇在面包派上，然后用烤炉将面包烤成金黄色。酥脆的面包派与浓香牛肉的美妙搭配使得这道菜肴美味可口。

伯尔尼肉盘

Berner-platte

正如这道菜肴的名字“伯尔尼肉盘”所说的那样，它是伯尔尼以及伯尔尼州地区的乡土菜肴，也是当地的农家冬季菜肴之一。它是由各种火腿、香肠、烟熏猪肉等配上煮土豆、萝卜及酸泡菜，用清汤一起熬煮而成的。

阿尔卑斯山通心粉

Älpler-maggronen

是少女峰地区（p.112）和采尔马特等山岳地带的传统美食。其做法是将煮熟的骰子大小的土豆块、通心粉以及腊肉铺上一层奶酪后放进锅里煎熟，是一道类似奶汁烤菜风格的菜肴。加上炸酥的洋葱，会更加香脆可口。

奶酪火锅
Cheese Fondue

奶酪火锅是瑞士高山地区的传统菜肴。常用格吕耶尔奶酪、埃曼塔尔奶酪加上白葡萄酒熬成的锅底，然后用一口大小的面包蘸着吃。为了促进消化，当地人还会配上一杯白葡萄酒或是红茶。奶酪火锅在德语中叫“Käsefondue”，法语中叫“Fondue Fromage”。

涮肉火锅
Meat Fondue

它的别名叫油炸火锅，吃法是先烧热锅里的油，再用刀将牛肉或猪肉切成骰子般大小，用细长的叉子叉着放入油里炸，然后蘸着自己喜欢的调味汁吃。这道美食在法语中叫“Fondue Bourguignonne”。

中式涮肉火锅
Fondue Chinoise

“Chinoise”在法语中是“中式”的意思。这道菜肴属于中式风格，源于在我国各地都深受欢迎的火锅。在铜锅中煮上酱汤或是清汤，将切成薄片的牛肉或猪肉放到煮开的汤底里煮过之后，蘸着各种酱和调料吃。

烤香肠
Grilled Sausage / Bratwurst / Saucisson de grillé

瑞士人餐桌上不能少了烤香肠。在瑞士，Brat=烤，Wurst=香肠，香肠一般都要经烤制后食用。瑞士烤香肠有上百种，其中最受欢迎的是圣加伦（p.190）产的红色粗短香肠“Schublig”和白色小牛肉香肠“Kalbsbratwurst”。

奶酪加土豆
Raclette

它属于瑞士高山地区的传统食物。将拉克雷特奶酪切下半块，把切口部位用火或者电炉加热使其熔化，然后用小刀把熔化部分刮下，接着用煮好的土豆蘸着熔化的奶酪吃。由于奶酪容易受冷变硬，所以最好一次刮下4～5口的量，吃完后可以再做。享用时配上一杯白葡萄酒或红茶，可促进消化。

河鲈鱼片
Filet de Perche

这是日内瓦（p.208）和洛桑（p.228）等莱芒湖畔地区的地方美食。做法是，将产自莱芒湖的淡水鱼河鲈鱼裹上淀粉嫩煎。河鲈鱼片外皮金黄酥脆，里面肉白细嫩，口感很好。

骨孔肉
Ossobuco

这是意大利语圈提契诺州（p.248）以及北意大利地区的地方美食。这道菜是将小牛的小腿肉煎熟，再加上美味的蔬菜及蘑菇汁制作而成。它的配菜通常是玉米糊（Polenta）。

金枪鱼汁小牛肉
Vitello Tonnato

这是意大利语圈提契诺州以及北意大利地区的地方美食，如今几乎在所有的意大利餐厅中都可以品尝到。做法是将煮熟的小牛肉切成薄片，然后浇上金枪鱼调味汁。这是一道夏季的时令佳肴，既可以当前菜也可以当主菜。

恩嘎丁大麦汤
Bündner Gersten-suppe

主要见于格劳宾登州圣莫里茨地区的乡土风味。做法是将大麦和当地特产的风干肉、大豆、切成薄片的洋葱、萝卜、芹菜等一起放进牛奶中煮透，是一种燕麦粥风味的奶油汤。

卡普恩斯
Capuns

这也是一道格劳宾登州特色风味菜。做法是将小麦面和腊肉、熏肉粒做成馅，用大片杏叶卷起来在滚水里煮熟。有点儿像吃格劳宾登州的菜卷，还可蘸奶油吃，味道醇厚。

恩嘎丁果仁蛋糕
Bündner Nusstorte

瑞士全国各地有许多各式各样的传统点心，其中最值得推荐的就是格劳宾登州的特色点心果仁蛋糕。这是一种以核桃等果仁做夹心的传统小烘饼。有点儿类似于有着太妃糖或是奶糖风味的月饼，不易变质，是非常不错的礼品之选。

季节的味道

在瑞士，到了春季和初夏之际，是白芦笋上市的季节，过水煮熟的白芦笋蘸着荷兰汁享用很美味。或者，将芦笋浇上贝夏梅尔调味白汁后放进烤炉烤成奶汁烤芦笋，也是一道不错的菜肴。此外，这时草莓、蓝莓、覆盆子等莓类也是很不错的时令水果。

盛夏，杏子是时令水果，美味杏脯最受欢迎。杏子可以直接食用，也可以做成夹心塔或者夹心蛋糕，还可以酿成一种叫杏子酒（Apricotine）的蒸馏酒。

到了解禁狩猎的秋季，鹿、兔子等野味做成的各种菜肴开始出现在各大餐厅的菜单里。这时，蘑菇也是时令菜，食用牛肝菌等各种菌类也大量上市。人工栽培的香菇也很受欢迎。

最后，到了秋季和冬季，栗子开始陆续上市，炒栗子的摊位开始大街小巷地摆开来。除此之外，由栗子做成的餐后小点心也很受青睐。

瑞士奶酪

Käse（德语）
Fromage（法语）
Formaggio（意大利语）
Cheese（英语）

说到瑞士就不能不提到奶酪。瑞士是名副其实的奶酪王国，全国各地共有几百种奶酪制作方法。过去，在漫长的冬季，有许多山间村庄被大雪封住，无法与外界沟通，因此这种可以长期保存的硬奶酪和半硬奶酪成为瑞士人过冬的餐桌好伴侣。当然，亚洲人喜爱的卡蒙伯尔（Camembert）白霉圆饼形奶酪和用羊奶制作的羊奶酪（ziegenkäse）在瑞士也很常见。

硬奶酪和半硬奶酪将香醇的味道紧紧包裹其中，一旦习惯了这种口味，会让人“爱不释口”。

瑞士有上百种奶酪，下面为大家介绍最受欢迎的几种。

挂烤奶酪

Raclette

这是制作“奶酪加土豆”这道菜肴的半硬奶酪，生产于瓦莱州。食用方法是，把一块奶酪切成两半，然后将切口处加热熔化后用刀刮下食用，十分美味。

格吕耶尔干酪

Gruyère

是盛产于弗里堡州的格吕耶尔（请参考p.242）的硬奶酪。质地较干较硬，奶香浓郁。常用于制作奶酪火锅。

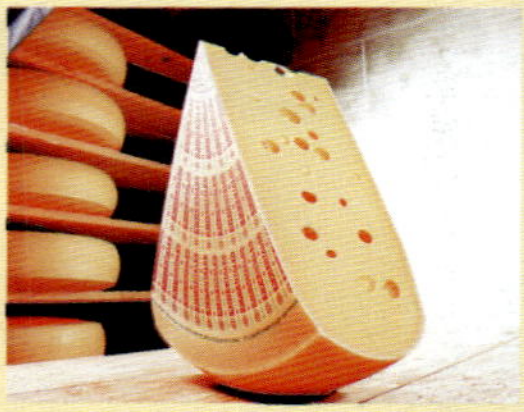

埃曼塔奶酪（又称为瑞士奶酪）

Emmental

埃曼塔奶酪起源于伯尔尼州的埃米河谷。一般制作成巨大的奶酪块，奶酪块中留有许多气孔，常用于制作奶酪火锅。

阿彭策尔奶酪

Appenzeller

是阿彭策尔州（请参考p.192）产的洗浸奶酪（Wash Type）。这种奶酪常用添加了香草的白葡萄酒清洗奶酪块表面，因此十分清香醇滑。

“修士的头”

Tête de Moine

诞生于汝拉州的修道院。属半硬奶酪。一般使用削切工具“Girolle”，将奶酪削切成漂亮的玫瑰花形褶边薄片后食用。散发浓浓的奶香，美味诱人。

苏布林芝奶酪

Sbrinz

源于伯尔尼州的布里恩茨（请参考p.148）。属硬奶酪，使用类似刨子的专用工具将其刨成薄片，卷成奶酪卷后食用，味道浓厚香醇。

瑞士特产

瑞士制品以其简约的设计和优良品质而著称，充分反映了瑞士人坚毅刚健的国民特性。“Made in Switzerland”的商品经久耐用，让人爱不释手。

瑞士手表

说起瑞士，就不能不提到瑞士手表。瑞士被称为“钟表王国”，这里有数百元的轻便手表，也有数十万元的高档表。手表是旅游纪念品的不错选择。详细介绍请参考p.324。

瑞士巧克力

瑞士巧克力闻名世界。它是带给同事和邻居、友人的最好的旅行礼物。照片中的栗子巧克力来自苏黎世的巧克力老牌专卖店斯普伦里（Sprüngli）。

刺绣制品

瑞士漫长的冬季成为制作手工艺品的最好的季节，同时也促进了刺绣和蕾丝编织行业的发展。照片中的刺绣手绢来自苏黎世的工艺品店海玛韦克。

瑞士军刀

瑞士军刀是瑞士军队使用的一种刀具，也是旅行或野外生活的实用工具。刀内配备的工具组合的功能越丰富，价钱也越昂贵。

瑞士八音盒

发出美妙音乐声的八音盒是瑞士最著名的手工艺品之一。瑞士八音盒有留声机式和圆筒式两种。照片中的八音盒来自苏黎世的民间手工艺品店海玛韦克。

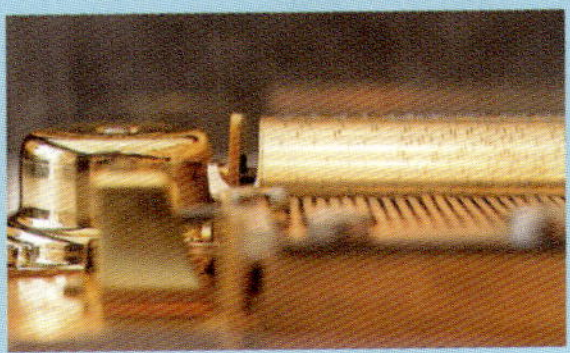

到瑞士必尝的美味
——奶酪火锅

不同于中国的重庆老火锅、北京涮羊肉火锅，西方的火锅很少会有汤汁，这其中最有特色的，当属瑞士的奶酪火锅。在瑞士寒冷的冬季，全家人围坐一起，最幸福的时刻，就是等待着妈妈从厨房中端出热腾腾的奶酪火锅。

和我们的清汤或者麻辣底料不一样，瑞士的奶酪锅一般是陶瓷的，锅底是溶化了的奶酪汁，以及调好的酒、大蒜，咕嘟咕嘟冒着泡儿，人们往往用叉子叉着面包、水果、蔬菜等“涮菜”，在锅中蘸着吃。这种吃法让热爱奶制品的瑞士人“爱不释口”，每每都能吃个底朝天，每次吃奶酪火锅就仿佛是一次全家的小小节日。

埃曼塔奶酪几乎就是瑞士奶酪的代名词，是瑞士奶酪火锅中最经典的奶酪，产自自然环境十分优美的阿尔卑斯山。奶牛的食物全部为青草或干草，而不会喂食饲料。生产一公斤埃曼塔尔奶酪大约需要12升牛奶。任何食品添加剂和转基因原料都是严格禁止的。每块原产地埃曼塔奶酪都必须经过一系列严格的质量检验。

切开这种奶酪，会看到淡黄色的奶酪上有大大小小的洞眼，这是因为在制作过程中发酵而产生了的气孔，非常美丽，果味浓郁。因此也常被人们爱称为“大孔奶酪”。这种奶酪也非常适合切成薄片，直接品尝，味道很鲜美，也可以和蔬菜搭配在一起拌成沙拉。

在当今的瑞士，奶酪的生产严格受国家管理。法令规定一个地区只能生产该地区产的奶酪，不能生产其他地区的品种。这和法国葡萄酒产区制很相似，所以至今，瑞士的奶酪还能保持极其传统的风味，而没有在大工业生产的冲击下变得毫无特色。

在吃奶酪火锅的时候，有不少的瑞士人会选择配上白葡萄酒一起。

苏黎世周边

（德语圈） Around Zürich

Zürich 苏黎世

Baden 巴登

Schaffhausen 沙夫豪森

以自由思想和开放心态引领全国
瑞士联邦最大城市苏黎世及周边概况

苏黎世是瑞士联邦最大的城市，人口约37.2万人。苏黎世是瑞士之窗，也是16世纪欧洲宗教改革的发祥地，其先进的思想和开放的氛围正在影响着现代瑞士。

全国著名学府汇聚在此，其中包括苏黎世大学和苏黎世联邦理工学院等一流学府。这里还是年轻人的聚集地，引领着艺术和时尚的发展潮流。繁荣依旧的旧市区和蓬勃发展的新市区和谐相融，共同构成了魅力城市苏黎世。

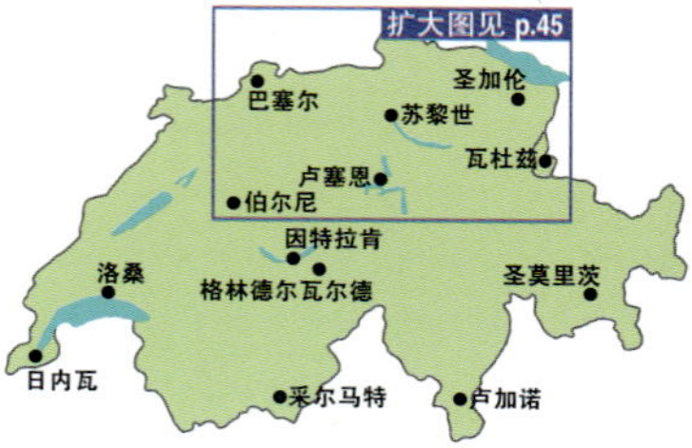

从古罗马时代说起

苏黎世的城市发展史可以追溯到公元前的古罗马时代。当时，莱茵河与利马特河的汇流处被设为通过利马特河水路向帝国运送货物的主要收税点。公元前15年，罗马军队在苏黎世利马特河沿岸的林登霍夫小山丘（Lindenhof）上设置了收税关卡（Turicum），这个关卡“Turicum”就是如今苏黎世名字的起源。

到了9世纪，繁华的东法兰克王国把苏黎世置于自己的直接统治之下，国王路易二世在该地建造了圣母教堂（Frau-münster）和苏黎世大教堂（Gross-münster）。

13世纪的神圣罗马帝国时期，由于苏黎世是连接德意志北部和意大利南部的要塞，许多帝王选择在此居住，因此苏黎世的经济不断发展繁荣。14世纪，苏黎世商人和手艺人组成了行业协会（同业者工会，德语中叫“Zunft”），参与市政管理，并造就了如今商业繁荣的苏黎世。目前苏黎世是全国商业和工业中心，也是重要的国际金融业和保险业中心。

1351年，苏黎世加入施维茨州、乌里

苏黎世湖流出的利马特河最后汇流至莱茵河

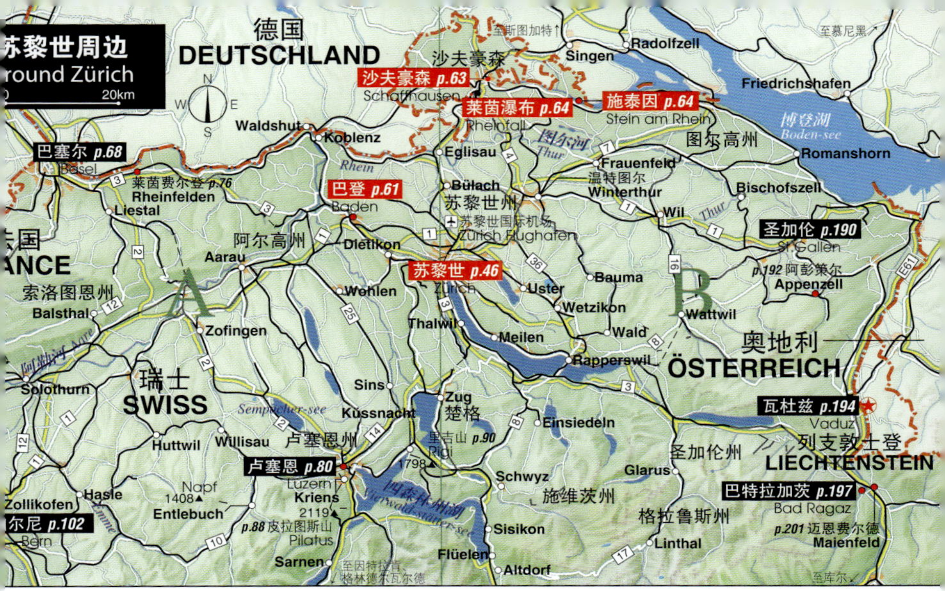

州、内阿彭策尔州和卢塞恩州组成的瑞士联邦，成为瑞士联邦的第五个州，在以后的两年，包括伯尔尼州在内的3个具有相当实力的州也趁势加入联盟，至此瑞士联邦共有8个州。

接着，1499年，在打败了出身于哈布斯堡家族的神圣罗马帝国皇帝马克西米利安一世的军队后，加盟州增加到13个，瑞士联邦也从神圣罗马帝国中独立出来成为独立的联邦。

进入16世纪，在苏黎世和日内瓦掀起了宗教改革运动，之后苏黎世成为基督教新教州。

19世纪，在产业改革的潮流中，阿尔弗雷德·俄谢（Alfred Escher）的有力推动，使得以苏黎世为中心的瑞士铁路网和银行业得到了突飞猛进的发展。如今阿尔弗雷德·俄谢被人们尊称为铁路之王，他的铜像就屹立在苏黎世的中央地铁站前，默默看守着火车站大道。

正是由于工会的创立、宗教改革和经济的不断发展，苏黎世凝聚了自由开放而又积极向上的氛围。

苏黎世周边一日游

苏黎世是瑞士最大的城市，也是全国的交通大枢纽，四通八达的铁路网就在此汇集，包括苏黎世—伯尔尼—日内瓦高速1号线在内的高速公路网也在此交会。

艺术与时尚的发源地苏黎世

从这里去往周边各大都市也十分方便，比如去巴塞尔、卢塞恩、伯尔尼、圣加伦都只需1个小时。

但是，即便交通如此便捷，苏黎世还是给人一种苏黎世就是苏黎世，与周边城镇以及其他城市联系并不是那么紧密的感觉。

如果您想去苏黎世周边走走，去瑞士最古老的温泉小镇巴登（p.61）远足一日游是非常不错的选择。巴登四处弥漫着浓厚的古都气息，让人沉浸其中，走累了还可以到风景如画的露天温泉泳池泡一泡，解除一天的旅途疲劳。

此外，全长1320千米的莱茵河上唯一的一处瀑布的“莱茵瀑布”所在的沙夫豪森（p.63），以及有莱茵河宝石之称，并完好保存着中世纪风格的小镇施泰因（p.64）也是非常不错的一日游之选。

新兴文化与传统古迹相融合的大都会

苏黎世
Zürich

MAP ●剪切地图-3、p.7-C、p.47

州名／苏黎世州	语言／德语圈
海拔／408米	人口／约37.2万人
产业／金融业、工商业	长途区号／☎044/043

●交通信息

从苏黎世国际机场（Zürich Fiughafen）出发，约需11分钟，11千米。

●乘列车

从苏黎世国际机场（Zürich Fiughafen）乘坐特快IC或快车IR约10分钟即可到苏黎世中央火车站（Zürich HB）（HB：Haupt Bahnhof）。也可乘坐S线，但是到达中央火车站时车停在地下3层站台，携带行李时会不大方便。1等席CHF11、2等席CHF6.6，持有瑞士通票者免费。

●乘出租车

从苏黎世国际机场乘出租车到中心市区约15分钟，需CHF50。

●市内交通

市内交通方便，有地面电车、市内巴士、出租车。景点多集中在利马特河两岸，景点之间可徒步游览。徒步从中央火车站出发，沿火车站大街到达苏黎世湖只需20分钟。

如果只去一个景点，乘坐电车最便捷。电车线路图请参考卷首的剪切地图。用自动售票机购票时，近距离区域内的1次券按黄色按钮（CHF2.5），1小时券按蓝色按钮（CHF14），1日券按绿色按钮（CHF8），投入相应金额后会自动弹出车票。附加市内博物馆免费入场券的苏黎世卡，一日券CHF19，3日券CHF38（旅游局有售）。持有瑞士通票者乘坐电车和巴士都免费。

乘坐的士的话，可以到中央火车站或是火车站大街的士车站或直接在酒店前乘坐，起步价为CHF6。

●旅游局

Zürich Tourist Service（Zürich Tourismus）

设置在中央火车站区域内，位于面向站台的右手边，与铁路咨询中心（SBB Information）并排。

☎044-215-4000 FAX 044-215-4044

www.zuerich.com（德/法/意/英）

（夏季7月） 平均最高气温：23.6℃ 平均最低气温：11.6℃ 日落时间：21:30左右 （冬季1月） 平均最高气温：2.0℃ 平均最低气温：-4.1℃ 日落时间：16:30左右	〈5月~10月〉 周一~周六 8:00~20:30 周日 8:30~18:30 〈11月~次年4月〉 周一~周六 8:30~19:00 周日 9:00~18:00

苏黎世是瑞士最大的城市，也是苏黎世州的州府。它是在各个方面都走在时代最前端的现代化大都市，又是拥有众多名胜古迹的中世纪风格古都，可以说中世纪风情与现代化气息在这里得到完美结合。

穿流过市中心的利马特河西岸的林登霍夫公园周边和东岸的尼德多夫街周边为苏黎世的老城区，这里是步行者的天堂。

【旅游景点指南】

铁路之旅的起点

苏黎世中央火车站
Zürich HB MAP ●剪切地图-17、p.47-A

车站地上层设有3~18号和51~54站台、旅游局、铁路咨询中心和货币兑换窗口。地下1层有收费厕所和投币式自动存放柜。地下2层是购物和餐饮街。地下3层设有1~2号和21~24号（S线）站台。

新城区最繁华大街

火车站大街
Bahnhof-strasse MAP ●剪切地图-23、p.47-C

火车站大街位于利马特河的西岸，是长约1300米的购物街。它连接了苏黎世中央火车站前的火车站广场（Bahnhof-platz）和苏黎世湖畔的比尔克利广场（Bürkli-platz）。街两旁绿化规整，道路宽敞，街上林立着许多大型商场、名牌专卖店、装潢档的餐厅、咖啡厅、银行和航空服务中心。从火车站广场到火

中央火车站的正式名称是“Haupt Bahnhof”，简称为HB

苏黎世市内
0 200m
苏黎世中央火车站 p.46
Zürich HB (Haupt Bahnhof)
国家博物馆 p.51
Schweizerisches Landes-museum
火车站广场
Bahnhof-platz
火车站大街 p.46
Bahnhof-strasse
尼德多夫街 p.49
Niederdorf-strasse
帕拉德广场
Parade-platz
比尔克利广场
Bürkli-platz
美景广场
Bellevue-platz
海姆广场
Heim-platz
苏黎世美术馆 p.51
Kunsthaus Zürich
苏黎世湖游览船码头 p.50
苏黎世湖
Zürich-see
行者和电车专用道
P.48
Montana
沙罗东京
Walhalla p.54
至Marriott酒店
Sofitel
Astor
Bristol
p.54 Comfort Inn Royal
Sunnehus
Leoneck p.54
Central Plaza p.54
Limmathof p.54
St.Josef
Schweizerhof p.53
St. Gotthard p.53
City p.54
Glockenhof
Widder p.53
索威酒店（奥尔西尼餐厅、鲍尔餐厅）p.52,p.55 Savoy
Glärnischhof p.54
Park Hyatt p.53
Baur au Lac p.53
Adler p.53
Chuchi p.56
Romantik Hotel Florhof
Ambassador p.54
Opera p.54
Europe
Eden au Lac p.53
至第一设计女士酒店
至The Dolder Grand p.53
至育牛餐厅 p.557
Reithalle p.56
Zeughauskeller p.56
Terrasse
Kronenhalle p.55
Suan Long
Yooji's
出租车总站
咨询处
国铁SBB
旅游局
migrolino（超市）p.58
p.58 Globus（百货商场）
Barth p.60（地图专卖店）
Coop p.58（超市）
p.58 Migros（超市）
Manor（百货商场）p.58
Heimatwerk p.60（手工艺品专卖）
Jelmoli（超市）
Bally Capitol p.59（品牌专卖）
p.58 Coop City（超市）
p.51、p.59 拜尔Beyer 专卖店，地下为拜尔钟表博物馆
p.60 Sprüngli（巧克力&咖啡）
Heimatwerk p.60（手工艺品专卖）
Globus am Bellevue（百货商场）
Lichthof
p.48 林登霍夫 Lindenhof
圣彼得教堂 St. Peter-kirche p.48
市政厅 Rathaus
陶瓷博物馆 p.51
大教堂 p.49 Gross-münster
圣母教堂 p.49 Frau-münster
Prediger-kirche
联邦工业大学 ETH
大学医院
苏黎世大学 Universität
苏黎世歌剧院 Opernhaus
国际会议场 Kongress-haus
皇冠餐厅
不列颠航空
日本航空
韩国航空
Stadelhofen S-Bahn车站
码头桥 Quai-brücke
Rathaus-br.
Münster-br.
Rudolf Brun br.
Bahnhof-br.
Walche-br.
Altstadt
利马特河 Limmat
湖边散步道
Löwen-platz
Steinmühle-platz
Pelikan-platz
Sihl-porte
Limmat-quai
Utoquai
General Guisan-quai
Bahnhof-quai
Seefeld-strasse
Rämi-strasse
Zoll-strasse
Sumatra-str.
Weinberg-strasse
Universitäts-strasse
Tal-strasse
Stadthaus-quai
Börsen-str.
Kappeler-gasse
Augustiner-gasse
Rennweg
Uraniastr.
Seiler-graben
Hirschen-graben
Winkelwiese
Zähringer-strasse
Kreuzbühl-strasse
Dreikönig-str.
Bleicher-weg
Gottfried-keller-strasse
Theater-str.
Falken
Kreuz-strasse
Seehof-str.
Mühlesteg
Tannen-str.
Schönberg-ga.
Karl Schmid-str.
Künstler-gasse
Promenaden-gasse
Hottinger-strasse
Steinwies-str.
Zeltweg
Gemeinde strasse
Hohenbühl-str.
A B C D E F

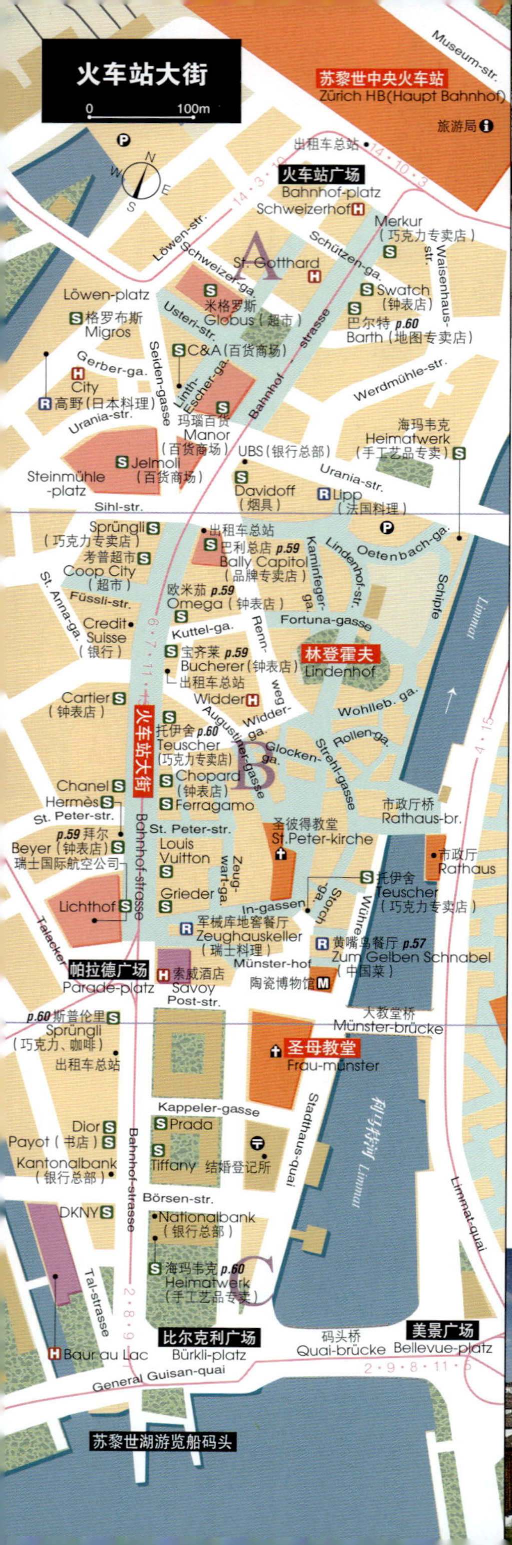

延伸至中央火车站的火车站大街

车站大街中心的帕拉德广场（Parade-platz）为电车专用车道，其他机动车禁止通行，因此火车站大街显得格外宽敞舒适。

这里是苏黎世的城市发祥地

林登霍夫
Lindenhof

MAP 剪切地图-23、p.47-C

林登霍夫是利马特河的西岸小山丘上的小公园。古罗马时代，为了向利马特河上的来往船只征收通行税，罗马军队在苏黎世利马特河沿岸的林登霍夫（Lindenhof）设置了收税关卡（Turicum），这个关卡“Turicum”就是如今苏黎世名字的起源。

“林登”意为菩提树，“霍夫”意为庭园，从这个菩提树小公园可以远眺利马特河东岸的风景，如今已成为市民休闲好去处。

林登霍夫紧挨着老城区。石子小路，路边林立着中世纪风格的古建筑，非常适合散步。此外，林登霍夫山丘下流淌着利马特河，河岸还设有散步道，值得游览。

苏黎世最古老的教堂

圣彼得教堂
St.Peter-kirche

MAP 剪切地图-29、p.47-C

位于利马特河西岸林登霍夫公园山下，是苏黎世最古老的教堂，创建于9世纪。1534年在塔上安放的大钟是欧洲有名的大钟，直径达8.7米。开放时间是周一～周五8:00~18:00，周六9:00~16:00。

在林登霍夫公园的山丘上俯瞰利马特河东岸的城市美景

位于西岸（图左侧）的有着青铜尖塔的建筑物是圣母教堂，旁边就是圣彼得教堂；东岸（图右侧）的双塔建筑物是大教堂

夏加尔创作的彩绘玻璃

圣母教堂

Frau-münster **MAP** ●剪切地图-29、p.47-C

教堂位于利马特河西岸，直插天际的时钟尖塔有着青铜屋顶，让人印象深刻。教堂的历史可以追溯到853年，最早是路德维希二世建造的女修道院，12～15世纪被改建成哥特式的教堂。18世纪在原建筑物的基础上建设了时钟塔。1967年以夏加尔（Marc Chagall，1887~1985）来此地开设纪念展为契机，教堂方面试探性地问他是否能为教堂创作彩绘玻璃，参观完教堂后夏加尔突然有了创作灵感，一口答应了为教堂创作彩绘玻璃的请求。由此，教堂保留了许多老年夏加尔创作的彩绘玻璃，非常漂亮，对此感兴趣的游客不容错过。开放时间是夏季10:00~18:00，冬季 10:00~16:00。

瑞士最大的罗马式教堂

大教堂

Gross-münster **MAP** ●剪切地图-29、p.47-D

大教堂位于利马特河的东岸，与圣母教堂隔河相望。据推测，这座富丽堂皇的大教

周日的10:00~11:30教堂举行弥撒，这段时间不能进入参观

堂始建于加洛林王朝时期（752~987），双塔楼中的南侧塔楼内摆放有查理曼大帝（768～814年在位）的塑像（复制品，原物保存在地下墓室）。如今的双塔是11～13世纪修复过的。教堂中最古老的部分是圣歌队的席位和教堂墓室。16世纪，著名的宗教改革者慈运理（Huldrych Zwingli，1484~1531）曾在此传教，这里成为新教派的圣地。此后，教堂遭遇过几次大火，并得到重建，早期古罗马式的教堂和后期哥特式的建筑共同构成了今天的大教堂。开放时间是夏季9:00~18:00，冬季 10:00~17:00。

老城区的大街道

尼德多夫街

Niederdorf-strasse **MAP** ●剪切地图-23、p.47-D

利马特河东岸部分地区，以及利马特河与塞勒街（Seiler-Graben）之间的坡地构成了苏黎世老城区。这里遍布着细石子铺成的羊肠小道，可以说是漫步观光的最佳去处。老城区的主要街道就是长约700米的尼德多夫街。这条街林立着古董店、画廊、杂货店、女装店，以及咖啡厅、餐厅等，大部分商店都价格适宜、摆设考究、装潢别致。这里非常受欢迎，白天熙熙攘攘，到了晚上（19:00~23:00），大批的游客会来此吃夜

老城区的主要街道尼德多夫街

苏黎世湖畔的市民休息长廊

宵，悠闲地在此散步，好不热闹。

大街的中心区还有一个热闹的希尔申广场（Hirschen-platz），每天都有许多街头艺人和街头音乐人在这里给游客带来欢乐。

让人轻松愉悦的市场

市场
Markt

到了夏天，市内的各大广场上就会开设露天市场，如位于著名的火车站大街南端、苏黎世湖畔的比尔克利广场（Bürkli-platz）市场。市场上摊位错落有致，人声鼎沸。周三、周五的6:00~11:00是蔬菜、花卉、奶酪、食材等的早市。周六的9:00~16:00是跳蚤市场，商品琳琅满目，值得一逛。

在湖上眺望苏黎世城市美景

苏黎世湖游览船码头
Zürich-see Schiffahrt MAP ●剪切地图-35、p.47-E

苏黎世湖游览船的码头设在火车站大街南端的比尔克利广场前。有乘蒸汽外轮船环湖一周的环游之旅，还有包括晚宴、舞会等活动的晚宴周游观光船之旅，值得期待。

时刻表等信息可以咨询ZSG（☎0848-988-988/FAX 044-487-1320 / HP www.zsg.ch，英、德），或者向观光船码头、旅游局以及各酒店咨询。

观赏苏黎世夏季街景，可前往比尔克利广场上的露天市场

乘坐观光船游湖一周需1小时30分

远眺艾格尔峰、门希峰和少女峰

玉特利山瞭望台
Uetliberg

玉特利山山顶瞭望台，坐落在苏黎世郊外玉特利山海拔871米处。在“苏黎世之巅”（Uto Kulm）酒店和餐厅前有一座三角锥形铁塔。天气晴朗时，登上铁塔就可清晰地俯瞰苏黎世城市街景和风景秀丽的苏黎世湖，还可远眺采尔马特州的里吉山和铁力士山、伯尔尼州的艾格尔峰、门希峰和少女峰三山。

从苏黎世到此一日游是很不错的选择。特别是到了周末，这里相当热闹，一家人或恋人常常到这里放松心情。

从市中心乘坐S线10路，在玉特利山站（Uetli-bergbahn）下车，约20分钟就可到达玉特利山。玉特利山车站有瞭望台和咖啡厅可供游客休息。从车站左侧的阶梯沿着“山顶（Uetlibergkulm）”的标示往上登，约15分钟就能登上山顶。

前往玉特利山的S线10路车，平时是每隔30分钟一趟，周末时每隔20分钟一趟。

绿树葱郁的玉特利山瞭望台，让人亲近大自然

苏黎世的历史文化宝库

国家博物馆
Schweizerisches Landes-museum

MAP ●剪切地图-17、p.47-B

✉Museum-strasse 2
☎044-218-6511
www.nationalmuseum.ch（德、法、意、英）
CHF10（持瑞士通票者免费）
营 10:00~17:00　休 周一

瑞士国家博物馆收藏着大量瑞士史前时期到当代的与历史和文化相关的珍贵文物，是瑞士最具代表性的博物馆。这里的宗教艺术品丰富多彩，其中最珍贵的要数从格劳宾登州米施泰尔修道院（p.32）移到博物馆的巨幅壁画的一部分，完整巨幅壁画已被列入联合国教科文组织世界遗产名录。

博物馆坐落在苏黎世中央火车站北侧。

迷宫般的博物馆，参观完所有展馆需3小时

庞大的画家名作群

苏黎世美术馆
Kunsthaus Zürich

MAP ●剪切地图-30、p.47-D

✉Heim-platz 1　☎044-253-8484
www.kunsthaus.ch（德、法、意、英）
CHF14
营 周二、周六、周日10:00~18:00，周三、周四、周五10:00~20:00　休 周一

市立美术馆收藏有雷诺阿、马蒂斯、塞尚等印象派画家的多幅作品。馆内设有夏加尔展厅，陈列着14幅佳作。这里还收藏着瑞士本土画家的画作，如霍德勒（Hodler）、塞甘蒂尼（Segantini）等画家的作品。

从湖畔的美景广场出发，沿拉米大道（Rämi-strasse）走，即可到达。也可以从车站乘3路电车，或在帕拉德广场乘8、9路电车在Kunsthaus站下车。

特别展厅也时常对外开放

珍贵的古表收藏

拜尔钟表博物馆
Uhren-museum Beyer Zürich

MAP ●剪切地图-28、p.47-C

✉Bahnhof-strasse 31
☎043-344-6323
www.beyer-ch.com（德、法、意、英）
CHF8
营 14:00~18:00　休 周六、周日

拜尔钟表博物馆是名贵古表博物馆，位于火车站大街中部的瑞士最古老的钟表商店拜尔（Beyer）的地下。这里展示着16~20世纪的怀表、带八音盒的机械表、钟柱等珍贵藏品。犹如艺术品一般华丽而独特的钟表,会让您惊喜。团体参观博物馆需事前预约，当天博物馆会为游客配一名英语解说员，解说员会为游客详细讲解钟表的机械原理。

由于拜尔钟表博物馆位于高级钟表商店内，建议您穿正式服装进入

珍藏着18世纪的陶瓷器收藏品

陶瓷博物馆
Zunfthaus zur Meisen

MAP ●剪切地图-29、p.47-C

✉Munsterhof 20
☎044-221-2807
www.nationalmuseum.ch（德、法、意、英）
CHF3
营 11:00～16:00　休 周一

位于一座建于18世纪的苏黎世陶瓷器组合建筑的1层。博物馆内展示着从瑞士到其他欧洲国家的18世纪的陶瓷人偶、厨具等。在前台的正后方就是一座巨大且精美的瓷器火炉。这个造于1757年的火炉为正宗的苏黎世制品。

博物馆位于利马特河的西岸，圣母教堂（p.49）旁边。

从建筑正门向右转，即可看到美术馆入口

坐落于火车站大街的帕拉德广场上，苏黎世最古老的城市酒店

★★★★★

索威酒店

Savoy

MAP ●剪切地图-29、p.47-C

Parade-platz, CH-8022 Zürich
☎044-215-2525
FAX 044-215-2500
www.savoy-zuerich.ch（德、法、意、英）
室 112间
2人间含早餐CHF690
营 全年营业

苏黎世代表性酒店

阿尔卑斯度假村为游客们准备了具有民俗风情的酒店，值得期待，但位于大都市的设施齐全和服务到位的超一流酒店也同样不容错过。本文为想体验一回城市酒店的游客们推荐其中最豪华的一间——索威酒店(Savoy)，正式名称叫“Savoy Baur en Ville”。

酒店建于1838年，是苏黎世最早的城市酒店。自开业以来，索威酒店不断积累经验，是一家拥有专业品质、设施齐全、服务一流、高安全性的豪华酒店。

酒店有着一群团结精干的服务人员，不论是服务台职员，还是大堂服务生，都勤勤恳恳。他们温暖得体的待客语言，以及果断机敏的行动力，保证了酒店一如既往的高品质。

总经理霍格夫妇

此外，不能不提到的还有酒店负责人(GM)霍格夫妇(Mr.&Mrs. Hörger)，他们早上会准时出现在酒店向客人问好，午饭时间或晚饭时间会到餐厅向用餐客人打招呼，要不就是从早上到深夜守在前台。不认识他们的宾客让他们帮忙搬行李时，他们也会热心地上前帮忙。一般的高级城市酒店是看不到老板的，索威酒店刚好相反，住宿期间想不碰到老板都难，他们就是这样每日辛勤工作。这不禁让人感叹“老板也是服务员的酒店，一定是家好酒店”。

酒店提供客房整理更新的服务，留给客人的是一尘不染的客房和套房。特别是洁净如新的地毯、窗帘、被罩，给人舒适安心的感觉。客房内的窗户均使用两层玻璃，房门也十分坚固，隔音效果很好。酒店还提供超高速的互联网，插上房间配备的网线就可自如地遨游网络，且免费使用。房内电视可以收看到卫星电视节目。

高贵的枝形吊灯使得大理石大堂金碧辉煌

索威酒店的入口

摆放着幽雅的插花和新鲜的水果

在温暖色调的衬托下，客房更显典雅高贵

酒店坐落在苏黎世最繁华的火车站大街，面朝著名的帕拉德广场

豪华的传统酒店

鲍尔湖畔酒店 ★★★★★

Baur au Lac MAP ●剪切地图-28、p.47-E

Tal-strasse 1, CH-8001 Zürich

☎044-220-5020 FAX 044-220-5044

www.bauraulac.ch

室 120间　2人间不含早餐CHF870～

位于苏黎世湖畔

现代又时尚的商务酒店

柏悦酒店 ★★★★★

Park Hyatt MAP ●剪切地图-28、p.47-E

Beethoven-strasse 21, CH-8002 Zürich

☎043-883-1234 FAX 043-883-1235

www.zurich.park.hyatt.com

室 142室　2人间不含早餐CHF592~

酒店斜对面是国际会议中心

中世纪底层民房改造而成的酒店

威德酒店 ★★★★★

Widder MAP ●剪切地图-23、p.47-C

Rennweg 7, CH-8001 Zürich

☎044-224-2526 FAX 044-224-2424

www.widderhotel.ch

室 49间　2人间不含早餐CHF755~

西岸的旧城区

受外国游客喜爱的酒店

施瓦茨霍夫酒店 ★★★★

Schweizerhof MAP ●剪切地图-23、p.47-A

Bahnhof-platz 7, CH-8021 Zürich

☎044-218-8888 FAX 044-218-8181

www.hotelschweizerhof.com

室 115间　2人间含早餐CHF560~

苏黎世中央车站前

2008年重新开业

多尔代大酒店 ★★★★★

The Dolder Grand MAP ●剪切地图-30、p.47-F

Kurhaus-strasse 65, CH-8032 Zürich

☎044-456-6000 FAX 044-456-6001

www.thedoldergrand.com

室 173间　2人间含早餐CHF800~

距中心地区10分钟车程

带给您宾至如归的感觉

伊甸酒店 ★★★★★

Eden au Lac MAP ●剪切地图-35、p.47-F

Uto-quai 45, CH-8008 Zürich

☎044-266-2525 FAX 044-266-2500

www.edenaulac.ch

室 50间　2人间不含早餐CHF575~

位于苏黎世湖畔

受外国游客喜爱的酒店

圣哥达酒店 ★★★★

St. Gotthard MAP ●剪切地图-23、p.47-A

Bahnhof-strasse 87, CH-8021 Zürich

☎044-227-7700 FAX 044-227-7750

www.hotelstgotthard.ch

室 143间　2人间不含早餐CHF430~

火车站大街边

具有时尚风格的小酒店

阿德勒酒店 ★★★

Adler MAP ●剪切地图-23、p.47-D

Rosen-gasse 10, CH-8001 Zürich

☎044-266-9696 FAX 044-266-9669

www.hotel-adler.ch

室 52间　2人间含早餐CHF195~

位于苏黎世老城区的中心区

苏黎世约有100家酒店。稍便宜的酒店多集中在火车站周边。

从火车站大街徒步5分钟就能到达
阿登斯普卢根池罗斯酒店 ★★★★★
Alden Splügenschloss MAP ●剪切地图-34、p.47-E
Splügen-strasse 2, CH-8002 Zürich
☎044-289-9999 FAX 044-289-9998
www.alden.ch
室22间　2人间含早餐CHF475~

苏黎世湖畔具有文艺复兴风格的酒店
大使酒店 ★★★★
Ambassador MAP ●剪切地图-35、p.47-F
Falken-strasse 6, CH-8008 Zürich
☎044-258-9898 FAX 044-258-9800
www.ambassadorhotel.ch
室45间　2人间含早餐CHF375~

舒适便捷的中等酒店
城市酒店 ★★★
City MAP ●剪切地图-23、p.47-A
Löwen-strasse 34, CH-8001 Zürich
☎044-217-1717 FAX 044-217-1818
www.hotelcity.ch
室61间　2人间含早餐CHF255~

便捷的车站前商务酒店
瓦尔哈拉酒店 ★★★
Walhalla MAP ●剪切地图-17、p.47-A
Limmat-strasse 5, CH-8005 Zürich
☎044-446-5400 FAX 044-446-5454
www.walhalla-hotel.ch
室48间　2人间含早餐CHF199~

原瑞士航空公司乘务员宿舍
西城宜必思酒店 ★★
Ibis City West MAP ●剪切地图-28
Schiffbau-strasse 11, CH-8005 Zürich
☎044-276-2100 FAX 044-276-2101
www.ibishotel.com
室155间　2人间含早餐CHF109~

女性时尚酒店
海尔姆赫斯酒店 Garni☆☆☆☆
Helmhaus MAP ●剪切地图-29
Schifflände 30, CH-8001 Zürich
☎044-266-9595 FAX 044-266-9566
www.helmhaus.ch
室24间　2人间含早餐CHF270~

位于苏黎世老城区大教堂附近
老城酒店 Garni☆☆☆
Altstadt MAP ●剪切地图-29、p.47-C
Kirch-gasse 4, CH-8001 Zürich
☎044-250-5353 FAX 044-250-5354
www.hotel-altstadt.ch
室25间　2人间含早餐CHF280~

单人间CHF60~，具有价格优势的酒店
斯佩仁迪德酒店 Garni☆
Splendid MAP ●剪切地图-23
Rosen-gasse 5, CH-8001 Zürich
☎044-252-5850 FAX 044-262-6140
www.hotelsplendid.ch
室24间　2人间含早餐CHF105~

国际会议中心附近的商务酒店
格拉尼施霍夫酒店 ★★★★
Glärnischhof MAP ●剪切地图-28、p.47-C
Clariden-strasse 30, CH-8022 Zürich
☎044-286-2222 FAX 044-286-2286
www.hotelglaernischhof.ch
室62间　2人间含早餐CHF460~

面朝利马特河的站前酒店
中央大厦酒店 ★★★★
Central Plaza MAP ●剪切地图-23、p.47-B
Central 1, CH-8001 Zürich
☎044-256-5656 FAX 044-256-5657
www.central.ch
室105间　2人间含早餐CHF235~

以奶牛花纹为主题，设计独特的酒店
莱奥耐克酒店 ★★★
Leoneck MAP ●剪切地图-18、p.47-B
Leonhard-strasse 1, CH-8001 Zürich
☎044-254-2222 FAX 044-254-2200
www.leoneck.ch
室80间　2人间不含早餐CHF160~

车站前的经济酒店
利马特霍夫酒店 ★★
Limmathof MAP ●剪切地图-24、p.47-B
Limmat-quai 142, CH-8001 Zürich
☎044-267-6040 FAX 044-262-0217
www.limmathof.com
室62间　2人间不含早餐CHF168~

歌剧院前的高级酒店
歌剧院酒店 Garni☆☆☆☆
Opera MAP ●剪切地图-35、p.47-F
Dufour-strasse 5, CH-8008 Zürich
☎044-258-9999 FAX 044-258-9900
www.operahotel.ch
室58间　2人间不含早餐CHF285~

洁净快捷的酒店
康福特皇家酒店 Garni☆☆☆
Comfort Inn Royal MAP ●剪切地图-18、p.47-B
Leonhard-strasse 6, CH-8001 Zürich
☎044-266-5959 FAX 044-266-5960
www.comfortinn.ch
室70间　2人间含早餐CHF180~

女性优先的酒店
第一设计女士酒店 Garni☆☆☆
Lady's First MAP ●剪切地图-35、p.47-F
Mainau-strasse 24, CH-8008 Zürich
☎044-380-8010 FAX 044-380-8020
www.ladysfirst.ch
室28间　2人间含早餐CHF290~

专为背包客设计的青年旅舍
城市背包客青年旅舍
City Backpacker Hotel Biber MAP ●剪切地图-23
Niederdolf-strasse 5, CH-8001 Zürich
☎044-251-9015 FAX 044-251-9024
www.city-backpacker.ch 室17间
1人费用 合住间CHF36~、单间CHF75~

菜肴美味、风格优雅的高人气意大利餐厅

奥尔西尼餐厅
Orsini
（意大利料理）MAP ●剪切地图-29、p.47-C

索威酒店0F
044-215-2525（酒店前台）
www.savoy-zuerich.ch（德、英等）
营 12:00~14:00、18:00~23:00
休 无休
预 CHF60~　需预约

这家意大利餐厅极具人气。火车站大街附近的行政高管们是这里的常客。优雅舒适的氛围与高质量的服务，以及厨房里讲着地道意大利语的厨师们烹制的地道的

雅致舒适的餐厅

餐厅的菜肴口味正宗

意大利菜肴，成为这家餐厅最吸引人的地方。店里菜肴丰富，最值得推荐的有北意大利名菜骨孔肉（Ossobucco）（CHF46）。其他店用普通牛胫肉制作这道菜，而奥尔西尼餐厅选用小牛肉来烹饪。此外，餐后点心草莓和瑞士奶汁烤菜（Scode la Dimitri）（CHF18）也十分美味，不能错过。

不论是午餐或晚餐都需要预约。餐厅没有穿礼服的规定，环境安静舒适，但大多数来用餐的客人都穿戴整齐，因此建议大家在出发前注意穿戴得体些。另外，餐厅的入口正好与酒店大门方向相反，从火车站大街走进叫“Waag-gasse”的小巷，然后右拐就可以看到。

鲍尔餐厅
Baur
（法国和瑞士料理）MAP ●剪切地图-29、p.47-C

索威酒店的1F
044-215-2525（酒店前台）
www.savoy-zuerich.ch（德、英等）
营 12:00~14:00、18:30~22:30
休 周六、周日
预 CHF60~　需预约

鲍尔餐厅选用上乘食材，经精心烹饪，创作出一道道极品美食。其中，最值得推荐的是自家独创的烤圣加伦白小牛肉香肠（St.Galler Kalbsbratwurst）（CHF32）。小牛肉的美味让人回味无穷。

餐厅内典雅但不失温馨的氛围

装饰着名画的怀旧风格餐厅

皇冠餐厅
Kronenhalle
（意大利和瑞士料理）MAP ●剪切地图-29、p.47-F

Rämi-strasse 4
苏黎世湖畔的美景广场附近
044-262-9900
www.kronenhalle.com（德、法、英）
营 每天12:00~24:00
预 CHF70~　需预约

这是一家于1863年开业的老餐厅，具有怀旧风格，墙上挂着夏加尔、毕加索、马蒂斯等画家的名作。餐厅的苏黎世风味菜肴苏黎世奶汁煮小牛肉（Geschetzeltes）（CHF54）最值得推荐。

进入后右边（照片中）是餐厅，左边是小酒吧

厅均为店内禁烟。但屋外露天席位可吸烟。

自由开放的庭院式餐厅

军械库地窖餐厅
Zeughauskeller
（瑞士料理） MAP ●剪切地图-29、p.47-C

✉Bahnhof-strasse 28a　从火车站大街进入In-gassen小巷后可见
☎044-211-2690
www.zeughauskeller.ch（德、英等）
营 每天11:30~22:00
预 CHF40~

这是一家由中世纪火药仓库改造而成的庭院式餐厅。为大家推荐的是餐厅名菜“市长之剑(Bürgermeister Schwert)”(附加沙拉和黄金土豆饼的2人份套餐，CHF79)。菜名来源于其最早的做法，即用剑卷着小牛肉薄片，然后将其烤熟。一般是蘸着咖喱风味酱料食用。

来这里不一定要用餐，也可喝喝啤酒放松一下

老城区奶酪火锅餐厅

食谱餐厅
Chuchi
（奶酪火锅） MAP ●剪切地图-23、p.47-D

✉Rosen-gasse 10
老城区阿德勒酒店的0F
☎044-266-9696（酒店前台）
www.hotel-adler.ch（德、英）
营 每天11:30~23:30
预 CHF40~

这是一家深受当地年轻人欢迎的奶酪火锅餐厅。餐厅除了有最普通的原味奶酪火锅（Käse-foudue）（CHF25.50），还能品尝到添加了洋蘑菇、番茄酱、香草等的风味奶酪火锅。

农家风格的餐厅，夏季还设有屋外露天席位

改建于中世纪马厩的葡萄酒餐厅

马厩餐厅
Reithalle
（葡萄酒餐厅） MAP ●剪切地图-22、p.47-A

✉Gessner-allee 8　希尔河沿岸
☎044-212-0766
www.restaurant-reithalle.ch（德国）
营 周一~周三11:00~23:00，周四、周五11:00~24:00，周六18:00~4:00，周日18:00~23:00　预 CHF30~

这个有趣的餐厅改建于中世纪马厩，现在餐厅墙壁上还留有马槽。是酒吧风的餐厅酒吧，在这里可轻松享用葡萄酒，同时品尝美味的小菜，因此这里很受年轻情侣的喜爱。夏季，餐厅会在河畔摆设露天席位。

完好保留着中世纪的传统气氛

品着酒抓着泰国菜肴的特色餐厅

蓝猴子餐厅
Blue Monkey Cocostin
（泰国料理） MAP ●剪切地图-23

✉Stüssihof-statt 3　老城区尼德多夫街的中心区，小喷水池广场附近
☎044-261-7618　www.bluemonkey.ch（德）
预 CHF40~
小酒馆(bistro)
营 周一~周五
11:30~14:00
17:30~24:00
周六、周日
17:30~24:00

是很受当地年轻人欢迎的泰国料理小酒馆。菜肴稍稍缺少了地道的辛辣味，但可享用到价格优惠的各种下酒小菜。边喝小酒边手抓泰国菜肴，十分惬意。这家小酒馆，进门后左手边是餐厅，右手边是小酒吧，酒吧里面还有中庭露天席位。

正如餐厅名字“蓝猴子”所示，远远就能看到这座蓝色建筑物

B级美食家喜爱的日本料理餐厅

自由者餐厅
Wagamama

（日本料理） MAP ●剪切地图-22、p.47-C

✉Tal-strasse 83　希尔河沿岸
☎043-888-6454
www.wagamama.ch（德国）
营 周日～周三11:30~22:00、周四～周六11:30~23:00
预 CHF30~

这是深受瑞士人喜爱的日本料理家常餐厅。餐厅除了寿司，还有烤荞麦面、拉面、乌冬面、炸肉排、炸虾、咖喱饭等美食。不仅如此，餐厅还提供一些泰国风味的菜肴，是否合您的口味还得您亲自去尝一尝。

充满轻松氛围的日本料理家常餐厅

有40年历史的中餐老店

黄嘴鸟餐厅
Zum Gelben Schnabel

（中国菜） MAP ●剪切地图-29、p.48-B

✉Zinnen-gasse 7-9　圣母大教堂北侧的Zinnen-gasse小巷边
☎044-211-0620
营 每天11:30~14:30、18:00~23:00
预 CHF40~

“Zun Gelben Schnabel”是“黄嘴鸟”的意思，正如店名，店面装饰成鲜艳的黄色，乍一看不像是中餐厅，但走进店内就会发现正宗的中国风装饰，菜肴也是地地道道的中国味。午餐套餐（周一~周五）有CHF26和CHF32两种。

餐厅所在的街角具有中世纪风格

【主题餐厅】

盲牛餐厅
blindekuh

这家叫“盲牛”的餐厅非常有人气，即便提前几周预约也不一定能预订到。这家独特的餐厅建于1999年，会带你走进黑暗世界。餐厅的初衷是为盲人着想，如今这里还雇用着盲人服务生。在前台点完餐后（正餐约CHF20~40），就有盲人服务生前来领位，这时您只要扶着服务员的手臂，他们会带您进入餐厅。一片漆黑的餐厅真的是“伸手不见五指”，只能在服务员的引导下找到餐桌，然后就在黑暗中享用美食。我们这些视觉正常的人来到这里，会深切感受到光明的可贵，并为盲人的天赋而惊叹。这的确是一家很值得体验的餐厅。

盲牛餐厅blindekuh
✉Mühlebach-strasse 148（乘坐无轨电车2号、4号线在Höschgasse下车后徒步4分钟即到）
周三～周五12:00～14:00、每日18:30～23:00
☎044-421-5050 www.blindekuh.ch

厅内均禁烟，但屋外露天席位可吸烟。

其他值得推荐的餐厅

河滨庭院式露天席位安静舒适
阳台餐厅
Terrasse （意大利料理）
MAP ●剪切地图-29
✉湖畔美景广场附近
☎044-251-1074
周一~周五11:30~14:00、18:00~23:30，周六、周日10:00~23:30

苏黎世最古老的日本料理店
沙罗东京
Sala of Tokyo （日本料理）
MAP ●剪切地图-17
✉中央火车站的北侧　Limmat-strasse 29
☎044-271-5290　www.sala-of-tokyo.ch
周三~周五11:45~14:00、18:00~22:45，周六18:00~22:45，周日、周一休息

人气回转寿司店
Yooji's
（寿司）
MAP ●剪切地图-35
✉湖畔美景广场附近
St. Urban-gasse 8
☎044-253-1111
周一~周四11:00~23:00

舒适的中餐厅
苏安龙餐厅
Suan Long （中国菜）
MAP ●剪切地图-35
✉湖畔美景广场附近
Stadelhofer-strasse 22
☎044-251-5300
每日10:00~23:00

时尚豪华的高级百货商场

格罗布斯
Globus（百货商场）MAP ●剪切地图-23、p.48-A

✉沿火车站大街，经过中央车站往西走
☎044-226-6060
营 周一～周六9:00~20:00
休 周日、节假日

格罗布斯百货商场是苏黎世乃至瑞士最有名的高级连锁百货商场，有着气派的外观。这里有质量上乘的女士杂货、厨房用品等。此外，一定不能错过商场地下一层的食品超市，这里有葡萄酒、奶酪、各种面食以及当地土特产。

一定不能错过商品齐全的地下一层食品超市

为平民打造的生活化商场

玛瑙百货
Manor（百货商场）MAP ●剪切地图-23、p.48-A

✉火车站大街的车站附近
☎044-229-5699
营 周一～周六9:00~20:00
休 周日、节假日

与上面介绍的格罗普斯商场相比，玛瑙百货更适合普通市民。商场内的日常用品比高档商品更有竞争力。在商场的第5层还设有自助餐厅“马诺拉”(Manora)，想要慢慢享用一顿美餐的话，这是一个好去处。

最高层是自助餐厅

全国连锁大型超市

米格罗斯超市
Migros（超市）MAP ●剪切地图-22、p.48-A

✉位于格罗布斯商场背后
☎044-227-1030
营 周一～周六9:00~20:00
休 周日、节假日

这家米格罗斯超市是米格罗斯连锁超市的大型分店之一，地下一层为食材及日常杂货超市。另外，在苏黎世中央火车站内0F米格罗斯便利店(mingrolino)，它的营业时间是每天6:00～24:00。

超市位于格罗布斯商场的背后

全国连锁大型超市

考普超市
Coop City（超市）MAP ●剪切地图-23、p.48-B

✉火车站大街中心地带
☎044-226-9100
营 周一～周六9:00~20:00
休 周日、节假日

苏黎世考普超市是考普公司(Coop City)全国连锁超市的大型分店之一。其地下一层也是食品及日常杂货超市。在苏黎世中央火车站前的利马特河沿岸也有一家小型考普超市，它的营业时间为周一~周五7:00~21:00，周六7:00~20:00。

超市位于上面耶尔莫利商场的背后

巴利总店
Bally Capitol
(品牌专卖店) MAP ●剪切地图-23、p.48-B

✉火车站大街中心地带
☎044-224-3939　www.bally.com
营 周一～周五9:30~19:00(周四至20:00)、周六10:00~18:00　休 周日、节假日

是瑞士驰名的鞋靴品牌巴利的总店，地下1层至地上6层全部为巴利商品专卖区。店内销售有各式各样的鞋子、皮包、领带、男士和女士时尚用品以及儿童服装等，商品齐全，是购物的好去处。

拥有总店该有的气派外观

拜尔
Beyer
(钟表专卖) MAP ●剪切地图-28、p.48-B

✉火车站大街中心地带
☎043-344-6363　www.beyer-ch.com
营 周一～周五9:15~18:30、周六9:15~16:00
休 周日、节假日

拜尔是1760年创业的老牌钟表专卖店，百达翡丽、萧邦、劳力士、百年灵、豪雅、卡地亚、伯爵、法兰克·穆勒等高档名表都汇聚在这里，让您一饱眼福。由于本店是提供一对一服务的专卖服务店，如果您只看不买的话，还是尽量不要进店。此外还需提醒大家的是服装也要穿得得体一些。

商店的地下一层是钟表博物馆（开馆时间是每周一～周五14:00~18:00，CHF8）。

店外悬挂着的大怀表是拜尔的标志

宝齐莱
Bucherer
(钟表专卖) MAP ●剪切地图-23、p.48-B

✉火车站大街中心地带
☎044-211-2635　www.bucherer.com
营 周一～周五9:00~19:00、周六9:00~17:00
休 周日、节假日

是开创于1888年的高级手表全国连锁专卖店，同时也是欧洲最大的劳力士专卖店。除了名表外，还出售公司独创的品牌手表。店内还常驻能流利使用世界数种主要语言的店员，服务十分周到。

齐全的商品和优质的售后服务，在顾客中留下了好口碑

欧米茄
OMEGA
(钟表专卖) MAP ●剪切地图-23、p.48-B

✉火车站大街中心地带
☎044-216-9000　www.omega.ch
营 周一～周五9:00~18:30、周六9:00~16:00
休 周日、节假日

欧米茄是“007”系列电影中詹姆斯·邦德的爱用品牌，它创设于19世纪，想必大家对它已十分熟悉。欧米茄也是国内男性青睐的高级手表的代名词。它的直销商店就设在这里，正因为是直销商店，几乎汇聚了所有款式的商品，相信大家一定可以满载而归。

不妨在此选购一款欧米茄作为旅游纪念品

名副其实的地图大全

巴尔特 Barth

（地图专卖）MAP ●剪切地图-23、p.48-A

✉火车站大街，靠近中央火车站
☎044-215-4466 www.barthbu.ch
营 周一～周五8:00~20:00、周六8:00~17:00
休 周日、节假日

这是一家汇聚了瑞士等欧洲各地地图的地图专卖店，其中编有等高线的徒步旅行线路图（Wanderkarte）最值得推荐，对此感兴趣的游客不妨走进去看看。店内各类专业地图都编号入架，如想买地图可告诉店员地图种类，店员会为你取出。

此外，在苏黎世中央火车站的地下1层也设有一家分店，这家店周一～周五7:00~21:00、周六7:00~20:00、周日8:00~20:00营业。

店面虽小，“五脏俱全”

瑞士手工艺品专卖店

海玛韦克 Heimatwerk

（工艺品专卖）MAP ●剪切地图-29、p.48-C

✉利马特河沿岸，鲁道夫布鲁恩桥旁
☎044-221-0837 www.heimatwerk.ch
营 周一～周五9:00~20:00、周六9:00~18:00
休 周日、节假日

刺绣品、木雕工艺品、八音盒、陶器等来自瑞士各地的制作精良的手工艺品都汇集在这里。在苏黎世有几家分店，分别设在火车站大街靠近湖畔地带、中央火车站以及苏黎世机场。火车站店在地图上的位置是●剪切地图-23、p.48-A。

店内商品全是货真价实的“made in Swiss”

巧克力天堂

斯普伦里 Sprüngli

（巧克力）MAP ●剪切地图-29、p.48-B

✉位于火车站大街，面朝帕拉德广场
☎044-224-4646 www.spruengli.ch
营 周一～周五7:30~18:30、周六8:00~18:00
休 周日、节假日

创立于1836年，是著名的巧克力老字号专卖店，拥有宽敞的店面和品种丰富的巧克力、糕点。其中，生巧克力德菲丝和数十种口味的马卡龙（Luxemburgerli）深受大众的喜爱。在中央火车站和机场内均设有分店。

同时设有可享用冷糕和蛋糕的咖啡餐厅

花海中的巧克力专卖店

托伊舍 Teuscher

（巧克力）MAP ●剪切地图-23、p.48-B

✉位于火车站大街中心地带
☎044-211-5151 www.teuscher.com
营 周一～周三9:00~19:00（周四、周五～20:00、周六～18:00）、周日13:00~16:00

在苏黎世、日内瓦等其他世界主要城市都设有分店。说到托伊舍，就不能不介绍店里最有名的香槟松露巧克力（Champagne Truffes），售价为每盒（200克）CHF22。在彼得大教堂背后还有一家分店（●剪切地图-29、p.48-B）。

店内装饰着鲜艳别致的塑料花

具有浓厚古代风情的瑞士最古老温泉疗养之乡

巴登
Baden

MAP ●剪切地图-3、p.7-C、p.61

州名／阿尔高州	语言／德语圈
海拔／385米	人口／约1.85万人
产业／电气工业、旅游业	长途区号／☎056

城镇的钟塔兼市塔

●交通信息

从苏黎世出发，约15分钟，30千米。

●乘列车

从苏黎世中央火车站乘坐开往巴塞尔、伯尔尼方向的快车IR，约15分钟可到达。IR每隔30分钟一趟。

●驾车

从苏黎世走高速公路1号线，出Neuenhof出口。从Neuenhof出口到巴登中央火车站（Baden HB）约5分钟。从出口出来后沿着"Bahnhof"（车站）或"Zentrum"（中心区）的标志直行即可。

●市内交通

城镇不大，可徒步游览。

●旅游局 Info Baden

巴登火车站附近。

Oberer Bahnhof-platz 1, CH-5401 Baden

☎056-200-8787 FAX 056-200-8382

www.baden.ch （德、英）

周一 12:00~18:30

周二～周五 9:00~18:30

周六 9:00~16:00

"巴登"（Baden）一词在德语中是"入浴"的意思。巴登自罗马时代已是相当知名的温泉之乡，周边景色宜人的山口和恬静悠闲的温泉疗养中心使得小镇格外吸引人。

小镇上的疗养温泉水来自于地下3000米的47℃硫黄温泉。源头每天为巴登温泉输送100万升的新鲜温泉，使得这里成为瑞士温泉中富含最多矿物质的温泉。泡温泉可治疗关节炎、神经痛，饮温泉水还有治疗消化道疾病的功效，可以说温泉神奇的药用价值也是巴登游人络绎不绝的重要原因。

【旅游景点指南】

恬静祥和的美丽小镇

老城区
Altstadt

MAP p.61

巴登中央火车站南侧一带，在高处的铁道和利马特河之间的坡地部分，是巴登的老城区。走在恬静祥和的小镇上是一种享受。但要提醒大家，由于镇上的街道坡度较大，要"量力而行"。

接下来，本书为大家推荐一条巴登老城区徒步之旅人气线路。第一站首先来到巴登中心广场前的火车站广场（Bahnhof-platz），然后再逛一逛餐厅和商店林立的温泉商业街（Bad-strasse），接着穿过城镇钟塔兼市塔（Stadet-turm），往左拐经过市政

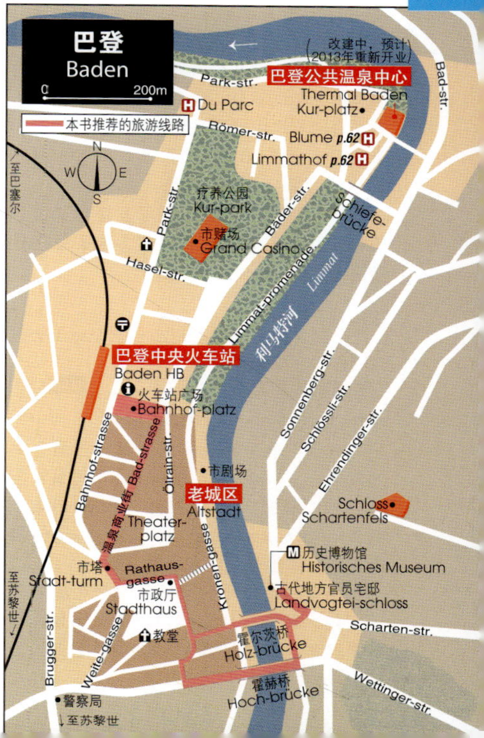

（左）老城区，（中央）霍尔茨桥，（右）古代地方官员宅邸

厅(Stadthaus)，就会远远看到有着木质屋檐和墙壁的标志性建筑霍尔茨桥(Holz-brucke)。这时不要往霍尔茨桥方向去，直接往现代高架桥霍赫桥(Hoch-brücke)前进。这是因为著名景点霍尔茨桥是有屋顶的木结构桥，走进桥内反而看不到桥体，而登上高架桥霍赫桥，在桥上可以慢慢欣赏霍尔茨桥，甚至可以将巴登整个老城区都尽收眼底。景色非常美丽。

欣赏完风景后可以通过霍赫桥，走下对岸的螺旋阶梯，来到古代地方官员宅邸（Landvogtei-schloss），这里已经被改造成陈列着古代官员宅邸生活用品的历史博物馆（Historisches Museum）。进入博物馆，右侧为宅邸高塔部分，左侧为新增的别馆，陈列在右侧高塔中的展品更有意思。开馆时间为周三～周五13:00～17:00，周六、周日10:00～17:00，门票CHF5。

参观完历史博物馆后可直接穿过霍尔茨桥，回到巴登中央火车站。这条线路徒步需要约1小时30分钟。

可饮用，而且有些治疗效用的温泉

巴登公共温泉中心
Thermal Baden MAP p.61

www.thermalbaden.ch（德）

来到巴登就不能不泡温泉，巴登公共温泉中心（Thermal Baden）离苏黎世与日内瓦都很近，是不错的一日游目的地。另外，有可能的话还可以住在附近的酒店，好好体验一下温泉之旅。

温泉中心位于利马特河畔一个庭院式园区内，装饰清新雅致。其户外温泉泳池非常宽敞，一边泡澡，一边眺望远处山丘上的葡萄园和整齐别致的小镇风貌，一定会让你流连忘返。温泉中心还设有设施齐全的室内温泉和桑拿房。

温泉源头的水温为47℃，不断涌出的温泉确保泳池温泉的水温可保持在36℃。泡进温泉，您的肌肤就能感受到温泉水的润滑。而且更神奇的是泡温泉时并不会闻到刺鼻的硫黄味，但到饮泉处所在的源头去喝上一小口泉水就会让你惊讶不已，原来这硫黄水是如此的刺鼻，像是吃下一个“熏制的温泉蛋”。但似乎对治疗肠胃有些效果哦！

Hotel

公园附近安静舒适的度假区酒店

公园酒店 ★★★★
Du Parc MAP p.61

Römer-strasse 24,CH-5400 Baden
☎056-203-1515 FAX 056-222-0793
www.duparc.ch
室 106间　2人间含早餐CHF200~

温泉洗浴中心并设的温泉酒店

利马特霍夫酒店 ★★★★
Limmathof MAP p.61

Limmat-promenade 28, CH-5400 Baden
☎056-200-1717 FAX 056-200-1718
www.limmathof.ch
室 10间　2人间含早餐CHF290~

由1840年建造的古建筑改造而成的酒店

中庭酒店 Unique
Blume MAP p.61

Kur-platz 4,CH-5400 Baden
☎056-200-0200 FAX 056-200-0250
www.blume-baden.ch
室 34间　2人间含早餐CHF220~

因莱茵河水上贸易而繁荣的古老城市

沙夫豪森
Schaffhausen

MAP ●剪切地图-3、p.7-C、p.63

州名／沙夫豪森州	语言／德语圈
海拔／403米	人口／约3.5万人
产业／工业、贸易	长途区号／☎052

●**交通信息**

从苏黎世出发，约40分钟，50千米。

●**乘列车**

从苏黎世乘坐国际特快ICE、快车IR，约45分钟。

●**驾车**

从苏黎世走高速公路4号线，先出莱茵瀑布出口（Uhwiesen），接着出沙夫豪森出口（Schaffhausen-süd）。

●**市内交通**

中心区可徒步旅行。可乘坐S线（S-Bahn）或巴士前往莱茵瀑布和施泰因。

●**旅游局 Schaffhauserland Tourismus**

位于赫伦阿克广场（Herrenacker）。

☎052-632-4020

FAX 052-632-4030

www.schaffhauserland.ch（德、英）

〈5月~9月〉

周一～周五 9:30~18:00

周六 9:30~16:00

周日 9:30~14:00

〈10月~次年4月〉

周一～周五 9:30~17:00

周六 9:30~14:00

标志性建筑物穆诺特城堡

"沙夫豪森"（Schaffhausen）意为"船之家"，因莱茵河水上贸易发展起来，是沙夫豪森州的州府。由于紧邻德国边境，城镇具有德国风貌。

【旅游景点指南】

保留着中世纪建筑的热闹老城区

老城区 Altstadt

MAP p.63

"骑士之家"正面华丽的壁画

车站前的火车站大街东侧一带为老城区。前城街（Vorstadt-strasse）和前街（Vorder-gasse），以及位于这两条街道的交叉处的弗龙瓦格广场（Fronwag-platz）为城镇最繁华地带。广场中立着一座于1564年建造的天文钟塔（Fronwag-turm），它显示着10种时间。此外，坐落在前街65号，于1566年建造的骑士之家（Haus zum Ritter）也值得一看。骑士之家的原主人汉斯·丰·瓦尔德基希曾拜托当地画家特皮亚斯（Tobias）为房屋绘制壁画，使其成了沙夫豪森众多优美壁画房屋的代表。老城区东边的小山丘耸立着标志性

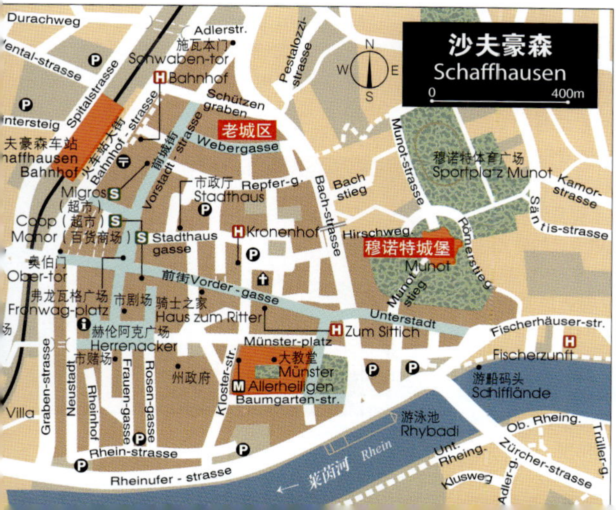

建筑物穆诺特城堡（Munot）。1527年，著名建筑家阿尔布雷特·丢勒提出了“最理想的城堡”的设想，人们在1564～1589年间根据此设想建造了这座城堡。由于是圆形城堡，所以可以抵挡来自各个方向的攻击。现在，城堡的屋顶是市民娱乐休闲广场，也是最佳的瞭望台，有时间一定要登上城堡看看。

拥有惊人水流量的瀑布

莱茵瀑布
Rheinfall

MAP ●剪切地图-3、p.7-C

游客可搭短距离渡船登上瀑布中央小岛般的大岩石上观景

著名的莱茵河发源于阿尔卑斯山，流经欧洲中部各国，最后注入北海，全长约1320千米。莱茵河唯一一段落差大的河段形成了莱茵瀑布，也正是由于瀑布的存在，河上贸易船只不得不在沙夫豪森登陆，沙夫豪森便因水上贸易繁荣起来。莱茵瀑布落差虽然只有23米，但宽达150米，平均水流量达到每秒700立方米，足以让人惊叹，走近瀑布就能感受到瀑布的气势磅礴。

瀑布位于沙夫豪森南部约4公里的地方，交通十分便利。本书为大家推荐的线路是，乘坐沙夫豪森车站开往温特图尔（Winterthur）方向的33号S线，约5分钟后在“Schloss Laufen am Rheinfall”站（列车只在每年的4~10月会在此站停）下车。

出火车站后，从站前的劳芬城（Schloss laufen）入口处的售票处购票（CHF1）后进入。一进入景区就会看到去往瀑布的游客散步道。此外，瀑布上方、中间以及下方都建有瞭望台，可供游客从各个角度观赏瀑布。如果觉得不够过瘾，还可以来到最下边的瞭望台，从平台的右手边的山洞进入瀑布内，感受磅礴的水声和壮观的水量，或者通过左边的小道来到渡船小码头（Schiffahrt am Rheinfall），搭船前往瀑布中间小岛般的大岩石（Mittelfelsen），在大岩石上近距离感受瀑布的气魄。还可以到瀑布的对岸（Neuhausen am Rheinfall），换一个观赏角度。

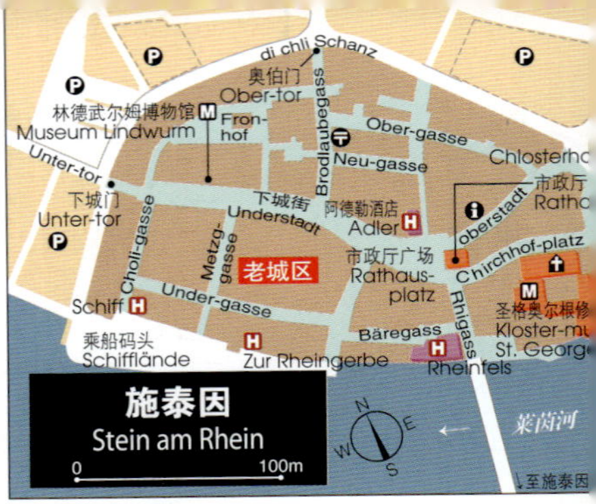

被誉为“莱茵河畔的宝石”的美丽城市

施泰因
Stein am Rhein

MAP ●剪切地图-3、p.7-C、p.64

位于沙夫豪森东面约20公里处有一个叫施泰因的小镇，镇上的建筑保留着中世纪的建筑风格，非常美丽，被誉为“莱茵河畔的宝石”。

从沙夫豪森乘坐3号或8号S线，约24分钟即可到达。出站后走下站前的斜坡就可来到河畔，走过桥就到达老城区，徒步约需10分钟。

老城区中心部的市政厅广场（Rahtaus-platz）周围，每座房屋正面都有壁画装饰，仿佛走进一座中世纪的美术馆。城中的阿德勒酒店也因拥有童话画家卡利杰所画的壁画而闻名。酒店附近有圣格奥尔根修道院博物馆（Kloster-museum St.Georgen）和旅游局。参观完修道院博物馆后不妨到广场附近的下城街（Understadt）逛逛，这里集中了各式咖啡厅和特色杂货小店，可伴你度过悠闲的度假时光。再现了19世纪普通市民生活状况的林德武尔姆博物馆（Museum Lindwram）就位于大街的18号，也同样值得参观。大街的尽头是城镇的下城门（Unter-tor），在下城门外会发现，城镇上紧挨着的房屋紧紧地包围着老城区，起到了保护城镇的重要作用。

被称作莱茵河宝石的莱茵施泰因

巴塞尔周边

（德语圈）

Around Basel

Basel 巴塞尔

Rheinfelden 莱茵费尔登

地处瑞士、法国、德国三国交界处 拥有独特魅力的巴塞尔及其周边地区概况

巴塞尔位于瑞士西北部，地处瑞士、法国、德国三国交界处。巴塞尔是名副其实的国境城市，还是欧洲大动脉莱茵河航运的起点城市。自中世纪起这里就是一个繁荣的大都市，如今它是继苏黎世、日内瓦之后的瑞士第三大城市，有着成熟的制药工业和高端的精密仪器制造业，不论在经济领域还是产业领域都在瑞士有着重要地位。

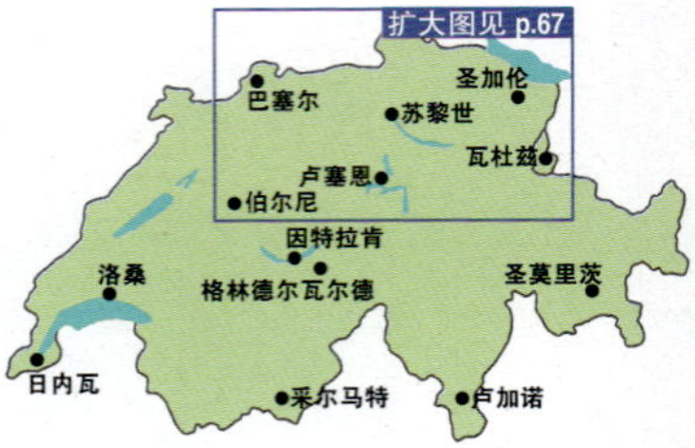

“多彩”的景色

巴塞尔可以说是一个特殊的城市。首先，在被称为山地国家的瑞士，巴塞尔是少有的海拔只有277米，周边没有山地，地势平坦的低海拔城市。

流经城市中央的莱茵河，在这里变成了河宽达200米的平缓大河，流淌着深绿色的河水。河岸视野开阔、风景如画，与窄小的蓝色莱茵河河段流经的其他地区形成了鲜明的对比。

巴塞尔也因位于莱茵河航运的起点，自中世纪起就繁荣起来，不仅如此，这里还是瑞士海军根据地所在的基地城市。走在巴塞尔的街头就会看到许多蓝色的建筑物，这些建筑物都与海军相关。说到这里，您可能会惊讶道：“瑞士是内陆国家，怎么会有海军呢？”其实瑞士的确是一个拥有海军的国家。

全长1320千米的莱茵河发源自格劳宾登州，流到巴塞尔时已形成了拥有足够宽度和深度可以行驶大型船只的大运河。莱茵河经过瑞士，还会流经德国、法国、荷兰，最后注入北海。也就是说，大型船只

从以水运为主要运输方式的中世纪起，莱茵河就成为欧洲的大动脉

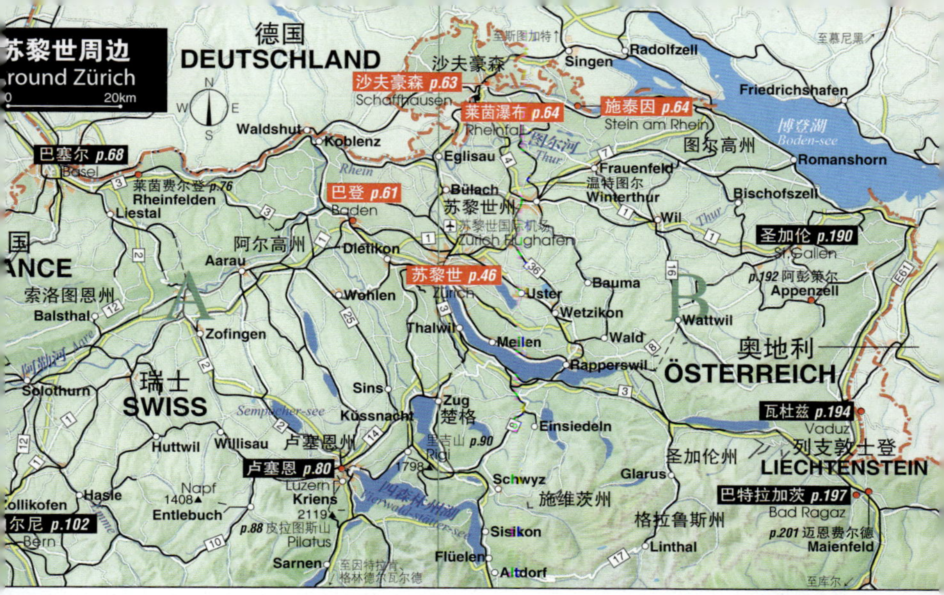

从巴塞尔出发，就可前往其他国家进行水上贸易，也可直接驶入北海。因此，瑞士拥有自己的海军。

“无国界”般的市民生活

巴塞尔虽位于瑞士本土，但它西北毗邻法国，东北与德国接壤。巴塞尔市内有三个火车站，分别是“瑞士巴塞尔站”“法国巴塞尔站”“德国巴塞尔站”，市民每天过着来回穿越国界的多彩生活。

巴塞尔有着得天独厚的地理位置。瑞士是一个有名的高物价国家，巴塞尔市民常常到法国去买面包，到德国去买土豆，他们就是这样常常到法国或德国去购物和吃饭，甚至有许多市民选择学费相对便宜的德法两国去上专门学校或大学。

因此，大多数市民的钱包内都不仅仅只有瑞士货币，还会放一些欧元。除此之外，瑞士国民身份证也是巴塞尔市民必带物品之一，有了这张小小的卡，就“走遍邻国都不怕”了。

位于国境地区的干线道路设有检查站，但有瑞士牌照的车辆畅通无阻。如果是外国游客租来的车，从这里经过时只需停下并出示护照即可通过。出入公路国境十分快捷方便。此外，穿越国境的高速公路上不设检查站。

如果乘火车和航船穿越国境，火车站和码头、火车内和船内会有边境检查，但

著名的巴塞尔狂欢节（Fasnacht）

只要出示护照均可通过。

轻松德国一日游

来到这样一个特殊的城市，一定要为您介绍巴塞尔周边的旅游观光地。特别的是，巴塞尔周边的旅游景点更多位于德国城市。

首先，在瑞士境内为大家介绍的是巴塞尔附近的莱茵费尔登（Rheinfelden）（请参考p.76）。这是一个中世纪风情浓郁、被老城墙包围着的小城镇，还有公共温泉中心，漫步欣赏完小镇美景后来到温泉中心泡一泡，会让人轻松愉快。

此外，德国黑森林地区深处的小城镇弗赖堡（Freiburg）也是一日游最佳目的地。德国著名的温泉城市巴登巴登（Baden-Baden）也位于一日游范围内，会是个不错的选择。

关于这些德国城市的详细介绍可以参考系列书籍《德国》（乐游全球丛书）。

位于瑞士、法国、德国三国国境相接处的大都市

巴塞尔
Basel (Bâle)

MAP ●剪切地图-2、p.6-B、p.69

州名／巴塞尔城市半州	语言／德语圈
海拔／277米	人口／约16.5万人
产业／制药业、工商业	长途区号／☎061

●交通

从苏黎世国际机场出发，约50分钟，86千米。

●乘飞机

从欧洲各国乘坐飞机到达巴塞尔，都需先降落在欧洲国际机场（巴塞尔国际机场），从机场到巴塞尔市内只有约5千米，坐出租车约10分钟能到达，车费CHF30。

●乘列车

可从苏黎世中央火车站乘坐开往巴塞尔的国际特快ICE或EC、特快IC、快车IR，约50分钟可到达。约30分钟一趟车。

●驾车

从苏黎世出发，走高速1号或3号线，出巴塞尔南出口(Basel Süd/City)。

●市内交通

巴塞尔是国境城市，市内有三个火车站，分别是瑞士国铁巴塞尔站SBB、法国国铁巴塞尔站SNCF、德国国铁巴塞尔站。乘坐出租车前往火车站时，要特别注意告诉司机是去往哪个火车站，否则容易弄错。

从瑞士国铁巴塞尔站到老城区所在的市中心约1千米，可乘坐出租车，或是乘坐无轨电车8号线（去往Kleinhüningen）或11号线（去往St.Louis Grenze）。

市内的电车按距离计费，近距离区域内，单次券为CHF2，一日券（Tageskarte）需CHF8.5。持有瑞士通票的乘客免费。另外，入住巴塞尔市内酒店时，酒店每天都会给客人一张一日券，酒店宾客可充分利用这张券。

●旅游局 Basel Tourism

旅游局本部设置在巴塞尔巴修色广场(Barfüsser-platz)的音乐厅内(Stadt-Casino)，分局设在瑞士国铁巴塞尔站内。乘列车到达巴塞尔的游客可以先到站内的分局去取市内地图和市内电车线路图。

<本部·巴修色广场>

☎061-268-6868 FAX 061-268-6870

www.basel.com

周一～周五	9:00~18:30
周六	9:00~17:00
周日	10:00~15:00

<分局·瑞士国铁巴塞尔站内>

周一～周五	8:30~18:00
周六	9:00~17:00
周日	9:00~15:00

巴塞尔是莱茵河航运的要冲，也是瑞士第三大城市。与法国、德国接壤的巴塞尔拥有得天独厚的地理优势。

巴塞尔的德语为Basel，法语为Bâle。虽说城市旅游景点不算多，但有着独特韵味。春季举行的狂欢节（Fasnacht）是巴塞尔最有名的节日活动之一。此外，这里还举办钟表样品展示会等各种国际大型样品展示会。

【旅游景点指南】

风姿独特的城镇面貌

老城区
Altstadt

MAP p.69-C

莱茵河穿城而过，将巴塞尔一分为二，北岸为新城区，南岸则为老城区。老城区内有许多建于14~16世纪的古建筑，使得城区风姿独特。石子铺成的小巷内林立着许多别致的杂货店、画廊、甜品店以及咖啡厅，漫步其中欣赏这些异国风情的小店也是一种享受。

●施帕伦门
Spalen-tor

施帕伦门是15世纪修建防御工事时保留下来的遗迹，也是目前遗留下来的3座大门中最雄伟的一座。

●集市广场
Markt-platz

这处位于市中心的广场就如名称一样，每逢周一～周六上午就成为热闹的蔬菜水果市场和奶酪集市。

面向广场建造的市政厅（Rathaus）有着鲜红的外观，十分引人注目。市政厅是一个建于16世纪后期的哥特式建筑，如今人们看到的金色高塔增建于19世纪。游客可以自由进入市政厅庭院，但想进入厅内参观的话需要事先申请（到巴塞尔旅游局预约）。

从集市广场到巴修色广场（Barfüsser-platz）、自由街（Freie-strasse）、皮匠街（Gerber-gasse）、施泰嫩大街（Steinenberg）等围成的三角地带为巴塞尔市内最繁华的地带。

建在老城区西端的施帕伦门是中世纪时期修建防御工事时保留下来的

老城区中心的集市广场，上午，这里摆满蔬菜、水果、鲜花、奶酪摊位

面向市场的市政厅，鲜红的外观足以抓住您的眼球

●自由街、皮匠街及施泰嫩大街
Freie-strasse, Gerber-gasse,Steinenberg

在巴塞尔购物一定不能错过自由街、皮匠街，这里是最繁华的购物中心。每到周四～周六这里就聚集了大量的游客，非常热闹。施泰嫩大街则是有名的餐厅、咖啡厅一条街。

自由街、皮匠街是热闹的步行街

●大教堂
Münster

大教堂坐落在老城区莱茵河畔，建于12世纪，于14~15世纪和18世纪经过几次改建后才形成现在人们看到的形貌。也正因为经过多次改建，大教堂呈现出多种建筑风格，它那红砂岩建成的外观和亮眼的马赛克屋顶相得益彰，非常雄伟。登上塔楼（入塔CHF4）可以一览莱茵河风光和巴塞尔的城市美景。

开放时间：春季复活节~10月15日，周一~周五10:00~17:00，周六10:00~16:00，周日13:00~17:00。其他时间：周一~周六11:00~16:00，周日14:00~16:00。

巴塞尔的标志性建筑物大教堂的正面入口

穿流而过的莱茵河。远处河面上架着中间桥

泛舟于奔流不息的莱茵河

莱茵河渡船
Münster-fähre

MAP p.69-D

从巴塞尔城市中央穿流而过的莱茵河也是非常不错的景点，河岸共设有4处渡船码头。其中，最值得推荐的是南岸大教堂至北岸这条线路。在船上可以远观大教堂的雄姿。

小型渡船靠电动钢索牵引到达彼岸，驶到河中央时可以真切地感受到莱茵河水流的力量，一定会是一次难忘的体验。

徜徉在莱茵河畔

莱茵河畔散步道
Rheinweg

MAP p.69-A

沿着莱茵河河岸散步也是个不错的游览体验，北岸从三玫瑰桥（Dreirosen）到韦特施泰因桥，南岸从韦特施泰因桥到高速公路，都设有河滨散步道。道路两旁绿树成荫，漫步其中，呼吸莱茵河畔的清新空气，眺望对岸的城市美景，伴着微风和明媚的阳光，让人陶醉其中。散步道全程约3千米，需约1个小时，十分适合散步和徒步旅行。

到了夏季，散步道旁还设有供行人休息的露天咖啡店和庭院式啤酒店。

从北岸眺望南岸的大教堂一角以及莱茵河上的渡船

在莱茵河中游泳

莱茵河游泳池
Rhybadhüsli Breite MAP p.69-D

在莱茵河中游泳或许是瑞士人喜爱户外运动的体现，抑或是没法实现海水浴的代替之选。每到夏季，巴塞尔市民都喜欢到莱茵河中游泳。

人们从高高的跳水台上跳进河中，顺着流水往下游游去，游一段路程后再爬上河岸边的平台，接着步行回到原来的跳水台，这就是巴塞尔人特有的莱茵河游泳活动。莱茵河有着足够的水量和深度，能保证跳水者可以浮起来，这也是跳水台大受欢迎的前提。

漫游莱茵河

莱茵河游览船之旅
Basler Personenschifffahrt

中间桥旁设有莱茵河游览船码头，乘游览船可以欣赏到位于上游的保留着中世纪建筑的温泉小镇莱茵费尔登（Rheinfelden）

莱茵河滨散步道是个散步和徒步运动的好去处

设在莱茵河上的莱茵河游泳馆

（参考p.78）和沿岸其他城市的美景（5~10月）。最新的游览船日程安排表可以从网站、旅游局、码头以及各酒店获取。

河上的三国国境交接点和纪念碑

三国国境
Dreiländerecke MAP p.69-A

瑞士、法国、德国交界处位于巴塞尔，确切地说，三国的交界点在莱茵河上。看到国境附近的喷绘有三个国家国旗的纪念碑，才真正感觉到自己站在三国交界点上。这里位于市区往北约1千米处，可乘坐从瑞士国铁火车站、集市广场开往Kleinhüningen方向的电车8号线，到终点下车。渡过小河后朝莱茵河直走即可到达。

右手边是德国，左手边是法国

博物馆由建于14世纪的教堂改建而成

巴修色教堂博物馆
HMB Barfüsser-kirche

MAP p.69-C

博物馆保留着大教堂的庄重气氛

✉ Barfüsser-platz
☎ 061-205-8600
www.museenbasel.ch（德、法、英）
CHF7（持瑞士通票者免费）
营 10:00~17:00 休 周一

是由建于14世纪的大教堂改建而成的历史博物馆。在这里，可以欣赏到中世纪时期因莱茵河水上贸易而繁荣发展的巴塞尔以及上游地区的艺术品、黄金手工艺品、织锦以及生活用品。巴塞尔大教堂的珍宝、彩绘玻璃、雕塑等宗教艺术品是博物馆的最大亮点。

能欣赏欧洲数一数二的现代绘画名作

巴塞尔美术馆
Kunst-museum Basel

MAP p.69-C

（左图）中庭摆放着罗丹的雕像作品《加莱市民》

✉ St. Alban-graben 16
☎ 061-206-6262
www.kunstmuseumbasel.ch（德、英）
CHF15（持瑞士通票者免费）
营 10:00~18:00 休 周一

博物馆始建于1662年，收藏了约3000件绘画作品。这里收藏了欧洲最珍贵的从印象派到立体派的现代画作，这些名作也正是博物馆的亮点所在。画家毕加索、凡高、高更、毕沙罗、塞尚、莫奈、西斯莱、马蒂斯、夏加尔、蒙克等的名作可让您一饱眼福。

瑞士现代艺术巨匠丁格利的作品

丁格利美术馆
Museum Tinguely

MAP p.69-D

（左图）位于老城区的丁格利设计的喷泉

✉ Paul Sacher-Anlage 2
☎ 061-681-9320
www.tinguely.ch（德、法、英）
CHF15（持瑞士通票者免费）
营 11:00~18:00 休 周一

这是一座收藏着瑞士现代艺术巨匠丁格利（1925～1991）作品的美术馆。其中，最值得参观的是丁格利制作的个性铁制艺术品。博物馆位于北岸，从莱茵河散步道走30分钟即可到达。老城区的皮匠街还可看到丁格利设计的喷泉。

巴塞尔还有许多独特的博物馆

瑞士最大的古乐器博物馆

古乐器博物馆 HMB Musik-museum

MAP p.69-C

Im Lohnhof 9 / www.musikmuseum.ch
CHF7（持瑞士通票者免费）
周三～周六14:00~18:00、周日11:00~17:00

巴塞尔众多名建筑师的杰作

建筑博物馆 Schweizerisches Architektur-museum

MAP p.69-C

Steinenberg 7 / www.sam-basel.org
CHF10 / 周二、周三、周五11:00~18:00，周四11:00~20:30、周六、周日11:00~17:00

收藏着古罗马、古希腊艺术品

古代博物馆 Antiken-museum

MAP p.69-C

St.Alban-graben 5 / www.antikenmuseumbasel.ch
CHF10（持瑞士通票者免费）
周二~周日10:00~17:00

18世纪日常生活场景的再现

基施加藤博物馆 HMB Haus zum Kirschgarten

MAP p.69-C

Elisabethen-strasse / www.museenbasel.ch
CHF7（持瑞士通票者免费）/ 周二~周日10:00，周六13:00~17:00

* HMB为“Historisches Museum Basel”（巴塞尔历史博物馆）的缩写。

★★★★★

三国王酒店

Les Trois Rois

MAP p.69-A

Blumenrain 8, CH-4001 Basel
☎061-260-5050 FAX 061-260-5060
www.lestroisrois.com（德、法、英）
室 101室
2人间不含早餐CHF515~
营 全年营业

酒店正门面向老城区

面朝莱茵河，背靠老城区

瑞士有许多历史悠久的酒店，但三国王酒店（Les Trois Rois）一定会让你赞叹。三国王酒店创建于1026年，比瑞士建国还早。"Les Trois Rois "在法语中是"三个国王"的意思，酒店名字正来源于此。

创业之初，酒店叫"花"，但在6年后的1032年，酒店迎来了鲁道夫三世、康拉德二世及海因里希三世，这三位国王到此召开会议。从这以后，酒店的名称正式改成"三国王"。

酒店的外墙和楼层的平台都能看到酒店的标志，即"三位国王"的塑像。

在酒店珍藏的贵客名簿中可以看到从各国国家元首到音乐家李斯特、瓦格纳，画家毕加索、夏加尔等许多如雷贯耳的名字。

三国王酒店是巴塞尔酒店的代表，它面朝莱茵河，背靠繁华的老城区，占据极佳的地理位置。酒店有着高贵、古典的外观，进入酒店就会看到酒店服务员真诚的笑容，感受到他们细心周到的服务，不仅如此，进进出出时总能听到他们热情地跟客人打招呼。经过2006年的大规模改造装修，客房在保留了典雅的风格的基础上，更添设了高科技设施，使得酒店更加人性化。酒店的房间有DVD、无线网、卫星电视等。

这样一个富有魅力的酒店一定不要错过哦！

外墙上装饰着"三位国王"的雕像

酒店到处渗透着悠久的历史感

整洁舒适的藏蓝色的客房让人心情沉静

酒店建在莱茵河岸边

典雅的玫瑰色客房

时尚的现代商务酒店，适合观光旅游时入住

瑞士广场酒店
Swissôtel Le Plaza

★★★★★ MAP p.69-B

✉Messe-platz 25, CH-4005 Basel
☎061-555-3333 FAX061-555-3970
www.basel.swissotel.com（德、英）
室238室
2人间不含早餐CHF204~
营全年营业

这是一家位于北岸新城区国际样品展示厅附近的高级商务酒店。客人主要为商务人士，召开国际样品展示会期间酒店价格会提高。休会期间，也就是每年的7月至8月，房价最便宜，在此期间入住比较合算。

离老城区只有10分钟路程

莱茵河畔的小型酒店，酒店内的鱼类美食餐厅远近闻名

巴塞尔酒店
Merian

★★★★ MAP p.69-A

✉Rhein-gasse 2, CH-4056 Basel
☎061-685-1111 FAX061-685-1112
www.hotelmerianbasel.ch（德、英）
室63室
2人间不含早餐CHF220~
营全年营业

酒店坐落在老城区集市广场附近。适合观光旅游者入住。不论酒店内部还是外观都简洁时尚。规模较小，给人留下清爽、亲切的感觉，是一家很不错的酒店。

位于老城区中心地带，地理位置优越

氛围轻松

莱茵河梅里安酒店
Basel

★★★★ MAP p.69-C

✉Münz-gasse 12, CH-4001 Basel
☎061-264-6800
www.hotel-basel.ch（德、英）
室72室
2人间含早餐CHF210~
营全年营业

酒店位于北岸新城区内，坐落在莱茵河畔，走过河上的中间桥，约1分钟就能到达南岸的老城区，十分便利。酒店家庭氛围浓厚，酒店里的鱼类美食餐厅“施皮茨咖啡餐厅”（p.75）远近闻名。

面朝莱茵河，可从客房眺望窗外美景

巴塞尔的酒店大多集中在国铁火车站前和新城区

深受商务人士欢迎的酒店

希尔顿酒店
Hilton ★★★★★ MAP p.69-C

Aeschen-graben 31, CH-4051 Basel
☎061-275-6600 FAX061-275-6650
www.basel.hilton.com 全年营业
室220室 2人间不含早餐CHF200~

19世纪的经典酒店

欧拉酒店
Euler ★★★★ MAP p.69-C

Centralbahn-platz 14, CH-4002 Basel
☎061-275-0000 FAX061-275-8050
www.hoteleuler.ch 全年营业
室64室 2人间不含早餐CHF266~

作家赫尔曼·黑塞钟情的历史酒店

克拉夫特酒店
Krafft ★★★ MAP p.69-A

Rhein-gasse 12, CH-4058 Basel
☎061-690-9130 FAX061-690-9131
www.kraftbasel.ch 全年营业
室48室 2人间含早餐CHF270～

老城区内的别致小酒店

洛查酒店
Rochat ★★ MAP p.69-A

Peters-graben 23, CH-4051 Basel
☎061-261-8140 FAX061-261-6492
www.hotelrochat.ch 全年营业
室50室 2人间含早餐CHF170~

巴塞尔最著名的法国餐厅

白马酒庄餐厅
Cheval Blanc
（法国料理） MAP p.69-A

- 三国王酒店的0F
- 061-260-5050（酒店前台）
- www.lestroisrois.com（德、法、英）
- 营 12:00~14:00、19:00~22:00
- 休 周日、周一
- 预 CHF100~　需预订

这是一家高级法国餐厅。餐厅高贵大气的名字来源于盛产于法国波尔多的“白马”白葡萄酒（Cheval Blanc）。餐厅精选当季新鲜食材，平均每两个月就会换一次菜谱。餐厅提供以20种“白马”白葡萄酒为首的共计700多种葡萄酒。

坐在窗边的席位上还可以欣赏到莱茵河美景

拥有50余年历史的老字号餐厅

桑切斯多纳蒂餐厅
Chez Donati
（意大利料理） MAP p.69-A

- 中间桥下游、约翰尼特桥南岸附近（位于老城区）
- 061-322-0919
- www.lestroisrois.com（德、法、英）
- 营 周二~周六11:30~14:00、18:30~22:00
- 休 周日、周一　预 CHF60~

这是一家北意大利菜肴老字号餐厅。店内的肉菜只选用牛肉，最值得推荐的是金枪鱼汁小牛肉（Vitello Tonnato）（前菜CHF22/主菜CHF28）和北意大利名菜骨孔肉（Ossobuco）（CHF49）。

还可享用到意式菜肉馄饨Ravioli、意大利煨饭Risotto等

莱茵河畔的鱼类美食餐厅

施皮茨咖啡餐厅
Café Spitz
（鱼菜肴） MAP p.69-A

- 梅里安酒店的0F
- 061-685-1111（酒店前台）
- www.hotelmerianbasel.ch（德）
- 营 周二~周六7:30~23:30、周日~周一7:30~22:00
- 预 CHF60~

品尝过牛肉菜肴后想必您想换换口味，那么现在为大家介绍一家以鱼类美食著称的餐厅。店内的鱼肉末汤（Fischsuppe）（CHF14.50）和产自莱茵河的淡水鱼拼盘（Rheinfischer Teller）（CHF52）最值得推荐。

夏季餐厅还设有可遥望莱茵河的露天席位

其他值得推荐的餐厅

可轻松享用啤酒和烤肠

穆兹餐厅
Zum Braunen Mutz　（庭院式餐厅） MAP p.69-C

- 位于巴修色广场
- 061-261-3369　www.brauner-mutz.basel.ch
- 营 周一~周四8:00~24:00，周五、周六8:00~次日1:00，周日10:00~24:00

瑞士人喜爱的寿司餐吧

根岸
Negishi　（寿司餐厅） MAP p.69-C

- 位于巴修色广场附近，皮匠街80号
- 061-263-2636　www.negishi.ch
- 营 周一~周六11:30~22:00、周日14:00~21:00

深受瑞士人喜爱的拉面馆

生面
Namamen　（拉面馆） MAP p.69-C

- 位于施泰嫩大街1号
- 061-271-8068　www.namamen.ch
- 营 周一~周五11:00~22:30、周六12:00~22:30、周日16:00~21:30（5~8月期间，周日不营业）

让人难忘的中华料理

莲花园
Lotus Garden　（中国菜） MAP p.69-A

- 位于约翰尼特桥附近，St.johanns-platz20
- 061-322-1151　www.lotus-garden.ch
- 营 周二~周五12:00~14:00、18:00~22:00，周六、周日18:00~22:00，周一休息

巴塞尔近郊的温泉度假村

莱茵费尔登

Rheinfelden

MAP ●剪切地图-2、p.6-B、p.76

州名／阿尔高州	语言／德语圈
海拔／285米	人口／约1万人
产业／啤酒酿造业	长途区号／☎061

●交通

从巴塞尔出发约15分钟，17千米。

●乘列车

从瑞士国铁巴塞尔火车站乘坐开往苏黎世方向的快车IR，约10分钟可到达。或乘坐开往Laufenburg方向的1号S线，约17分钟可到达。

●驾车

从巴塞尔出发，走高速公路3号线，开往苏黎世方向，出莱茵费尔登出口，接着沿Magdenner-strasse北上即可。

●市内交通

城镇不大，可徒步游览。

●旅游局 Tourism Rheinfelden

位于老城区中心广场Zähringer-platz。

☎061-835-5200　FAX 061-835-5253

www.tourismus-rheinfelden.ch（德）

周一　13:30~17:00

周二～周三　8:00~12:00、13:30~17:00

周五　8:00~12:00、13:30~18:30

周六　8:00~12:00（只在第1和第3个周六办公）

中间为莱茵河，右侧为莱茵费尔登老城区，左侧为德国

温泉中心有寝汤和瀑布汤等设施，图为其室外泳池

莱茵费尔登位于巴塞尔上游，是一个中世纪发展起来的温泉小镇。它与德国隔河相望，走过莱茵河上的石桥就可以到德国小镇去看看（需要护照）。到德国一日游一定会给您的巴塞尔之旅增添不少乐趣。

【旅游景点指南】

中世纪风格的美丽小镇

老城区

Altstadt

MAP p.76

莱茵费尔登是中世纪发展起来的小镇。城镇的标志是位于兰普勒广场（Im Rumpel）的山羊钟琴（Glockenspiel）。这个钟琴背后还有一段感人的故事。传说从前，当城镇面临敌军入侵时，一只山羊在城墙上奔跑，让敌军误认为城里有大批羊群（意味着这个城镇物产丰富，不好对付），最后“歪打正着”保护了城镇。如今，这里还演绎着这个传说，每日的9:00、12:00、15:00、17:00这四个时间还能观看到山羊在钟台模拟城墙上奔跑的有趣情景。

温泉中的盐分有疗养功效

温泉中心

Sole Uno

MAP p.76

www.parkresort.ch（德）

沿着老城区河畔散步道徒步约5分钟就可看到公共温泉中心。这里的温泉常年保持在33℃，富含钠、钾、镁，对风湿、关节炎有很好的疗效。温泉中心设有室外温泉泳池、室内温泉泳池以及圆木桑拿屋，且分别设在不同楼层，不易混淆。室内温泉泳池旁边有个烘干室，室内的浴巾可自助使用。开放时间是每天8:00~22:30。费用为2小时以内CHF25，3小时以内CHF31，4小时以内CHF37，一日券为CHF47。

此外，温泉拥有创业于1880年的四星级温泉度假酒店莱茵公园酒店（Park-Hotel am Rhein）（45间客房/☎061-863-6633/FAX 062-836-6634）。

卢塞恩周边

（德语圈）

Around Luzern

Luzern 卢塞恩 / Pilatus 皮拉图斯山

Rigi 里吉山 / Titlis 铁力士山

Vierwald-stätter-see 四森林州湖湖畔

畅游山水环抱的瑞士中央地区
历史悠久的卢塞恩概况

本章带大家走进瑞士中部，也就是瑞士中央地区。这一地区有德语称为“Vierwald-stätter-see”（即位于有着四个森林的州内的湖）的四森林州湖。近年来，为了让更多游客知道这个美丽的湖泊，有时也将其称为卢塞恩湖（Lake Luzern）。卢塞恩周边的卢塞恩州、施维茨州、乌里州以及翁特瓦尔登州（现分为上瓦尔登州和下瓦尔登州）一带为瑞士中央，是瑞士的发祥地，同时也是英雄人物威廉·泰尔的故乡。因此，瑞士中央地区在瑞士人心中有着特殊的地位，被形容为“瑞士人的心灵故乡”。

曾是交通要塞的古都卢塞恩

瑞士中央地区的四个州中数卢塞恩州面积最大，也是继最初组成瑞士联邦的三个州之后于1332年加入联邦的第四个联邦州。它地处瑞士的心脏地带，山水环绕，风景怡人，可以说是“瑞士中的瑞士”。

卢塞恩州的中心是位于四森林州湖西北部的古都卢塞恩（p.80）。从瑞士大门苏黎世乘坐列车只需1个小时就可到达卢塞恩，交通十分便利。在卢塞恩市内徒步旅行是不错的选择，只需半天就可走遍城区。

13世纪，连接欧洲南北的阿尔卑斯山的圣哥特哈德通道开辟后，卢塞恩成为跨越阿尔卑斯山转运货物的重要商镇，也因此繁荣起来。城市最大的魅力就是从卡佩尔桥到老城区一带完好保留着的中世纪风格的城镇面貌。

周边的皮拉图斯山、里吉山等阿尔卑斯风光名地，让卢塞恩从18世纪起就成为阿尔卑斯群山的最佳观景地之一。中世纪的古老城市街景，风景秀丽的四森林州湖以及峻秀的名山构成了卢塞恩最独特的吸引力。就如诗人拜伦（Byron）和作家马克·吐温（Mark Twain）赞美的那样，卢塞恩是瑞士数一数二的美丽城镇。

眼前是缓缓登上皮拉图斯山的索道车，远处就是四森林州湖

成为瑞士发源地的三州

与卢塞恩一起围绕在四森林州湖周边的还有施维茨州、乌里州以及翁特瓦尔登州，这三个州被称作森林之州（Wald-stätter），同时也是瑞士的发源地。1291年8月1日是三州盟誓建立瑞士的历史性时刻，吕特利草地（p.96）成为缔结盟约的

重要场所，也被称为“瑞士的发祥地”。

三州曾是神圣罗马帝国的领地，由哈布斯堡家族派遣地方官进行管理。三州在反抗哈布斯堡家族的统治的过程中结成同盟，并努力成立独立国家。关于瑞士独立还有一个著名的传说，即建国英雄威廉·泰尔的传说（请参考p.98）。泰尔是否是真实存在的历史人物目前还没有得到证实，但对于瑞士人来说，他永远是“建国之父”，是人们心中的英雄。

三州最值得推荐的旅游景点是与建国历史和传说有关的名胜古迹。首先，是与瑞士国名起源密切相关的施维茨州的施维茨（p.97）。还有著名的泰尔故乡——乌里州的阿尔特多夫（p.97）。故事中，总督命于泰尔幼子头顶置一苹果，令泰尔以箭射之，射中方得免罪。泰尔射中苹果的情景就发生于城镇内的市政厅前广场。

边欣赏仿佛能够净化心灵的美景，边倾听瑞士感人的历史故事，将让您的瑞士之旅更有意义。瑞士发源地三州可以说是瑞士的原始风景。

以卢塞恩为中心的一日游之旅

卢塞恩是中部瑞士之旅的据点，以它为中心可到周边著名的皮拉图斯山（p.88）、里吉山（p.90）、四森林州湖（p.96）以及铁力士山（p.94）尽情享受一日游的乐趣。

皮拉图斯山和里吉山都是远近闻名的阿尔卑斯名山，都设有瞭望台，十分受欢迎。皮拉图斯山险峻的岩壁体现着男性的力量美，而里吉山的绿树葱郁展现了温婉的女性美，不论是哪种风格，都让人向往。硬要做出选择的话，险峻的皮拉图斯山适合喜爱瞭望群山的旅行者们去体验，如果喜爱徒步旅行则可选择里吉山。

此外，海拔高达3238米的铁力士山是绝佳的阿尔卑斯山观景地。近年开通的世界上首创的高山循环索道车会让铁力士山之旅更加精彩。在夏天俯瞰一片纯白的世界，会让人永生难忘。而且，在这里还可以360度欣赏阿尔卑斯群山美景，真让人神往。

漫游中世纪风情古都

卢塞恩

Luzern（Lucerne）

MAP ●剪切地图-6、p.7-C、p.79-A、p.81

州名／卢塞恩州	语言／德语圈
海拔／436米	人口／约7.5万人
产业／旅游业	长途区号／☎041

●交通

从苏黎世出发约45分钟，62千米。

●乘列车

可从苏黎世中央火车站乘坐前往卢塞恩的特快IR，约45分钟到达。

●驾车

从苏黎世出发，走高速1号线，接着走4a号、14号线，出卢塞恩出口。

●市内交通

以老城区为中心的卢塞恩城基本上可徒步转遍。市内主要交通工具为出租车和市内巴士，前往郊外的瑞士交通博物馆等景点也很便捷。近距离区域的一次券为CHF2，一日券（Tageskarte）为CHF10。持有瑞士通票者免费。

●旅游局 Tourist Information Luzern

旅游局本部设置在国铁卢塞恩站内。

Zentral-strasse 5, CH-6002 Luzern

☎ 041-227-1717 FAX 041-227-1720

www.luzern.com（德、法、意、英、中等）

周一~周五	8:30~17:30
周六	9:00~17:00
周日	9:00~13:00

卢塞恩城市街道上弥漫着中世纪的气氛，木制廊桥安静地坐落在四森林州湖流出的罗伊斯河上。13世纪起作为要冲发展而来的卢塞恩州州府卢塞恩城（在法语中叫“Lucerne”）是一座迷人的古都。

里吉山、皮拉图斯山、铁力士山等的阿尔卑斯瞭望台，以及与瑞士建国英雄威廉·泰尔传说相关的景点都值得一游。

【旅游景点指南】

卢塞恩的中心

卢塞恩火车站 Luzern Bahnhof

MAP p.81-B

这是一座现代化车站，站前还保留着修建前的老车站的正门。车站采用专用线的设计。0F内设有站台、旅游局和投币式自动存放柜。-1F有行李托运窗口、外币兑换窗口、铁路信息处和收费厕所（McClean）、考普超市（Coop）、商业街等。1F还有咖啡厅、餐厅。站内的店铺周日也正常营业。

图为卢塞恩城区全景，近处是罗伊斯河，远处是四森林州湖和里吉山

卢塞恩
Luzern
200m
至库斯纳特
冰川遗址公园 p.84
Gletscher-garten
狮子纪念碑 p.84
Löwen-denkmal
瑞士老房子（瑞士料理）p.87
Old Swiss House
全景立体画馆
Panorama
狮子广场
Löwen-platz
Union
美味饼屋（中国菜）p.87
De La Paix
Barbatti（意大利料理）
Rebstock
p.86 瑞士之家
Schweizerhof
Migros（超市）
穆塞格城墙 p.83
Museggmauer
观景处
希尔默塔
守卫塔
时间塔
门利塔
Geissmatt brücke
霍夫教堂 p.83
Hof-kirche
p.86 国家大酒店
Grand Hotel National
Wilhelm Tell（瑞士料理）
游泳池
Jail Hotel Löwengraben
老城区 p.82
希尔申广场
葡萄酒集市广场
卡佩尔街
卡佩尔广场
Kapell-platz
谷物集市广场
老市政厅
Des Alpes
湖桥
See-brücke
四森林州湖
Vierwald-stätter-see
施普罗伊尔桥 p.83
Spreuer-brücke
p.85 自然博物馆
p.85 历史博物馆
Des Balances
卡佩尔木桥 p.82
Kapell-brücke
老城区
乘船码头
卢塞恩美术馆 p.85
KKL
维尔登·曼酒店
Wilden Mann
Flora
火车站广场
Bahnhof-platz
耶稣会教堂 p.82
Jesuiten-kirche
Globus（百货商场）
卢塞恩火车站
Luzern-Bahnhof
国际会议中心
Sebastian's（鱼类美食）
p.85 罗森加特美术馆
Monopol
警察局
瓦尔德施泰特霍夫 p.86
Waldstätterhof
p.87 Thai Garden（泰国料理）
Pilatus-platz
Astoria
The Hotel
Korea Town（韩国料理）
p.87 KAI·ten（回转寿司）
Coop（超市）
Migros（超市）
Bundes-pl.
步行专用道
至卢塞恩车站
至米格罗斯（超市）
至瑞士交通博物馆 p.85
宫殿酒店
蒙太拿莱饰艺术酒店 p.86
至理查德·瓦格纳博物馆 p.85
罗伊斯河
Reuss
Spital-str.
Geissmatt-str.
Friedberg-str.
Bramberg-str.
Berg-str.
Luegeten-str.
Mühlematt-str.
St.Karli-str.
Diebold
Schilling-str.
Schirmer-str.
Musegg-str.
Hertenstein-str.
Zürich-str.
Fluhmatt-str.
Alpen-str.
Löwen-str.
Halden-str.
Schweizerhof-quai
Basel-str.
Gibraltar-str.
Bruch-str.
Kloster-str.
Hochbühl-str.
Bruchmatt-str.
Bergli-str.
Vonmatt-str.
Zähringer-str.
Hirschen-graben
Pfister-ga.
Hirschen-gr.
Obergrund-str.
Kauffmann-weg
Hirschmatt-str.
Sempacher-str.
Zentral-str.
Pilatus-str.
Habsburger-str.
Moos-str.
Säli-str.
Bahnhof-str.
Inseliquai
A
B

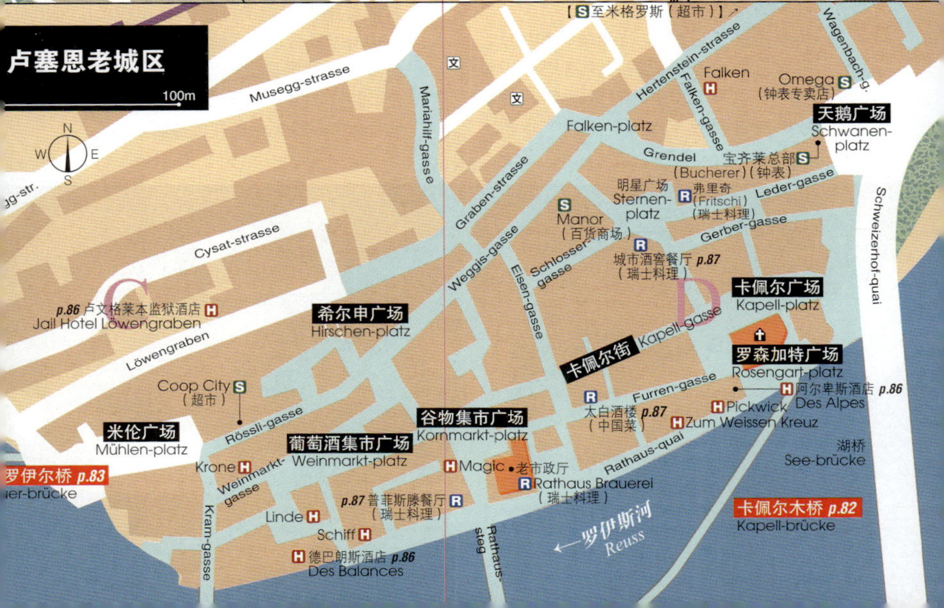
卢塞恩老城区
100m
Musegg-strasse
Mariahilf-gasse
Hertenstein-strasse
Falken
Falken-gasse
Omega（钟表专卖店）
天鹅广场
Schwanen-platz
Wagenbach-g.
Falken-platz
Grendel
宝齐莱总部（Bucherer）（钟表）
明星广场
Sternen-platz
弗里奇（Fritschi）（瑞士料理）
Leder-gasse
Manor（百货商场）
Gerber-gasse
城市酒窖餐厅 p.87（瑞士料理）
Schweizerhof-quai
Graben-strasse
Cysat-strasse
Weggis-gasse
Eisen-gasse
Schlossel gasse
p.86 卢文格莱本监狱酒店
Jail Hotel Löwengraben
希尔申广场
Hirschen-platz
卡佩尔广场
Kapell-platz
卡佩尔街
Kapell-gasse
罗森加特广场
Rosengart-platz
Löwengraben
Coop City（超市）
Furren-gasse
阿尔卑斯酒店 p.86
Des Alpes
太白酒楼 p.87（中国菜）
Pickwick
Zum Weissen Kreuz
湖桥
See-brücke
米伦广场
Mühlen-platz
Rössli-gasse
葡萄酒集市广场
Weinmarkt-platz
谷物集市广场
Kornmarkt-platz
Rathaus-quai
罗伊斯桥 p.83
Krone
Weinmarkt-gasse
Magic
老市政厅
Rathaus Brauerei（瑞士料理）
p.87 普菲斯滕餐厅（瑞士料理）
卡佩尔木桥 p.82
Kapell-brücke
Linde
Schiff
德巴朗斯酒店 p.86
Des Balances
Kram-gasse
Rathaus-steg
罗伊斯河
Reuss
C
D

美轮美奂的耶稣会教堂内部装饰

卡佩尔桥是卢塞恩的标志性建筑

巴洛克式魅力教堂

耶稣会教堂
Jesuiten-kirche

MAP p.81-B

耶稣会教堂是一座位于罗伊斯河南岸的巴洛克式教堂，始建于1666年，竣工于1667年。教堂正面，有着洋葱形状的圆屋顶的两座高塔十分醒目。教堂内部的天花板、墙壁以及柱子都以白色与玫瑰粉色为基调，墙上还装饰着洛可可式的壁画，使得整个教堂富丽堂皇，非常值得参观。开放时间是每天9:00～18:00。

卢塞恩的标志性建筑物

卡佩尔木桥
Kapell-brücke

MAP p.81-B

从四森林州湖流出的罗伊斯河上横跨着一座木制廊桥，也就是卢塞恩的标志性建筑物卡佩尔木桥。这里最初是连接河流南岸与北岸的交通要道，也是为抵御外敌入侵而建造的防御桥。它全长200米，是欧洲最长的木桥。

桥中还设有观望台（Wasser-turm）。木桥横梁上的绘画描绘的是卢塞恩守护圣人的生平，共有100多幅连续画作，看着整个故事的进展就不知不觉走完了木桥，十分有意思。

卡佩尔木桥在1993年曾遭遇火灾，大部分被烧毁，只有北岸的一部分得以保存。火灾后不久，政府应市民的迫切请求，在第二年就对木桥进行了完美的修复。

徜徉在中世纪古城中

老城区
Altstadt

MAP p.81-B

流经卢塞恩城的罗伊斯河北岸一带就是老城区。石子小巷镌刻着小城的历史。卡佩尔街（Kapell-gasse）是老城区的主要街道，它经过卡佩尔木桥旁边的卡佩尔广场（Kapell-platz）、老市政厅所在的谷物集市广场(Korn-markt)、装饰着精美壁画的葡萄酒集市广场(Wein-markt)以及希尔申广场（Hirschen-platz），是最繁华的地区之一。街上林立着商店和摊位，徜徉其中，一定会让你忘记所有的烦恼，给你一段轻松自在的旅程。

图为卡佩尔桥，边欣赏房梁上的连续画作边过桥，让人难忘

施普罗伊尔桥上描绘“死亡之舞”的连续画作

曾经保护老城区的穆塞格城墙

可在希尔默塔～守卫塔间的城墙上散步

一座木制廊桥

施普罗伊尔桥
Spreuer-brücke MAP p.81-A

卡佩尔桥下游还有一座木制廊桥，在桥边曾经有一个给小麦筛去糠秕的小作坊，因此这座桥也被称为“**糠秕桥（Mühlen-brücke）**”。

施普罗伊尔桥始建于1408年，但后因被飓风刮坏，又于1568年重修。木桥中的礼拜堂就是这时建造的。

与卡佩尔桥一样，施普罗伊尔桥也绘有横梁历史画作。这里的画作名叫《死士之舞》，描述的是一个关于瘟疫蔓延的故事。画作生动地描绘了骷髅死神肆虐的情景，反映了当时人们的生死观。

虽没有卡佩尔桥有名，但是与火灾后重建的卡佩尔桥相比，施普罗伊尔桥更有浓厚的中世纪风格和历史厚重感。

漫步在中世纪古城墙上

穆塞格城墙
Museggmauer (Stadtmauer) MAP p.81-A

穆塞格城墙建于1386年，位于老城区的北侧，是保护老城区的古代城墙的遗址。约900米的城墙上设有9个观景台，到了夏天，这里的一部分会对游客开放，游客可以在古城墙上漫步。

对游客开放的城墙主要包括**希尔默塔（Schirmer-turm）**—**守卫塔（Wach-turm）**—**门利塔（Männli-turm）**。希尔默塔—守卫塔段可在城墙上散步，守卫塔—门利塔段则可以在外侧墙根处散步。此外，**希尔默塔**以及希尔默塔与守卫塔之间的**时间塔（Zyt-turm）**、**门利塔**都设有登墙通道。

希尔默街的**观景处（Viewpoint）**是眺望城墙全景的最佳地点。

壮观的卢塞恩大教堂

霍夫教堂
Hof-kirche MAP p.81-B

霍夫教堂位于罗伊斯河的北岸，承担着作为卢塞恩大教堂的重要使命。曾经是建于735年的本笃会修道院，后经多次修建，如今的建筑是1645年修建后保存至今的。

后期的建筑为文艺复兴风格，正面有两座尖尖的高塔，庄严雄伟。走进教堂会

庄严雄伟的霍夫大教堂

看到耶稣像，耶稣像的右边是圣母玛利亚的祭坛，左边为灵魂祭坛，在灵魂祭坛内还摆放着记录向神灵祈祷的情形的记录册。此外，教堂内有一台拥有4950根音管的管风琴，有着动人的音色。

战死异乡的瑞士雇佣军人的纪念碑

狮子纪念碑
Löwen-denkmal

MAP p.81-B

狮子纪念碑位于霍夫教堂附近的狮子广场（Löwen-platz）稍偏北的公园内，走进公园就会看到池塘对面石壁上的“垂死的狮子”这座风格凄美的浮雕纪念碑。

1792年法国大革命期间，为了保护路易十六和玛丽安托瓦内王后一家，786名瑞士雇佣军人牺牲在他乡。为了纪念这些雇佣军人，修建了这座纪念碑。横卧在巨石上的狮子，身旁散落着十字盾牌和折断了的箭，心脏被剑刺中，奄奄一息。浮雕表达了对英勇牺牲的瑞士雇佣军人的尊敬，同时也歌颂了他们忠诚的心。

纪念瑞士雇佣军人的狮子纪念碑

16—18世纪，瑞士将自己国家的军人作为雇佣军人输入他国，从而增加财力和提高国力。因此，在瑞士人的心中，这座纪念碑有着极其特殊的地位。

2万年前的冰川痕迹

冰川遗址公园
Gletscher-garten

MAP p.81-B

冰川遗址公园就位于狮子纪念碑旁。在这里，可看到约2万年前的冰川痕迹以及冰川壶穴（由于冰川融化而形成的大洞穴，Pothole）。

最大洞穴直径约8米，深约9.5米。1872年在此处修建葡萄酒窖时发现了这个冰川洞穴，此后洞穴被指定为天然遗址。

石头陷入河底深内的冰川壶穴

开放时间是4月~10月每天9:00~18:00，11月~次年3月每天10:00~17:00。票价CHF12。（瑞士通票有效）

环游瑞士发源地

四森林州湖游览船、定期船
Schiffahrtsgesellschaft

MAP p.81-B

在卢塞恩火车站前的码头可乘坐游览船。游览船会定期开往里吉山的登山口菲茨瑙或韦吉斯和皮拉图斯山的登山口阿尔卑纳赫施塔德、瑞士发源地吕特利。此外，还有可享用寿司自助餐的主题周游观光船（Suship）（“寿司”和“船”的英文的合造词）等不同季节推出的主题观光船。

陈列着世界上所有的交通工具

瑞士交通博物馆
Verkehrshaus der Schweiz

MAP p.81-B

☎041-370-4444
www.verkehrshaus.ch（德、法、意、英）
CHF28（持瑞士通票者五折优惠，CHF14），观看IMAX影片的通票为CHF38
营 每天10:00~18:00（冬季至17:00）

大人小孩都可乐在其中

博物馆展示内容包括登山列车、电车、缆车、索道车、蒸汽船等，生动展现了瑞士地形复杂多变的特点。

在这个陈列着瑞士所有交通工具的博物馆，可以参观占地面积达约2万平方千米的船舶陈列馆、古董车馆、铁路馆、航空馆以及IMAX影院，在这里畅游一天。其中，航空馆的模拟空中跳伞（Aero Club Simulator）等模拟体验器械非常受欢迎。此外，通过设有25厘米×19厘米的巨大屏幕的IMAX影院，可身临其境般地感受交通工具带给您的快感。以保护野生动物为主题的宣传片《Animalpol》也值得一看。

博物馆位于卢塞恩郊外的四森林州湖畔，从卢塞恩车站出发，乘坐6、8、24路公交车或3号S线，约10分钟后在Verkehrshaus站下车即可到达。

或者，在卢塞恩乘船码头乘坐定期船，约10分钟后，在Verkehrshauslido站下船。

面朝Lido-strasse的博物馆入口

收集有古代到现代的收藏品达3000件

英雄人物『齐格弗里德』诞生的地方

理查德·瓦格纳博物馆
Richard Wagner Museum

MAP p.81-B

☎041-360-2370
www.richard-wagner-museum.ch（德、英）
CHF8（持瑞士通票者免费）
营 10:00~12:00、14:00~17:00
休 周一、12月1日~次年3月14日

这里曾是著名作曲家瓦格纳（1813~1883）在1866~1872年期间与著名音乐家李斯特的女儿科基玛婚后居住的地方。馆内展示有他生前爱用的钢琴和乐谱原稿。博物馆位于卢塞恩郊外四森林州湖畔，也就是瑞士交通博物馆的对岸。从交通博物馆出发，乘坐去往Meggenhorn的客轮，在Tribschen码头下船，约7分钟可到达。或者从卢塞恩车站出发，乘坐6、7、8路公交车约10分钟在Wartegg下车，沿着通往码头的绿荫小道步行10分钟就可以看到博物馆。

博物馆位于Tribschen码头前

这就是瓦格纳生前爱用的钢琴

卢塞恩还有许多特色博物馆和美术馆

收藏着毕加索等著名画家的名作

罗森加特美术馆 Rosengart

MAP p.81-B

Pilatus-strasse 10 / www.rosengart.ch
☎041-220-1660 / CHF18 / 开放时间：每天10:00~18:00（11月~次年3月11:00~17:00）

车站前的现代艺术美术馆

卢塞恩美术馆 Kunstmuseum Luzern

MAP p.81-B

文化和会议中心KKL的5F / www.kunstmuseumluzern.ch
☎041-226-7800 / CHF12（持瑞士通票者免费） / 周二~周三10:00~20:00、周四~周日10:00~18:00

展示着瑞士从古至今的各种植物

自然博物馆 Natur Museum

MAP p.81-A

Kasernen-platz 6 / www.naturmuseum.ch
☎041-228-5411 / CHF6（持瑞士通票者免费） / 周二~周日10:00~17:00

再现卢塞恩历史的博物馆

历史博物馆 Historisches Museum

MAP p.81-A

Pfister-gasse 24 / www.historischesmuseum.lu.ch ☎041-228-5424 / CHF10（持瑞士通票者免费） / 周二~周日10:00~17:00

传统且有格调的大酒店

国家大酒店 ★★★★★
Grand Hotel National MAP p.81-B
Halden-strasse 4, CH-6006 Luzern
☎041-419-0909 FAX 041-419-0910
www.national-luzern.ch
室 41室　2人间不含早餐CHF370~

位于四森林州湖畔

典雅宫殿风格的酒店

宫殿酒店 ★★★★★
Palace MAP p.81-B
Halden-strasse 10, CH-6002 Luzern
☎041-416-1616 FAX 041-416-1000
www.palace-luzern.ch
室 136室　2人间不含早餐CHF431~

位于四森林州湖畔

创建于1845年的古典酒店

瑞士之家 ★★★★★
Schweizerhof MAP p.81-B
Schweizerhof-quai 3, CH-6002 Luzern
☎041-410-0410 FAX 041-410-2971
www.schweizerhof-luzern.ch
室 101室　2人间不含早餐CHF330~

位于四森林州湖畔

从客房可一览卡佩尔桥美景

德巴朗斯酒店 ★★★★
Des Balances MAP p.81-C
Weinmarkt, CH-6004 Luzern
☎041-418-2828 FAX 041-418-2838
www.balances.ch
室 56室　2人间不含早餐CHF310~

位于老城区，罗伊斯河岸

休闲自在的卢塞恩有很多值得推荐的酒店

视野开阔的度假村酒店

蒙大拿装饰艺术酒店 ★★★★
Art Deco Hotel Montana MAP p.81-B
Adligenswiler-strasse 22, CH-6002 Luzern
☎041-419-0000 FAX 041-419-0001
www.hotel-montana.ch
室 67室　2人间含早餐CHF330~

浪漫的古典酒店

维尔登·曼 ★★★★
Romantik Hotel Wilden Mann MAP p.81-A
Bahnhof-strasse 30, CH-6000 Luzern
☎041-210-1666 FAX 041-210-1629
www.wilden-mann.ch
室 50室　2人间含早餐CHF270~

玫瑰色的外观和尖尖的屋顶让人过目不忘

瓦尔德施泰特霍夫 ★★★
Waldstätterhof MAP p.81-B
Zentral-strasse 4, CH-6003 Luzern
☎041-227-1271 FAX 041-227-1272
www.hotel-waldstaetterhof.ch
室 99室　2人间含早餐CHF180~

可远眺卡佩尔桥，便捷舒适

阿尔卑斯酒店 ★★★
Des Alpes MAP p.81-D
Furren-gasse 3, CH-6004 Luzern
☎041-417-2060 FAX 041-417-2066
www.desalpes-luzern.ch
室 45室　2人间含早餐CHF180~

风格独特的监狱旅馆

卢文格莱本监狱酒店
Jail Hotel Löwengraben

这家酒店改建于存在时间长达136年（1862~1998）的监狱。灰色的外墙和带铁条的窗户等还可以让人感受到当年的监狱气氛。当时的看守室和图书馆被改建为套间（2人间含早餐CHF160~），而当时的牢房改建成标准间（2人间含早餐CHF130~），客房都为禁烟室。

✉Löwengraben 18（地图p.81-C）
☎041-410-7830 FAX 041-410-7832
www.jailhotel.ch（德、英）

卢塞恩的酒店客房内均禁烟。但带有阳台的客房可在阳台吸烟。

瑞士菜肴传统老店

瑞士老房子
Old Swiss House
（瑞士料理） MAP p.81-B

狮子广场（Löwen-platz）4号
041-410-6171
www.oldswisshouse.ch （德、英）
营 10:00~24:00 休 周一
预 CHF70~

餐厅改建于1895年建造的民用住宅。这是一家经营瑞士菜肴的老字号餐厅，菜肴保留着浓厚的乡土气息。奶酪炸肉饼（CHF21）和用四森林州湖捕捞的淡水鱼制作的嫩煎鱼肉（CHF42），这些家常菜肴都很值得推荐。3盘套餐为CHF69。此外，餐厅还备有外语菜单。

白墙木梁的外观很有家的感觉

可享用到卢塞恩传统美食牛肉馅饼

普菲斯滕餐厅
Pfistern
（瑞士料理） MAP p.81-C

谷物集市广场（Korn-markt）4号
041-410-3650
www.restaurant-pfistern.ch （德）
营 9:00~24:00 休 无
预 CHF40~

餐厅由一座装饰着精美壁画的16世纪建筑改建而成。卢塞恩传统美食牛肉馅饼CHF34.50和火锅类美食（CHF29.50）是餐厅的招牌菜肴。餐厅1楼是便捷餐厅，2楼为高级餐厅。由于餐厅面朝罗伊斯河，在用餐的同时还可以欣赏卡佩尔桥的美景。

餐厅入口位于从谷物集市广场通往罗伊斯河的阶梯处

载着寿司的小船在水中循环流动

KAI · ten
（回转寿司） MAP p.81-B

Kauffmann-weg 16
041-210-4240 www.kaiten.ch （德）
营 周一~周五11:30~14:00、18:00~23:00，周六16:00~23:00 休 周日
预 CHF50~

这是一家在瑞士很有人气的回转寿司店。店内的寿司不是通过传送带传送的，而是通过水流来回转。载着寿司的小船顺水而来，特别有意思。

店内的寿司通过盘子上不同颜色的花边来区别，绿色的为CHF6，灰色的为CHF8，橘色的为CHF12，紫色的为CHF14。

餐厅只提供德语版的菜单，但厨师是日本人

卢塞恩其他值得推荐的餐厅

可观看瑞士传统表演的餐厅
城市酒窖餐厅 Stadtkeller
（瑞士料理） MAP p.81-D
老城区 Sternen-platz 3
041-410-4733 www.stadtkeller.ch
12:00~13:30、20:00~22:30
瑞士传统表演在4~10月才有，需预订

中国菜老字号餐厅
太白酒楼 Li Tai Pe
（中国菜） MAP p.81-D
老城区 Furren-gasse 14
041-410-1023 www.litaipe.ch
周一~周五11:00~15:00、17:00~22:30，周六~周日11:00~22:00营业；冬季每周一休息

拥有好口碑的中国菜餐厅
美味饼屋 Bing Haus
（中国菜） MAP p.81-B
狮子广场附近 Löwen-strasse 8
041-410-0038
11:30~14:30、17:30~22:00
每周一休息，周六只晚上营业。

豪华的高级泰国料理餐厅
泰国花园 Thai Garden
（泰国料理） MAP p.81-A
新城区 Hotel Astoria, Pilatus-strasse 29
041-226-8888 www.astoria-luzern.ch
周一~周五11:30~14:00、18:30~23:30，周六18:00~24:00、周日18:00~23:00

餐厅内均禁烟。餐厅外露台席位不禁烟。

可一览阿尔卑斯群山美景的瞭望台

皮拉图斯山

Pilatus

MAP ●剪切地图-6、p.6-B、p.79-A、p.89

州名／卢塞恩州	语言／德语圈
海拔／2132米	长途区号／☎041

●交通

从卢塞恩出发，有以下两条出游路线。

❶乘S线+登山铁路

从卢塞恩到阿尔卑纳赫施塔德，乘坐开往Giswill方面的S线5号，约20分钟可到达。从阿尔卑纳赫施塔德到皮拉图斯山山顶车站（Pilatus Kulm），可乘坐登山列车，约30分钟可到达。到达山顶共需约50分钟。

❷乘巴士+缆车和索道车

从卢塞恩到克林斯（巴士站名为Kriens, linde-pilatus），可乘坐去往Obernau方向的巴士1号线，约10分钟到达。从克林斯到皮拉图斯山山顶车站，乘坐缆车和索道车约30分钟可到达。到达山顶共需约40分钟。

●咨询处：Pilatus-bahnen

☎041-329-1111 FAX041-329-1112

www.pilatus.ch（德、法、英）

关于皮拉图斯山的名字由来有一个传说，宣布对耶稣处刑的罗马总督彭蒂乌斯·皮拉图斯的亡灵曾在各地徘徊，最后来到了这座山，后来这座山就被称为“皮拉图斯”。此外，传说远古时期有龙居住在这里，因此这里也曾被叫“魔山”，人们一度不敢靠近它。确实，皮拉图斯山冷峻陡峭，给人一种难以接近的感觉，但是一旦登上山顶处的瞭望台，人们都会被“一览众山小”的壮丽风光所折服。

从卢塞恩远眺皮拉图斯山

【旅游景点指南】

世界上倾斜度最大的登山铁路

刚刚已经介绍过两条登上皮拉图斯山的线路，本书为大家推荐的交通方式是登山时选择乘坐登山列车，下山时选择乘坐缆车和索道车。这里有开通于1889年的世界上倾斜度最大的登山铁路，乘坐登山列车上山时，可以感受到最陡的铁路带给我们的刺激感和紧张感。

从卢塞恩前往阿尔卑纳赫施塔德（Alpnachstad），在车站前的皮拉图斯山登山列车车站坐车。登山列车是一列只有一节车厢的红色列车，人们都叫这种列车“电缆车”，但其实列车不是电缆式的，而是利用山壁齿轮铁道爬升的齿轮列车。运行时间是每年的5月中旬~11月中旬，登

皮拉图斯山山顶酒店

如果时间允许的话，一定要在山顶酒店留宿一晚。在山顶酒店可以欣赏夕阳和朝霞映衬下的美景。

皮拉图斯山山顶酒店（Hotel Pilatus-kulm）是一座建于1890年的经典酒店。这座有着复古外观和气质的酒店共有27间客房，经过2010年的大改造后，不论是客房还是各种设施都方便舒适。

含早餐的标间为CHF190起，单间CHF140起。

Hotel Pilatus-Kulm ★★★

☎041-329-1212 FAX041-329-1213

www.pilatus.ch（德、法、英）

似乎是紧贴着岩壁向上爬的登山列车

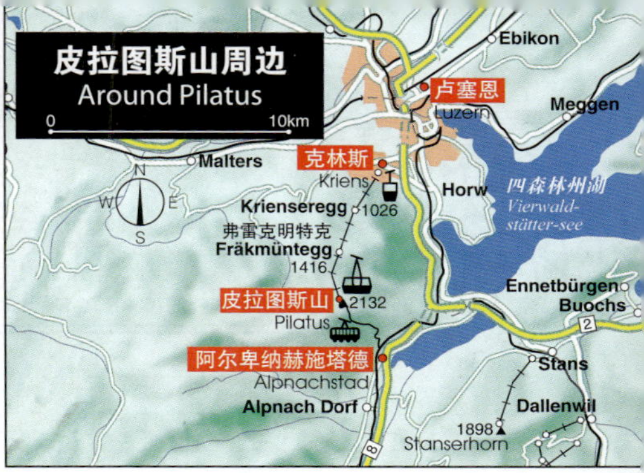

山始发时间是每天8:15，下山的末班车为17:10，约40分钟一班。

坐上车后，列车就开始缓缓地往上行驶，随后就会看到绿树葱郁的山坡变成了裸露的岩壁，接着坡度也越来越大。线路中，最陡峭的斜坡倾斜度达到48度（1千米距离高度上升480米）。列车行驶在这段山路时，会给游客垂直往上爬的错觉，十分惊险。

到达海拔2067米的山顶车站后就会看到一个大型的圆形建筑物，建筑内有室内瞭望台、户外望台和皮拉图斯山山顶酒店，还可看见山脚下宽阔的四森林州湖。不仅如此，在山顶可以看到阿尔卑斯群山65座和8个湖泊，其中包括铁力士山（3028米）、芬斯特拉峰（4274米）、施雷克峰（4078米）、艾格尔峰（3970米）以及少女峰（4158米）。

此外，山上还有5条散步道，通往可以360度欣赏全景的埃瑟尔峰（Esel）（2118米）和奥伯豪普峰（Oberhaupt）（2106米）只需10分钟。到达真正的山顶，也就是最高的托姆利斯峰（Tomlishorn）（2123米）则需要约35分钟。沿着散步道可以看到高山植物介绍板，这条散步道也叫“花之道”。

欣赏完山顶美景后，可以乘坐索道车和缆车（先乘坐索道车，途中可在弗雷克明特克换乘缆车）在克林斯（Kriens）站下车。沿路可看到郁郁葱葱的皮拉图斯山，与上山时的风景截然不同。索道车和缆车全年通车，运行时间根据季节变换有所不同，夏季是8:00~18:00。

登山列车和索道车、缆车使用通票，阿尔卑纳赫施塔德/克林斯至山顶车站往返CHF64（持有瑞士通票者可享受半价）。

山顶车站看到的四森林州湖美景。还可远眺包括少女峰在内的阿尔卑斯群山壮丽景色

领略开发于19世纪的阿尔卑斯瞭望台

里吉山

Rigi

MAP ●剪切地图-7、p.7-C、p.79-B、p.91

州名／卢塞恩州和施维茨州的交界处

语言／德语圈　　海拔／1798米

●途经

从卢塞恩出发前向里吉山有以下3条线路。这3条线路包括换乘时间在内，所用时间和交通费用都基本相同。持有瑞士通票者可免费乘坐游湖船和国铁，往返于菲茨瑙（韦吉斯/阿尔特-戈尔道）至里吉山山顶可享受半价优惠（CHF80）。

❶游湖船+VRB登山列车

卢塞恩→菲茨瑙，乘坐游湖船约1个小时。菲茨瑙→里吉山山顶站（Rigi Kulm），换乘VRB登山列车（红色登山列车）需30分钟。此路程共需约1小时30分钟。

❷游湖船+缆车+VRB登山列车

卢塞恩→韦吉斯，乘坐游湖船约40分钟。从韦吉斯的乘船码头到缆车车站徒步需约10分钟。韦吉斯→里吉冷泉（Rigi Kaltbad）站，乘坐缆车需约10分钟。里吉冷泉→里吉山山顶站，换乘VRB登山列车需10分钟。此路程共需约1小时10分钟。

❸国铁+ARB登山列车

卢塞恩→阿尔特-戈尔道，乘坐国铁约25分钟。阿尔特-戈尔道→里吉山山顶站，乘坐ARB登山列车（蓝色登山列车）需约40分钟。共需约1小时5分钟。

●韦吉斯旅游局

＜5月~9月＞
周一～周五　8:30~18:00
周六、周日　9:00~16:00
＜10月~次年4月＞
周一～周五　8:30~12:00、13:00~17:30
周六、周日　9:30~13:30

●菲茨瑙支局

周一～周五　8:30~12:00、13:00~17:30
周六、周日　9:00~13:00（10月~次年4月）

●里吉旅游局

周一～周五　9:00~12:30、14:00~17:00
周六　9:00~12:30

从卢塞恩远眺里吉山

里吉山上开发于19世纪的阿尔卑斯瞭望台深受游客的喜爱，同时也因著名作家马克·吐温的文学作品闻名遐迩。不仅如此，里吉山顶的绝美风景更激发了作家维克多·雨果和音乐家门德尔松等文化名人的创作灵感。1871年建造的登山铁路是欧洲最早的登山铁路，VRB登山铁路也在这一年开通。

【旅游景点指南】

在里吉山山顶车站（Rigi Kulm）（1752米）下车后就会看到车站前通往酒店的隧道和升降梯。位于山顶的里吉山山顶酒店创业于1816年，外观新颖，内部的瞭望台更是观景的绝佳场所。

酒店更高处耸立着电视塔的地方就是里吉山山顶，这里海拔1798米，从酒店出发徒步只需要5分钟，一定要上去看看哦。

走在酒店边您会看到两幅绘有老人和年轻人的图标，图标告诉我们，建议想要

菲茨瑙至里吉山山顶车站之间的VRB登山铁路

阿尔特-戈尔道至里吉山山顶车站之间的ARB登山铁路

登顶的高龄游客走较平缓的上坡路，年轻游客则可以选择稍微陡一些的山路。登上山顶后就可以尽情领略四森林州湖的婉约，并将包括艾格尔峰、比奇峰、少女峰在内的阿尔卑斯山脉的白茫茫的壮观景色一览无余。

早上从卢塞恩出发，花一整天的时间就可游览里吉山。此外，登山铁路的中点车站里吉冷泉（Rigi Kaltbad）车站内设有多家酒店和餐厅，是一个非常不错的徒步旅行目的地（请参考p.92~93）。

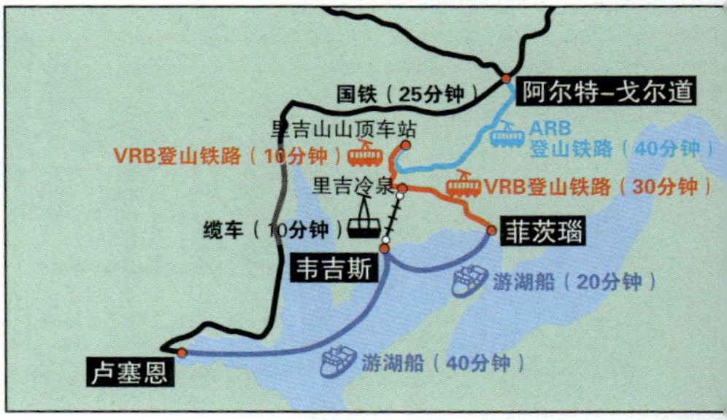

里吉山徒步旅行线路

倾听着牛铃声，悠闲地漫步在里吉山山路上
初次徒步旅行的您也可轻松开始一段难忘的里吉山之旅

里吉山山顶附近都是较平坦的草原，非常适合游客徒步旅行，因此人气很高。本书为大家介绍的是初次体验徒步旅行的游客也可轻松进行完成吉山山顶（1752米）至里吉冷泉（1453米）这条线路（请参考p.91地图）。这条线路都是平坦的山道，如果走累了，还可以中途放弃。一路上可以听到悠闲的牛铃声，在6月~8月份还可欣赏路边美丽的高山植物，十分惬意。整个旅途约需1小时30分钟。

里吉山上只有约150个居民，但有约2000头牛

听着悠闲的牛铃声前进

从山顶车站前出发，沿着小缓坡下来，就会看到徒步旅行标示。从这里徒步到里吉冷泉需50分钟，考虑到途中休息，最好留足1小时30分钟。

沿途会看到开往山顶草原的登山列车，听到清脆的牛铃声，一路上风景如画。随后就会到达里吉・施塔菲尔车站（Rigi Staffel）。站在这里回头看，会看到山顶处一侧是平缓的草原，另一侧则是峭立的里吉山。

到了夏季，这一地区还会在牧场举行瑞士传统摔跤比赛（Schwingen），运气好的话可能还会听到此起彼伏的呐喊声。

去往菲茨瑙（Vitnau）的红色登山列车（VRB）和去往阿尔特-戈尔道（Arth-Goldau）的蓝色登山列车（ARB）就从这个车站“分道扬镳”。那么我们不妨从这里沿着红色登山列车铁路走一段。

在道路旁会看到挂着名字牌的各种高山植物，可以边走边记下自己不认识的植物的名字，所以说在以“高山植物宝库”著称的里吉山还可学到不少知识呢。最美丽的是欧洲金莲花，在当地被称作“Rigi Roll”，它是里吉山的象征，有着黄色花瓣向内聚拢包裹而成的球状花朵（请参考p.22、93），十分可爱。

让我们带着散步的心情前进

由于是较平坦的徒步线路，老人、小孩都会乐在其中

徒步旅行路标

风铃草

假龙胆

欧洲金莲花

接着会来到里吉·施塔夫霍赫车站(Rigi Staffelhöhe)，从这里开始会进入较陡的下坡山道。上次编者在途中还遇到了徒步旅行团，上前一问原来他们是高山植物导游带领的旅行团，于是就请求跟着旅游团一同前进了。

与高山植物专家同行

想参加上面所说的由高山植物导游带领的旅行团（Guided botanical walks on Mt.Rigi）可以向里吉铁路（Rigi Bahnen AG）（☎041-399-8787/FAX 041-399-8700/www.rigi.ch/德、英）申请，只要申请就可加入。导游英语很流利，还会用专业的知识为游客介绍各种珍贵的高山植物。因此，在高山植物繁茂的季节，不要过多顾虑语言问题，加入到徒步旅行团中，相信一定会给您带来不少收获。

再往下走一段就会来到风景优美的肯策里车站（Kanzeli）。在还未开通登山铁路的年代，人们会骑着驴上山，这个车站就成为当时最受欢迎的瞭望台。在这里可以欣赏韦吉斯小镇的城镇街景和广阔的四森林州湖。据说，英国的维多利亚女王也曾来过这里欣赏瑞士美景。

从这里再往下走，不久就会到达里吉冷泉，道路又会变得平坦起来。在进入村庄前，迎接游客的是一座历史悠久的岩石教堂 （Felsen Kappel），它的历史可追溯到18世纪。教堂前有一处不断喷涌的冷泉，“里吉冷泉”这个名字就是“里吉山的冷泉”的意思，村庄的名字起源于这股冷泉。

此外，看过冷泉后还可以到村庄内的咖啡餐厅坐坐，卖三明治的小餐厅会是不错的选择。

体验世界首创的旋转式缆车

铁力士山

Titlis

MAP ●剪切地图-7、p.7-C、p.79-B、p.95

州名／上瓦尔登州	语言／德语圈
海拔／3028米	长途区号／☎041

●交通

从卢塞恩出发，到达铁力士山山麓的恩格尔贝格，需要约1个小时，36千米。

●乘列车

从卢塞恩出发，可乘坐开往恩格贝尔格方向的特快列车IR，需约1个小时。接着，从恩格尔贝格前往铁力士山山顶车站，可乘坐缆车和索道车，约30分钟可到达。

●驾车

从卢塞恩出发，走高速公路2号线，出施坦斯南（Stans-Süd）出口后走普通公路。最后在缆车车站的停车场下车。

●旅游局 Tourist Center

位于修道院路（Kloster-strasse）3号

☎041-639-7777

FAX 041-639-7766

www.engelberg.ch

（德、英）

＜7月~8月＞

周一~周六 8:00~18:30

周日 8:00~18:00

＜其他时间＞

周一~周六 8:00~18:00

周日 8:00~17:00

铁力士山位于瑞士中央地区，山上有可欣赏阿尔卑斯群山的瞭望台和常年开放的提供滑雪、雪橇运动的冰雪乐园。在此还可以体验世界上最早的旋转式缆车。

【旅游景点指南】

被称作“天使的故乡”的铁力士峰山麓

恩格尔贝格

Engelberg

MAP ●剪切地图-7、p.79-B、p.95

恩格尔贝格，意为“天使的故乡”，是一个以建于1120年的本笃会修道院为中心发展起来的小村庄。从车站出发，走过站前的班霍夫街（Bahnhof-strasse），然后

旋转缆车

老式唱片形状的地板不停地旋转着

站在车站特吕布湖车站，越过平静的特吕布湖，遥望铁力士山美景

向左拐就可到达村庄的主要街道多尔夫大街（Dorf-strasse）。从大街往右拐就会看到宽敞的修道院（Kloster）。

修道院内部装饰华丽，摆放着拥有8838根音管的管风琴。修道院旁边有一个奶酪作坊（Schaukäserei），每天（9:30~16:00）会为游客表演制作奶酪。作坊内的奶酪餐厅和奶酪商店也很有特色。开放时间是每天9:00~16:30（周日至17:00），可免费参观。

活力十足，让人乐在其中的山峰

铁力士山
Titlis

MAP ●剪切地图-7、p.7-C、p.79-B、p.95

从车站出发，经过班霍夫街往右拐，接着在恩格尔贝格街往右拐，渡过恩格尔贝格河，即可到达去往铁力士山的缆车车站。

去往铁力士山山顶车站需要换乘2次。从恩格尔贝格到盖尔施尼阿尔普（Gerschnialp），再到特吕布湖（Trübsee），乘坐缆车只需15分钟。从特吕布湖到史坦德乘坐索道车只需5分钟。从史坦德到铁力士山山顶车站（Klein Titlis）乘坐索道车也只需3分钟。包括换乘时间共需30分钟。

在最后一段线路，也就是史坦德至铁力士山山顶车站区间，运行的是世界首创的旋转缆车（Rotair）。旋转缆车的客舱主轴和外框保持不动，只是客舱内的地板在旋转，有点儿像回转寿司。游客只需站着就可以360度欣赏风景。

位于海拔3028米的铁力士山山顶车站处的5层建筑，1楼是旋转缆车站和冰川隧道（Eisgrotte），2楼和3楼有餐厅。4楼有照相馆，照相馆可以为游客拍摄身着民族服装的照片，并以其为素材制成邮票和葡萄酒标签。防寒物品出租商店也在4楼。5楼为瞭望台和通往雪原的出口。

雪原设有冰雪乐园，在这里即便是盛夏也可以滑雪和滑雪橇。此外，通往冰川的下山入口和通往海拔达3238米的铁力士山山顶的登山入口也设在这里。可试试不论大人小孩都可以轻松玩乐的冰川飞渡椅（Ice Flyer），同样值得推荐的还有6人乘坐的游览升降机，贴着铁力士山岩壁升高、下降，轻松有趣（10:00~16:00，往返CHF12）。

如果时间充裕的话，建议大家途中到中点车站特吕布湖车站看看。车站位于湛蓝的特吕布湖旁，在此不仅可以欣赏秀丽的湖景，还可以看到美丽的铁力士山全景。

运行在恩格尔贝格至铁力士山山顶车站之间的索道车和缆车往返CHF82（持有瑞士通票者可享受半价优惠）。夏季，登山缆车始发时间是8:30，下山末班车是16:50。

使在盛夏，铁力士山山顶车站周围也是一片银白色的世界

从雪原上可360度欣赏白雪皑皑的群山景色

瑞士的“建国之地”

四森林州湖湖畔

Vierwald-stätter-see

MAP ●剪切地图-7、p.7-C、p.79-B

四森林州湖的德语为“Vierwald-stätter-see”（拥有四个森林的州的湖），这一带是瑞士的“建国之地”，也是民族英雄传说“威廉·泰尔的故事”的历史舞台。

可从卢塞恩乘游湖船到此轻松一日游。

【旅游景点指南】

这里位于瑞士的中央地区

瑞士中央（菲茨瑙）

Center of Swiss（Vitznau）

MAP p.79-B

从卢塞恩乘游湖船，约1个小时的时候会在菲茨瑙（Vitznau）的斜坡山崖上看到一幅巨大的瑞士国旗，这标志着这一带就是瑞士的中央。经过这里时，请大家不要错过。

瑞士建国之地

吕特利草地

Rütli

MAP ●剪切地图-7、p.79-B

从菲茨瑙乘坐游湖船约1个小时就可到达吕特利草地。沿着码头前的阶梯小路走约10分钟就会看到一片小小的草地和草地上高耸的国旗。1291年8月1日，反抗哈布斯堡家族的统治并试图成立独立国家的施维茨州、乌里州以及翁特瓦尔登州在吕特利草地缔结了《吕特利盟约》，从此这里便成为瑞士联邦的发祥地。

吕特利的湖船停靠码头

当年缔结《吕特利盟约》的草地

泰尔驾船逃脱的岩石滩

泰尔斯-普拉特

Tells-platte

MAP p.79-B

从吕特利继续乘游湖船约18分钟就可到达泰尔斯-普拉特。这里是“威廉·泰尔的故事”的发生地。在游湖船停靠码头旁边有一个大岩石滩，据说泰尔勇敢地驾驶船只摆脱了阴险的地方官盖斯勒的追捕，就是在这里上岸的。如今岩石滩上建了一座泰尔礼拜堂（Tells-Kapelle），礼拜堂内的墙壁上画着泰尔的画像。

关于威廉·泰尔的故事，请参考p.98。

位于泰尔斯-普拉特上的泰尔礼拜堂

四森林州湖南端的弗吕埃伦（Flüelen）

"威廉·泰尔的故事"的历史舞台

阿尔特多夫
Altdorf

MAP 剪切地图-7、p.79-B

从泰尔斯-普拉特出发，乘坐游湖船约15分钟到达弗吕埃伦，接着换乘开往"Unterschächen-Lintal的8号、9号邮政巴士，大约8分钟在Altdorf Telldenkmal"下车。

一下车，映入眼帘的就是位于阿尔特多夫的市政厅广场上的泰尔父子塑像。这里就是"威廉·泰尔的故事"的精彩部分的发生地：总督命于泰尔幼子头顶置一苹果，令泰尔以箭射之，如射中，方得免罪，结果泰尔轻松射中苹果。

背对广场往左拐，穿过步行街（Schützengasse）即可到达泰尔剧院（Tellspiele），剧院内还设有旅游局。剧院剧目信息和时刻表可以登录当地旅游局网站www.tellspiele-altdorf.ch查看。

阿尔特多夫的市政厅广场

泰尔父子铜像

威廉·泰尔居住的村庄

比格伦
Bürglen

MAP 剪切地图-7、p.79-B

在阿尔特多夫市政厅广场乘坐开往"Brügg"的3号巴士或乘坐开往"Unterschächen-Urigen"的8号邮政巴士，约5分钟后在比格伦邮政局（Bürglen Post）前下车。

这就是英雄泰尔出生和生活的小村庄，从巴士下来就会看到泰尔博物馆（Tell Museum），这里展示着与泰尔相关的物品。开放时间是5月~10月的10:00~11:30、13:30~17:00，门票CHF5。

3层建筑的泰尔博物馆

城镇名字即为瑞士国名起源

施维茨
Schwyz

MAP 剪切地图-7、p.79-B

在比格伦乘坐开往弗吕埃伦的8号邮政巴士，接着换乘特快IR约15分钟可到达。从车站至城镇中心（Schwyz Post），乘坐1号或3号AAGS巴士，约9分钟路程。

施维茨是施维茨州的州府，城镇的名字就是瑞士国名（Schweiz）的前身。市内有瑞士联邦古代文件博物馆（Bundesbrief-museum），收藏在馆内的《吕特利盟约》誓约书（请参考p.354）向大众展出。开放时间是周二~周五9:00~11:30，13:30~17:00，周六、周日9:00（冬季13:30）~17:00。票价CHF6。

从施维茨到卢塞恩，乘坐特快IR或3号S线约45分钟。

保管着重要文件的瑞士联邦古代文件博物馆

威廉·泰尔的故事
瑞士人心中真实的故事，一个关于瑞士建国英雄的故事

阿尔特多夫市政厅广场上的泰尔父子铜像

反抗哈布斯堡家族残暴统治的泰尔

威廉·泰尔（德语为“Wihelm Tell”）出生于瑞士中央地区的比格伦，是一个出色的猎人，家中有妻儿，邻里和睦，过着平凡而安定的生活。

哈布斯堡家族派来的总督盖斯勒，把自己的帽子挂在阿尔特多夫的广场的杆子上，命令所有过路人向它致敬。有一天，泰尔带着儿子来到小镇阿尔特多夫，但是他勇敢地打破了镇上的“规矩”，拒绝向帽子“致敬”。

哈布斯堡家族的士兵将泰尔带到了盖斯勒的面前，盖斯勒命令泰尔：“在你儿子头上放一颗苹果，让他站在远处，你用箭射那个苹果。”

泰尔没有屈服于哈布斯堡家族的残暴统治，果断地拉开弓，结果用第一支箭就准确射中了苹果。

在突如其来的暴风雨中趁机逃脱

但是，泰尔藏起来的第二支箭被阴险的盖斯勒发现，盖斯勒厉声盘问泰尔，泰尔凛然答道：“第一支箭如果失败，第二支箭就是准备射杀盖斯勒的！”暴跳如雷的盖斯勒马上下命令将他逮捕，送往鸠斯纳哈特城。

押送队伍乘船由四森林州湖前往鸠斯纳哈特城，途中，突然狂风呼啸，乌云翻腾，波涛中船只颠簸不稳，押送不得不借用泰尔之力来驾驶。这时，勇敢的泰尔趁机驾驶着船只冲上一处岩石滩，顺利逃出。

接着，泰尔悄悄从陆路前往鸠斯纳哈特城，并在一条通往盖斯勒官府的狭窄小巷内伏击盖斯勒，将其射死。

得知这一壮举的人们将泰尔视为英雄，并受到他临危不惧精神的鼓舞，团结起来发动起义，最终摆脱了哈布斯堡家族的残暴统治，取得最终的胜利，过上自由的生活。

不仅仅是一个传说，而且是建国的标志

上面所说的曾经只是瑞士中央地区人们口口相传的一个传说，18世纪在瑞士旅行的诗人歌德将这个传说告诉剧作家席勒，席勒将其改编为戏剧，此后著名的作曲家罗西尼又根据席勒的剧作创作了同名歌剧，威廉·泰尔的故事就此世界闻名。

虽然大家都知道这只是一个传说，泰尔也是一个虚构的人物，但是与瑞士建国历史完美重合的故事背景使大多数瑞士人相信这是一个“与史实相近的故事”，并一直尊敬着建国英雄泰尔。像泰尔一样，英勇起义反抗哈布斯堡家族的残暴统治，正是1291年8月1日三州缔结誓约、成立瑞士联邦的重要历史背景。

伯尔尼周边

（德语圈）

Around Bern

Bern 伯尔尼

列为世界文化遗产的古都伯尔尼 拥有宽广的胸怀，底蕴深厚，景色美丽

成为世界文化遗产的古都伯尔尼，不仅是瑞士的首都，也是环绕着以艾格尔峰、比奇峰、少女峰三座名山为首的阿尔卑斯群山的伯尔尼州的首府。

环绕阿尔卑斯群山的伯尔尼州

曾经有一位以少女峰瞭望台为旅行目的地的朋友从瑞士回来后很激动地告诉我："那里天气晴朗，少女峰瞭望台上的景色太美了！旅行的最后我又顺道去了伯尔尼。"我对"顺道去伯尔尼"这句话还是挺有意见的。

环绕着以艾格尔峰、比奇峰、少女峰三座名山为首的阿尔卑斯群山的伯尔尼州的州府伯尔尼，竟然"顺便才会去看看"？朋友听我这么一说，才惊讶道："啊，少女峰竟然就在伯尔尼州。"

确实，伯尔尼与少女峰之间有一点儿距离，而且保留着中世纪风情的古都伯尔尼和拥有着高远的蓝天、皑皑白雪、广阔原野的少女峰地区有着截然不同的面貌。

不过，少女峰地区确实属于伯尔尼州。

伯尔尼中央地区和伯尔尼高地

伯尔尼州（5959平方千米）在瑞士26个州中是继格劳宾登州（7015平方千米）之后的第二大州。州府伯尔尼所在的中央地区叫伯尔尼中央地区（Berner Mittelland），以艾格尔峰、比奇峰、少女峰三座名山为代表的阿尔卑斯高原地区叫伯尔尼高地（Berner Oberland）。

天气晴朗的时候，站在伯尔尼市内高

天气晴朗的时候可以从伯尔尼市内高处看到远处伯尔尼高地的群山

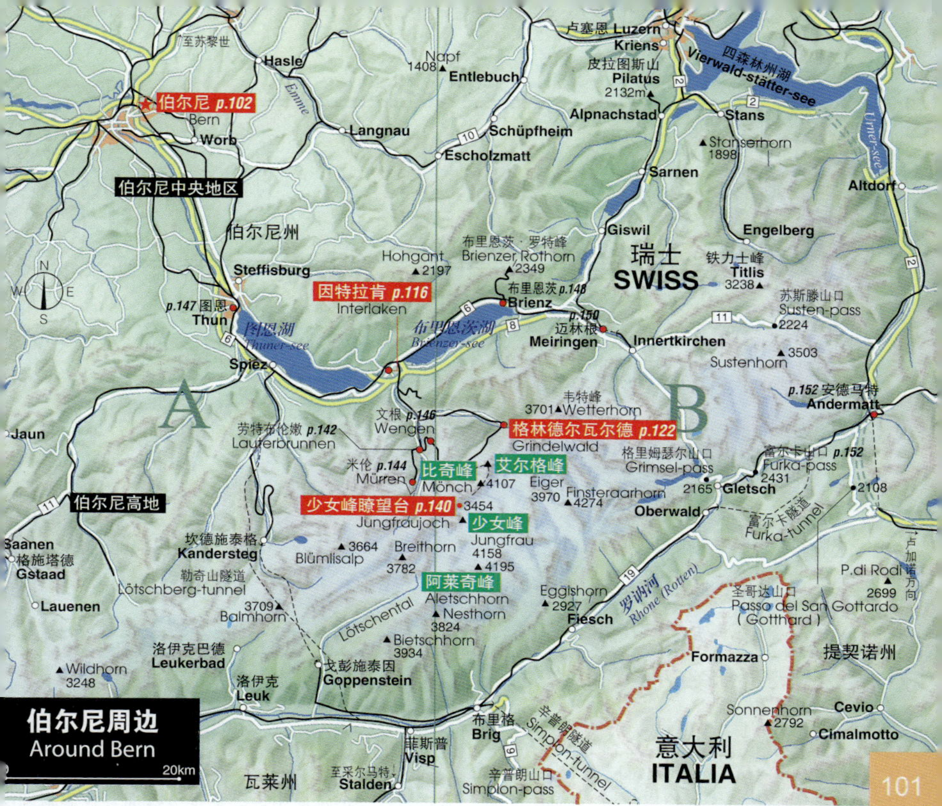

处还可以远望到伯尔尼高地群山。看似遥远，但从伯尔尼乘列车或驾车前往，经过拥有“少女峰地区大门”之称的因特拉肯，就会发现已经来到群山脚下，一路上层峦叠嶂，风景迷人。

关于伯尔尼高地，会在下一章为大家详细介绍，现在，还是先把目光拉回到州府伯尔尼吧。

发展自12世纪的古都

伯尔尼城是瑞士最古老的城市之一，它的前身是柴林根家族的贝希托尔德五世于1191年建造的小城市。

笔者猜想，贝希托尔德五世之所以会选择这里建造城市，大概是因为他发现了阿勒河形成的U形半岛地带拥有天然护城河般的有利地势，很适合建造城市。

之后，伯尔尼在几百年间不断发展自己的政治和军事力量，并逐渐掌握了比如今的伯尔尼州面积更大的领土，成为当时最富强的一个州。

接着，伯尔尼州在1353年正式加盟瑞士联邦（请参考p.332的瑞士历史）。也正因为伯尔尼州的加盟，使得瑞士联邦变得更加强大，推动其他州纷纷加盟联邦。

1405年，一场大火将大半城市烧毁。之后，人们采用防火且不惧风吹日晒的石材重建房屋，还在地上一层建造石造拱廊。从这以后，伯尔尼就基本上保留了这样的城市面貌，至今没有什么改变。

1848年，瑞士联邦作为国家，也被指定得到认可。同年，联邦政府、联邦宪法诞生，伯尔尼也被指定为瑞士的首都。

完好保存着15世纪城市面貌的伯尔尼老城区于1983年被联合国教科文组织指定为世界文化遗产。从此，继苏黎世、日内瓦、巴塞尔之后的瑞士第四大城市伯尔尼，作为古都、首都以及州府，担负起保护文化遗产这个伟大而艰巨的任务。

拥有古朴美丽的老城区的瑞士首都

伯尔尼

Bern（Berne）

MAP ●剪切地图-6、p.6-B、p.104~105

州名／伯尔尼州	**语言**／德语圈
海拔／540米	**人口**／约12.4万人
产业／金融业、商业	**长途区号**／☎031

●交通

从苏黎世出发，约1个小时，123千米。
从日内瓦出发，约1个小时40分钟，166千米。
从因特拉肯出发，约50分钟，57千米。

●乘列车

从苏黎世中央火车站乘坐特快IC，约1个小时可到达。

从日内瓦科尔纳万车站乘坐特快IC，1小时40分钟可到达。

从因特拉肯东火车站乘坐特快IC，约50分钟可到达。

特快IC，每隔2个小时一班。

●驾车

从苏黎世出发，走高速1号线，按照伯尔尼路标指示方向行驶，约123千米。

从日内瓦出发，走高速1号线，按照伯尔尼路标指示方向行驶，约166千米。

从因特拉肯出发，走高速8号线，接着走6号线，按照伯尔尼路标指示方向行驶，约57千米。

●市内交通

以市中心为起点，基本上徒步就可参观各个景点。市内主要交通工具为出租车和总称为“Bernmobil”的市内电车、市内巴士。近距离区域内，一次券为CHF2，一日券为CHF12。持有瑞士通票者免费。

●旅游局 Bern Tourismus

旅游局总局设置在国铁伯尔尼站地上层。出站时，可顺便去旅游局取城市地图和市内电车、市内巴士线路图。此外，熊苑也设有分局（夏季9:00~18:00，其他时间10:00~16:00）。

☎031-328-1212　FAX 031-328-1277

www.bern.com（德、法、意、英）

＜总局＞

周一~周六　9:00~19:00　周日　9:00~18:00

＜支局＞

6月~9月	周一~周日	9:00~18:00
1月、2月	周五~周日	11:00~16:00
其他时间	周一~周日	10:00~16:00

（夏季7月）
平均最高气温：23.5℃
平均最低气温：12.1℃
日落时间：21:30左右
（冬季1月）
平均最高气温：2.2℃
平均最低气温：3.7℃
日落时间：16:30左右

瑞士历史上军事力量最强大的伯尔尼州深受君王的青睐，州府伯尔尼城也于1848年成为瑞士首都。历史悠久的魅力老城区还被世界教科文组织认定为世界文化遗产。

地处阿勒河形成的U形半岛地带的伯尔尼城十分小巧，从西端的伯尔尼中央车站徒步到东端的熊苑只需要20分钟。老城区到处弥漫着古都气氛，从古朴的石造拱廊、石板小路到装饰着花朵的各式喷泉（饮水处），无不让人陶醉其中。

【旅游景点指南】

瑞士国铁的主要车站

伯尔尼中央车站

Bern HB (Haupt Bahnhof)　MAP p.104-A

伯尔尼中央车站是一栋拥有玻璃幕墙的现代时尚建筑，站内设施齐全。1楼是商店，地上层设有旅游局、国铁咨询处和行李托运窗口，地下一层有月台、收费厕所、外汇兑换窗口、考普超市以及餐厅。站内的超市和餐厅周日正常营业，十分便捷。

车站（图片的左侧远处）和站前的市内电车、市内巴士总站

石拱廊和喷泉让人流连忘返

老城区

Altstadt　MAP p.104-B

●贝伦广场

Bären-platz

广场处于老城区中心区，上午是热闹的集市，下午就成了各家餐厅的露天席位，从早到晚都很热闹。

广场北侧有着尖塔屋顶的建筑物叫狱塔（Käfig-turm）。不断向西扩张的伯尔尼于1256年将这个建筑物作为新的西门使用

上午是花卉和青菜、水果市场，下午和晚上就是餐厅、咖啡厅的店外露天席位，图为熙熙攘攘的贝伦广场和联邦议会大厦

（之前的西门是现在的钟楼）。之后的100年，狱塔作为城市西门一直守护着城市，直到后来作为监狱使用才改名为狱塔。

与南侧联邦议会广场相连的是联邦议会大厦（Bundeshaus）。在伯尔尼成为首都的1848年，这座文艺复兴风格的建筑物开工，竣工于1902年。周一~周六每天9:00、10:00、11:00、14:00、15:00、16:00这6个时间（会议期间不对外开放）可以参加45分钟的内部参观团（免费）。想参加的游客可以提前30分钟持护照到正门的左入口处集合。

●集市街
Markt-gasse

集市街是狱塔和钟楼之间长300米左右的大街，也是老城区主要街道。这条大街是步行者和市内电车、市内巴士的专用道。两侧有石造拱廊和排列整齐的餐厅、小商店等。据说，石造拱廊有防雨和阻挡日晒的功能。

大街东端就是伯尔尼最古老的建筑之一——钟楼（Zeitglocken-turm），它也是伯尔尼的城市标志，建造于1192年。城市向西扩张之前，也就是1256年之前，它一直是城镇的西大门。

集市街两侧的石造拱廊和远处的钟楼

钟楼上的挂钟制作于1530年。每个整点前4分钟，挂钟会奏起音乐（组钟），同时彩绘小雕像开始舞动起来：先是公鸡啼叫，接着小熊仪仗队随着音乐游行，最后时间之神出现，指针也正好指向整点，同时由身穿椴木镀金甲的骑士敲响最后一下。这段表演非常有意思，一定要前往观看。其中，12点前的表演时间最长。5月~10月每天14:30会组织内部参观团（参加费用CHF12，在塔前集合），可跟随讲解员参观精美的内部装饰。

旅行小贴士

入口设在你意想不到的地方……

石造拱廊内特色商店林立，是伯尔尼老城区的特色景观。不论是百货商店、超市，还是小商店和餐厅，都设在历史悠久的拱廊内。还有许多小店设在半地下。

有些店铺的入口在拱廊的外侧，斜对着大街。走进入口后沿阶梯往下走才能看到店铺，多是一些神秘且独特的小杂货店、画廊、小剧场和地下乐团所在地等。

像是走进地窖，这种建筑构造让人出乎意料

●大教堂
Münster

大教堂是伯尔尼老城区的标志，是一座晚期哥特式建筑。它始建于1421年，数代建筑师都将心血倾注其中，尤其是瑞士最高的100米的教堂，直到1893年才竣工。装饰在教堂正面入口处的壮观的《最后的审判》圣像浮雕（这幅浮雕是赝品，正品保存在伯尔尼历史博物馆）和描绘着《圣经》故事的彩绘玻璃窗，以及拥有5040根琴管的管风琴，都值得一看。此外，最壮观的要数从门口盘旋而上的344级台阶，拾级而上，可以到达教堂

从大教堂俯瞰阿勒河

顶部的尖塔（门票CHF4），在这里可俯瞰全城和眺望远处白雪皑皑的伯尔尼高地群峰。

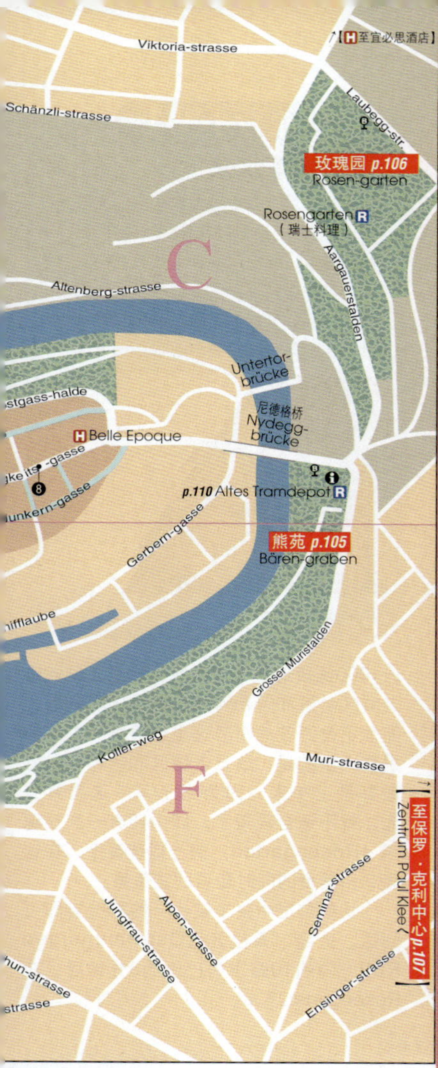

1 吹管乐器的风笛手喷泉
Pfeifer-brunnen／脚上穿着破旧的鞋子的男子吹着风笛，展现的是沉浸在音乐中的一位贫困潦倒的音乐家。

2 安娜·塞勒喷泉
Anna Seiler-brunnen／歌颂将自己全部财产捐献于建设医院的女性——安娜·塞勒。

3 吃人鬼喷泉
Kindlifresser-brunnen／将小孩的头塞进嘴里的可怕吃人鬼。喷泉雕像警示小孩们远离危险。

4 策林根喷泉
Zähringen-brunnen／一只挺拔的披甲带盾的熊士兵，它象征着伯尔尼创始人策林根的家。

5 西姆松喷泉
Samson-brunnen／一个撕开雄狮大口的巨人。它象征着战争时期奋勇杀敌的勇士们。

6 莫塞喷泉
Moses-brunnen／手捧“十诫”铭板的莫塞作为《旧约》全书的预言家被人们熟知。

7 猎手喷泉
Schützen-brunnen／位于钟楼附近。熊举着枪成为了一个狙击手，典型的伯尔尼风格再现。

8 正义女神喷泉
Gerechtigkeits-brunnen／蒙上眼的女神告诉世人，蒙上眼是为了更公平地看待世间万物。

开放时间是周一～周六10:00～17:00，周日11:30～17:00。冬季，周一～周六10:00～12:00、14:00～16:00，周日11:30～14:00。尖塔的关门时间是闭馆前的30分钟。

伯尔尼市民的吉祥宝地

熊苑
Bären Park MAP p.105-F

熊是伯尔尼象征，在城里不仅到处能看到熊的雕像、图画等，还可以在熊苑看到真正的熊（黑棕熊）。走过位于老城区东端阿勒河上的尼德格桥就可看到熊苑。

熊家族在这个宽阔且自然舒适的新居里嬉戏玩耍，非常健康

伯尔尼饲养熊的历史可以追溯到16世纪。当时，人们在狱塔前的广场挖掘壕沟并在沟内饲养熊，因此这个广场取

熊是市民们的吉祥物

名为贝伦广场（熊广场）。但后来经搬迁，最后在1857年搬迁到现在这个熊苑。虽然一直保留有壕沟的设计，但经过扩大绿化等大改造，于2009年重新对外开放的熊苑俨然成为宽敞舒适的公园，这样熊家族就可以更自在地生活了。

壕沟里住着棕熊一家：头领芬兰（Finn）和妻子比约克（Björk），还有它们的女儿乌希娜（Vrsina）和伯娜（Berna）。它们是目前熊苑的主人，也是伯尔尼市民心中的吉祥物。公园免费开放。从伯尔尼中央车站步行约20分钟即可到达。或者，乘坐开往Zentrum Paul Klee方向的12路市内巴士约6分钟后，在Bärengraben下车。

可俯瞰老城区和阿勒河美景的名胜

玫瑰园
Rosen-garten

MAP p.105-C

根据熊苑内路标指示的方向沿着上坡路徒步10分钟就可来到小山丘上的公园。就像公园名字一样，园里种有200多种共计1800株玫瑰。不仅如此，这里还是一览老城区全景和阿勒河风景的绝佳观景地，即便不是开花的季节这里也值得一去。要提醒大家的是，欣赏老城区和阿勒河风景最好是上午来，因为到了下午这里背着光，就不适合观景了。园内还有一家玫瑰园（Rosengarten）瑞士料理餐厅，在这里享用美食的同时还可欣赏美景。

从伯尔尼中央车站步行约20分钟即可到达。或者，乘坐开往Ostermundigen Rüti方向的10路市内巴士约8分钟后，在Rosengarten下车。

旅行小贴士

突然浇下水来……

有一次，我走过大教堂前的大教堂广场，刚走到39号楼时突然被水洒到。抬头一看，楼房的屋檐上画着图画，并安装着定时向外洒水的装置，这才明白过来。不知情的游客路过时突然被水洒到一定会吓一跳，要小心哦！

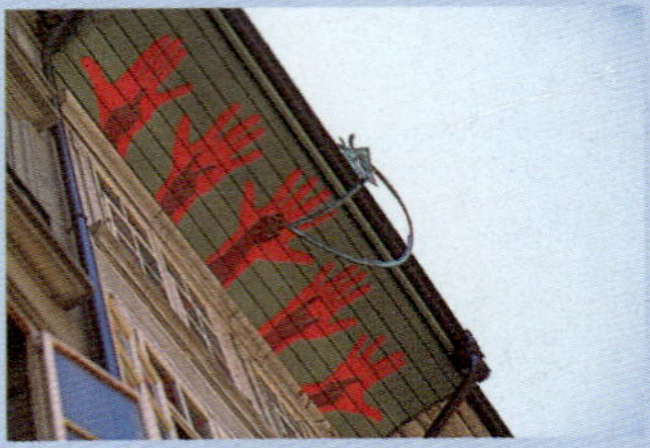

就像是小屋主人的恶作剧

从山丘上的玫瑰园俯瞰被列为世界文化遗产的伯尔尼老城区全貌

举世闻名的狭义相对论在伯尔尼诞生

爱因斯坦之家
Einstein-Haus

MAP p.104-B

✉Kram-gasse 49 ☎031-312-0091
www.einstein-bern.ch（德、英）
CHF6（持瑞士通票CHF4.50）
营 4月~12月每天10:00~17:00，1月闭馆，2~3月周一~周六10:00~17:00

大概没多少人知道，天才物理学家阿尔伯特·爱因斯坦（1879~1955）曾在1902~1909年间居住在伯尔尼，度过了他20多岁的青春浪漫年华。1903年新婚后，他和妻子就居住在这座建筑中。1905年他发表了关于狭义相对论的第一篇文章。居住在伯尔尼期间，爱因斯坦陆续发表了多篇重要论文。为了纪念这位伟大的科学家，伯尔尼市专门建立了爱因斯坦纪念馆。

爱因斯坦在这间房屋内创立了狭义相对论

城堡似的雄伟外观引人注目

伯尔尼历史博物馆
Historisches Museum Bern

MAP p.104-E

✉Helvetia-platz 5
☎031-350-7711 www.bhm.ch（德、法、英）
CHF13（持有瑞士通票者免费）
营 10:00~17:00
休 周一

这是一个体现了古都特色的博物馆。正因为伯尔尼曾拥有强大的军事力量，博物馆内有大量的武器收藏。地下一层还陈列着大教堂正面浮雕《最后的审判》的原版雕像。此外，博物馆还与爱因斯坦纪念馆（Einstein Museum）联合开放，通票是CHF18（持有瑞士通票者免费）。从伯尔尼国铁车站前乘坐3路、5路电车，在Helvetiaplatz下车。

《最后的审判》的原版雕像

收藏着大量抽象画名作的美术馆

保罗·克利中心
Zentrum Paul Klee

MAP p.105-F

✉Monument im Fruchtland 3
☎031-359-0101 www.zpk.org（德、法、英）
CHF18（持有瑞士通票者免费）
营 10:00~17:00
休 周一

该美术馆是为了纪念出生在伯尔尼，少年和老年时期在伯尔尼生活的著名画家保罗·克利（1879~1940年）而建的。该美术馆由意大利建筑师设计，是一座波浪形的现代派杰作，于2005年6月正式对外开放。馆内收藏了保罗·克利近万幅作品中的约4000幅，是世界同类机构中收藏克利作品最多的。可从伯尔尼国铁车站前乘坐12路巴士，在终点站Zentrum Paul Klee下车，需约10分钟。

起伏的波浪形外观，新颖时尚

伯尔尼其他值得推荐的博物馆

近代绘画巨匠的名作汇聚于此

伯尔尼美术馆 Kunst-museum Bern

MAP p.104-A

Hodler-strasse 8-12 / ☎031-328-0944 / www.kunstmuseumbern.ch / CHF7（持有瑞士通票者免费）/ 周二~周日10:00~17:00

生动还原野生动物及其生息环境的博物馆

自然历史博物馆 Naturhistorisches Museum

MAP p.104-E

Berna-strasse 15 / ☎031-350-7111 / www.nmbe.ch / CHF8（持有瑞士通票者免费）/ 周一14:00~17:00、周二~周日10:00~17:00

陈列着古代邮政马车和邮政狗拉车等收藏

通信博物馆 Museum für Kommunikation

MAP p.104-E

Helvetia-strasse 16 / ☎031-357-5555 / www.mfk.ch / CHF12（持有瑞士通票者免费）/ 周二~周日10:00~17:00

陈列着以人与阿尔卑斯山为主题的各种资料

瑞士阿尔卑斯山博物馆 Schweizerisches Alpines Museum

MAP p.104-E

Helvetia-platz 4 / ☎031-350-0440 / CHF12（持有瑞士通票者免费）/ 周一14:00~17:30、周二~周日10:00~17:30

★★★★★

施瓦茨霍夫酒店

Schweizerhof

MAP p.104-A

Bahnhof-platz 11, CH-3001 Bern
☎031-326-8080 FAX 031-326-8083
www.schweizerhof-bern.ch（德、法、英）
室 99间
2人间不含早餐CHF450~
营 全年营业

充满历史厚重感的酒店外观

2011年重新开业

早在伯尔尼车站和联邦议会大厦建成前的1859年，施瓦茨霍夫酒店就已经存在了。在伯尔尼车站建成后，位于车站前的施瓦茨霍夫酒店即占据了最有利的位置，成为伯尔尼的代表建筑。一出伯尔尼车站，映入眼帘的就是这家深受当地人喜爱，被人们昵称为“伯尔尼名片”的酒店。

因酒店设施老化，2005年至2011年的6年间，酒店关闭整修，直到2011年4月才重新开业。

充满历史感且庄重大气的酒店外观保存完好，但酒店内部和客房装修一新，显得温馨雅致。酒店内外风格不同，但相得益彰，十分吸引人。酒店内部装饰的绘画作品全部是保罗·克利（Paul Klee）的作品（复制品）。

值得一提的是，如今酒店拥有最现代化的设施。酒店内部每个房间都设置有无线网络、网络电视、可控制阳伞开闭的控制电板、咖啡机、免费的迷你吧。另外，酒店每层都配置了瑞士其他酒店都很少有的制冰机。

伯尔尼市的酒店客房全部是禁烟客房，但带有阳台的客房可在阳台吸烟。酒店大厅旁边还没有雪茄长廊（Cigar Lounge），因此烟友们不用担心没处吸烟。

此外，2012年2月，酒店内的水疗设施也装修完成。这样，在伯尔尼车站前就可以到温泉会所彻底放松一下，实在让人向往。

酒店入口是极具伯尔尼特色的拱廊

典雅高贵的酒店大厅

灰色调的客房，显得十分雅致

游泳池、桑拿房等水疗设施完备

伯尔尼的迎宾酒店

贝尔维尤宫酒店
Bellevue Palace
★★★★★ MAP p.104-E

Kocher-gasse 3-5, CH-3000 Bern
☎031-320-4545 FAX 031-311-4646
www.bellevue-palace.ch （德、英）
室 129间
2人间不含早餐CHF515~
营 全年营业

这家1913年开业的高档酒店，有着能与旁边联邦议会大厦相媲美的雄伟外观。典雅的室内装饰和一流的服务吸引着各国游客。站在阳台上还可静静欣赏阿勒河的风景。

拥有来自世界各地的高端住客

温馨舒适的酒店

伯尔尼酒店
Bern
★★★★ MAP p.104-B

Zeughaus-gasse 9, CH-3011 Bern
☎031-329-2222 FAX 031-329-2299
www.hotelbern.ch （德、法、英）
室 95间
2人间含早餐CHF260~
营 全年营业

位于老城区的中心地带，散步、购物、观光都十分便利。有着朴素的石造外观和简单、时尚的内部设计。虽不是豪华的高档酒店，但也不乏温馨舒适之感。4星级的酒店2人间含早餐一晚CHF250起，还是相当实惠的。

是一家商务人士常光顾的酒店

值得推荐的实惠商务酒店

与国际会议中心并设的商务酒店

阿莱格罗酒店 Allegro
★★★★ MAP p.104-B
Kornhaus-strasse 3, CH-3000 Bern
☎031-339-5500 FAX 031-339-5510
www.kursaal-bern.ch 全年营业
室 171间 2人间不含早餐CHF227~

位于车站前，地理位置优越

班霍夫酒店 City am Bahnhof
★★★ MAP p.104-D
Bubenberg-platz 7, CH-3011 Bern
☎031-311-5377 FAX 031-311-0636
www.fhotels.ch 全年营业
室 58间 2人间不含早餐CHF199~

位于老城区的商务酒店

布里斯托尔酒店 （Best Western Hotel） Bristol
Garni☆☆☆☆ MAP p.104-D
Schauplatz-gasse 10, CH-3011 Bern
☎031-311-0101 FAX 031-311-9479
www.bristolbern.ch 全年营业
室 92间 2人间含早餐CHF200~

伯尔尼酒店的姊妹店

欧洲大陆酒店 Continental
Garni☆☆☆ MAP p.104-B
Zeughaus-gasse 27, CH-3011 Bern
☎031-329-2121 FAX 031-329-2199
www.hotel-continental.ch 全年营业
室 40间 2人间含早餐CHF150~

新艺术派风格的小型酒店

贝勒埃波克酒店 Belle Epoque
★★★★ MAP p.105-C
Gerechtigkeits-gasse 18, CH-3011 Bern
☎031-311-4336 FAX 031-311-3936
www.belle-epoque.ch 全年营业
室 17间 2人间不含早餐CHF280~

家族经营的经济酒店

民族酒店 National
★ MAP p.104-D
Hirschen-graben 24, CH-3011 Bern
☎031-381-1988 FAX 031-381-6878
www.nationalbern.ch 全年营业
室 46间 2人间含早餐CHF130~

多功能的现代商务酒店

贝伦酒店 （Best Western Hotel） Bären
Garni☆☆☆☆ MAP p.104-D
Schauplatz-gasse 4, CH-3011 Bern
☎031-311-3367 FAX 031-311-6983
www.baerenbern.ch 全年营业
室 57间 2人间含早餐CHF234~

全国连锁的商务酒店

宜必思酒店 Ibis
Garni☆☆ MAP p.105-C
Guisan-platz 4, CH-3014 Bern
☎031-335-1200 FAX 031-335-1210
www.ibishotels.com 全年营业
室 96间 2人间不含早餐CHF109~

伯尔尼的酒店内均为禁烟客房，不过若入住附阳台的客房，可在阳台处吸烟。

从早到晚无停歇营业

杰克小酒馆
Jack's Brasserie
（瑞士料理、法国料理） MAP p.104-A

✉国铁伯尔尼车站前
☎031-326-8080
www.schweizerhof-bern.ch
营6:30~23:30 休无
预CHF30~

这是一家位于车站前的老店。从早餐、午餐、下午茶到晚餐时间，一天到晚这里都挤满了当地人，非常热闹。在《高勒·米罗美食指南》中获得13分，70%的顾客都会点的小牛肉炸制的维也纳炸牛排（Wienerschnitzel）（CHF45），值得推荐。

即便不吃饭，也可以进餐厅喝饮料

一定不能错过！改建于18世纪的谷仓的餐厅

谷仓地下餐厅
Kornhauskeller
（地中海料理） MAP p.104-B

✉谷仓广场（Kornhaus-platz）18号
☎031-327-7272 www.bindella.ch
营周一~周六11:45~14:30、18:00~24:30、周天18:00~23:30
休无 预CHF80~ 需预订

餐厅改造自18世纪的谷仓，坐落在老城区。进入餐厅就能看到精美绝伦的拱形天棚和18世纪的经典壁画，氛围绝佳，让人赞叹不已。地下一层是地中海料理餐厅。精致的料理十分美味。露台式的地上餐厅为威士忌酒吧。

来到伯尔尼不能错过的餐厅

得到市民和游客很高评价的餐厅

旧电车厂餐厅
Altes Tramdepot
（庭院式餐厅） MAP p.105-C

✉熊苑入口处
☎031-368-1415 www.altestramdepot.ch
营11:00~23:30
（用餐时间是11:00~14:00、18:00~22:00）
休无 预CHF30~

这是一家位于熊苑入口处的庭院式餐厅。自酿的3种美味啤酒（分别是爽口的“Helles”，刺激的“Märzen”和醇厚的“Weizen”），使得餐厅不仅在游客当中很有人气，也深受当地市民的喜爱。说到餐厅的菜肴，最值得推荐的是德式削面（Spätzli）（CHF18，请参考p.35）

坐在露台餐位，还可以看到远处的阿勒河美景

舒适的地道日本料理餐厅

歌舞伎餐厅
Kabuki
（日本料理） MAP p.104-D

✉伯尔尼国铁车站南侧
☎031-329-2919 www.kabuki.ch
营周一~周六11:30~14:00、18:00~23:00
（热菜制作时间截止到每天的21:30）
休周日 预CHF40~

位于伯尔尼国铁车站南侧的餐厅大厦（Markthalle）的地下一层，是一家日本人经营的日本料理餐厅。简洁舒适的店内设计和地道可口的日本菜肴吸引了许多当地顾客。寿司、刺身、天妇罗、日式牛肉火锅、日式涮锅、日式盖饭及乌冬面等传统的日本料理在这里都可以享用到。在克拉姆大街75号还有一家同系列餐厅——Sushi Bar。

明亮、清爽的店内风格

餐厅内均禁烟。餐厅外露台席位不禁烟。

少女峰地区

（德语圈） Jungfrau Region

Interlaken 因特拉肯／ Grindelwald 格林德尔瓦尔德

Jungfraujoch 少女峰瞭望台／ Lauterbrunnen 劳特布伦嫩

Mürren 米伦／ Wengen 文根／ Thun 图恩／ Brienz 布里恩茨

Meiringen 迈林根／ Around Furka-pass 富尔卡山口

概况

阿尔卑斯山脉最著名的观光地
少女峰地区所在的伯尔尼高地

德语名字意为“少女”的少女峰（4158米）、意为“僧侣”的门希峰（4107米），以及以险峻的北壁闻名的艾格尔峰（3970米）是瑞士最有名的三座山峰，它们所在的少女峰地区（Jungfrau Region）是阿尔卑斯山脉最具人气的观光地，位于伯尔尼高地（Berner Oberland）。

这里有著名的观景地少女峰瞭望台，利用完备的山岳交通设施，游客可以轻轻松松近距离欣赏海拔4000米以上的山峦美景。

请参考p.101的地图和p.114~115的路线图。本页右边的立体图下方是北，上方为南。

因特拉肯是伯尔尼高地的大门

可从瑞士各地乘坐国铁到达因特拉肯，接着换乘少女峰铁路网（Jungfrau-bahnen）的各列车前往景点观光。

少女峰铁路网发行的时刻表（Time-table）和徒步旅行地图（Hiking）可以说是这一地区的经典旅游指南，旅行时必不可少，因此一到这里就要确保拿到手。在各个车站、旅游局以及酒店都可以免费领取，十分方便。

此外，在每年的5月1日~10月31日，车站还会出售少女峰铁路通票（Jungfrau Railway Pass），是否购买，需要事先考虑好。

各车站出售的少女峰铁路通票有效期为6天，票价为CHF220（持有瑞士通票者可享受价格为CHF165的优惠）。在6天的有效期内，可在区域内自助乘坐登山列车、缆车、索道车、小型爬山列车和巴士等交通工具。但乘坐JB登山列车时，需要追加50%的票价，也就是CHF56。米伦—希尔特峰瞭望台区间，少女峰铁路巴士不在通票范围内，因此需要另付CHF74。

没有瑞士通票的游客还是建议您购买一张。往返于因特拉肯至少女峰瞭望台，只需CHF186.20（清晨优惠价CHF140）。除此之外，前往参观其他瞭望台也有优惠，总的来说会节省很多费用。

时刻表的封面

持有瑞士通票并不意味着全程免费，根据您的出游线路会产生一定费用。比如，瑞士通票只在因特拉肯—格林德尔瓦尔德、劳特布伦嫩、米伦、文根这些地区有效。在此区域以外的地方乘坐列车时需要追加20%或50%的费用。因此，如果需要在伯尔尼高地地区游玩6天左右，每天需要在各个瞭望台间移动的话，还是购买一张少女峰铁路通票更加合算。

图中方位南为上，北为下

少女峰地区全景立体图

事先决定好旅游据点

●因特拉肯 Interlaken

因特拉肯位于山麓，夹在两湖之间，是一个朴素恬静的阿尔卑斯度假城镇。从这里可眺望少女峰美景。因特拉肯堪称伯尔尼高地的大门，从这里去周边的其他城镇都十分便捷。很适合以观光为目的且行程比较紧的游客。请参考p.116。

●格林德尔瓦尔德 Grindelwald

格林德尔瓦尔德处于山腰地带，是少女峰铁路网东线上的一个小村庄，同时也是一个很热闹的阿尔卑斯度假村。格林德尔瓦尔德还是欣赏艾格尔峰的最佳地点之一，每年都会吸引许多外国游客。从这里去菲尔斯特瞭望台等景点也很方便。不仅如此，如果住在这里，还可以尽情享受徒步旅行的快乐。这里很适合初次来瑞士的游客和以徒步旅行为目的的游客。请参考p.122。

●文根 Wengen

文根也处于山腰地带，是少女峰铁路网西线上的一个小村庄。这里氛围悠闲安详，是阿尔卑斯最佳度假地之一，可眺望到秀丽的少女峰。如果您不想去外国游客较多的地方，可以选择来这里。适合对瑞士比较熟悉的游客。请参考p.146。

少女峰地区交通网

少女峰瞭望台

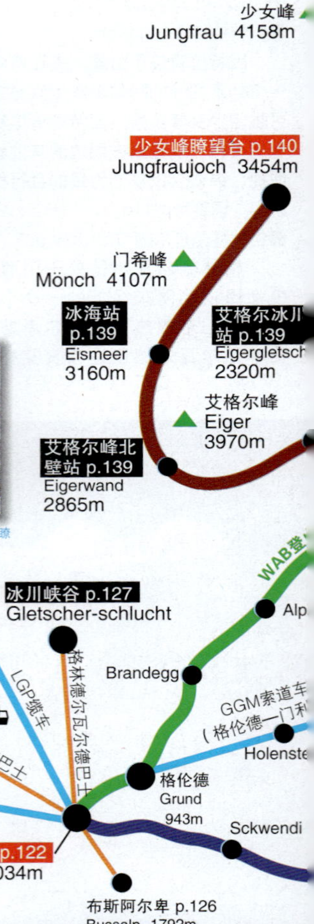

连接格林德尔瓦尔德/劳特布伦嫩至小沙伊德克瞭望台的WAB登山铁路

连接格林德尔瓦尔德至菲尔斯特瞭望台的BGF索道车

连接因特拉肯至格林德尔瓦尔德/劳特布伦嫩的BOB登山铁路

- 瑞士国铁
- BOB登山铁路（轨道宽1米）
- WAB登山铁路（轨道宽80厘米）
- JB登山铁路（轨道宽1米）
- 登山列车、小型登山车
- 缆车、索道车
- 格林德尔瓦尔德巴士

●少女峰铁路网的时刻表和运费
www.jungfraubahn.ch（德、英）

●少女峰铁路通票（Jungfrau Raiway Pass）
出售时间为5月1日～10月31日，有效期6天，自由乘坐
（JB登山铁路的冰海车站一少女峰瞭望台区间可享受50%优惠，米伦一希尔特峰瞭望台区间不享受此优惠）
正常售价 CHF220
持瑞士通票或瑞士卡者CHF165

少女峰地区交通网

连接小沙伊德克瞭望台至少女峰瞭望台的JB登山铁路

连接劳特布伦嫩至格吕奇阿尔卑的BLM缆车

登山铁路

连接因特拉肯至哈尔德瞭望台的HB小型登山车

↑本线路图上为南，下为北

少女峰地区的大门

因特拉肯

Interlaken

MAP ●剪切地图-6、p.6-B、p.113、p.115、p.117

州名／伯尔尼州	**语言**／德语圈
海拔／567米	**人口**／约1.5万人
产业／旅游业	**长途区号**／☎033

●途经

从苏黎世出发，约需2个小时，175千米。
从日内瓦出发，约需2小时40分钟，186千米。
从伯尔尼出发，约需1个小时，57千米。

●乘列车

从苏黎世中央火车站（Zürich HB）乘坐特快IC,经过伯尔尼到达因特拉肯东站（Interlaken Ost）约需2个小时。

因特拉肯有两个车站，分别是东站(Ost)和西站(West)，其中东站是主要车站，登山列车等在此换乘。

●驾车

从苏黎世出发，走高速1号、6号、8号线，出因特拉肯出口，约175千米。

●市内交通

城区较小，徒步就可参观各个景点。

●旅游局 Interlaken Tourismus

旅游局设在城镇的主要街道赫厄街（Höhewag）的大都市酒店（Metropole）的0F。
Höheweg 37, CH-3800, Interlaken
☎033-826-5300 FAX 033-826-5375
www.interlaken.ch（德、法、英）
〈7月~8月〉
周一~周五 8:00~20:00
周六 8:00~17:00
周日 10:00~16:00
〈其他时间〉
根据季节不同有小幅度调整。基本上会缩短工作时间，周日休息。

●超市

考普超市（Coop）（MAP p.117-B）
周一~周四8:00~19:00、周五8:00~21:00、周六8:00~17:00

米格罗斯超市（Migros）（MAP p.117-A）
周一~周四8:00~18:30、周五8:00~21:00、周六7:30~17:00

因特拉肯（Interlaken）意为“两湖之间”，因位于布里恩茨湖和图恩湖之间而得名。阿勒河从这个朴素恬静的城镇边静静流过。这里堪称少女峰地区的大门，从这里前往周边各大景点都十分便利，是不错的旅游据点。

【旅游景点指南】

集中了大量游客的主要街道

赫厄街
Höheweg

MAP p.117-B

赫厄街是因特拉肯的主要街道，它连接着东站(Ost)和西站(West)。虽然东车站是主要交通站，但是西站周边更加繁华。东、西火车站之间告徒步需要约30分钟。

在这条宽敞的大街可看到观光马车和观光小火车，很有度假风情。

大街的中央地带还有一片叫“上草地”（Höhematte）的大草坪，从这里看到的夕阳下的少女峰最让人陶醉。欣赏明信片上才能看到的美景，相信会让您永生难忘。

连接东站和西站的赫厄街

[夏季7月]
平均最高气温：23℃
平均最低气温：11.9℃
日落时间：21:30左右
[冬季1月]
平均最高气温：1.9℃
平均最低气温：–4.1℃
日落时间：16:30左右

因特拉肯东站

因特拉肯西站

从上草地眺望到的少女峰美景

上草地还是滑翔伞的着陆点。从周边瞭望台滑翔到这里的滑翔伞，成为一道别具特色的风景线。如果你是初学者，可以尝试与教练一同飞行。想挑战的游客可以到赫厄街的阿尔卑斯运动服务部（Des Alpes Activity Desk）（8:30~19:00）体验。此外，上草地对面还有一家有59年历史的赌场。

具有浓郁瑞士风情的赌场

风景怡人的阿勒河畔散步道

漫步在阿勒河畔

阿勒河畔散步道

Reckweg/Goldey-Promenade MAP p.117-B

阿勒河位于赫厄街北侧，河岸设有散步道，是深受人们喜爱的景点之一。碧绿的河水倒映着岸边葱郁的树木，清爽宜人。想徒步往返于东西火车站的话，河畔散步道是一个很不错的选择。

朴素恬静的老城区

老城区（下湖区）

Unterseen MAP p.117-A

从西站出来，穿过车站左侧的铁道，然后渡过阿勒河，就可到达老城区。这里有安

气氛祥和的小城镇，非常适合漫步其中

在因特拉肯享受游湖给你带来的快乐

静的住宅街道。沿班霍夫街（Bahnhof-strasse）走，在第一个岔口向右拐，就可到达奥普特街（Haupt-strasse），这里有市政厅（Rathaus）、市教堂（Unterseen Kirche）以及乡土博物馆（Touristik Museum）。

生态环境保护完好的幽静湖泊

布里恩茨湖游船
Brienzer-see Schifffahrt MAP p.117-B

www.bls.ch（德、法、英）

可以在因特拉肯东站的游船码头乘坐游湖船。因特拉肯两侧的湖泊中偏小的一个就是布里恩茨湖。它是一个得到完好保护，保持着大自然“原汁原味”的湖泊，其寂静和神秘给人留下深刻印象。

布里恩茨（请参考p.148）是湖畔小镇，处于湖的东端，乘坐游湖船约1小时20分钟可到。当然，也可以乘坐火车前往布里恩茨，但是还是希望大家不要错过领略湖景的绝好机会，单程乘坐游湖船会是一个不错的选择。此外，在6月~9月还有环湖的含餐巡航船。

碧绿的湖水，如画的美景

图恩湖游船
Thuner-see Schifffahrt MAP p.117-A

www.bls.ch（德、法、英）

图恩湖游船可在因特拉肯西站的游船码头乘坐。图恩湖是因特拉肯两侧的湖泊中偏大的那一个。湖水碧绿，倒映着两岸的山色，如画般的景色吸引了大量游客，也因之成为瑞士各个湖泊中最受欢迎的一个。

古城图恩（请参考p.147）和施皮茨（Spiez）就点缀在湖畔。图恩至今仍保留着许多12世纪的古堡，是一个魅力十足的古城。施皮茨则是氛围安静悠闲的疗养地。乘坐游船约2小时15分钟可到达图恩城，约1小时20分钟可到施皮茨。此外，在6月~9月还有环湖的含餐巡航船运营。

200名当地演员奉献的精彩演出

威廉·泰尔露天表演场
Tell Freilichtspiele MAP p.117-A

从车站前的班霍夫街（Bahnhof-

图为著名的第九幕的场景：恶毒的州吏盖斯勒（中）命令泰尔（右）“射下你儿子头上的苹果”

strasse）出发，走过中央街（Central-strasse）、少女峰街（Jungfrau-strasse）、奥普特街（Haupt-strasse）就可以看到威廉·泰尔露天表演场。这是一个以森林为背景，由朴实的木造房屋和广场构成的露天舞台。每年夏天，由200名当地居民组成的业余演员剧组都会为游客献演经典剧目《威廉·泰尔的故事》（请参考p.98）。虽说是业余演员，但他们完好地继承了1912年开演以来的传统，个个都具有专业演员的演技。而且，现场还会用上真正的牛和马。演出很盛大，夏季前往因特拉肯的游客一定不要错过。

6月中旬~9月上旬会集中演出22场，演出时间是20:00~22:15。查询上演时间和购票可以登录官方网站（www.tellspiele.ch）（德语），或到旅游局内的泰尔办事处（Tellbüro）购票（电话：033-822-3722）。根据席位不同，票价分为CHF35、CHF45、CHF58三种。每个上演日的18:00，游客们还可以免费参加后台参观团，与演员们近距离交流。

最容易前往的瞭望台

哈尔德瞭望台
Harder Kulm MAP p.115、117-B

如果您没有充裕的时间参观少女峰瞭望台，又想欣赏到三座阿尔卑斯名山的迷人风景，那么不妨前往哈尔德瞭望台。

从东站出发，渡过阿勒河即可到达登山缆车乘车处，乘坐两节车厢组成的红色小型登山车，约8分钟就可到达瞭望台。到达山顶就可以看到一座尖顶的餐厅，宽敞的露天席位可以看到幽静的布里恩茨湖、因特拉肯城区、图恩湖、艾格尔峰、门希峰、少女峰美景。乘车往返票价为CHF25（持有少女峰铁路通票者免费，持瑞士通票者享受50%优惠）。

在登山车的乘车站附近有一座小型的阿尔卑斯动物园（Alpine Wildlife Park），园内饲养着可爱的土拨鼠和野山羊。入园免费。

最容易前往的哈尔德瞭望台

集中种植着大量高山花卉的希尼格普拉特高山植物园

Silene vulgaris

Thalictrum aquilegifolium

Centaurea Montana

Ranunculus parnassifolius

有各种高山植物

希尼格普拉特高山植物园
Alpengarten Schynige Platte

www.alpengarten.ch（德、英）

若钟情于高山植物，绝不能错过位于希尼格普拉特瞭望台（1967米）内的希尼格普拉特高山植物园。在这里除了可近距离观赏各种花卉，还能遥望艾格尔峰、门希峰、少女峰三峰美景。

植物园是一个宽敞的山坡，园内种植有600多种阿尔卑斯高山植物，每种植物前都立着植物牌。游览一周需要约30分钟。

从因特拉肯东站乘坐前往劳特布伦嫩/格林德尔瓦尔德方向的BOB登山列车，在第一个车站维尔德斯维尔（Wilderswill）下车。接着，在旁边的站台换乘SPB登山列车，大约50分钟即可到达希尼格普拉特瞭望台。往返票价是CHF58（持有少女峰铁路通票者免费，持瑞士通票者享受50%优惠）。

开园时间是每年的5月下旬到10月下旬，每天8:30~18:00。可免费入园。

1864年开业的高贵典雅的贵族酒店

少女峰维多利亚酒店 ★★★★★

Victoria-Jungfrau MAP p.117-A

Höheweg 41, CH-3800 Interlaken

☎033-828-2828 FAX 033-828-2880

www.victoria-jungfrau.ch

室212间　2人间不含早餐CHF500~

全年营业

风格独特，服务一流

林迪尔酒店 ★★★★★

Lindner Beau Rivage MAP p.117-B

Höheweg 211, CH-3800 Interlaken

☎033-826-7007 FAX 033-826-7008

www.lindner.de

室101间　2人间含早餐CHF279~

全年营业

感受酒店特有的怀旧风格

因特拉肯酒店 ★★★★

Interlaken MAP p.117-B

Höheweg 74, CH-3800 Interlaken

☎033-826-6868 FAX 033-826-6869

www.interlakenhotel.ch

室61间　2人间含早餐CHF176~

全年营业

现代高层酒店

大都市酒店 ★★★★

Metropole MAP p.117-A

Höheweg 37, CH-3800 Interlaken

☎033-828-6666 FAX 033-828-6633

www.metropole-interlaken.ch

室96间　2人间不含早餐CHF109~

全年营业

位于繁华区的老牌酒店

克雷布斯酒店 ★★★★

Krebs MAP p.117-A

Bahnhof-strasse 4, CH-3800 Interlaken

☎033-826-0330 FAX 033-823-2465

www.krebshotel.ch

室44间　2人间含早餐CHF220~

全年营业

适合旅游团下榻

皇家成乔治酒店 ★★★★

Royal St. Georges MAP p.117-B

Höheweg 139, CH-3800 Interlaken

☎033-822-7575 FAX 033-823-3075

www.royal-stgeorges.ch

室90间　2人间含早餐CHF190~

营业时间是每年1月至10月

受到外国游客喜爱的酒店

高地酒店 ★★★

Oberland MAP p.117-A

Höheweg 7, CH-3800 Interlaken

☎033-827-8787 FAX 033-827-8770

www.city-oberland.ch

室191间　2人间含早餐CHF152~

全年营业

醒目的黄色外观

伯米尔霍夫酒店 ★★★

Bernerhof MAP p.117-A

Bahnhof-strasse 16, CH-3800 Interlaken

☎033-826-7676 FAX 033-826-7660

www.bernerhof.info

室43间　2人间含早餐CHF160~

全年营业

因特拉肯的酒店客房内均禁烟。不过若入住带有阳台的客房，可在阳台吸烟。

舒适的瑞士料理餐厅

莎蕾西餐厅
Chalet

（瑞士料理）　MAP p.117-A

✉位于高地酒店的地上一层
☎033-827-8787（酒店前台）
www.city-oberland.ch（德、法、英）
营 11:00~14:00、17:30~22:00
休 无休
预 CHF30~

木结构的餐厅，既有民俗元素又给人亲切感，还不缺乏现代时尚感。舒适的用餐环境让人轻松自在。店内主要菜肴有奶酪火锅（CHF21）、涮肉火锅（CHF39）、中式火锅（CHF39）。餐厅提供外文版菜单。

深受外国游客欢迎的餐厅

地道的料理再加上合理的价格是餐厅最大的魅力

梅尔卡托餐厅
Mercato

（意大利料理）　MAP p.117-A

✉位于高地酒店的地上一层
☎033-827-8781
www.city-oberland.ch（德、法、英）
营 周一~周五11:00~14:30、17:00~24:00，周六、周日11:00~24:00
预 CHF20~

餐厅主要菜肴有意大利比萨（22种，CHF12~CHF18.50）、面食（17种，CHF12.50~CHF18.50），不仅味道正宗，而且经济实惠，因此十分受欢迎。餐厅还提供外语版菜单。餐厅入口设在酒店大门的右侧。

餐厅设有室内席位、露台席位和庭院席位

可享用各式各样的传统亚洲料理

亚洲真味餐厅
Truly Asia

（亚洲料理）　MAP p.117-B

✉赫厄街东端，因特拉肯东站附近
☎033-822-1548
营 11:30~15:30、17:00~23:00
休 根据不同季节休息日时间有调整，夏季无休
预 CHF20~

餐厅推出中国菜、韩国料理、越南料理以及泰国料理等亚洲代表性的菜肴。主厨是亚洲人，店员们服务周到、热情好客。如果想品尝中国菜，各种烤制荞麦面（CHF9.50~CHF18.90）最值得推荐。

来这里喝杯饮料也是不错的选择

爱上香料的味道……

印度香料餐厅
Spice India

（印度料理）　MAP p.117-A

✉从赫厄街走进高地酒店右侧的珀斯特街（Post-gasse）就可以看到
☎033-821-0091
营 11:30~14:30、18:00~23:00
休 周一
预 CHF40~

餐厅风格别致，结合了印度特色与西方风情。主厨是印度人，做得一手地道的印度菜肴。值得推荐的菜肴有唐杜里烤鸡等印度烤制菜肴（9种，CHF24~CHF32）和咖喱料理（9种，CHF29~CHF38）。当然，其他印度料理也非常美味。餐厅菜品十分丰富。

印度特色与西方风格相结合的餐厅，宽敞又别致

厅内均禁烟。餐厅外露台席位不禁烟。

最繁华的阿尔卑斯度假村

格林德尔瓦尔德

Grindelwald

MAP ●剪切地图-6、p.6-F、p.112、p.114、p.122~123、p.129-A

州名／伯尔尼州	语言／德语圈
海拔／1034米	人口／约4000人
产业／旅游业	长途区号／☎033

●交通

从因特拉肯出发，约35分钟，18千米。

●乘列车

在因特拉肯东站（Ost）乘坐开往格林德尔瓦尔德的BOB登山列车，约30分钟可到达。列车设有去往劳特布伦嫩的车厢，在乘车前一定要确认好车厢，以免上错车厢。

●驾车

从因特拉肯到此地只有一条公路。

●市内交通

城镇较小，徒步就可参观各个景点。想要到郊外走走的话，可以在格林德尔瓦尔德车站前的巴士车站乘坐村营巴士——格林德尔瓦尔德巴士（Grindelwald Bus）。

格林德尔瓦尔德巴士

●时刻表和徒步旅行线路图

到达格林德尔瓦尔德后，建议您首先到车站、旅游局或酒店免费领取由少女峰铁路网发行的时刻表和徒步旅行线路图。

●旅游局 Grindelwald Tourismus

旅游局设在主街（Haupt-strasse）中间地段的体育中心（Sport-zentrum）内。

☎033-854-1212 FAX 033-854-1210

www.grindelwald.ch（德、法、英）

周一~周六 8:00~12:00、13:30~18:00

周日 9:00~12:00、13:30~17:00

（上述是夏季的上班时间，其他季节时间会有所不同，请注意。）

●邮政局

周一~周六 8:00~12:00、13:45~18:00

周日 8:00~11:00

●超市

考普超市（Coop） （MAP p.123-B）

周一~周五 8:00~18:30

周六 8:00~17:00

（夏天每日8:00~19:00）

米格罗斯超市（Migros） （MAP p.122-A）

周一~周六 8:00~19:00

●天气预报

有线电视台（Info-Grindelwald）（各个酒店有所不同，但一般是第1频道）可收看来自各个瞭望台的现场天气报道。

格林德尔瓦尔德是阿尔卑斯地区最具人气的度假村。这里到处是绿草地，视野开阔，可遥望艾格尔峰、韦特峰和延伸至远方的冰川。此外，这里还是徒步旅行爱好者的天堂，每年都吸引了大量来自世界各地的游客。

从格林德尔瓦尔德看到的艾格尔峰

绿色山坡上的格林德尔瓦尔德村庄

格林德尔瓦尔德村庄的主要街道——主街

多尔夫教堂和格林德尔瓦尔德下冰川

【旅游景点指南】

村庄的主要街道

主街
Haupt-strasse

MAP p.123-B

村庄的主要街道，也就是“主街”，位于格林德尔瓦尔德车站前。街道两旁林立着餐厅、酒店、特产商店以及体育用品商店。

走出车站就会看到巴士总站，再往前走一段就会看到公共厕所和考普超市。继续前进就可到达体育中心，旅游局就设在体育中心的地上1层。继续前进就会看到约会餐厅，在此可遥望格林德尔瓦尔德下冰川（Uterer Gridelwald-gletcher）。这一带，虽然还是同一条街道，但是名字不再是主街，而叫做多尔夫街（Dorf-strasse）。欣赏完冰川后，经过米格罗斯超市，会看到一处斜坡，走上斜坡，多尔夫教堂（Dorf-kirche）和乡土博物馆（Heimat-museum）就出现在眼前。这里就是小镇的外围了，从火车站徒步走到这里需要15分钟。

日本登山运动员槙有恒早在1921年就成功首次登上艾格尔东峰。槙有恒当时的随身物品就收藏在乡土博物馆。博物馆开放日期是：6月1日~9月30日，周二和周五15:00~18:00，周日10:30~12:00和12:00~18:00。票价CHF5。

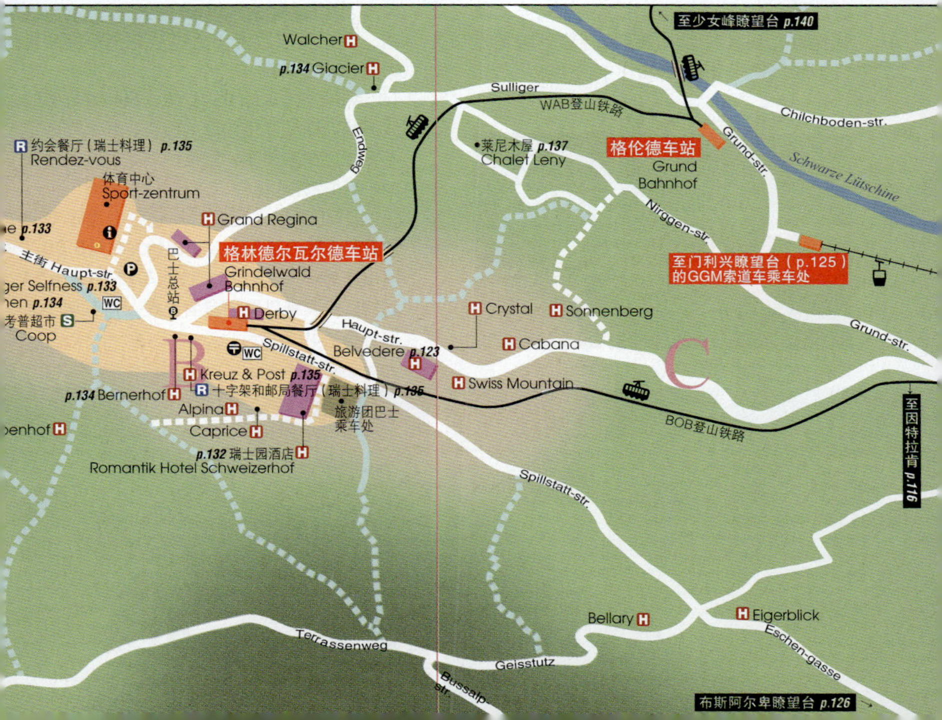

将2处冰川的景色尽收眼底

菲尔斯特瞭望台
First

MAP p.112、114、122-A、129-A

菲尔斯特瞭望台海拔为2168米，可直接从格林德尔瓦尔德前往，途中无须换乘，很方便。从这里可以看到雄伟的冰川和美丽的阿尔卑斯群山景色，很受游客欢迎。

在格林德尔瓦尔德主街东端的BGF索道车乘车处（Firstbahn）乘车，约30分钟即可到达，十分便捷。索道车到达的第一站是博尔特站（Bort）（海拔1570米），到达这里只需10分钟。离开博尔特站后，再经过10分钟就会到达下一站施莱克菲尔德站（Schreckfeld）（海拔1955米），在施莱克菲尔德站可以遥望格林德尔瓦尔德上冰川（Oberer Gridelwald-gletcher）、格林德尔瓦尔德下冰川（Uterer Gridelwald-gletcher）和峻峭的艾格尔峰，非常值得一看。索道车在这一站会向左转90度，调头前往下一站，不需要换乘。再过10分钟就可到达目的地菲尔斯特瞭望台。

夏季，瞭望台被四周的花海包围着，竞相开放的高山花卉会给游客带来很多欢乐。瞭望台还设有咖啡厅和餐厅，坐在露天席位边品尝美食边欣赏大自然风光，非常惬意。从东到西依次可以遥望到韦特峰（3701米）、格林德尔瓦尔德上冰川、施

带来刺激畅快体验的“菲尔斯特飞鸟”

前往菲尔斯特瞭望台的索道车

雷克峰（4078米）、格林德尔瓦尔德下冰川、芬斯特拉峰（3970米），以及艾格尔峰（3970米）、门希峰（4107米）、少女峰（4158米）三峰。沿着索道车乘车左侧的山路继续向上爬即可到达菲尔斯特山顶，此处的海拔是2168米。

瞭望台的右侧还设有叫做“菲尔斯特飞鸟”（First Flieger）的滑翔椅乘坐处，乘坐这种时速达到84千米的“菲尔斯特飞鸟”，可以一口气滑翔到距离这里800米的施莱克菲尔德站。坐上“飞鸟”，御风滑翔，仿佛奔向阿尔卑斯群山怀抱，刺激畅快，是一次难忘的体验。运营时间是10:00~16:30，票价CHF25。

如果您时间充裕的话，向您推荐菲尔斯特瞭望台到巴赫阿尔卑湖的徒步之旅（请参考p.130）。如果时间不够，您也可以在返程的途中体验一下菲尔斯特至施莱克菲尔德（需约30分钟）或施莱克菲尔德至博尔特（需约30分钟）的徒步旅行。这两条线路都是索道车沿线的徒步旅行线路，大家可以边漫步，边从各个角度欣赏冰川和艾格尔峰。

如果您没有徒步的打算，只想好好领略冰川的壮丽和艾格尔峰的俊美，那么您一定不要错过夕阳美景，最佳的观景时间是夏季的午后4点左右。

BGF索道车运营时间也会根据季节变换进行调整。夏季一般上山始发车是8:00，下山末班车是18:00，往返车费是CHF54（持有少女峰铁路通票者免费，持有瑞士通票者享受50%优惠）。

格林德尔瓦尔德上冰川（左）和下冰川（右）

在这个咖啡餐厅可一览上、下冰川和阿尔卑斯群山美景

美妙的360度观景区

门利兴瞭望台
Männlichen

MAP p.113、115、123-C、129-B

少女峰地区有许多瞭望台，但最受欢迎的瞭望台要数门利兴瞭望台，它海拔2227米，位于少女峰地区中央地带，坐落在著名的门利兴峰之上。在这里可以360度欣赏到出类拔萃的景色。

从格林德尔瓦尔德出发，乘坐开往小沙伊德克瞭望台的WAB登山列车，约8分钟即可到达格伦德车站（Grund），出站后沿着右侧山路步行3分钟来到GGM索道车乘车处，乘车约30分钟即可到达瞭望台。要提醒大家的是，在乘坐索道车时不要忘了向下看看，脚下的原野中活泼的小鹿和可爱的土拨鼠也能给您的旅程带来更多活力。

瞭望台的周围十分开阔，到了夏季，眼前就是一片花海，各种高山植物会给您留下深刻印象。除了欣赏美景，还可以到露台观景餐厅享用美食或者坐在悠闲的咖啡厅享受美好时光，抑或到迷你游乐园尽情玩乐，体验文根至门利兴之间的LWM缆车，这些设施会伴您度过快乐的旅行时光。

来到这里不妨将瞭望台逛上一圈。来到南边您会看到艾格尔峰（3970米）、门希峰（4107米）、少女峰（4158米）三峰；西侧可以遥望希尔特峰瞭望台（2971米）和劳特布伦嫩山谷；东侧是菲尔斯特瞭望台、韦特峰（3701米）和施雷克峰（4078米）。在门利兴瞭望台可以360度欣赏少女峰地区景色。

搭设有供旅客午睡的吊床

门利兴瞭望台附近的花海

以瞭望台为起点，有几条徒步旅行线路。其中最值得推荐的是从门利兴瞭望台至小沙伊德克瞭望台的徒步旅行线路。另外，从瞭望台到门利兴山顶（Mannlichen Gipfel）（2343米）的线路也是不错的选择，往返需约40分钟。

此外，以观看艾格尔峰、门希峰、少女峰三峰风景为目的游客，不要错过夕阳中的群山美景，夏季午后4点是观景的最佳时间。

各个季节GGM索道车运行时间有所不同。夏季一般上山始发车是8:00，下山末班车是17:30，往返车费是CHF54（持有少女峰铁路通票者免费，持有瑞士通票者享受50%优惠）。

从瞭望台看到的充满活力的景色

踏上徒步旅程，不久后如此壮观的景色就会展现在您的眼前

可轻松前往的普芬施特格瞭望台

大沙伊德克瞭望台（下图）上眺望到的风景（上图）

可轻松前往的瞭望台

普芬施特格瞭望台

Pfingstegg MAP p.112、114、122-A、129-A

在格林德尔瓦尔德村庄东端的缆车乘车处，乘坐开往普芬施特格瞭望台的LGP缆车，约5分钟即可到达。该瞭望台交通便捷，海拔只有1391米，闲暇的时候不妨去看看。

普芬施特格瞭望台位于马特山（Mattenberg）的山腰处，因此无法体验360度观景乐趣。但是，在咖啡厅、餐厅的露台席位等处可以看到著名的艾格尔峰，还可清楚地俯瞰格林德尔瓦尔德村庄。

此外，瞭望台处于格林德尔瓦尔德上下冰川中间，因此，从瞭望台左侧至上冰川附近的米尔希巴赫(Milchbach)咖啡餐厅有一条“上冰川徒步旅行线路”，从瞭望台右侧至下冰川附近的贝鲁格（Bäregg）咖啡餐厅有一条“下冰川徒步旅行线路”。（可参考p.131）

LGP缆车运行时间是每年的5月~10月。每天的运营时间根据季节转换有所调整。一般来说，6月~9月上山始发车是8:00，下山末班车是19:00，每15分钟一班。往返车费是CHF18（持有少女峰铁路通票者免费，持有瑞士通票者享受20%优惠）。

可近距离仰望韦特峰的瞭望台

大沙伊德克瞭望台

Grosse Scheidegg MAP p.112、114、129-A

在格林德尔瓦尔德车站前的巴士总站，乘坐开往大沙伊德克或迈林根（Meiringen）的格林德尔瓦尔德巴士，约35分钟即可到达海拔1961米的大沙伊德克瞭望台。

瞭望台上有一个咖啡餐厅。这里不仅仅是观光瞭望台，还是很受欢迎的徒步旅行据点。

大沙伊德克瞭望台距离韦特峰很近，站在这里可以真切感受到韦特峰的雄伟，还可以清楚看到艾格尔峰，这时的艾格尔峰不再是村庄里看到的那番面貌，而是露出了它“咄咄逼人”的一面。想一睹韦特峰风采的游客，要记住上午艳阳高照时是最佳观景时段。

如果时间充裕，可以体验从这里到菲尔斯特瞭望台的徒步之旅（p.131）。觉得这条线路太过平缓的徒步旅行“专家”，可以尝试大沙伊德克瞭望台→菲尔斯特瞭望台→巴赫阿尔卑湖→福尔峰（Faulhorn）→布斯阿尔卑这条一日游线路。

通往这个瞭望台的山路只通行格林德尔瓦尔德巴士。运行时间为5月下旬至10月上旬。单程票价是CHF22（持有少女峰铁路通票者免费，持有瑞士通票者享受50%优惠）。其他车辆不允许进入。

徒步旅行线路的终点所在地

布斯阿尔卑瞭望台

Bussalp MAP p.112、114

在格林德尔瓦尔德车站前的巴士总站，乘坐开往布斯阿尔卑的格林德尔瓦尔德巴士，约30分钟即可到达海拔1792米的布斯阿尔卑瞭望台。这里是为数不多的可以看到躲在群山深处神秘的芬斯特拉峰（4274米）美景的瞭望台之一。

瞭望台上有咖啡餐厅，在这里可以遥望到韦特峰、格林德尔瓦尔德上冰川、施雷克峰、格林德尔瓦尔德下冰川、芬斯特

从布斯阿尔卑瞭望台上看到的芬斯特拉峰

拉峰、艾格尔峰。远处是一望无际的大草原，牛儿正在悠闲地吃着草。从咖啡餐厅徒步15分钟左右就可到达大草原上的观景台（Aussichtspunkt），远远就可看到观景台上立着的旗杆。在此可欣赏艾格尔峰、门希峰和少女峰三峰排列在一条直线上的奇观。

上面提到的格林德尔瓦尔德巴士的运行时间是每年的5月下旬至10月上旬，12月中旬至次年4月上旬。单程票价是CHF22（持有少女峰铁路通票者免费，持有瑞士通票者享受50%优惠）。

冰川融水侵蚀而成的冰川峡谷

冰川融水侵蚀成的可怕峡谷

冰川峡谷
Gletscher-schlucht

MAP p.112、114、129-A

在格林德尔瓦尔德车站前的巴士总站，乘坐开往冰川峡谷的格林德尔瓦尔德巴士，约10分钟即可到达。

这是格林德尔瓦尔德下冰川融水侵蚀而成的峡谷。峡谷中沿着陡峭岩壁有一条将近1千米的步行道路，游客们可以在冰川融水的激流上方散步。此处比较寒冷，需准备较厚的衣物。

开放时间是每年的5月下旬~10月上旬，每天10:00~17:00（7月和8月每天9:00~18:00）。票价是CHF7。入口处还有一家同名酒店。

上面提到的格林德尔瓦尔德巴士全年运行。往返票价是CHF10（持有少女峰铁路通票者免费，持有瑞士通票者享受50%优惠）。

近距离体验冰川末端的魅力

格林德尔瓦尔德上冰川
Oberer Gridelwald-gletcher

MAP p.112

格林德尔瓦尔德上冰川和格林德尔瓦尔德下冰川（Uterer Gridelwald-gletcher）曾经一直延伸到村庄附近，但由于地球暖化，冰川不断退后。说到冰川最佳观景方式，一般会为大家推荐从菲尔斯特瞭望台上遥望冰川，或者经徒步旅行线路前往米尔希巴赫、贝鲁格欣赏冰川美景。不过，大家不要把冰川末端给忽略了，登上冰川末端也可以看到不一样的冰川美景。

在格林德尔瓦尔德车站前的巴士总站，乘坐开往大沙伊德克瞭望台或迈林根的巴士，约15分钟后在格林德尔瓦尔德上冰川（Oberer Gridelwald-gletcher）/韦特峰酒店（Wetterhorn Hotel）下车。从这里登上890级台阶即可到达冰川末端。

上面提到的格林德尔瓦尔德巴士的运行时间是每年的5月下旬~10月上旬。每天往返10趟。往返票价是CHF12.40，持有少女峰铁路通票者免费。

格林德尔瓦尔德徒步旅行线路

深入群山之中，感受真正的阿尔卑斯风情

以格林德尔瓦尔德为据点的徒步旅行线路的最大优点，就是不论男女老少都可以轻松上路，而且途中还可欣赏阿尔卑斯群山美景。在这里推荐大家先乘坐山区交通工具登上各个瞭望台，尽情领略大自然风光，再悠闲地体验徒步旅行。即便是走上短短的一段路程，也会带给你不一样的感动和惊喜，所以，行动起来吧！不要只奔波于各个瞭望台之间。若需要频繁地使用山区交通工具，建议您购买少女峰铁路通票（请参考p.112、p.114），它会帮你节省不少旅费。此外还要注意，一定要带上少女峰铁路网时刻表和徒步旅行线路图。

也有的游客另辟蹊径，放弃平坦的道路，而选择狭小的山路

徒步旅行线路1

门利兴瞭望台 →
Männlichen（2227米）
小沙伊德克瞭望台
Kleine Scheidegg（2061米）
（全程约需2小时）

漫步在广阔的原野中 边走边遥望远方美景

从格林德尔瓦尔德乘坐WAB登山列车和GGM索道车到达门利兴瞭望台（p.125），接着沿着路边标示徒步前往小沙伊德克瞭望台（p.138）。这条徒步线路延伸在广阔的原野中，非常平坦，甚至有游客推着婴儿车到这里散步，与其说是徒步线路，不如说是一条很不错的散步大道。沿途的风景非常迷人，可以看到沿路变换面貌的艾格尔峰、门希峰、少女峰三峰。

这是一条很好走的线路，可以穿得轻便些。但是由于门利兴瞭望台海拔2227米，小沙伊德克瞭望台2061米，两地海拔都超过2000米，天气可能发生突变，所以应尽量带上一件防风大衣。山上紫外线较强。

贯穿全程的平坦而又宽敞的山路

享用午餐的同时欣赏美丽风景

继续前进就会看到右手边屹立着一座叫做丘根山（Tscguggen）的三角状的山峰。从这里开始山路会拐进山中，因此在这一段路程中看不到少女峰。

不久后又会到达一个绝佳的观景据点，可看到艾格尔峰、门希峰、少女峰三峰，并正面感受三峰的震撼力。这里设有休息处，可以停下脚步好好享用一顿午

图中方位上为南，下为北

餐。稍事休息后，继续前行，看到左手边山脚下的格林德尔瓦尔德村庄，就代表着小沙伊德克瞭望台快到了。瞭望台前的艾格尔陡崖（Eiger Nordwand）是观看艾格尔峰北壁的最佳观景地，不容错过。

从门利兴瞭望台徒步到小沙伊德克瞭望台约需1小时30分钟，加上中途休息时间共需2小时。回程可从小沙伊德克瞭望台乘坐WAB登山列车在格林德尔瓦尔德下车。夏季，小沙伊德克瞭望台发出的末班车时间为18:33。

路标意为往左走前往门利兴瞭望台，往右走前往小沙伊德克瞭望台。途中可以看到许多这样的路标

在这条线路上，绝大多数时间可看到艾格尔峰、门希峰、少女峰这三座伯尔尼高地著名山峰

徒步旅行线路2

菲尔斯特瞭望台←→

First（2168米）

巴赫阿尔卑湖

Bachalp-see（2265米）（全程约需3小时）

草地上的牛群就像画中一样
山峦环抱着美丽的湖泊

这是一条前往巴赫阿尔卑湖（Bachalp-see）的徒步线路，在这个美丽湖泊旁悠闲散步，身心都可得到放松。

从格林德尔瓦尔德乘坐BGF索道车可到达菲尔斯特瞭望台（p.124）。菲尔斯特瞭望台就是徒步旅行的起点。最初是一段比较陡的山路，往前再走一段就会看到一处大岩滩，可以在这里休息一下，欣赏欣赏周边风景。接下来的线路基本比较平坦，可轻松前行。

渡过第二条小溪，一个叫做“橡胶小屋”（Gummi Hütte）的小房子会出现在眼前。走过小屋，眼前豁然开朗，可以遥望艾格尔峰、少女峰。再继续前进，不久后会看到路边立着写有“还有5分钟”的路标，顺着路标所指方向前行，即可到达终点，也就是湛蓝的巴赫阿尔卑湖。

点缀在阿尔卑斯群山中的2块宝石

巴赫阿尔卑湖由两个小湖组成，眼前较小的湖叫“翡翠绿”（Emerald Green），远处较大的湖叫“宝石蓝”（Sapphire Blue）。这两个湖犹如点缀在山中的两块宝石，闪闪发光。湖畔，牛群旁若无人地吃着嫩草。湖对岸屹立着巍峨的韦特峰（Wetterhorn）（3701米）和施雷克峰（Schreckhorn）（4078米）。湖光山色构成了如画般的美景，让人流连忘返。

累了可在湖畔草地上休息，湖边还设有简易公共厕所。宝石蓝湖前屹立着福尔峰（Faulhorn）（2686米），前往福尔峰也是一条不错的一日游线路，但适合体力较好的徒步旅行者。

从菲尔斯特瞭望台到巴赫阿尔卑湖单程约需要1个小时，加上在湖畔休息和观景的时间，全程大概需要3小时。菲尔斯特瞭望台发出的末班车，根据季度不同发车时间会稍有调整，建议大家事先确认好。

游客们穿戴轻便，享受着徒步旅行的乐趣

坐在湖畔草地休息，十分舒服

（上）Eriophorum scheuchzeri
（下）Gentianella germanica

图为迷人的宝石蓝湖，宝石蓝湖是巴赫阿尔卑湖两个小湖中较大的那个湖

徒步旅行线路3

大沙伊德克瞭望台
Grosse Scheidegg（1961米）
→ **菲尔斯特瞭望台**
First（2168米）（全程约需2小时）

从格林德尔瓦尔德乘坐格林德尔瓦尔德巴士到大沙伊德克瞭望台（p.126），再从这里徒步到菲尔斯特瞭望台（p.124），全程约需2小时。

路程开头是一段较缓的上坡路，过了这一段路后基本上是平坦的山路。在这条线路上可尽情地欣赏充满震撼力的艾格尔剑刃般的峭壁。如果还想继续徒步旅行，还可以选择左页中为大家介绍的菲尔斯特瞭望台→巴赫阿尔卑湖这条往返线路。

徒步旅行线路4

普芬施特格瞭望台
Pfingstegg（1391米）
→ **米尔希巴赫**
Milchbach（单程约需1小时）

从格林德尔瓦尔德乘坐LGP缆车到达普芬施特格瞭望台（p.126），接着从这里徒步到格林德尔瓦尔德上冰川附近的米尔希巴赫咖啡餐厅。单程约需1小时。

返程可以选择返回到普芬施特格瞭望台，也可以直接从米尔希巴赫咖啡餐厅步行到韦特峰酒店，在这里乘坐格林德尔瓦尔德巴士回到村庄。

徒步旅行线路5

普芬施特格瞭望台
Pfingstegg（1391米）
←→ **贝鲁格**
Bäregg（全程约需3小时）

从格林德尔瓦尔德乘坐LGP缆车到达普芬施特格瞭望台（p.126），再从这里徒步到格林德尔瓦尔德下冰川附近的贝鲁格咖啡餐厅。这是一条临近下冰川，道路狭窄且较陡的徒步线路，因此旅行前要准备好完善的徒步装备。路标提示，线路单程约需1小时20分钟，也就是说，往返需要2小时40分钟（将近3小时），考虑到在餐厅休息的时间，预留约5个小时较好。

徒步旅行线路6

艾格尔冰川站
Eigergletscher（2320米）
→ **阿尔皮格伦站**
Alpiglen（1615米）（全程约需3小时）

从格林德尔瓦尔德乘坐WAB登山列车或JB登山列车到达艾格尔冰川站（p.139），接着从这里徒步前往WAB登山铁路的阿尔皮格伦站。这条线路是格林德尔瓦尔德最有名的线路。在这条线路上可以欣赏到险峻的艾格尔峰北壁，非常惊险刺激。同时，这条被称为“艾格尔线索”的线路属于阿尔卑斯山徒步线路，要确保装备齐全。路标提示，线路约需2小时50分钟（将近3小时），但最好做好徒步4个小时的准备。

★★★★

瑞士园酒店

Romantik Hotel Schweizerhof

MAP p.123-B

打开窗户就可遥望艾格尔峰

工作人员统一穿着民俗服装

✉CH-3818 Grindelwald
☎033-854-5858 FAX 033-854-5859
www.hotel-schweizerhof.com（德、英）
室 50间
2人间含早餐、晚餐CHF360~
营 6月~10月、12月~次年4月

浅驼色和粉色等暖色调的客房，十分舒适

阿尔卑斯风情的木屋酒店

酒店充满了瑞士阿尔卑斯气息，茶色的木造墙壁配上红色的铁窗，显得独特又有魅力。酒店有着悠久的历史，创建于1892年，整座建筑都得到了精心的保护，内部装修很考究，非常整洁，每个角落都透露着舒适和谐的感觉。

酒店内部装潢和工作人员的统一服装都出自老板夫妇的设计，洋溢着家的温馨。客房内为旅客准备了手工针线包，酒店新闻台为客人播报第二天的天气以及晚餐菜单等，服务细致周到。

洒进阳光的别致前台

即便雨天不方便出门也不用担心会无聊，酒店内有游泳池等各种休闲设施，可助您打发时间。

2008年，酒店总部后面建起了出租公寓（Residence）（20间客房）和出租别墅（Chalet）（4室，8栋），很适合家庭和长期旅游者入住。它们与酒店总部之间有地下斜行式电梯连接，非常方便。公寓房间一般为70~130平方米，适合4~6人使用，含早餐、晚餐，一人一晚需付CHF265~。木屋别墅房间一般是50~160平方米，适合3~6人使用，含早餐、晚餐，一人一晚需付CHF265~。住3日以上才可申请。

精心修整的庭院和茶色木造墙壁搭配红色铁窗的建筑外观，足以让人驻足欣赏

村庄唯一一家五星级酒店

女王豪华酒店 ★★★★★

Grand Regina MAP p.123-B

Dorf-strasse 80, CH-3818 Grindelwald
☎033-854-8600 FAX 033-854-8688
www.grandregina.ch
室87间　2人间含早餐CHF248~

营业时间是每年1~10月、12月

从阳台眺望，风景优美

蜘蛛酒店 ★★★★

Spinne MAP p.123-B

Dorf-strasse 136, CH-3818 Grindelwald
☎033-854-8888 FAX 033-854-8889
www.spinne.ch
室43间　2人间含早餐CHF250~

营业时间是每年1~10月、12月

大型酒店，适合旅游团入住

海星酒店 ★★★★

Sunstar MAP p.122-A

Dorf-strasse 168, CH-3818 Grindelwald
☎033-854-7777 FAX 033-854-7770
www.sunstar.ch/grindelwald
室217间　2人间含早餐CHF260~

营业时间是每年1~10月、12月

游泳池、水疗休闲会所等设施齐全

申埃克酒店 ★★★

Park Hotel Schoenegg MAP p.122-A

Dorf-strasse 161, CH-3818 Grindelwald
☎033-854-1818 FAX 033-854-1819
www.parkhotelschoenegg.ch 室50间
2人间含早餐、晚餐CHF320~

营业时间是每年12~次年3月、6~9月

车站前的老牌酒店

十字架和邮局酒店 ★★★★

Kreuz & Post MAP p.123-B

Dolf-strasse 85, CH-3818 Grindelwald
☎033-854-5492 FAX 033-854-5499
www.kreuz-post.ch
室42间　2人间不含早餐CHF230~

全年营业

如家般舒适，深受大众喜爱

艾格尔酒店 ★★★★

Eiger Selfness MAP p.123-B

Dorf-strasse 133, CH-3818 Grindelwald
☎033-854-3131 FAX 033-854-3130
www.eiger-grindelwald.ch
室44间　2人间含早餐CHF250~

全年营业

酒店高台上风景绝好

基尔布尔公寓酒店 ★★★★

Kirchbühl MAP p.122-A

Kirchbühl-strasse 14, CH-3818 Grindelwald
☎033-853-1762 FAX 033-853-1782
www.kirchbuehl.ch
室43间　2人间不含早餐CHF230~

营业时间是每年12~次年3月、6~10月

以鲜花装饰的酒店

冰川花园酒店 ★★★

Gletschergarten MAP p.122-A

obere Gletscher-strasse 1, CH-3818 Grindelwald
☎033-853-1721 FAX 033-853-2957
www.hotel-gletschergarten.ch
室26间　2人间含早餐CHF220~

营业时间是每年12~次年3月、6~9月

希尔申酒店 ★★★

酒店一层的餐厅也很受欢迎

Hirschen MAP p.123-B

Dorf-strasse 135, CH-3818 Grindelwald

☎033-854-8484 FAX 033-854-8480

www.hirschen-grindelwald.ch

室30间 2人间含早餐CHF170~

全年营业

老邮局酒店 ★★★

温馨的小型酒店

Alte Post MAP p.122-A

Dolf-strasse 175, CH-3818 Grindelwald

☎033-853-4242 FAX 033-853-4288

www.altepost-grindelwald.ch

室18间 2人间不含早餐CHF160~

营业时间是每年的12~次年4月，6~9月

冰川酒店 ★★★

环境悠闲，可眺望美景

Glacier MAP p.123-B

Endweg 55, CH-3818 Grindelwald

☎033-853-1004 FAX 033-853-5004

www.glacierhotel.ch

室17间 2人间含早餐CHF150~

营业时间是每年的1~3月，6~12月

伯尔尼霍夫酒店 ★★★

便捷的小型酒店（只提供早餐，没有中餐或晚餐）

Bernerhof MAP p.123-B

Dorf-strasse 89, CH-3818 Grindelwald

☎033-853-1021 FAX 033-853-4646

www.bernerhofhotel.ch

室28间 2人间含早餐CHF170~

营业时间是每年的12~次年3月，6~9月

格林德尔瓦尔德霍夫酒店 ★★★

一层的米格罗斯超市很方便

Grindelwalderhof MAP p.122-A

Dorf-strasse 155, CH-3818 Grindelwald

☎033-854-4010 FAX 033-854-4019

www.grindelwalderhof.ch

室20间 2人间不含早餐CHF160~

全年营业

博德米酒店 ★★★

充满大自然气息的木屋酒店

Bodmi MAP p.122-A

Terrasenweg 104, CH-3818 Grindelwald

☎033-853-1220 FAX 033-853-1353

www.bodmi.ch

室17间 2人间含早餐CHF270~

营业时间是每年的1~10月，12月

施泰因博克酒店 ★★★

具有独特风格的木屋酒店

Steinbock MAP p.122-A

Dorf-strasse 189, CH-3818 Grindelwald

☎033-853-8989 FAX 033-853-8998

www.steinbock-grindelwald.ch

室22间 2人间含早餐CHF160~

全年营业

贝勒维酒店

小说《艾格尔峰北壁》中提到的酒店

Bellevue MAP p.122-A

Dorf-strasse 157, CH-3818 Grindelwald

☎033-853-1234 FAX 033-853-1143

www.bellevue-pinte.ch

室8间 2人间含早餐CHF130~

营业时间是每年的12月~次年3月，6月~10月

老字号瑞士料理餐厅

十字架和邮局餐厅
Kreuz & Post

（瑞士料理） MAP p.123-B

- 位于十字架和邮局酒店的0F
- ☎033-854-5492（酒店前台）
- www.kreuz-post.ch（德）
- 营 8:00~23:30（LO22:30）
- 休 周一
- 预 CHF30~

这里的瑞士料理非常正宗，其中最值得推荐的是传统的奶酪煎蛋高地黄金饼（Oberländer Rösti）(CHF21)、经典的德式削面（Spätzli）(CHF19.5) 以及阿尔卑斯通心粉（Älpler-maggronen）(CHF19.50)。

舒适的餐厅布置

品尝美食的同时可遥望艾格尔峰美景

约会餐厅
Rendez-vous

（瑞士料理） MAP p.123-B

- 位于主街中间地带
- ☎033-853-1181
- 营 8:30~23:00
- 休 周二
- 预 CHF30~

餐厅位于主街的中央地带。可欣赏到下冰川的露台席位很受欢迎。涮肉火锅和中式火锅价格都是CHF42，瑞士烤面包（Käse-schnitte）CHF18，烤香肠CHF19。

可以看到下冰川的露台席位值得推荐

在山间小屋风格的餐厅内可享用到正宗美味的比萨

汤姆斯小屋餐厅
Tom's Hütte

（披萨） MAP p.122-A

- 位于主街东端。
- ☎033-853-5239
- 营 12:00~14:00、16:00~22:00（周四18:00~23:30）
- 休 周三　休业：每年的5月和10月
- 预 CHF20~

稳重好客的汤姆是餐厅老板，他独自经营着这家山间木屋餐厅。店内的比萨是100%手工制作，从里到外都渗透着美味。餐厅提供15种比萨，一人份尺寸是CHF17.50。

餐厅名字“Toms Hutte”意为“汤姆的小屋”

地道的口味再加上合理的价格是餐厅最大的魅力

茶香园
Jasmine Garden

（中国菜） MAP p.122-A

- 位于主街东侧。
- ☎033-853-0733
- 营 11:30~14:00、18:00~22:30
- 休 季节不同，休息日也有变化。夏季，周二和周六晚上休息。
- 预 CHF30~

餐厅老板是一对华籍的马来西亚夫妇，主厨来自中国香港。餐厅在主街边设有露台席位，室内餐厅设在地下，入口在露台左侧。套餐价格为CHF39。

位于贝勒维酒店东侧，是地下餐厅

厅内均禁烟。餐厅外露台席位不禁烟。

【体验一回度假别墅】旅行一周以上，建议您选择入住度假别墅

瑞士人度假时入住的度假别墅

瑞士酒店价格偏高，长期的旅行会产生高额的酒店费用。在瑞士，每年有5周的长假，瑞士人都有全家一起到阿尔卑斯度假村旅行的习惯，他们夏季徒步旅行，冬季高山滑雪。但是，怎样才能既省钱又能悠闲度假呢？这成为大多数长期旅行者的苦恼之处。

其实，瑞士人长期度假时一般不选择住酒店，而是偏爱度假别墅，这种出租式的别墅在德语中叫做“Ferienwohnung”，英语中则叫“Holiday House”。

在阿尔卑斯度假村有许多度假别墅，这些别墅外形与普通酒店不同，都是大木屋（三角形屋顶的房子）。外墙上有“Chalet”字样的木屋一般就是度假别墅。

度假别墅基本上不会整栋出租。别墅很大，一般是出租一层或者半层。大多数别墅都是三层建筑，房东住在最高层，第一层和第二层用于出租。

每间客房各自都有大门，内部有带餐厅的起居室、卧室、洗浴间、厨房、洗涤间。床单、被子、烹饪用具、餐具等配套齐全，十分便捷。不仅如此，有些度假别墅还设有阳台、小庭院、车库等。度假别墅与普通的酒店客房相比，不仅宽敞明亮，还可以煮饭、洗衣，就像在自己家一样，非常自在。

度假别墅以入住一周为最小单位计算房费，即周六办理入住手续，下周六中午前办理退房手续（8天7晚）。公

莱尼木屋。在木屋上可以看到格林德尔瓦尔德

寓大小不同，价格也有所不同。一般2人公寓（2张床）淡季价格是CHF500，旺季是CHF1000；4人公寓（4张床）则是CHF900~CHF1800。也就是说，平均一人一晚是CHF35~CHF70，加上可以自己做饭，比入住酒店合算很多。

度假别墅既方便又实惠，但外国游客是很难租到的。主要原因是不仅要花时间网上查询，还需要亲自用德语或英语与中介、房东沟通，有时甚至因为语言障碍造成很多麻烦。

像在家里一样轻松自在！莱尼木屋

编者幸运地租到了“莱尼木屋”（Chalet Leny）（公寓编号GWD-012）。

进入大门后看到的精美布置

设有火炉的起居室

宾迪夫妇是莱尼木屋的主人，木屋的三层由宾迪夫妇自住，第二层（较大）和第一层（较小）作为公寓出租。

我租到的是第一层，这里有装有火炉的起居室、双人床卧室、设有双层儿童床的儿童卧室、浴室以及厨房，共75平方米。大门外有公用的洗涤间和停车场。

因为正好是第一层，打开客房的落地窗就可以看到露天席位和小庭院，往远处望去就是美丽的艾格尔峰，十分惬意。

每个度假别墅的生活用品的完备程度有所不同。莱尼木屋可以说是尽善尽美。除了冰箱、烤炉，还备有热水壶、咖啡机、烤面包机、烤肉架、奶酪火锅用具，甚至还准备了亚洲人常用的烹饪用具等。

除了以上这些，客房内还准备了被褥、厨房用纸、卫生纸、度假村指定垃圾袋、调味料、洗涤剂等日常生活用品，“拎包入住”即可，非常方便。

此外，每间房间都装有供暖设备。如在寒冷的冬夜想使用火炉，房东还会在庭院的一角为房客准备好柴火。

房东是养牛人和猎人，不会说英语，

莱尼木屋的主人宾迪夫妇

但是非常热情亲切。房东夫人是家庭主妇，会说英语，租房手续办理（交接公寓钥匙、说明设备使用方法等）和退房后的打扫都由她来负责。她是一位勤劳且心地善良的女性，庭院里那些盛开的花朵，正是在她的精心照料下才如此芬芳迷人。

公寓内的卧室

莱尼木屋可供1~4名游客入住，8天7晚的淡季价格为CHF950，旺季价格为CHF1150。

从格林德尔瓦尔德车站附近的格伦德车站徒步约4分钟即可到达莱尼木屋。WAB登山列车运营线路是格林德尔瓦尔德车站—格伦德车站—大沙伊德克车站—少女峰车站，因此会让人误认为格伦德车站比格林德尔瓦尔德车站的地势高，但实际上格伦德车站位于谷底，比格林德尔瓦尔德车站地势低。从莱尼木屋去往格林德尔瓦尔德时，乘坐WAB登山列车非常方便。当然也可以徒步前往，但途中都是较陡的坡路，大约需要20分钟才可到达。正因为如此，从格林德尔瓦尔德返回莱尼木屋时，则建议徒步，因为都是下坡路比较轻松。

从露天席位可以远眺远处美丽的艾格尔峰

带您走进壮丽的冰雪世界

少女峰瞭望台

Jungfraujoch

MAP ●剪切地图-6、p.6-F、p.113、p.114、p.129-A

少女峰是伯尔尼高地最迷人的景点，海拔3454米的欧洲最高火车站就位于少女峰瞭望台(Jungfraujoch)上。已有百年历史的少女峰铁路开通于1912年。这条铁路将带领游客到达3000米以上的冰雪世界。少女峰瞭望台也是阿尔卑斯瞭望台中最具人气的一个，来到瑞士一定不要错过这里。

此外，少女峰瞭望台一带（少女峰、阿莱奇峰、比奇峰地区）还被世界教科文组织列入世界自然遗产。

关于少女峰铁路网（BOB登山列车、WAB登山列车、JB登山列车等）的信息请参考p.114~p.115的交通网地图。

●从因特拉肯出发

从因特拉肯出发约需2小时。

因特拉肯至少女峰瞭望台有两条线路。一条是东线，需要经过格林德尔瓦尔德，另一条是西线，需要经过劳特布伦嫩，不论哪条线路都需要换乘2次。

从因特拉肯东站乘坐BOB登山列车前往格林德尔瓦尔德（约需35分钟）或劳特布伦嫩（约需20分钟）。接着，再从格林德尔瓦尔德/劳特布伦嫩换乘WAB登山列车前往小沙伊德克站（需约35/45分钟）。最后，在小沙伊德克站换乘JB登山列车到达少女峰瞭望台（约需50分钟）。发车规律，可保证乘车顺畅。

●从格林德尔瓦尔德出发

从格林德尔瓦尔德出发约需1小时25分钟。

从格林德尔瓦尔德乘坐WAB登山列车前往小沙伊德克站（约需35分钟），接着从小沙伊德克站换乘JB登山列车到达少女峰瞭望台（约需50分钟）。

〈夏季7月〉
平均最高气温：1.7℃
平均最低气温：-3.4℃
〈冬季1月〉
平均最高气温：-10.3℃
平均最低气温：-16.6℃

【旅游景点指南】

海拔2061米，可一览三峰景色的瞭望台

小沙伊德克瞭望台
Kleine Scheidegg MAP p.113、115、129-B

从格林德尔瓦尔德或劳特布伦嫩乘WAB登山列车到达小沙伊德克瞭望台后，要在此换乘前往少女峰瞭望台的JB登山列车。铁路交通使用网络调度，可轻松顺利换乘。如果时间充裕，可以在换乘之前花点儿时间参观一下小沙伊德克瞭望台。在这里可以尽情欣赏艾格尔峰、门希峰、少女峰三峰的壮丽景色。除此之外，车站上方（艾格尔北壁餐厅，Eiger Nordwand）还设有遥望艾格尔北壁的观景点，旁边的

登山列车换乘地小沙伊德克瞭望台全景

艾格尔峰北壁和曾登上北壁的各国登山队伍的信息介绍看板

从小沙伊德克瞭望台看到的艾格尔峰、门希峰、少女峰三峰的壮丽景色

艾格尔冰川站前的艾格尔冰川

看板详细介绍了艾格尔峰北壁和登上北壁的各国登山队伍的相关信息。

海拔2320米，艾格尔冰川近在咫尺

艾格尔冰川站
Eigergletscher

MAP p.113、114、129-B

小沙伊德克瞭望台的下一站就是艾格尔冰川站。在这里可以近距离感受冰川的壮观。站内有一家艾格尔冰川餐厅（Eigergletscher）（每日8:15~16:15营业），可在此驻足休息。此外，这里还是从艾格尔峰北壁山脚前往WAB登山铁路的阿尔皮格伦站（Alpiglen）的“艾格尔线索”（请参考p.131）徒步旅行线路的起点。

海拔2865米，位于艾格尔峰北壁内部

艾格尔峰北壁站
Eigerwand

MAP p.113、114、129-B

JB登山列车从艾格尔冰川站开出后就会驶入一个山内岩石隧道，隧道内设有两个车站。首先会停在艾格尔峰北壁站（Eigerwand），在这一站会停3分钟。可以透过瞭望窗欣赏外面的风景，从险峻的北壁内部看外面的景色也是一次难忘的体验。隧道内的第二个车站是海拔3160米的冰海站（Eigmeer），列车也会在这里停3分钟。穿过隧道即到达终点站少女峰瞭望台站。

透过艾格尔峰北壁站内的瞭望窗看到的迷人景色

首次登顶艾格尔峰北壁

险峻的艾格尔峰北壁曾经夺去了许多登山爱好者的生命，因此得名“死亡绝壁”。1938年，奥地利人海因里希·哈勒（Heinrich Harrer）（1912~2006）首次征服了北壁。当时他沿着右图中的红线（正规线路，Normalroute）登上顶峰。他在著作《白色蜘蛛》中详细地描述了登山过程。

此外，值得一提的是，1969年，今井道子带领日本登山队沿着右图中的蓝色垂直登顶线路(Japaner-Dirttissima）成功登上北壁。

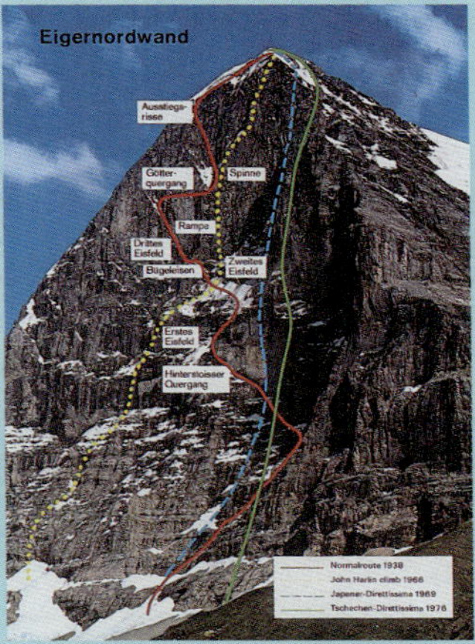

在斯芬克斯观景台可眺望阿莱奇冰川

斯芬克斯瞭望台外的观景露台

斯芬克斯瞭望台内的玻璃观景台

瞭望台站海拔3454米，瞭望塔海拔3571米

少女峰瞭望台
Jungfraujoch

MAP p.6-F、113、114

少女峰瞭望台站是一个地下车站。这里四通八达，可以通往斯芬克斯观景台、少女峰雪原、冰之宫殿、普拉托露天观景台和“欧洲屋脊”大楼，站内标志均附有外语翻译，游客无须担心迷路。

车站坐落在海拔3454米的高山，空气比较稀薄，尽量不要剧烈运动（请参考p.326的高山疾病对策）。车站较大，如果有兴趣参观，需留出2小时左右的时间。

即便是盛夏，这里也是白雪皑皑，要带上防寒衣物，以免着凉。另外，到少女峰雪原和普拉托露天观景台一带要穿上防滑鞋，多注意脚下，以免滑倒。

●斯芬克斯观景台 Sphinx

斯芬克斯观景台（海拔3571米）是少女峰瞭望台的主要观景台，观景台上方的银色拱顶建筑物是天文气象研究所。车站附近的高速大型电梯可直通这里。说到这些现代化的电梯和登山列车，不禁让人感叹瑞士的科技水平之高和瑞士人的坚毅精神，着实让人敬佩。

在斯芬克斯观景台上可360度观景，四周全部是透明的玻璃，可清楚眺望外面白茫茫的世界，感受被冰雪包围的奇特感觉，纯白的世界似乎可以净化人的心灵，让人心旷神怡。

西侧屹立着白色的少女峰主峰（Jungfrau）（4158米）和罗塔尔峰（Rottalhorn）（4107米），南侧是阿莱奇冰川（Grosser Aletsch-glatscher）。壮丽的阿莱奇冰川是欧洲最长的冰川，全长达23.6千米。

●少女峰雪原（Jungfraufirm）

少女峰雪原是阿莱奇冰川的一部分，这里有个雪乐园（Snow Fun）（雪上游乐场），非常值得期待。

坐在轮胎形的滑雪圈(Snow Tubing)（CHF15）上往下滑雪，非常刺激。雪橇犬拉的雪橇（Sledge）（CHF15），高空缆绳滑翔于天空中的冰原飞索(Tyrolienne)（CHF20）也是雪原上很受欢迎的项目。此外，夏季滑雪和雪橇（Summer Skiing&Snowboard）等雪上项目也十分有趣(包括租用费共CHF35)。想要体验多种雪上娱乐设施，可以办一张一日券(CHF45)。

想要体验这些项目可以到雪原咨询处（Informantion Desk）申请。

夏季，少女峰雪原上有许多娱乐设施

少女峰瞭望台
Jungfraujoch

冰之宫殿

坐在轮胎形的滑雪圈上往下滑（Snow Tubing）

●冰之宫殿（Eispalast）

向少女峰雪原相反方向前进即可到达著名的冰之宫殿。它是阿莱奇冰川之下30米处的"超级冰宫"。最初是2名山岳导游于1934年开拓的小型冰洞，后经不断拓宽才形成如今的大型冰宫。

宫殿的顶部、冰壁、冰柱、地板都呈现浅蓝色，充满幻想色彩，非常迷人。这个超级冰宫中还陈列着各种各样的冰雕。冰宫内部寒冷，要注意尽量穿得暖和些。

●普拉托露天观景台 Plateau

普拉托露天观景台也位于少女峰雪原相反方向。由于是露天观景台，游客们会直接踩在雪地上，所以应尽量穿上防滑的鞋子，注意脚下安全，以免滑倒。从这里可以看到在斯芬克斯观景台看不到的门希峰的另一番风貌。这座观景台与斯芬克斯观景台遥相呼应。看到远处的斯芬克斯观景台时，人们会惊叹"原来刚才所在的斯芬克斯观景台建在那么高的地方啊"。

图为户外的高原瞭望处，脚下就是厚厚的雪，很多来自热带的游客尽情地在此打雪仗

在观景台的最前端，瑞士国旗迎风飘动，鲜红的国旗在银白的世界中显得格外醒目。

●"欧洲屋脊"大楼 Berghaus "Top of Europe"

"欧洲屋脊"大楼是与少女峰瞭望台车站并设的餐厅大楼。大楼内有5家餐厅和咖啡厅，以及天文气象资料陈列室、幻灯放映室、纪念品商店和邮局等，设施非常完备。其中，不能不提到的是邮局，这个邮局是欧洲最高的邮局，游客们很喜欢在这里向亲人朋友寄送明信片。

欣赏完风景或是从雪原游玩回来可以到这里的餐厅或咖啡厅好好享用一顿美餐，抑或是喝上一杯热饮，让身体暖和起来。

少女峰地区西线交通要地

劳特布伦嫩

Lauterbrunnen

MAP ●剪切地图-6、p.113、p.115、p.142

州名／伯尔尼州	语言／德语圈
海拔／795米	人口／约860人
长途区号／☎033	

●交通

从因特拉肯出发，约需20分钟，11千米。

●乘列车

从因特拉肯东站（Ost）乘坐BOB登山列车，约20分钟即可到达。

●驾车

从因特拉肯出发，走普通公路。

●市内交通

徒步就可参观村庄的各个景点。

●旅游局 Lauterbrunnen Tourismus

旅游局设在劳特布伦嫩车站前。

☎ 033-856-8568 FAX 033-856-8569

www.mylauterbrunnen.com（德、法、英）

〈6月~9月〉

周一~周五 8:30~12:00、13:30~18:00

〈10月~次年5月〉

周一~周五 9:00~12:00、13:30~17:00

劳特布伦嫩是少女峰铁路网西线上的要地。它既是BOB登山列车换乘WAB登山列车的换乘站，也是开往米伦方向的BLM缆车的起始站。

村庄坐落在U字形山谷的谷底，两侧的断崖以及从断崖倾泻而下的大小瀑布使得这里充满生气。

【旅游景点指南】

从断崖倾泻而下，落差达305米的瀑布

施陶布河瀑布

Staubbachfall

MAP p.142

“劳特”(Lauter) 意为“巨响”，“布伦嫩”(Brunnen) 意为“泉”，就如这个德语单词的字面意思所说的那样，劳特布伦嫩村坐落在U字形山谷的谷底，东西两侧是断崖，70多个瀑布从断崖倾泻而下。其中施陶布河瀑布是最著名的一个，远远望去就像一条水龙从305米的高处跃下。诗人歌德和华兹华斯都为它的力量之美写下了美丽诗篇。

村庄还有一座十分“上镜”的大教堂，在村庄各处都可以看到。沿着车站前的街道往南走约10分钟，看到施陶布河瀑布酒店后往左拐就可以来到教堂前。游客们最喜欢拍的景色就是“教堂尖塔后倾泻而下的瀑布”。

从车站站台也能看到远处的施陶布河瀑布

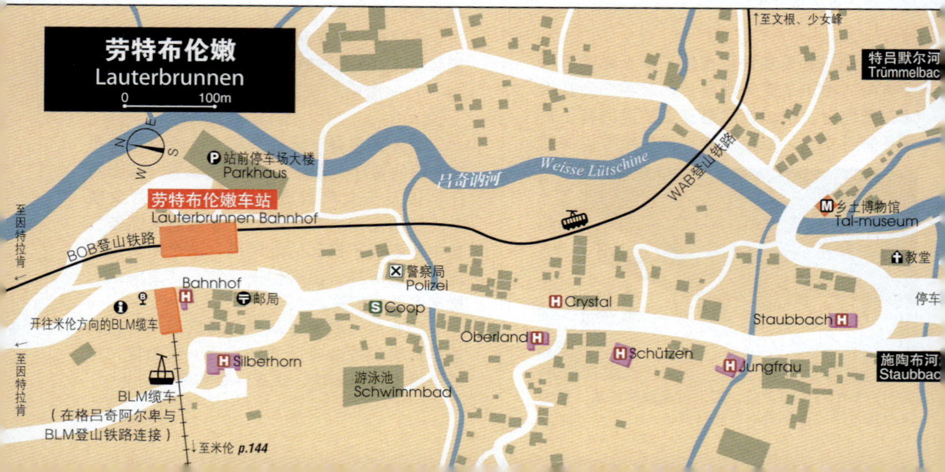

从断崖上倾泻而下的施陶布河瀑布

在站前街道向左拐，接着直走进入右手边的小路，即可到达瀑布脚下。

直泻入岩窟内部的瀑布

特吕默尔河瀑布
Trümmelbachfälle

MAP p.142

特吕默尔河瀑布是十分独特的冰川瀑布，由于从外面看不到它的身影，因此人气并不高。但是，见过瀑布真面目的人都会被它的强大力量和轰隆巨响所征服。

艾格尔峰、门希峰、少女峰流下来的冰川融水在这里汇集，并以每秒钟2万立方米的速度从险峻的岩壁奔腾而下，穿过岩窟，直泻到山体内部。当然，岩窟就是瀑布的“杰作”。瀑布常年拍打岩壁，岩壁不断被侵蚀，最终形成一个大岩窟。轰隆巨响的特吕默尔河瀑布拥有强大的力量，向人们展示了大自然的魅力，可以说是世界上最具吸引力的瀑布之一。

时隐时现的水流形成了10层瀑布。从第1层瀑布（最低处）到第10层瀑布（最高处）共设有10处观景台。进入瀑布后，在尽头处有电梯，电梯可以带游客到达第6层瀑布。同时，还有步行道可以沿路参观。想要近距离参观1~5层的瀑布，建议您先乘坐电梯上到6层，返回时直接沿阶梯而下，边走边欣赏。

开放时间是每年的4月~10月，每天9:00~17:00（7月~8月8:30~18:00）。门票CHF1。

这里距离劳特布伦嫩车站约3千米，乘坐邮政巴士约7分钟即可到达。巴士夏季期间约30分钟一班，其他季节为每1小时一班。

特吕默尔河瀑布入口处的看板

从入口进入后，映入眼帘的是这片美丽的草坪

伴随着轰隆巨响直泻而下的特吕默尔河瀑布

瀑布冲刷而成的大冰岩内设有步行道，可供游客沿路参观

绝壁上的恬静小村庄
米伦
Mürren

MAP ●剪切地图 -6、p.113、p.115、p.145

州名／伯尔尼州	语言／德语圈
海拔／ 1650 米	人口／约 400 人
产业／旅游业	长途区号／ ☎033

劳特布伦嫩城后的陡崖上有一个小村庄，这就是米伦。目前这里仍未通公路，因此村内看不到汽车的影子。村庄几乎与世隔绝，显得特别安静祥和。但是，尽管“千辛万苦”才能到达这里，还是有大批游客被它的恬静和神秘所吸引。

●观光季节

米伦的观光季节有两个，分别是夏季6月中旬~9月中旬和冬季12月中旬~次年4月上旬。秋季9月中旬~12月中旬和春季4月上旬~6月中旬期间，村内的酒店均停业休息，村庄几乎处于封闭状态。

●交通

从因特拉肯出发，约45分钟即可到达。

●乘列车

从因特拉肯东站（Ost）乘坐BOB登山列车，约20分钟到达劳特布伦嫩。接着从劳特布伦嫩站前乘坐BLM缆车，约5分钟后到达格吕奇阿尔卑（Grüschalp），最后换乘BLM登山列车，约20分钟到达目的地米伦。

此外，还可以从劳特布伦嫩乘坐邮政巴士，约12分钟到达斯特歇尔贝格（Stechelberg），在这里换乘LSM缆车，约10分钟可到达米伦。

劳特布伦嫩—格吕奇阿尔普—米伦的单程车票需CHF10.40（少女峰铁路通票和瑞士通票可用）。斯特歇尔贝格—米伦的单程车票需CHF10.40。

●驾车

由于米伦位于劳特布伦嫩城后的陡崖上，未通公路，驾车无法进入。如果驾车，建议您将车停在劳特布伦嫩车站附近的停车场内，接着乘坐列车前往。

●旅游局 Mürren Tourismus

旅游局设在村庄上主街上的体育中心内。

☎033-856-8686 FAX 033-856-8696

www.mymuerren.ch（德、法、英）

〈观光季节〉

周一~周日　8:30~19:00

〈其他时间〉

周一~周六　8:30~19:00

周日　8:30~17:00

【旅游景点指南】

体验漫步村庄的乐趣

中心区
Zentrum

村庄内的街道都没有名字，连接村东北侧BLM登山列车站和西南侧LSMS缆车乘车处的两条街道就是村内的主要街道了。街道两旁是朴素的木屋，到了夏季，庭院内和窗台上都是色彩斑斓的鲜花。两条街道是平行的，由于村庄坐落在陡崖上，街道之间高度形成了落差，那些连接着两条街道的阶梯和上下坡路给村庄带来了独特的情趣。

高山植物的宝库

阿尔门德胡伯尔瞭望台
Allmendhubel

从米伦村的SMA小型登山车乘车处乘坐SMA小型登山车，约4分钟即可到达希尔特峰瞭望台。这个海拔1970米的瞭望台离村庄较近，可轻松前往。站在这里可以遥望三峰和俯瞰米伦村。喜欢花草的游客可以经卢门塔尔（Blumental）沿着山路返回米伦。“卢门塔尔”意为“鲜花之谷”，这里盛开着许多高山花卉。从这里步行到村庄的徒步线路叫做“卢门塔尔徒步线路”（Blumental Panorama Trail）（约需2小时），一路上风景如画，很受游客喜爱。

SMA小型登山车只在夏季运行，运行时间是9:00~17:00，每20分钟一趟。单程车票需CHF7.40，往返CHF12（持瑞士通票者可享受50%优惠）。

坐落在陡崖上的米伦村

可尽情享受徒步乐趣的阿尔门德胡伯尔瞭望台

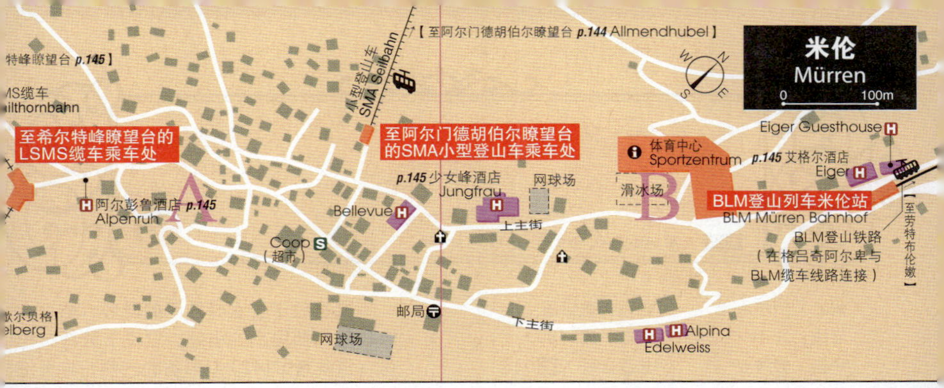

007系列电影《女王密使》的取景地

希尔特峰瞭望台
Schilthorn MAP p.113、p.115

www.schilthorn.ch（德、法、英）

从米伦村的LSMS缆车乘车处乘坐缆车，约17分钟即可到达希尔特峰瞭望台。这座海拔2971米的瞭望台，正式名字是"希尔特峰皮兹·葛里亚瞭望台"（Schilthorn Piz Gloria）。它曾出现在007系列电影《女王密使》中，从而一举成名。

建在希尔特峰峰顶的皮兹·葛里亚旋转餐厅是360度全景观旋转餐厅，它1小时会旋转360度，游客们可以一边眺望艾格尔峰、门希峰、少女峰，一边享受盘中美味。

米伦至希尔特峰区间运行的缆车，夏季上山始发车时间是7:40，下山末班车是18:30。该区间少女峰铁路通票无效，往返需CHF71.40（持有瑞士通票者享受50%优惠）。

Hotel

米伦唯一的四星级酒店

艾格尔酒店 ★★★★
Eiger MAP p.145-B

✉ BLM登山列车米伦站前
☎ 033-856-5454 FAX 033-856-5456
www.hoteleiger.com
室 49间 2人间含早餐CHF270~

全年营业的别致木屋酒店

阿尔彭鲁酒店 ★★★
Alpenruh MAP p.145-A

✉ 位于LSMS缆车乘车处前
☎ 033-856-8800 FAX 033-856-8888
www.alpenruh-muerren.ch
室 26间 2人间含早餐CHF170~

具有浓郁阿尔卑斯风格的小型酒店

少女峰酒店 ★★★
Jungfrau MAP p.145-B

✉ 位于上主街中部
☎ 033-856-6464 FAX 033-856-6465
www.hoteljungfrau.ch
室 29间 2人间含早餐CHF160~

可360度观景的希尔特峰瞭望台

深受游客喜爱的旅行“加油站”

文根

Wengen

MAP ●剪切地图-6、p.113、p.115、p.146

州名／伯尔尼州	语言／德语圈
海拔／1274米	人口／约1400人
产业／旅游业	长途区号／☎033

●观光季节

文根的观光季节有两个，分别是夏季5月中旬~9月上旬，冬季12月中旬~次年4月上旬。春季4月上旬~5月中旬和秋季9月中旬~12月中旬期间，村内酒店均停业休息，村庄几乎处于封闭状态。

●交通

从因特拉肯出发，约35分钟即可到达。

●乘列车

从因特拉肯东站（Ost）乘坐BOB登山列车，约20分钟到达劳特布伦嫩。接着从劳特布伦嫩乘坐WAB登山列车，约15分钟到达目的地文根。在同一个站台换乘。

●驾车

由于文根未通公路，驾车无法进入。如果驾车，建议您将车停在劳特布伦嫩车站附近的停车场内，接着在劳特布伦嫩乘坐WAB登山列车前往。

●村内交通

村庄不大，可徒步游览景点。酒店提供电车接送游客的服务。

●旅游局 Wengen Tourismus

走上车站前的斜坡，在艾格尔酒店处拐进多尔夫街（Dorf-strasse），旅游局就在这条街道上。

☎033-856-8585

FAX 033-856-8589

www.mywengen.ch

（德、法、英）

〈7月中旬~8月下旬〉

周一~周五　9:00~22:00

〈其他时间〉

周一~周六　9:00~18:00

周日　9:00~12:00

13:00~18:00

淡季的周六、周日休息

位于文根村主街多尔夫街上的旅游局

文根位于少女峰地区的西部，是少女峰铁路网西线上的小站。它位于劳特布伦嫩（请参考p.142）U形谷的一侧，与米伦（请参考p.144）相对。这个坐落在高山上的绿意盎然的小村庄，是距少女峰最近的村庄。在这里，可以遥望白雪皑皑的少女峰，俯瞰谷底深处的劳特布伦嫩以及对面陡崖上的米伦村。

从文根乘坐LWM缆车（每15分钟一班），仅5分钟就可到对面的达门利兴瞭望台（请参考p.125）。同时，从这里前往各条徒步旅行线路也十分方便。因此文根村成为很不错的旅游“加油站”。

走上文根站前的斜坡，从艾格尔酒店处向左拐，即可进入村庄主街多尔夫街（Dorf-strasse）。主街左边可看到邮局和旅游局，右边是去往门利兴瞭望台的LWM缆车乘车处。从村中心徒步到村外只需要15分钟。

绿意盎然、悠闲静静的文根村

LWM缆车乘车处

图恩湖畔的美丽城镇

图恩
Thun

MAP ●剪切地图-6、p.115、p.147

州名／伯尔尼州	语言／德语圈
海拔／560米	人口／约4.3万人
产业／旅游业	长途区号／☎033

●交通
从因特拉肯出发，约需30分钟，30千米。

●乘列车
从因特拉肯乘坐特快列车IC，约30分钟可到达。

●驾车
从因特拉肯出发，走8号高速公路。

●市内交通
城镇较小，可徒步旅行。

●旅游局 Wengen Tourismus
旅游局设在图铁图恩站内。
☎033-225-9000　FAX 033-225-9009
www.thun.ch（德、英）
周一~周五　9:00~18:30　周六　9:00~16:00

图恩城位于图恩湖畔、阿勒河沿岸。12世纪，佐林根家族在此建造了城堡和城镇。图恩城镇清楚地划分为三个部分，分别是国铁车站和游船湖码头所在的南岸新城区，繁华街区所在的中洲，以及城堡所在的北岸老城区。用于调节阿勒河水位的水闸是图恩城的标志之一。

图恩城的上主街

【旅游景点指南】

保留着中世纪风格的老城区

老城区
Altstadt

MAP p.147

图恩的老城区位于阿勒河北岸。其主要街道上主街（Obere Haupt-gasse）两侧是狭长的房屋，步行路在2层，地面层则是车道。老城区中心的市政厅广场（Rathaus-palatz）保留了中世纪风格。

从市政厅广场拾级而上即可到达图恩的标志性建筑物图恩城堡（Schloss Thun）。如今，城堡成为博物馆，展示着古代军服和武器。博物馆4月~10月的开放时间是10:00~17:00，2月~3月是13:00~16:00，门票是CHF8（瑞士通票有效）。

耸立在市政厅广场后方的图恩城堡

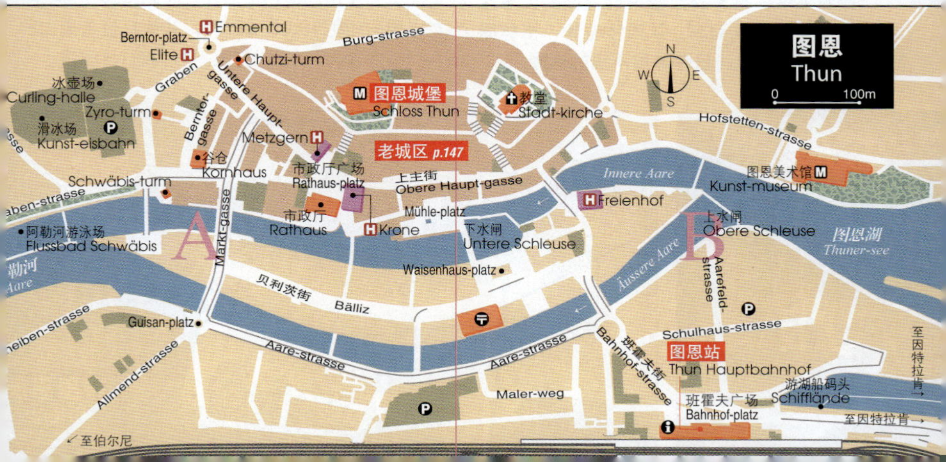

布里恩茨湖畔的木雕乡

布里恩茨

Brienz

MAP ●剪切地图-6、p.115、p.148

州名／伯尔尼州	语言／德语圈
海拔／566米	人口／约3000人
产业／木雕业	长途区号／☎033

●交通

从因特拉肯出发，约需20分钟，18千米。

●乘列车

从因特拉肯乘坐特快列车IR，约20分钟可到达。

●驾车

从因特拉肯出发，走布里恩茨湖北岸的11号公路，或者南岸的8号高速公路。

●市内交通

城镇较小，可徒步旅行。

●旅游局 Brienz Tourismus

旅游局设在威斯·克鲁兹酒店（Weisses Kreuz）的0F。

☎033-952-8080　FAX 033-952-8088

www.brienz-tourismus.ch（德、法、英）

＜夏季＞

周一~周日　8:00~18:00

＜冬季＞

周一~周五　8:00~12:00、14:00~17:00

位于因特拉肯东侧的布里恩茨湖养育着一个美丽的小城布里恩茨。小城因精湛的木雕工艺而闻名。这里有许多木雕博物馆和木雕学校，精美的木雕作品销售到因特拉肯、格林德尔瓦尔德等地区。

小镇本身不大，但因这里有开往布里恩茨·罗特峰瞭望台的罗特峰蒸汽列车而颇有名气，每年有大量来自各地的火车迷到此体验蒸汽列车。从因特拉肯、格林德尔瓦尔德到此一日游是很不错的选择。

惟妙惟肖的木雕圣伯纳狗

【旅游景点指南】

艺术品般的木雕作品

约宾工房
Jobin

MAP p.148

位于布里恩茨主要大街主街（Haupt-strasse）111号的约宾工房是城镇内最大的木雕工房，附设有瑞士木雕博物馆（Schweizer Holzbildhauerei Museum）。

工房0F是木雕工房和木雕直销商店。1F是瑞士木雕博物馆，展示着古董木雕家具，这些精美的收藏堪称艺术品，令人赞叹。博物馆的票价是CHF5（瑞士通票有效），博物馆提供外语导游服务。

工房和博物馆的开放时间是5月~9月的周一~周日9:00~18:30，其他月份是周二~周六13:30~17:30开放。1月和11月闭馆。

布里恩茨湖

小镇上最大的木雕工房约宾工房

宽阔的巴伦伯格露天博物馆

乘坐蒸汽列车去瞭望台

布里恩茨·罗特峰瞭望台

Brienzer Rothorn MAP p.148

www.brienz-rothorn-bahn.ch（德、法、英）

在火车迷中很有人气的蒸汽列车是布里恩茨的一大特色，乘坐蒸汽列车去参观瞭望台成为人气之选。绿色的蒸汽列车车头冒着白烟奔跑在齿轮铁道上，后边跟着红色的乘客车厢，既怀旧又有趣。最陡峭的坡度达到25度（1千米距离高度上升250米），这对蒸汽列车来说，是目前世界上最陡峭的坡度。

从布里恩茨车站前的BRB（Brienz Rothorn Bahn）登山铁路车站乘坐上面所说的蒸汽列车，需要约50分钟才能到达目的地。

列车首先驶入一片森林，越过森林边界后眼前一片开阔，接着在两侧绿荫的陪伴下继续往上爬，不久后就可到达海拔2244米的山顶车站（Brienzer Rothorn Kulm）。

从山顶车站继续前进会看到位于海拔2254米处的罗特峰山顶酒店，从酒店餐厅的露天席位可以远眺美丽的布里恩茨湖、艾格尔峰、少女峰。酒店右侧是真正的山顶（Brienzer Rothorn Gipfel），海拔2349米。到达山顶单程需要20~30分钟，有时间的话可以登上去看看，这里可以看到艾格尔峰相反方向的卢塞恩地区的美景，比如著名的里吉山和皮拉图斯山。

每年的6月~10月运营蒸汽列车，始发时间是8:36，下山的末班车是17:40，1小时一班。往返车费是CHF80（持有瑞士通票者享受半价优惠）。

主题公园

巴伦伯格露天博物馆

Freilichtmuseum Ballenberg MAP p.148

www.ballenberg.ch（德、法、意、英）

瑞士各地约100间古老的农舍（15~19世纪建造）移到绿树葱郁的巴伦伯格，这里成为再现当时生活情景的主题公园。

这里聚集了各地区不同风格的建筑。不仅如此，在农场内还有工作人员（农民、工匠）等模仿古人，制作面包、奶酪，纺纱、纺布等，让参观的人仿佛来到了古代乡村。公园内有农田和牧草地，还有约250头家畜，为游客展现了一片悠闲美好的田园风光。巴伦伯格可让游客度过没有烦恼的一天。

从布里恩茨站乘坐开往巴伦伯格露天博物馆的邮政巴士，约20分钟可达。博物馆有东入口（Ballenberg Ost）和西入口（Ballenberg West）两个入口，建议大家从东入口进，从西入口出。

2012年度博物馆开馆时间是4月6日~10月31日，10:00~17:00。票价CHF20（瑞士通票有效）。

从瞭望台上遥望到的风景

图为登上瞭望台的BRB登山铁路的蒸汽列车，即便不是火车迷也值得乘坐一次

夏洛克·福尔摩斯最后的舞台

迈林根
Meiringen

MAP ●剪切地图-6、p.115、p.150

州名／伯尔尼州	语言／德语圈
海拔／600米	人口／约4700人
产业／旅游业	长途区号／☎033

●交通

从布里恩茨出发，约需10分钟，13千米。

从因特拉肯出发，约需35分钟，29千米。

从格林德尔瓦尔德出发，约需1小时35分钟，46千米。

●从布里恩茨出发

乘坐普通列车R约10分钟即可到达。驾车可走11号公路。

●从因特拉肯出发

乘坐快车IR约35分钟可到达。驾车可走8号高速公路。

●从格林德尔瓦尔德出发

可乘坐开往迈林根的格林德尔瓦尔德巴士，约1小时35分钟可到达。也可乘坐BOB登山列车到达因特拉肯（约35分钟），接着换乘快车IR约35分钟可到达。驾车可先下行到因特拉肯，再从这里上8号高速公路。

●市内交通

城镇较小，可徒步旅行。

●旅游局 Tourist Information Meiringen

旅游局设在迈林根火车站内。

☎033-972-5050 FAX 033-972-5055

www.haslital.ch（德、法、英）

周一~周六　8:00~18:00

（季节不同，时间也会有所调整）

夏洛克·福尔摩斯铜像

迈林根因世界著名的侦探系列小说《夏洛克·福尔摩斯》而广为人知。来此旅行的作家柯南·道尔（Sir Arthur Conan Doyle）（1859~1930）为迈林根的自然景观所震撼，决定把这里设置成神探福尔摩斯最后的舞台，在福尔摩斯系列小说《最后一案》中，选取迈林根作为故事的发生地。

迈林根的莱辛巴赫瀑布也因是福尔摩斯坠亡之地而备受世界各地的福尔摩斯迷（狂热的“粉丝”）追捧。

【旅游景点指南】

再现了福尔摩斯的书房

夏洛克·福尔摩斯博物馆
Sherlock Holmes Museum

MAP p.150

走出火车站，沿着城镇的主要大街火车站街（Bahnhof-strasse）向东前进，不久后就会看到夏洛克·福尔摩斯铜像，铜像背后的英国教堂的地下就是著名的夏洛克·福尔摩斯博物馆。这里再现了福尔摩斯与好友华生医生见面时的书房（位于伦敦贝克街211B号），书房内有福尔摩斯迷们梦寐以求的家具和各种小物件。

在购买门票时会附带提供外语录音耳机，向博物馆各角落的按钮按下手中的遥控器，耳机中就会播放导游词，非常方便。

开馆时间是5月~10月的周二~周日13:00~18:00，12月~次年4月的周三、周日16:30~18:00。门票是CHF4（瑞士通票有效）。

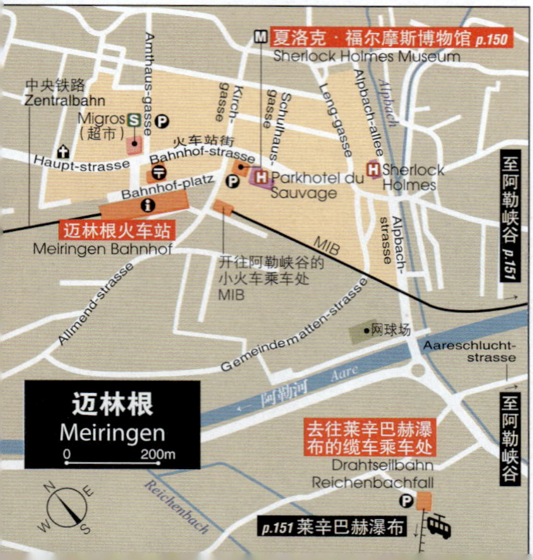

夏洛克·福尔摩斯博物馆

《夏洛克·福尔摩斯》小说的重要场景——书房

此外，博物馆旁边的酒店（Parkhotel du Sauvage）（71间房/033-972-1880/www.sauvage.ch）建于1880年，是《最后一案》中福尔摩斯与华生医生所住酒店的原型。

福尔摩斯迷不能错过的景点

莱辛巴赫瀑布 Reichenbachfall

MAP p.150

柯南·道尔在游访迈林根时被壮观的莱辛巴赫瀑布震撼，便将此处设置为小说中1891年5月4日，夏洛克·福尔摩斯与宿敌詹姆斯·莫里亚蒂教授决斗后双双坠落悬崖的地方。莱辛巴赫瀑布落差达到120米，从高处飞流直下的瀑布左侧山崖上有一处白色的星号标记，此处就是福尔摩斯坠落悬崖的地方。

从福尔摩斯博物馆走到开往莱辛巴赫瀑布的缆车乘车处（Draftseilbahn Reichenbachfall）需要约20分钟，乘坐由2节车厢组成的缆车到达最佳观赏台只需7分钟。缆车运行时间是5月中旬~10月上旬的9:00~11:45、13:15~17:45（7月和8月的9:00~18:00），每隔15分钟一班车，往返CHF10。

目前还出售3种套票，包括：①博物馆+瀑布缆车，CHF11；②博物馆+瀑布缆车+阿勒峡谷，CHF20；③瀑布缆车+阿勒峡谷，CHF13。如果有瑞士通票第3种套票比较优惠，如果没有瑞士通票则第2种套票更合算。

从观赏台沿着游览小道继续向上走，即可到达山顶的酒店餐厅（Gasthaus Zwirgi）和巴士停车站（Zwirgi），从这里可以乘坐巴士返回迈林根车站（约15分钟）或者格林德尔瓦尔德车站（约1小时35分钟）。

令人惊叹的自然力量

阿勒峡谷 Aareschlucht

MAP p.150

源于格里姆瑟尔山口附近的阿勒冰川的阿勒河长年冲刷着坚硬的岩石形成了神奇的峡谷。阿勒河激流穿过迈林根的峡谷，流向平原，成为宽阔的河流，接着依次流经布里恩茨湖、因特拉肯、图恩湖、伯尔尼。其中，奔流在峡谷的这一段阿勒河就在阿勒峡谷一带。

阿勒峡谷有1400米长，峭立的岩石耸立在峡谷两侧，乳白色的激流穿过峡谷。为了方便游览，人们开凿了山洞，修建了栈桥。

从莱辛巴赫瀑布出发，沿着阿勒峡谷大街（Aareschlucht-strasse）直走，徒步约20分钟就可到达阿勒峡谷。从迈林根车站出发，到MIB阿勒峡谷小火车乘车处仅需2分钟。可在阿勒峡谷西口站（West）和东口站（Ost）乘车，西侧的峡谷更狭长陡峭，更具震撼力，建议选择西口站。

（左下）莱辛巴赫瀑布
（下）画着福尔摩斯和宿敌詹姆斯·莫里亚蒂教授决斗后落崖情景的英国邮票
（右）阿勒峡谷

带给游客无限乐趣的驾车穿越山口之旅

富尔卡山口

Around Furka-pass

MAP ●剪切地图-7、p.7-G、p.152

伯尔尼高地东部有四个著名的山口，分别是格里姆瑟尔山口（Grimsel-pass）（2165米）、富尔卡山口（Furka-pass）（2431米）、圣哥达山口（San Gottardo）（2108米）和苏斯滕山口（Susten-pass）（2224米）。如今，这一带已经成为驾车穿越山口的人气景区，同时也是很受欢迎的旅游观光地。

从富尔卡山口遥望格里姆瑟尔山口方向

【旅游景点指南】

一览罗讷冰川美景的山口

富尔卡山口
Furka-pass MAP ●剪切地图-7、p.7-G、p.152

这是一个被外国人熟知的山口，它连接着格林德尔瓦尔德和安德马特。

从格林德尔瓦尔德前往山口地带，首先来到的是格里姆瑟尔山口。驶上曲折山路，到达灰褐色的岩石山顶，这里有大坝湖泊和酒店。从山上下来，会看到格莱奇村（Gletsch）。穿过村庄继续前进，就是富尔卡山口的曲折山路。行驶在山路上会听到火车从山下的富尔卡隧道穿行而过的声音。这一带只有邮政巴士、租赁汽车和蒸汽列车（请参考p.307）能带游客穿越山口。待行驶到高处，游客可以欣赏到罗讷冰川，到达山顶后还能看到美丽的湖泊和三家酒店。稍事休息后，可下到山脚下的雷阿尔卑村（Realp）走走，从这里可驾车或者乘坐火车前往安德马特。

许多车手正在富尔卡山口顶部欣赏美丽湖景

可乘坐从格林德尔瓦尔德发出的开往迈林根的火车，接着从迈林根乘坐邮政巴士（在格莱奇村换乘）前往安德马特。此外，游客们还可以选择参加环游格里姆瑟尔、富尔卡、苏斯滕三个山口的徒步旅行旅游团。

贯通东西南北的交通要道

安德马特
Andermatt MAP ●剪切地图-7、p.7-G、p.152

安德马特虽是一个小镇，却有着举足轻重的地位。这里是贯通东西南北各大铁路和公路的交会点，同时也是冰川快车的重要一站。旅游局所在的车站前的圣哥达大街到河对岸的老城区一带就是小镇的中心区。

悠闲祥和的小镇，漫步其中也是一种享受

安德马特小镇全景

采尔马特周边

（德语圈）

Around Zermatt

Zermatt 采尔马特 / Saas-Fee 萨斯费

Leukerbad 洛伊克巴德

Crans-Montana 克莱恩–蒙塔纳

Aletsch Region 阿莱奇冰川地区

概况

排名前15位的阿尔卑斯高峰，有14座位于这里
采尔马特周边和瓦莱州山区地带

瓦莱州（Wallis）（法语为“Valais”）是最具瑞士风情的地区，这里屹立着47座海拔4000米以上的山峰。

排名前15位的瑞士阿尔卑斯高峰，有14座都位于瓦莱州，如举世闻名的罗莎峰（4634米）、多姆峰（4545米）、马特峰（4478米）以及少女峰（4158米）等（其中，少女峰位于瓦莱州和伯尔尼州交界处）。

扩大图见 p.155

瓦莱州是瑞士人的骄傲

大多数外国游客和外国旅游团来到瑞士后，会先马不停蹄地奔向苏黎世、伯尔尼、格林德尔瓦尔德、少女峰瞭望台以及日内瓦等地区。当大家准备满载而归时，瓦莱州人或瑞士其他地区的人就会问：“还没去瓦莱州，就这样回去了吗？”他们其实是在说：“好不容易来一趟山地国家瑞士，没有踏上瑞士最具代表性的瓦莱州山区就打道回府，是不是有点儿太可惜了呢？”

这是瓦莱州人民的心声。他们的爱州情结还体现在一句俗话中，那就是“不到瓦莱，就等于没到过瑞士”。

的确，一旦您踏入位于群峰之中的瓦莱州，就会被它的魅力所折服。雄伟的阿尔卑斯山的美景、清新的空气、万里无云的蓝天，以及充满山区风情的人文景观，都让人着迷。

那些静静地坐落在山中的村庄同样让人难以忘怀。村内为防鼠害而高高架起的谷仓、银绿色石板屋顶的小木屋，朴素又透着悠闲之感。盛夏，弯弯曲曲的山路上摆着小摊子，卖的正是当地特产杏子。瑞士特色美食之一，用融化的奶酪煮土豆的“奶酪加土豆”，正是瓦莱地区的经典菜肴。

远古时代，由罗讷冰川侵蚀而成的V字形河谷——罗讷河谷

沿山谷而建的村镇

瓦莱州还有一条贯穿东西的河流罗讷河（Rhône）。罗讷河从法、瑞边界经莱芒湖流出，再经法国东南部流入地中海。罗讷河流经山区时形成了V形河谷，叫做罗讷河谷（Vallés du Rhône）。还有许多大大小小的分支河谷与罗讷河谷垂直相交，瓦莱州的村镇基本上都是沿着这些河谷而建的。

沿着罗讷河谷建成的城镇都相继走向现代化，而散落在分支河谷附近的小村庄至今仍保留着古老传统。村里的人们过着自给自足的生活，即便是现在，到了冬天还常常被大雪封住，与外界隔绝。而且，更宝贵的是，这些村庄是天然的民俗文化保护区，这一带还流传着世世代代口口相传的民间故事，有很重要的研究价值。

瓦莱州中央的南北纵线是语言圈的分界线。西侧属于法语圈（下瓦莱州地区，Bas-Valais），东侧是德语圈（上瓦莱州地区，Ober-Wallis）。

采尔马特周边
Around Zermatt

正是这些壮丽的景观和多姿多彩的文化构成了魅力瓦莱。

著名的阿尔卑斯观光胜地

采尔马特（Zermatt）（请参考p.156）位于世界名峰马特峰脚下，是阿尔卑斯山的观光胜地、马特峰观光基地，还是具有极高人气的冰川快车的起点站。

采尔马特环境幽雅、空气清新，一年四季都可欣赏到雄伟的马特峰美景。漫步在采尔马特，耳边回荡着悦耳牛铃，眼前是大片绿草地，路旁是窗台上装饰着红色、粉色天竺葵的木屋，仿佛身处梦境。怪不得当有人问“哪个城镇是瑞士最好的城镇”时，许多人都会说出这个名字：“采尔马特！”

此外，采尔马特周边的冰川之村萨斯费（Saas Fee）（p.172）、温泉之村洛伊克巴德（Leuker-bad）（p.176），以及高原度假村克莱恩–蒙塔纳（Crans-Montana）（p.180）也是相当受欢迎的度假胜地，很值得到这里住上一两天，慢慢游览。

马特峰观光基地

采尔马特

Zermatt

MAP ●剪切地图-10、p.6-F、p.155-D、p.156~157、p.159、p.165

州名／瓦莱州	语言／德语圈
海拔／1620米	人口／约5600人
产业／旅游业	长途区号／☎027

●交通

从苏黎世出发，约需3小时15分钟，245千米。

从日内瓦出发，约3小时40分钟，222千米。

●乘列车

从瑞士各地乘坐国铁先到达菲斯普（Visp）或布里格（Brig），接着乘坐私营铁路马特洪哥达铁路列车到达采尔马特。

●乘汽车

该地禁止机动车驶入。

●驾车

从瑞士各地出发，首先到达菲斯普（Visp），再从菲斯普开上山路。汽车可停在采尔马特第一站，也就是中途站泰施（Täsch）的大停车场（Matterhorn Terminal Parking），并从这里换乘泰施至采尔马特区间的火车（20分钟一班车，车程是12分钟，往返路费CHF15.60）进入采尔马特。

●市内交通

城镇不大，可徒步游览景点。火车到站时，酒店会派接送马车或接送电动汽车前来接游客。市内有电动出租车和电动巴士，出行方便。

●旅游局 Zermatt Tourismus

位于采尔马特火车站前。

Bahnhof-platz 5, CH-3920 Zermatt

☎027-966-8100 FAX 027-966-8101

www.zermatt.ch（德、法、意、英）

〈夏季〉

周一~周日　8:30~18:00

〈其他时间〉

周一~周六　8:30~12:00、13:30~18:00

周日　9:30~12:00、16:00~18:00

●邮政局 Die Post Zermatt

位于班霍夫街中段。

周一~周五　8:30~12:00、13:45~18:00

周六　8:30~11:00

●天气预报

考普超市 Coop（MAP p.156-A）

周一~周六　8:00~19:00（周六至20:00）

周日　14:00~19:00

米格罗斯超市 Migros（MAP p.156-A）

周一~周六　8:15~19:00

周日　15:00~19:00

●天气预报

可在上午通过有线电视台（Infokanal Zermatt）收看从各个瞭望台发回的现场天气报道。

马特峰（Matterhorn）（4478米）是一座锥形的独立山峰。气质冷峻和刚健的马特峰是阿尔卑斯山的象征，有着“阿尔卑斯女王”的赞誉。马特峰唯一的观光度假胜地就是素有“冰川之城”美称的小镇采尔马特。小镇具有典型的瑞士传统风情，第一次踏上这片土地的游客，就能深刻地感受到它的独特气息。蓝天白云下是广阔的草原，草原上点缀着悠闲的牛儿，耳旁是活泼的牛铃声，再加上窗外和墙角种满了鲜花的木屋，这里仿佛是缩小版的瑞士。来到这里的人们都会爱上这个美丽小镇。

此外，采尔马特多是晴天，空气比较干燥，十分适合旅游。

【夏季7月】
平均最高气温：18.9℃
平均最低气温：6.8℃
日落时间：21:30左右
【冬1月】
平均最高气温：0.2℃
平均最低气温：-8.4℃
日落时间：16:30左右

图中方位上为南，下为北

（左图、右上图）班霍夫街　（右下图）采尔马特车站

从小镇观景点看到的马特峰

【旅游景点指南】

约500米的小镇主街

班霍夫街 Bahnhof-strasse

MAP p.156-A

火车站和小镇教堂之间有一条约500米的街道，这就是小镇的主要街道班霍夫街。不论冬夏，街上都会聚着大量来自世界各地的游客，十分热闹。由于小镇禁止机动车驶入，这里成为步行者的天堂。漫步街头，马车和电动车还会从身旁驶过。不仅如此，夏季，每天早上9点至9点半左右和下午5点至5点半左右，村民还会赶着羊群从大街经过，是一道有趣的风景线。

从车站向西走，不久后会看到左手边有一个叫做赛尔万峰大酒店的5星级酒店，酒店前就是山岳导游协会所在地。再继续前行，还会看到采尔马特霍夫酒店和马特峰博物馆（Matterhorn Museum）。博物馆内有与登山有关的资料，其中特别值得留意的是1865年首次登上马特峰的怀伯尔以及他的队友在下山时不幸遇难的悲惨遭遇的介绍。同时，当年那根“断裂的绳索”也陈列在这里。开放时间是夏季每天11:00~18:00，门票是CHF10（持有瑞士通票者免费）。

经过博物馆继续往前走就能看到马特峰，但是不用着急，先到小镇教堂去看看吧。沿着博物馆旁的小土拨鼠喷泉前行，就会看到教堂（Katholische Kirche）。教堂顶部还有幅关于诺亚方舟的天顶画。教堂正面对着墓地（Friedhof），这里长眠着在马特峰遇难的登山家们。走过墓地即可到达对面的马特菲斯普河（Mattervispa）河畔，架在河上的桥是欣赏马特峰最好的观景点，许多游客会在这里拍摄美丽的马特峰。

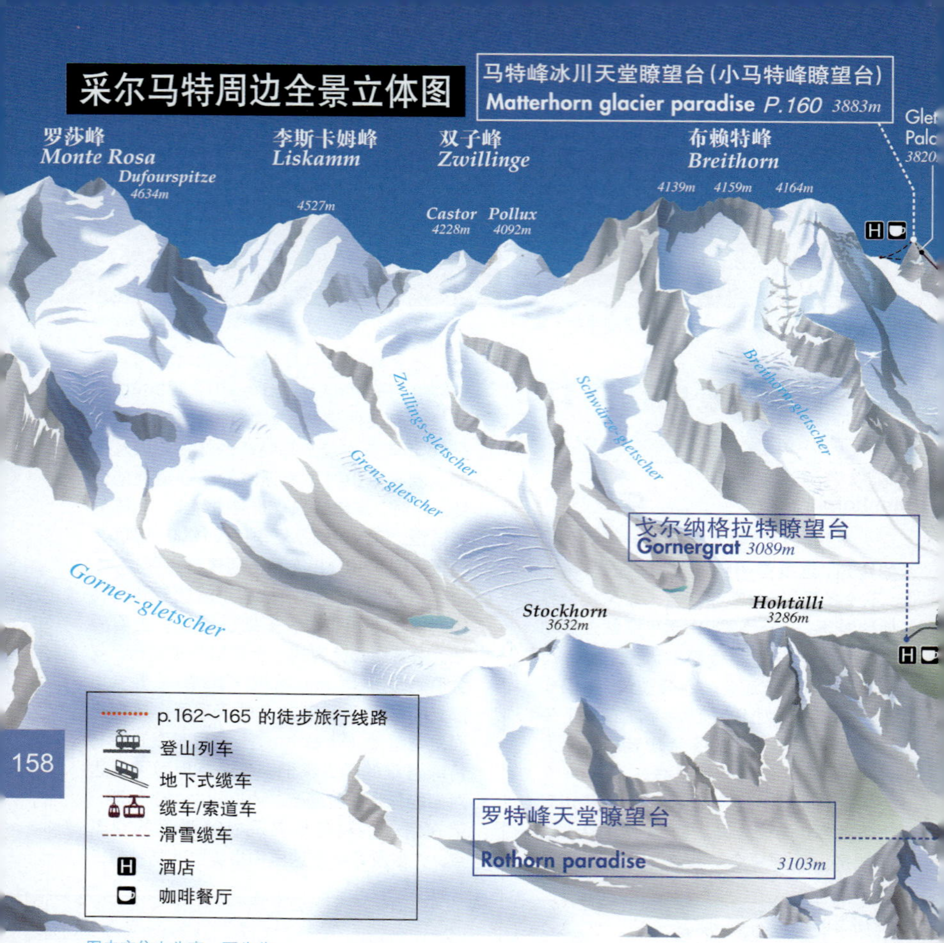

图中方位上为南，下为北

站在桥上，向西望去，会看到巍峨的马特峰，尤其是上午艳阳高照时，阳光下的山峰十分壮丽。

过桥后，继续向西走即可到达开往马特峰冰川天堂瞭望台（小马特峰瞭望台）的索道车乘车处。再往前走就出小镇了。

上面介绍的徒步线路大概需要20分钟。来到采尔马特，可先到处走走，细细品味一下小镇的独特魅力。

此外，从班霍夫街旁拐进一条小巷子，还可以看到两侧瓦莱州特有的谷仓。为防鼠害，谷仓建在高台上。那些窗台上装饰着各式鲜花的木屋也同样让人难忘。走在街头，感受小镇古朴的气息，非常有意思。

城镇不大，不必担心迷路，可以尽情漫步其中。

海拔2288米，只需3分钟就可登上的瞭望台

苏内加天堂瞭望台
Sunnegga paradise

MAP p.155-D、p.156-A、p.159、p.165

沿着车站前戈尔纳格拉特登山铁路车站旁的街道前行，就会看到开往苏内加天堂瞭望台的缆车乘车处。在这里乘坐

可欣赏到美丽的马特峰的苏内加天堂瞭望台

地下式缆车（Sunnegga Express）（夏季8:00~18:00，每15分钟一班），3分钟后就可到达苏内加天堂瞭望台。单程车费是CHF16，往返CHF24（持有瑞士通票者享受50%优惠）。这座瞭望台海拔为2288米，前往方便。在这里边欣赏美景边享用香浓咖啡最自在不过了。

如果时间充裕，一定要到瞭望台左边山脚下的湖畔去走走。这个蓝色湖泊叫做莱湖（Leisee），湖水清澈得犹如一面镜子，在无风的日子里还可以清晰地欣赏到“湖中的马特峰”。

此外，从瞭望台经莱湖走到山下的采尔马特小镇，也是一条很不错的徒步线路。沿途风景宜人，伴着徐徐微风，让人轻松愉快，很值得推荐。详细介绍请参考p.162~p.163。

从瞭望台还可以乘坐索道车（夏季8:15~17:00）去往罗特峰天堂瞭望台（Rothorn paradise）［需要在中间站（Blauherd）换乘缆车］。包括换乘时间共需要20~30分钟。采尔马特—苏内加天堂—罗特峰天堂，单程车费是CHF43，往返CHF66（持有瑞士通票者享受50%优惠）。在罗特峰天堂瞭望台可以欣赏到另一种姿态的马特峰，不容错过。

美丽的莱湖以及“湖中的马特峰”

从戈尔纳格拉特瞭望台看到的戈尔纳冰川景色

也许还会遇到活泼的野生岩羊

乘坐登山列车前往这座海拔3089米的瞭望台

戈尔纳格拉特瞭望台
Gornergrat

MAP p.155-D、p.156-A、p.158

位于海拔3089米处的戈尔纳格拉特瞭望台是瑞士最著名的瞭望台之一。从这里可以遥望包括马特峰在内的海拔4000米以上的高峰和壮丽的戈尔纳冰川。

在小镇车站前的戈尔纳格拉特登山铁路车站乘坐登山列车，约33分钟即可到达瞭望台。往返车费是CHF80（持有瑞士通票者享受50%优惠）。夏季，上山始发车出发时间是7:00，下山末班车时间是20:07。

列车首先会停在芬德尔巴赫车站（Findel-bach），这里有一处大瀑布。接着会停在里弗尔阿尔卑车站（Riffelalp），这里有一座5星级酒店里弗尔阿尔卑度假酒店。穿过隧道会到达里弗尔贝尔格车站（Riffel-berg），然后到达p.164~p.165所介绍的徒步线路的起点罗滕博登车站（Rotenboden）。离开罗滕博登车站后，映入眼帘的就是高耸的陡崖和巨大的戈尔纳冰川（Gorner-gletscher）。

列车终点站就是位于海拔3089米处的戈尔纳车站。乘坐车站前的电梯可以直接前往瞭望台和山顶酒店（请参考p.169）。站在瞭望台上，展现在眼前的是一片美不胜收的风景。正面是峻峭的马特峰（4478米）东壁，左手边是马特峰冰川天堂瞭望台（3883米）、布赖特峰（4164米）、利斯卡姆峰（4527米）以及瑞士最高峰罗莎峰4634米，可大饱眼福。最佳的观景时间是上午艳阳高照时，建议尽量早点儿前往。

海拔3883m，瑞士最高的瞭望台

马特峰冰川天堂瞭望台（小马特峰瞭望台）
Matterhorn glacier paradise

MAP p.155-C、p.157-C、p.158

马特峰东侧的布赖特峰（Breithorn）（4164米）前面有一座与马特峰相似的山峰，马特峰冰川天堂瞭望台就坐落在这个被称作小马特峰的山峰之上。瞭望台海拔3883米，是瑞士最高的瞭望台。

从采尔马特小镇外的开往马特峰冰川

从戈尔纳格拉特瞭望台可以欣赏到海拔4000米以上的高峰和壮丽的戈尔纳冰川

欧洲最高的瞭望台，马特峰冰川天堂（小马特峰瞭望台）

天堂瞭望台的索道车乘车处乘坐索道车（夏季7:00~18:00），途中在富里车站（Furi）换乘缆车，接着在特罗克纳施泰格车站（Trockenersteg）继续乘坐缆车，全程约30分钟可到达。往返车费是CHF99.50（持有瑞士通票者享受50%优惠）。

缆车最终会停在海拔3820米处的缆车车站。车站前设有通向3883米处的瞭望台的电梯、向下到冰宫（Gletscher-palast）的电梯，以及咖啡餐厅、夏季滑雪和雪橇场的入口等。

在这个仿佛伸手就可触碰到天空的瞭望台，可以近距离看到布赖特峰的圆形山顶、陡峭的马特峰南壁，以及与马特峰形状相似的魏斯峰等海拔4000米以上的群山。由于海拔较高，空气较稀薄，建议大家不要勉强，根据自身体能行动。

离马特峰最近的瞭望台

施瓦尔茨湖天堂瞭望台

Schwarz-see paradaise MAP p.155-C、p.159

施瓦尔茨湖天堂瞭望台是距离马特峰最近的瞭望台。“Schwarz”意为黑色，“see”意为湖，正如名字的字面意思（黑湖）所说的那样，湖水富含矿物质，泛着黑色。这个湖较小，与其说是湖，不如说是一个池子。但是很可惜的是，湖水位于赫恩利峰阴面，在湖畔是看不到马特峰的，因为被赫恩利峰山脊挡住了视线。

即使如此，这里依然吸引着大量游客。这里是冬季滑雪线路的中转站，还是登山家们的据点。在从马特峰冰川天堂瞭望台返回的途中，不妨到这里看一看。

从高处俯瞰马特峰

滑翔伞和直升机之旅

Paragliding Zermatt & Air Zermatt

来到采尔马特，一定有不少游客想从高空俯瞰马特峰吧。为了满足大家的愿望，接下来为大家推荐采尔马特滑翔伞和直升机之旅。

想体验滑翔伞的游客可以向采尔马特滑翔伞公司（Paragliding Zermatt）（027-967-6744/www.paragliding-zermatt.ch）提出申请。滑翔伞同乘飞行一次价格为CHF120~190。

想体验直升机之旅的游客还可以向提供直升机搜救服务的采尔马特直升机公司（Air Zermatt）（027-966-8686/www.air-zermatt.ch）提出申请。乘坐直升机在马特峰上空游览一周（约20分钟）的费用是CHF220。

左侧有着圆形山顶的山峰就是布赖特峰，右侧陡峭的山峰是马特峰

采尔马特徒步旅行线路

尽情欣赏马特峰美景，享受徒步旅行带给您的快乐

来到采尔马特周边，您一定会被四周的风景感动，甚至发出“活着真好”这样的感叹。在壮丽的群山之中，还有几条很不错的徒步旅行线路。

这些徒步线路基本上在海拔2000米以上，已经超出了森林覆盖所能达到的海拔，沿途看不到什么树木，几乎都是裸露的岩壁。晴天能见度很高，风景怡人，但是雨天可能会有山体滑坡等危险。因此，建议大家在天气恶劣的时候果断中止徒步旅行，尽量随身携带“Wanderkarte”地图册（徒步旅行线路图）。

走过莱湖，出现在眼前的是一个岔路口，下方就是芬德恩村

徒步旅行线路 1

苏内加天堂瞭望台→
Sunnegga paradise（2288m）
采尔马特
Zermatt（1620m）（全程需2小时）

欣赏“湖中马特峰”风光无限美好的徒步线路

这是一条从海拔2288米的苏内加天堂瞭望台向下走到海拔1620米的采尔马特小镇的徒步旅行线路。由于海拔较低，沿途多是平坦的草原，而且一路上马特峰始终在眼前，风景如画。这条线路道路平坦，沿途还设有4处咖啡餐厅供游客休息，很适合初次徒步旅行的游客和上年纪的游客。

首先，从采尔马特乘坐地下式缆车到达苏内加天堂瞭望台（请参考p.158）。在咖啡餐厅的露台席位可以看到右边山脚下的蓝色湖泊，可从这里出发向湖泊前进。

这个美丽的湖泊就是莱湖（Lei-see），它的正对面就是巍峨的马特峰。在晴朗无风的日子，还可清楚地看到平静的湖面上倒映着的马特峰，不禁让人感叹大自然是多么有创意！

比例尺为1：25000的“Wanderkarte”地图册

苏内加天堂瞭望台左下方的莱湖，湖中倒映着“颠倒的马特峰”

芬德恩村路旁的石瓦木屋

图中方位南为上，北为下

欣赏完莱湖，继续前进会看到两条小路，其中一条通往芬德恩村（Findeln）。一进入村庄，迎接游人的就是瓦莱州特有的石瓦小木屋和村口的咖啡餐厅“天堂”（Paradies）。

满怀期待往前走，还会看到具有浓郁瓦莱州气息的咖啡餐厅“桑切斯·兰尼”（Chez Vrony）（营业时间是夏季6月下旬~9月中旬，每日11:00~17:00）。这是一家传统的木屋餐厅，服务员穿着当地的民俗服饰，让人印象深刻。每年7月~8月，还可以在这里观看手工制作奶酪的过程。

往前走，远远就可以看到写着“热情欢迎远道而来的客人”的手工看板，这就是“龙胆草”(Enzian) 和“芬德勒霍夫”（Findlerhof）咖啡餐厅。

离开芬德恩村后，又会看到两条岔路。路标上都写着通往采尔马特，但是右侧线路比较长，建议大家选择较短的左侧小路。走上左侧的小路就会发现这是一条林荫小道，两旁是葱郁的树林。穿过这片树林，再横穿过戈尔纳格拉特铁路，就来到了芬德尔巴赫瀑布的观景地，采尔马特小镇就在不远处。

通常这条徒步线路需2小时，算上途中歇脚的时间，建议大家留出4小时的时间。

此外，路途中随时可欣赏到不同角度的马特峰。最佳观赏时间是天气晴好的上午，这时的马特峰在阳光的照耀下十分壮丽。而到了午后，会渐渐变成逆光，马特峰也会显得不那么清晰。

夏季，采尔马特的地下式缆车始发时间是8:00。单程车票是CHF16（持有瑞士通票者可享受50%优惠）。

朴素但很有味道的“桑切斯·兰尼”咖啡餐厅

餐厅服务员身着美丽的民俗服饰

离开芬德恩村不久后就来到了郁郁葱葱的森林地带

芬德尔巴赫瀑布

徒步旅行线路2

罗滕博登→
Rotenboden（2815米）
里弗尔阿尔卑
Riffelalp（2211米） （全程约需2小时）

具有震撼力的冰冷岩壁
充满野外趣味的徒步之旅

这是一条从海拔2815米的罗滕博登车站徒步前往海拔2211米的里弗尔阿尔卑车站的徒步线路。

这一带海拔较高，没有树木生长，四周全是陡峭的岩壁。但沿途不仅可以欣赏到马特峰，还可以零距离感受岩壁的震撼力，是充满野外趣味的徒步之旅。

首先，从采尔马特乘坐开往戈尔纳格拉特瞭望台的戈尔纳格拉特登山列车（请参考p.160），在倒数第二站的罗滕博登车站下车。车站右边就是马特峰，正面是戈尔纳冰川和布赖特峰，左边是罗莎峰，可大饱眼福。欣赏完风景后就可以开始徒步旅行了。

徒步的第一站就是车站下方的湖泊。这一段路程比较陡，要注意脚下安全。这个湖泊叫做里弗尔湖（Riffel-see），是由2个大小不同的湖泊组成的。首先大家会看到较大的湖，湖水富含矿物质，因此泛着黑色。在天气晴朗时，游客们就会在湖中看到一个“颠倒的马特峰”。也许是因为湖水发黑，湖中那个“颠倒的马特峰”显得更加冷峻迷人。

沿着湖畔往前走，不久后就可看到另外一个较小的湖。湖中也倒映着马特峰，

倒映着“颠倒的马特峰”的里弗尔湖

但湖面较小，只能为大家呈现一个迷你版的“颠倒的马特峰”。

离开里弗尔湖，大家会遇到一个没有路标的分岔路口，右边是下坡小道，左边是较平坦的小路。这时大家可能满脑子都想着“下山”，不自觉地就会选择右边那条下坡路，但是走到一半就会发现到尽头了。所以在这里提醒大家，要选择左边那条平坦的小路。

继续前行，又会碰到一个分岔路口，这回要选择右边的道路，左边道路会绕远，建议大家在选择之前看清楚路标。

选择了右侧小路，没多久就会走上一条较大的道路。这条路会带领游客通往徒步旅行的中间站里弗尔贝尔格车站

里弗尔湖湖畔盛开的木棉花（Scheuchzers Wollgras

在罗滕博登车站可近距离领略戈尔纳冰川的壮观景象。此处设有冰川徒步线路，但想要前往需要山岳导游陪同。

徒步旅行中间站——里弗尔贝尔格车站

（Riffelberg）。这一带视野开阔，很适合遥望远方群山美景，不妨停下脚步，慢慢欣赏周边景色，感受大自然的造化神奇。

从罗滕博登车站徒步前往中间站里弗尔贝尔格车站大概需要1个小时。里弗尔贝尔格车站建有酒店（请参考p.169）和餐厅（6月~9月、12月~次年4月营业），可供游客休息。如果累了，还可以在车站直接乘坐戈尔纳格拉特登山列车回到采尔马特。如果还想继续前行，那么就以终点站里弗尔阿尔卑车站为目标继续前进吧。

从里弗尔贝尔格车站徒步前往里弗尔阿尔卑车站也需要1小时。这一段线路基本上沿着戈尔纳格拉特登山铁路延伸，看着铁道上方的架线就不会迷路。但是，要注意脚下，因为北侧岩壁积雪，融水流到道路上结冰后很滑，需时刻注意。

不久后，就可看到5星级酒店里弗尔阿尔卑度假村（请参考p.169）的屋顶。这家酒店始建于1856年，原先是一家传统高档酒店，但于1961年被大火烧毁。此后，应民众的要求，经过多年的重建，酒店终于在2001年再度开业。酒店内部气派又雅致，身穿徒步装备进入可能会感到不好意思。酒店院内设有咖啡餐厅，可以在这里休息一会儿。喝上一杯暖暖的咖啡，欣赏远处的马特峰，足以犒劳一下您疲惫的身体。

从里弗尔阿尔卑度假村到里弗尔阿尔卑车站有酒店电车（红色的小型电车）接送游客。步行也只需约5分钟即可到达车站。最后，可乘坐戈尔纳格拉特登山列车返回采尔马特。

途中欣赏马特峰美景的最佳时间是在上午，一路上都可以看到阳光下美丽的马特峰。过了中午，会渐渐变成逆光，远处马特峰也会变得不那么清楚。

图中方位上为南，下为北

这条线路海拔较高，沿途也很少有路标，脚下全是岩石山路。天气晴朗时沿途风景迷人，适合出行。遇到了雨天等糟糕的天气时，不仅不利于观景，气温还可能骤降，有时甚至有遇到山体滑坡、山中被困等危险。因此，建议大家当遇到糟糕天气时及时中止旅行。在这个海拔高达2800米以上的世界里，千万不要小看大自然的威力。

夏季，采尔马特发出的登山列车首班车时间是7:00，里弗尔阿尔卑发出的末班车时间是20:30。采尔马特至罗滕博登的单程车票是CHF35（持有瑞士通票者可享受50%优惠），里弗尔阿尔卑至采尔马特的单程车票是CHF18（持有瑞士通票者可享受50%优惠）。

里弗尔阿尔卑度假村内的咖啡餐厅

从采尔马特起家的“塞勒家族”的旗舰酒店

★★★★★

赛尔万峰大酒店

Mont Cervin Palace

MAP p.157-B

Bahnhof-strasse 31, CH-3920 Zermatt
027-966-8888
FAX 027-966-8899
www.palacezermatt.ch（德、法、英）
室 133间
2人间含早餐、晚餐CHF790~
营 6月~9月、12月~次年4月

从高层客房可远眺采尔马特小镇

提供两餐，让人留恋的酒店

采尔马特度假村的历史可以追溯到1839年。当时，塞勒家族在这里建了一家独立酒店（罗莎峰酒店）。这意味着采尔马特开始成为度假村。

现在，塞勒家族在采尔马特地区共经营着4家酒店，分别是佩蒂特契尔维酒店、赛尔万峰大酒店、罗莎峰酒店和施魏泽霍夫酒店。可以说塞勒家族是采尔马特度假村的主人，采尔马特村民没有不知道塞勒家族的。塞勒家族的旗舰酒店就是这家5星级的赛尔万峰大酒店。

采尔马特最高档的酒店

乘坐迎送客人的马车到达酒店，一进入大厅就会被优雅的氛围所感染。热情的工作人员，细心周到的服务，顿时让人轻松起来。不止这些，客房内早已为客人准备好冰镇的葡萄酒。各间客房装修不尽相同，但是一样的雅致、明亮，十分舒适。

酒店设施齐全、环境舒适、服务周到，这些自然不用多介绍。最值得推荐的是酒店提供的晚餐。阿尔卑斯度假村都实施房费包含两餐（住宿+早餐+晚餐）的计价方式，每天都在酒店餐厅享用晚餐难免会吃腻。但是，在赛尔万峰大酒店就无须担心这个问题，酒店推出“Dine-Around”系统，也就是酒店与施魏泽瑞士料理餐厅（p.170）、妙高餐厅（p.171）等10多家高档餐厅合作，酒店宾客可以到这些餐厅享用晚餐。这样一来，宾客只需要在客房门上挂出“今天想在……用晚餐”的纸牌，酒店工作人员就会为宾客预约该餐厅，并准备好餐券。晚上到达餐厅后只需提交餐券就可以享用当日套餐（或者，从菜单中选择价位在CHF85以内的菜肴）。“Dine-Around”系统不仅为宾客提供方便，还可助宾客品尝到各种美食。

迎送酒店客人的马车

高雅又温馨的客房

酒店设有休闲中心，即便是雨天不方便外出也不会无聊

采尔马特霍夫酒店 ★★★★★

Zermatterhof MAP p.157-B

气派的五星级酒店

Bahnhof-strasse 55, CH-3920 Zermatt
☎027-966-6600 FAX 027-966-6699
www.zermatterhof.ch 室84间
2人间含早餐CHF635~

营业时间是每年的6~9月、12~次年4月

阿尔巴纳皇家酒店 ★★★★

Albana Real MAP p.157-B

酒店内设有日本料理和泰国料理餐厅

Schluhmatt-str. 19, CH-3920 Zermatt
☎027-966-6161 FAX 027-966-6162
www.hotelalbanareal.com 室37间
2人间含早餐CHF230~

全年营业

阿莱克斯酒店 ★★★★

Alex MAP p.156-A

气派雅致的氛围

Bodmen-strasse 12, CH-3920 Zermatt
☎027-966-7070 FAX 027-966-7090
www.hotelalexzermatt.com 室84间
2人间含早餐、晚餐CHF360~

营业时间是每年的6~10月、11~次年4月

胡伦酒店 ★★★★

Romantik Hotel Julen MAP p.157-B

屋外阳台装饰着鲜花的木屋酒店

Ried-strasse 2, CH-3920 Zermatt
☎027-966-7600 FAX 027-966-7676
www.julen.com 室32间
2人间含早餐、晚餐CHF354~

全年营业

米拉波酒店 ★★★★

Mirabeau MAP p.156-A

很受外国旅游团欢迎的酒店

Unterematten-str. 12, CH-3920 Zermatt
☎027-966-2660 FAX 027-966-2665
www.hotel-mirabeau.ch 室42间
2人间含早餐CHF306~

全年营业

罗莎峰酒店 ★★★★

Monte Rosa MAP p.157-B

采尔马特最古老的酒店

Bahnhof-strasse 80, CH-3920 Zermatt
☎027-966-0333 FAX 027-966-0330
www.monterosazermatt.ch
室47间 2人间含早餐、晚餐CHF440~

营业时间是每年的6~9月、12~次年4月

施魏泽霍夫酒店 ★★★★

Schweizerhof MAP p.156-A

地理位置优越，氛围舒适和谐

Bahnhof-strasse 5, CH-3920 Zermatt
☎027-966-0000 FAX 027-966-0066
www.schweizerhofzermatt.ch
室114间 2人间含早餐CHF350~

营业时间是每年的5~9月、12~次年4月

艾登酒店 Garni ☆☆☆☆

Eden MAP p.157-B

整洁舒适，设施便捷

Ried-strasse 5, CH-3920 Zermatt
☎027-967-2655 FAX 027-967-6240
www.hotel-eden.ch 室30间
2人间含早餐CHF225~

营业时间是每年的6~10月、11~次年4月

尔马特的酒店客房内均禁烟。不过，若入住带有阳台的客房，可在阳台吸烟。

采尔马特大约有100家酒店

赛尔万峰大酒店的分店

佩蒂特契尔维酒店 ★★★★★

Le Petit Cervin MAP p.156-A

Hofmatt-strasse 12, CH-3920 Zermatt

☎027-966-8888 FAX 027-966-8899

www.palacezermatt.ch 室32间

2人间含早餐CHF435~

干净快捷，可遥望阿尔卑斯美景

申埃克大酒店 ★★★★

Grandhotel Schönegg MAP p.156-A

Riedweg 35, CH-3920 Zermatt

☎027-966-3434 FAX 027-966-3435

www.schonegg.ch 室48间

2人间含早餐、晚餐CHF390~

悠闲舒适的老牌小型酒店

德比酒店 ★★★

Derby MAP p.156-A

Bahnhof-strasse 22, CH-3920 Zermatt

☎027-966-9999 FAX 027-966-3998

www.derbyzermatt.ch 室18间

2人间含早餐CHF200~

幽静的环境、舒适便捷的客房

阿尔彭布里克酒店 ★★★

Alpenblick MAP p.157-C

Oberdolf-strasse 106, CH-3920 Zermatt

☎027-966-2600 FAX 027-966-2605

www.alpenblick-zermatt.ch 室32间

2人间含早餐、晚餐CHF245~

安静舒适的常住型酒店

赫尔维希亚酒店 ★★

Helvetia MAP p.157-B

Bahnhof-strasse 72, CH-3920 Zermatt

☎027-967-1020 FAX 027-967-5579

www.hotel-helvetia-zermatt.ch 室15间

2人间含早餐CHF150~

现代化酒店（只提供早餐，没有中餐或晚餐）。

阿拉林酒店 Garni☆☆☆☆

Allalin MAP p.157-B

Kirch-strasse 40, CH-3920 Zermatt

☎027-966-8266 FAX 027-966-8265

www.hotel-allalin.ch 室30间

2人间含早餐CHF200~

河畔木屋酒店

阿尔彭霍夫酒店 ★★★★

Alpenhof MAP p.156-A

Matter-strasse 43, CH-3920 Zermatt

☎027-966-5555 FAX 027-966-5556

www.alpenhofhotel.com 室62间

2人间含早餐、晚餐CHF380~

外国旅游团常入住的酒店

安塔芮丝酒店 ★★★★

Antares MAP p.157-C

Schluhmatte 101, CH-3920 Zermatt

☎027-967-3664 FAX 027-967-5236

www.hotel-antares.ch 室36间

2人间含早餐、晚餐CHF276~

整洁舒适的木屋酒店

培伦酒店 ★★★

Perren MAP p.156-A

Vispa-strasse 10, CH-3920 Zermatt

☎027-966-5200 FAX 027-966-5252

www.hotel-perren.ch 室70间

2人间含早餐、晚餐CHF196~

现代化酒店（只提供早餐，没有中餐或晚餐）

海军上将酒店 ★★★

Admiral MAP p.156-A

Matter-strasse 23, CH-3920 Zermatt

☎027-966-9000 FAX 027-966-9009

www.hotel-admiral.ch 室24间

2人间含早餐CHF220~

创建于1902年的背包客酒店

班霍夫酒店 ★

Bahnhof MAP p.156-A

Bahnhof-platz 54, CH-3920 Zermatt

☎027-967-2406 FAX 027-967-7216

www.hotelbahnhof.com 室18间

单间不含早餐CHF70、三人间CHF40

现代艺术风格的时尚酒店

欧姆尼亚酒店 Unique

The OMNIA MAP p.157-B

Triftweg 40, CH-3920 Zermatt

☎027-966-7171 FAX 027-966-7100

www.the-omnia.com 室30间

2人间含早餐CHF250~

【便利的衣物代洗服务】

多力洗衣店

Waschsalon Doli

旅行时，常常会为洗涤衣物烦恼。酒店自助洗衣太贵，晒内衣裤或袜子又不方便。下面为大家介绍的多力洗衣店，可帮你解决这个烦恼。洗衣店除了可以用洗衣机洗衣服，还可以烘干衣物，工作人员最后还会为顾客叠好衣物。4.5千克的衣物只需CHF20，早上送去晚上就可以取回，既经济又便捷。洗衣店位于米格罗斯超市对面，网球场前面。营业时间是周一~周六8:30~12:00、14:00~19:00，周日16:00~19:00。

沿着阶梯往下走就可来到位于地下的洗衣店

尽情欣赏早、中、晚不断变换风貌的马特峰

★★★★★

里弗尔阿尔卑度假村

Riffelalp Resort

MAP p.165

具有阿尔卑斯特色的传统酒店的外观

位于里弗尔阿尔卑车站
027-966-0555　FAX 027-966-0550
www.riffelalp.com（德、法、英）
室 70间　2人间含早餐、晚餐CHF425~
（含登山铁路免费车票）
营 6月~9月、12月~次年4月

山腰上的5星级度假酒店

从采尔马特乘坐戈尔纳格拉特登山列车，在第二站里弗尔阿尔卑站下车（单程需要约20分钟）即可到达这座5星级酒店。酒店与车站之间徒步只需5分钟。非常贴心的是，到站后有酒店的红色小型电车来迎接宾客。车站海拔为2211米，而酒店位于更高处，海拔达到2222米。到达酒店后，会立刻被眼前宏伟的马特峰所吸引。不仅如此，这里还可以欣赏到其他4000米以上的阿尔卑斯高山美景。

酒店创建于1856年，曾经是欧洲各界名流的度假指定酒店，但1961年的一场大火将酒店烧毁。此后，由于民众都希望重建这家酒店，经过多年的建设，酒店终于在2001年重新开业。

酒店内部多是木制结构，给人温暖的感觉。很有意思的是，在酒店的酒吧门口还设有宾客爱犬专用沙发（分为大型犬专用、中型犬专用、小型犬专用），非常周到。

此外，客房也很值得推荐。房间宽敞明亮，天花板和墙壁均为木板，非常温馨。内部设施十分齐全。当然，最重要的是，站在客房阳台就可尽情欣赏美丽的马特峰。

海拔2582米的山岳酒店

里弗尔贝尔格酒店

Riffelberg

★★★

MAP p.159、P.165

位于里弗尔贝尔格车站
027-966-6500　FAX 027-966-6505
www.riffelberg.ch（德、法、英）
室 29间
2人间含早餐、晚餐CHF260~
营 6月~9月、12月~次年4月

这是一家位于戈尔纳格拉特登山铁路第三站里弗尔贝尔格车站内的酒店，海拔为2582米。在这里可以眺望到包括马特峰在内的数座4000米以上的高峰。这里不仅是欣赏美景的好地方，也是徒步旅行线路的中间站。

可参看p.164~p.165的徒步旅行线路图

海拔3100米的山岳酒店

戈尔纳格拉特山顶酒店

Kulmhotel Gornergrat

★★★

MAP p.158

位于戈尔纳格拉特瞭望台
027-966-6400　FAX 027-966-6404
www.gornergrat-kulm.ch（德、法、英）
室 22间
2人间含早餐、晚餐CHF280~
营 1月~10月、12月

酒店位于戈尔纳格拉特瞭望台上，海拔高达3100米，可以360度遥望包括马特峰在内的数座4000米以上的高峰。酒店内部装饰现代时尚、舒适整洁，很受欢迎。

可参看p.160的戈尔纳格拉特瞭望台的相关介绍

采尔马特的酒店客房内均禁烟。不过，若入住带有阳台的客房，可在阳台吸烟。

边欣赏现场演奏边享用传统美食

施魏泽餐厅
Schwyzer Stübli
（瑞士料理） MAP p.156-A

- ✉ 位于施魏泽霍夫酒店的0F
- ☎ 027-966-0000（酒店前台）
- 营 每天11:30~14:00、17:00~22:00
- 营 12月~次年4月中旬、5月中旬~9月
- 预 CHF30~

这是一家氛围轻松的餐厅。在这里可以一边欣赏现场演奏，一边享用传统瑞士美食。其中最值得推荐的是各类火锅（CHF24~CHF26）、挂烤奶酪（一次CHF7.50）和阿尔卑斯焗通心粉（CHF19）等。到了冬季，酒店的“Prato Borni”还会举行演奏会，不容错过。

山间小木屋风格的餐厅装饰

深受游客及当地人喜爱的餐厅

瓦里瑟坎讷餐厅
Walliser Kanne
（瑞士料理、意大利料理） MAP p.157-B

- ✉ 位于班霍夫街中部
- ☎ 027-966-4610
- 营 每天8:00~24:00
- 营 全年营业
- 预 CHF30~

这是一家在当地市民和游客中很有人气的老牌餐厅。除了奶酪火锅（CHF24.50~CHF27）、挂烤奶酪（一次CHF8.50）等具有代表性的瑞士料理，餐厅还提供意大利面食和比萨等意大利菜肴。不吃饭只喝个茶也可以。提供外语版菜单。

瓦莱州传统风格的木屋式餐厅

提供30种美味比萨的意大利餐厅

莫利诺餐厅
Ristorante Pizzeria Molino
（意大利料理） MAP p.157-B

- ✉ 位于班霍夫街上，赛尔万峰大酒店对面
- ☎ 027-966-8181
- 营 每天8:00~24:00
- 营 全年营业
- 预 CHF30~

这是一家餐厅兼比萨店。除了有舒适的室内席位，宽敞的庭院还设有露天席位。店内提供26种比萨（CHF19.40~CHF31.40）、17种面食（CHF18.10~CHF33）等正宗的意大利菜肴。餐后点心也相当美味，可以配上香浓红茶慢慢享用。

坐在餐厅露天席位，可一边欣赏班霍夫街街景一边享用美餐

餐厅摆设的烤肠摊令人难忘

贝亚德餐厅
Bayard
（香肠餐厅） MAP p.156-A

- ✉ 位于班霍夫街中部
- ☎ 027-967-2266
- 餐厅 营 8:00~12:00、14:00~19:00
- 摊位 营 11:00~18:30

（各个季节有调整，有时因为店主自身原因也会调整时间）

餐厅位于班霍夫街的中央地带，恰好在德比酒店对面。餐厅在门前摆设了烤香肠的摊子。烤好的又红又粗的圣加伦香肠（Schüblig）和细长的小牛肉白香肠（Kalbsbratwurst），夹上面包只卖CHF6。肚子饿的时候，赶快来上一份吧。

摊子前等着购买烤肠的客人们

在采尔马特山麓也能品尝到如此美味的寿司

妙高餐厅
Myoko

（日本料理） MAP p.157-B

- ✉ 位于班霍夫街，赛尔万峰大酒店对面
- ☎ 027-966-8739
- 营 11:30~14:00、17:30~22:00
- 营 6月~9月、12月~次年4月
- 预 CHF50~

穿过班霍夫街边的日式鸟居，沿着前边小路直走就可以看到这家日本料理店。餐厅共有4个厨师，他们做的铁板烧（套餐CHF79~）和寿司（拼盘CHF29~）十分正宗，很受瑞士人的欢迎。猪肉生姜套餐（CHF30）和炸虾大碗盖饭（CHF37）也值得推荐。

穿过鸟居，沿着草地旁的小径往里走就可以看到这家日本料理店

品深受游客及当地人们喜爱的餐厅

中华园
China Garden

（中华料理） MAP p.156-A

- ✉ 位于班霍夫街上，德比酒店附近
- ☎ 027-967-5323
- 营 12:00~14:00、18:00~24:00
- 营 全年营业
- 预 CHF50~

是瓦里瑟坎讷餐厅的同系中餐厅。主厨是北京人，他做的中国菜美味正宗。套餐一般是CHF62~88。点心等其他美食十分丰富。其中最值得推荐的是五香酱烤鸭（CHF35）和甜点香草冰淇淋（CHF10）。

建议大家穿戴整齐，到这里享用美味晚餐

品味泰国独有的民族风味

兰纳泰国餐厅
Lanna Thai

（泰国料理） MAP p.156-A

- ✉ 位于施魏泽霍夫酒店地上1层
- ☎ 027-966-0000（酒店前台）
- 营 11:30~14:00、18:00~22:00
- 营 12月~次年4月中旬、5月中旬~9月
- 预 CHF50~

在瑞士旅行久了，可能就会特别想吃一些辣味菜肴。这时，一定不能错过这家餐厅。这家在瑞士很受欢迎的泰国餐厅提供最正宗的泰国菜，值得推荐的有泰式香叶包鸡（CHF19）、泰国炒饭（CHF18~26）、海鲜炒面（CHF35）。晚餐套餐有CHF85和CHF98两种。

餐厅充满异国情调

【瓦莱州特产】

杏子
Aprikose

说到瓦莱州的特产，就不能不提到杏子（Aprikose）。到了每年的6~8月，罗讷河谷的9号公路沿线、去往采尔马特的山路旁都会看到杏子摊。当然，在各大超市也可以看到新鲜饱满的杏子。

海达
Heida

海达（Heida）是产自瓦莱州的葡萄酒。制作葡萄酒的葡萄来自采尔马特周边海拔高达1400米~1600米的山坡上的葡萄园，这也是世界上海拔最高的葡萄园。由于产量少，只够当地消费，所以特别珍贵。海达属于中度干白葡萄酒，有着淡淡的果味芳香。

餐厅内均禁烟。餐厅外露台席位不禁烟。

冰川怀抱中的“溪谷精灵”

萨斯费

Saas-Fee

MAP ●剪切地图-10 、p.6-F、p.155-D 、p.173

州名／瓦莱州	语言／德语圈
海拔／1800米	人口／约1670人
产业／旅游业	长途区号／☎027

●途经

从采尔马特出发，约1小时40分钟可到达，43千米。

从菲斯普出发，约50分钟可到达，26千米。

●乘列车和邮政巴士

由于萨斯费不通火车，需先从采尔马特乘坐马特洪哥达铁路火车到达施塔尔登（Stalden），接着在施塔尔登乘坐邮政巴士，约40分钟可到达萨斯费。

●驾车

从瑞士各地出发，首先需驶往菲斯普，从菲斯普开上山路。到施塔尔登时山路分为两条，一条通往采尔马特，一条通往萨斯费，这时，选择左手边的道路，沿路行驶就可到达萨斯费。

此外，萨斯费村内禁止机动车辆进入，需将车辆停在村口的大停车场（Parkhaus）内。游客需在一层的站台将行李卸下。站台为游客准备了各酒店的联系电话，游客可告知酒店自己所在的站台，等待电车来迎接。机动车需停在停车场地下。

●市内交通

村子不大，可徒步游览景点。入住酒店时或退房后，各个酒店都会安排免费电动汽车往返于邮局/停车场与酒店之间接送宾客。

此外，酒店住客还可以拿到村内交通卡，可免费乘坐村内的山岳交通工具。

●旅游局 Saas-Fee Tourismus

位于邮局前，乘坐邮政巴士可到达。

☎027-958-1858 Fax 027-958-1860

www.saas-fee.ch（德、法、英）

周一~周六　8:30~12:00、14:00~18:00

周日　10:00~12:00、15:00~17:00

●天气预报

考普超市（Coop）（MAP p.173-A）

周一~周五　8:15~12:15、14:15~18:30

周日　8:15~12:15、14:15~17:00

米格罗斯超市（Migros）（MAP p.173-A）

周一~周五　8:15~12:30、14:00~18:30

周六　8:15~18:30

萨斯谷是一条与采尔马特的马特谷并列的峡谷，在它的最深处有一座小村庄，名字叫做萨斯费。“萨斯费”是“溪谷精灵”之意。

冰川环绕着萨斯费，似乎随时可能吞噬这个小巧的村落，这的确是一个独特的阿尔卑斯度假村。但由于不通火车且村内观光景点也比较少，游客不是很多，显得比较清静。来到这里的大多是一些喜爱徒步旅行或酷爱滑雪的游客，也可以说这是一个“运动型游客的乐园”。

【旅游景点指南】

漫步村落，感受冰川

中心区

Zentrum

MAP p.173

村子十分小巧，甚至街道都没有名字，村子的主要街道就是连接旅游局至教堂的两条街道。从头走到尾也只需20分钟。

由于村内禁止车辆进入，因此成了步行者的天堂。漫步街头，会看到充满地方风情的石板小巷、别致的奶酪小屋、杂货店、咖啡店等，徜徉其中会让人忘记一切烦恼。

教堂附近有一座乡土博物馆（Saaser Museum）。馆内再现了古代农家布置和

巨大的费冰川（Fee）似乎随时可能将村庄吞噬

由于村内禁止车辆驶入，因此十分安静

即使是盛夏，阿拉林瞭望台周边依旧白雪皑皑

装饰，陈列着当地产的各种珍贵矿石以及古代滑雪工具。开放时间是10:00~11:30、13:30~17:30，周一闭馆。票价是CHF5。

海拔3500米，夏季滑雪胜地

阿拉林瞭望台
Allalin(Mittelallalin) MAP p.155-D、p.173-A

逼近村子的费冰川上方闪耀着白色银光的高山就是阿拉林峰（4027米），在它的山腰处，也就是海拔3500米处还设有一座瞭望台。即便是盛夏，这里仍是银白色的世界，因此成为夏季滑雪胜地。高规格的夏季雪橇场和专业滑雪道，吸引着世界各国的滑雪爱好者和运动员。

从这里可以一睹泰施峰（Täschhorn）（4491米）和多姆峰（Dom）（4545米）的风采，也可在360度旋转餐厅欣赏美景，还可进入冰厅（Eispavilion）（CHF5）感受冰穴带给您的震撼。

在村外的阿拉林瞭望台缆车乘车处乘坐缆车（Alpin Express）去往费尔斯金（Felskinn），接着在费尔斯金换乘地下式缆车（Metro Alpin）到达阿拉林瞭望台。单程约需30分钟，往返路费是CHF69（可使用村内交通卡，持有瑞士通票的游客可享受50%优惠）。列车运行时间会因季节变化做相应调整，夏季一般是7:20~16:00。

阿拉林峰（4027米）上的阿拉林瞭望台

海拔2870米，可遥望到费冰川

郎格富尔瞭望台
Längfluh MAP p.155-D、p.173-A

从阿拉林峰和阿拉林峰瞭望台方向流出的费冰川，在此分为两股河流。郎格富尔瞭望台就位于费冰川正中，这里可以观赏冰河的壮丽景色。

村外有开往郎格富尔瞭望台的索道车乘车处，可从这里乘坐索道车去往斯皮尔博登（Spielboden），接着换乘缆车前往郎格富尔瞭望台。单程需要约20分钟，往返车费是CHF36（可使用村内交通卡，持有瑞士通票者可享受50%优惠）。索道车、缆车只在夏季和冬季运行，夏季运行时间是8:45~12:15、13:30~16:45。还要注意，索道车、缆车有午间休息。

★★★★★
法林纳特酒店
Ferienart

MAP p.173-B

萨斯费唯一的五星级酒店

Am Biel, CH-3906 Saas-Fee
☎027-958-1900 FAX 027-958-1905
www.ferienart.ch（德、法、英）
室71间
2人间含早餐、晚餐CHF446~
营1月~4月、6月~12月

萨斯费最著名的酒店

酒店名字中的“Ferien”意为“假日”，“art”意为“艺术”，可以理解为“假日的艺术”，即远离烦躁而忙碌的生活，随心所欲地享受假日时光，以此慰劳自己疲惫的心身。这也正是法林纳特酒店的经营理念。这一理念在酒店氛围、运营系统以及服务中都得到了很好的体现。

木屋风格的酒店，外观和内部装饰都给人以温馨的感觉。身着民族服装的接待员那热情的笑容让人感到温暖。宾客们还可以在装有火炉的大厅边喝着热腾腾的咖啡边办理手续，真是名副其实的“假日”酒店。舒适温馨的客房总能让人回想起海蒂住过的小屋，而且每间客房都带阳台，可尽情欣赏四周风景。考虑到“睡懒觉是假日最不可缺的一大乐事”，酒店贴心地把早餐时间延长到上午11:30（周日至14:00）。

入住酒店客房基本上都包两餐，晚餐可以选择在酒店主餐厅（Cäsar Ritz）、中餐厅（Le Mandarin）（夏季和冬季营业）、意大利餐厅（Del Ponte）就餐。

值得推荐的是主餐厅（Cäsar Ritz），餐厅每天都为酒店客人准备3种前菜和3种主菜，共6道菜肴，供客人选择。这里的菜肴精致美味，让人难忘。在其他餐厅，也可以选择自己喜爱的菜肴。

瓦鲁（Wallo）爷爷是酒店的守护神，他让酒店到处都洋溢着温暖快乐的气氛。

酒店守护神瓦鲁

装有火炉的大厅

酒店的主餐厅（Cäsar Ritz）

宽敞通透的客房

温泉水疗设施齐全

餐厅内均禁烟。餐厅外露台席位不禁烟。

萨斯费还有许多小型酒店

水疗设施齐全的高级酒店
施魏泽霍夫酒店 ★★★★
Schweizerhof MAP p.173-A
CH-3906 Saas-Fee
☎027-958-7575 FAX 027-958-7576
www.schweizerhof-saasfee.ch 室45间
2人间含早餐、晚餐CHF300~

时尚、整洁的中型酒店
大都会酒店 ★★★★
Metropol MAP p.173-B
Untere Dorf-strasse 35, CH-3906 Saas-Fee
☎027-958-5858 FAX 027-958-5885
www.metropol-saas-fee.ch 室51间
2人间含早餐、晚餐CHF296~

酒店内的餐厅十分受欢迎
克里斯蒂酒店 ★★★
Christiania MAP p.173-A
Dorf-strasse 19, CH-3906 Saas-Fee
☎027-957-3166 FAX 027-957-1607
www.hotelchristiania.ch 室28室
2人间含早餐、晚餐CHF196~

具有瓦莱州风格的木屋酒店
冰川花园酒店 ★
Gletschergarten MAP p.173-B
CH-3906 Saas-Fee
☎027-957-2175 FAX 027-957-3000
www.hotelgletschergarten.ch 室15间
2人间含早餐、晚餐CHF178~

充满浪漫氛围的酒店
美丽浪漫酒店 ★★★★
Romantik Hotel Beau-Site MAP p.173-B
CH-3906 Saas-Fee
☎027-958-1560 FAX 027-958-1565
www.beausite.org 室32间
2人间含早餐CHF228~

重新开业的老牌酒店
杜冰川酒店 ★★★★
Du Glacier MAP p.173-A
Blomatten-strasse 2, CH-3906 Saas-Fee
☎027-958-1600 FAX 027-958-1605
www.duglacier.ch 室40间
2人间含早餐、晚餐CHF240~

白色墙壁，内设以鱼类美食为特色的餐厅
米斯特拉尔酒店 ★★★
Mistral MAP p.173-A
Gletscher-strasse 1, CH-3906 Saas-Fee
☎027-958-9210 FAX 027-958-9211
www.hotel-mistral.ch 室12间
2人间含早餐、晚餐CHF250~

适合背包客的酒店
爆米花酒店 Garni ☆☆☆
Popcorn MAP p.173-B
Obere Dorf-strasse 6, CH-3906 Saas Fee
☎027-958-5000
www.popcorn.ch 室24间
2人间不含早餐，一周CHF940~

令人啧啧称赞的自制意大利面食

德尔庞特餐厅
Del Ponte
（意大利料理） MAP p.173-B

✉法林纳特酒店的地上1层
☎027-958-1900（酒店前台）
www.ferienart.ch（德、法、英）
营11:00~23:00
营1月~4月、6月~12月
预CHF30~

这是萨斯费唯一的五星级酒店法林纳特酒店内的意大利餐厅，高雅的氛围吸引着各地游客。石锅烤制的比萨和自制的生面是餐厅最著名的菜肴。沙拉吧台上蔬菜、水果应有尽有，同样值得期待。

德尔庞特餐厅是轻松就餐的好去处

洋溢着阿尔卑斯气氛的餐厅

祖尔姆勒餐厅
Zur Mühle
（瑞士料理） MAP p.173-A

✉位于小镇西郊
☎027-957-2676 www.zurmuehle-saas-fee.ch（德、法、意、英）
营11:30~14:30、17:30~22:00
营6月~10月、12月~次年4月
预CHF40~

这是一家洋溢着阿尔卑斯气氛的瑞士本土餐厅。这里的奶酪火锅种类丰富，有土豆口味、香草口味、洋菇口味等。如果想享受一顿热腾腾的大餐，就不能错过这里的奶酪火锅。另外，餐厅每天8:00~23:30还提供茶饮。

祖尔姆勒餐厅是花团锦簇的木屋餐厅

餐厅内均禁烟。餐厅外露台席位不禁烟。

走进中世纪就发展起来的温泉度假村

洛伊克巴德

Leukerbad

MAP 剪切地图-6、p.6-F、p.155-A、p.176

州名／瓦莱州	语言／德语圈
海拔／1411米	人口／约1500人
产业／旅游业	长途区号／☎027

●交通

从采尔马特出发，约1小时50分钟可到达，69千米。

●乘列车和邮政巴士

由于洛伊克巴德不通火车，需先从采尔马特乘坐马特峰圣哥达铁路火车，约1小时10分钟到达菲斯普（Visp）。接着换乘特快列车IR，约10分钟到达洛伊克（Leuk）（MAP ●剪切地图-10）。最后，在洛伊克乘坐邮政巴士，约30分钟可到达洛伊克巴德。从瑞士各地前往洛伊克巴德都需要先到达洛伊克，接着再乘坐邮政巴士前往洛伊克巴德。

●驾车

从普通公路9号线的苏斯滕（Susten）出发，进入前往洛伊克的山路。

●市内交通

村子不大，可徒步游览景点。

●旅游局 Leukerbad Tourismus

位于邮政巴士总站旁边。

☎ 027-472-7171　FAX 027-472-7151

www.leukerbad.ch　（德、法、意、英）

〈夏季〉

周一~周五	9:00~12:00 13:15~18:00
周六	9:00~18:00
周日	9:00~12:00

老城区祖尔街（Zur-gasse）路旁的饮水处，旁边伸手去捧水的小孩塑像非常可爱

洛伊克巴德位于盖米山口（2322米），被岩壁环绕。走到山路的尽头就可以看到这个小村落。它是一个以温泉著称的村庄，中世纪时代就开始大放异彩，如今是著名的温泉度假村。

村内有2个温泉度假中心，分别是布尔格巴德温泉中心和阿尔卑斯温泉中心。游客们可在这里边欣赏奇异的盖米山口风景，边泡温泉，相当惬意。除此之外，许多酒店都拥有自己的温泉泳池。

每天喷涌出390万升水且平均温度达到51℃的温泉富含矿物质，对治疗风湿病和关节炎来说，效果尤其显著。

村庄背后就是高耸的盖米山口绝壁

村会堂街道是温泉中心区的主街

【旅游景点指南】

绝壁下的小村庄

中心区
Zentrum

MAP p.176

达拉河东岸是温泉中心、度假酒店等所在的温泉度假区，西岸是散落着古老小木屋的老城区。村子很小，从温泉度假区步行到老城区只需要15分钟。村子的中心区就是温泉度假区的阿尔卑斯温泉中心前面的多尔夫广场（Dorf-platz）。

明亮、便捷的温泉中心

布尔格巴德温泉中心
Burgerbad Therme

MAP p.176

布尔格巴德温泉中心是村营的温泉中心，这里格局明亮、设施便捷，很受游客喜爱。每天都有许多带着孩子的家庭来到这里。中心建在斜坡上，大门设在地上一层，衣柜间（Garderoben）也在这一层。地下一层是露天温泉泳池（Freibad）（温泉温度为34℃~36℃）。地下二层除了有露天温泉泳池（温泉温度为36℃~38℃），还有一个室内温泉泳池（Hallenbad）（温泉温度为28℃~43℃）。

购票后，经过自动检票口，即可看到衣柜间。整个衣柜间由多个小更衣室组成，看到空着的更衣室就可进入，锁上门后便可换上泳衣，换下的外衣和携带的行李可以放在更衣室内。接着从另一个方向的小门出来，再用插在门上的钥匙将门锁上，这样整个更衣和存放行李的过程就完成了。沿着“淋浴”（Bäder）的标志直走就可到达泳池，回来的时候沿着“出口”（Ausgang）的标志走即可。

布尔格巴德温泉中心吸引了许多家庭游客，同时也深受村民喜爱

温泉中心全年无休，每天开业时间是8:00~20:00。门票分为3小时券（CHF21）、一日券（CHF27）。另外，要特别注意，在出口处还需要使用门票，要保存好。泳衣和浴巾都需自带。

豪华的温泉中心

阿尔卑斯温泉中心
Alpentherme

MAP p.176

阿尔卑斯温泉中心是林德纳酒店经营的温泉中心，中心和酒店之间有地下通道连接。与布尔格巴德温泉中心不同，阿尔卑斯温泉中心显得安静且雅致，而且不可带小孩进入。一层设有咨询处（Information）、室内温泉泳池（Thermalbad）（温泉温度为36℃和40℃）和露天温泉泳池（Aussen-thermalbad）（温泉温度为38℃）。地下一层是停车场，地下二层是入口和衣柜间（Garderoben）。从咨询处左手边的电梯下到地下二层，在这里买门票，经过自动检票口进入衣柜间。整个衣柜间由多个小更衣室组成，看到空着的更衣室就可进入。进入后，锁上反方向的2号门。换上泳衣后，打开2号门，接着再从反方向的门出来。看到衣柜后，将换下的外衣和携带的行李放入，将门票插入衣柜门，就可拔出门上的钥匙，这样整个更衣和存放行李的过程就完成了。按照“淋浴”（Bäder）的标志，沿楼梯上到地上一层就可到达泳池。

明亮舒适的布尔格巴德温泉中心

安静而又雅致的氛围。尽显豪华的温泉中心"阿尔卑斯"

温泉中心全年无休，每天开业时间是8:00~20:00。门票分为3小时券（CHF23）、一日券（CHF28）。另外，要特别注意，在出口处还需要使用门票，要保存好。需自带泳衣和浴巾。租用浴巾需付CHF5。

海拔2322米，可一览洛伊克巴德美景

盖米山口瞭望台
Gemmi Pass

MAP p.176

曾经被形容为"难于上青天"的盖米山口（2322米）之上屹立着一座瞭望台。在这个瞭望台可一览洛伊克巴德和连绵的瓦莱州群山美景。不仅如此，最高峰岛本峰(Daubenhorn)（2941米）也近在咫尺。

从多尔夫广场出发，穿过教堂街（Kirch-gasse）和多尔夫街（Dorf-gasse），度过达拉河，沿着老城区的祖尔街（Zur-gasse）前进，即可到达前往盖米山口的缆车乘车处（Gemmi-bahn）。

到达瞭望台需要约16分钟，往返车费是CHF32（持有瑞士通票者可享受50%优惠）。缆车运营时间根据季节不同有所调整，夏季一般是8:00~18:00，每隔30分钟一班。

可眺望四周绝美风光的盖米山口瞭望台

从盖米山口下行至村庄的著名徒步旅行线路"盖米线路"（Gemmi-weg）

充满现代感的舒适温泉酒店，让人放松身心

★★★★
林德纳酒店
Lindner Hotels
MAP p.176

Dorf-platz, CH-3954 Leukerbad
☎027-472-1000 FAX 027-472-1001
www.lindnerhotels.de（德、英）
室 135间
2人间含早餐CHF219~
营 全年营业

前台在酒店主馆“白宫”（Maison Blanche）

与阿尔卑斯温泉中心相连的酒店

虽说洛伊克巴德是发源于中世纪的温泉胜地，但是作为温泉度假中心被人们熟知则是因为林德纳酒店。2001年，德国林德纳酒店集团在这里建造了阿尔卑斯温泉中心，接着收购了白宫酒店（Maison Blanche）和法兰西酒店（Hotel de France）这两家酒店，经过大幅度改建，将其命名为“林德纳酒店和阿尔卑斯温泉中心”。

度假酒店分为三部分。第一部分是“白宫”主馆，这里设有前台和餐厅；第二部分是“法兰西”分馆，设有点菜餐厅；第三部分是阿尔卑斯温泉中心。这三部分都围绕着多尔夫广场而建，建筑物之间步行用不上1分钟。另外，考虑到冬季严寒，三座建筑之间还有隧道相通。酒店内建有客人专用温泉泳池（分为洞窟、室内、露天三种），酒店客人可免费使用。最值得推荐的是泉水温度达40℃的洞窟温泉，早上到这里泡一泡，一定非常舒服。

酒店宾客专用温泉泳池

舒适快捷的客房

酒店的自助餐厅每天为宾客准备不同菜品

其他值得推荐的酒店

环境优雅的5星级酒店
莱斯源德阿尔卑斯酒店 ★★★★★
Les Sources des Alpes
MAP p.176
Tuft-strasse 17, CH-3954 Leukerbad
☎027-472-2000 FAX 027-472-2001
www.sourcesdesalpes.ch
室 30间　2人间含早餐CHF450~

位于布尔格巴德温泉中心旁
维多莉亚酒店 ★★★
Viktoria
MAP p.176
Pfolongstutz 2, CH-3945 Leukerbad
☎027-470-1612 FAX 027-470-3612
www.viktoria-leukerbad.ch
室 20间　2人间含早餐CHF210~

充满瓦莱州风情的木屋酒店
沃利舍霍夫酒店 ★★★
Walliserhof
MAP p.176
Rathaus-strasse 38, CH-3954 Leukerbad
☎027-472-7960 FAX 027-472-7965
www.walliserhof.eu
室 21间　2人间含早餐CHF178~

在这里品尝全国最美味的传统瑞士菜肴
盖米酒店 ★★
Gemmi
MAP p.176
Dorf-strasse 22, CH-3954 Leukerbad
☎027-470-1106 FAX 027-470-2972
www.hotel-gemmi-leukerbad.ch
室 15间　2人间含早餐CHF140~

餐厅内均禁烟。餐厅外露台席位不禁烟。

让人赞叹不已的高原度假村

克莱恩-蒙塔纳
Crans-Montana

MAP ●剪切地图-10、p.6-F、p.155-A、p.180~181

州名／瓦莱州	语言／法语圈
海拔／1460米（Crans）	海拔／1471米（Montana）
人口／约7000人	长途区号／☎027

●交通

从采尔马特出发，约1小时50分钟可到达，77千米。

从谢尔出发约20分钟可到达，14千米。

●乘列车和邮政巴士

由于克莱恩-蒙塔纳不通火车，需先从采尔马特乘坐马特峰圣哥达铁路火车，约1小时10分钟到达菲斯普（Visp）。接着再换乘特快列车IR，约10分钟到达谢尔（Sierre）。最后，在谢尔乘坐SMC缆车，约20分钟可到达克莱恩-蒙塔纳。

●驾车

从采尔马特沿着山路下行，接着上9号普通公路开往谢尔，再从谢尔驶入山路。

●市内交通

东边的蒙塔纳距离西边的克莱恩约1.5千米，步行20分钟可到。乘坐SMC巴士只需5分钟。

●旅游局 Crans-Montana Tourisme

总局位于蒙大拿的车站街（Avenue de la Gare），支局位于克莱恩的中央大街（Rue Centrale）。旅游局出售克莱恩-蒙塔纳徒步旅行线路图（CHF5），出游前可在这里购买。

Avenue de la Gare, Case Postale 372
CH-3963 Crans-Montana
☎027-485-0404 FAX 027-485-0460
www.crans-montana.ch（德、法、意、英）
＜观光季节＞
周一~周日　8:30~18:00
＜淡季＞
上班时间有所调整，时间缩短，有午休（12:00~14:00），周日休息

谢尔至克莱恩-蒙塔纳一带的山丘上是一望无际的葡萄园

瓦莱州处于德语圈和法语圈的交界处，这两个语言圈的分界线就是高原度假村地区。分界线东侧的蒙塔纳村和西侧的克莱恩村合并为如今的克莱恩-蒙塔纳度假村。度假村位于葡萄园覆盖的山丘的深处，夏季这里是高尔夫比赛举办地和徒步旅行的最佳去处，冬季会变成滑雪胜地和雪橇乐园。这里因富人别墅区和出租木屋而闻名，每年吸引着许多游客。

【旅游景点指南】

以缆车车站为中心的繁华街区

蒙塔纳
Montana

MAP p.180-A

从山麓小镇谢尔乘坐SMC缆车可到达蒙塔纳缆车车站（Montana Gare）。即便乘坐SMC巴士，也会停在缆车车站，接着开往克莱恩。车站前面的车站大街（Avenue de la Gare）就是蒙塔纳的主街。

蒙塔纳的主街——车站大街，每到周末，这里熙熙攘攘，很热闹

广阔的高尔夫绿地

克莱恩
Crans

MAP p.180-A

一年一度的欧洲高尔夫精英赛在克莱恩举行。18洞和9洞的高尔夫场中间的街道就是克莱恩的主街——中央大街（Rue Centrale）。从谢尔和蒙塔纳开出的SMC巴士会停在大广场街（Rue du Grand-Place）的邮局前。

克莱恩的主街——中央大街

冰川环绕中的瞭望台，海拔2882米

普兰莫尔特瞭望台
Plaine Morte

MAP p.181-B

在著名的滑雪胜地克莱恩-蒙塔纳，缆车、电梯等山岳交通工具十分发达，周边设有数个瞭望台。其中，在夏季最值得推荐的是普兰莫尔特瞭望台。瞭望台海拔达2882米，登上瞭望台，展现在前方的就是壮丽的普兰莫尔特冰川（Glacier de la Plaine Morte）。除此之外，在这里还可以看到瓦莱州群山壮丽的景色。

从蒙塔纳乘坐开往阿米诺娜（Aminona）和普尔马西（Plumachit）的SMC巴士，在巴泽特斯站（Barzettes）下车。接着，从这里乘坐索道车，约10分钟后到达沃勒特斯（Les Violettes，最后换乘缆车（每隔30分钟一班），约10分钟后到达目的地。索道车和缆车只在夏季（7月上旬~9月上旬）和冬季运营，夏季9:15~16:45。出发前可从旅游局获取SMC巴士路线图和时刻表。

克莱恩-蒙塔纳徒步旅行线路

不愧是“高山植物宝库”！
夏季，在克莱恩-蒙塔纳体验高山植物鉴赏徒步之旅

笔者酷爱徒步旅行，走访了瑞士的许多徒步线路。路上能看到的高山植物数量最多、品种最丰富的要数克莱恩-蒙塔纳了。初夏的6月，走在山路上会看到漫山遍野的黄色的欧洲金莲花。到了8月盛夏，粉、紫、青、白、黄等五颜六色的高山鲜花竞相开放，给徒步之旅增添了不少乐趣。

上、下坡都较陡，建议途中多歇歇脚

最佳季节是7月~8月

克莱恩-蒙塔纳徒步旅行线路中，首先向大家推荐的是“阿米诺娜（Aminona）→瀑布（Cascade）→普尔马西（Plumachit）→阿米诺娜”这条线路（请参考 p.181 地图）。旅游局也向游客推荐这条线路，关于线路的详细地图可在旅游局购买。此外，由于巴士班次较少，建议提前买一本 SMC 巴士时刻表。

登上让人筋疲力尽的山坡，就可以欣赏到山间小溪和远方山峦的绝佳美景

乘坐从蒙塔纳缆车车站开往阿米诺娜的 SMC 巴士，约 8 分钟即可到达阿米诺娜。然后，先走一段普通道路，接着在途中左拐即可进入徒步旅行线路。每年的 7 月 ~8 月中旬，一进入徒步道路，展现在眼前的便是一片花海。闻着花香，赏着鲜花，继续前行，不一会儿就会来到“Cave du Sex”，这里有个岔路口，右手边的路标写着“通往瀑布（Cascade）”，接路标指示往下一个目标前进。越往高处走就会看到越多的高山鲜花，但是要注意，陡坡也开始多了起来，要量力而行。当到达瀑布山麓时，远远地就会看到广阔的原野，烂漫的青紫色的春花龙胆与多种叫不上名字的黄色花朵相映，令人流连忘返。

如果您体力还行，可以到瀑布上看看。如果累了也不要勉强，可在原野上休息片刻。休息好了，再返回“Cave du Sex”，从这里走上返回蒙塔纳的山路。走在这条山路上，有小溪（Bisse de Tsittoret）和绿荫相伴，让人感觉清爽了许多。

瀑布山麓处于森林边界以外，拥有广阔的原野，原野上开满了鲜花，仿佛铺上了一张花绒毯，如画一般美丽

途中还会遇到一个岔路口，要选择通往普尔马西（Plumachit）的下山路。普尔马西有咖啡餐厅，可以停下来上洗手间或享用一顿美食。另外，在每年的夏季（7月上旬~9月上旬），普尔马西至蒙塔纳之间会开通 SMC 巴士，如果碰巧赶上了，还可以乘坐巴士返回蒙塔纳。

如果没有巴士，只能从普尔马西徒步到阿米诺娜，接着在阿米诺娜乘坐 SMC 巴士返回村庄。

初级徒步旅行者需适当调整行程

上面介绍的徒步线路约 8 千米，包括休息时间大约需要 4 小时。途中有多处陡坡，没有游客休息设施，无法充分休息，比较适合中级徒步旅行者。

初级徒步旅行者需要适当调整一下行程。建议乘坐巴士或者出租车到达普尔马西的咖啡餐厅，然后开始徒步旅行，接着再回到餐厅。

相反，如果高级徒步旅行者觉得走得不过瘾的话，还可以不乘坐巴士，而是从普尔马西徒步返回到克莱恩-蒙塔纳。

欧洲金莲花

球花牧根草

野兰花

高山玫瑰杜鹃

圆币草

柳穿鱼花

心叶球兰

春花龙胆

高尔夫球赛开赛时，这里会变得非常抢手

皇家酒店
Royal
★★★★★ MAP p.180-A

CH-3963 Crans-Montana
☎027-485-9595 FAX 027-485-9585
www.hotel-royal.ch（德、法、意、英）
室 54间
2人间含早餐CHF390~
营 1月~4月、6月~9月、12月

酒店与克莱恩主街仅有步行几分钟的路程。但是，酒店建在树林中，环境安静幽雅。不愧是高原度假酒店，酒店内部使用木材装饰，洋溢着温馨的氛围。

酒店提供住宿和高尔夫运动组合服务

与高尔夫球场相邻

高尔夫宫殿酒店
Grand Hotel du Golf & Palace
★★★★★ MAP p.180-A

CH-3963 Crans-Montana
☎027-485-4242 FAX 027-485-4243
http://pr.ghgp.ch（德、法、意、英）
室 80间
2人间含早餐CHF400~
营 1月~4月、6月~10月、12月

这是一家传统酒店，创业于1914年，至今已有近百年的历史。酒店位于克莱恩的隆湖湖畔，正好与欧洲高尔夫精英赛举办场地相邻。9月举行欧洲高尔夫精英赛时，需要提前预约。

酒店提供住宿和高尔夫运动组合服务

因美容疗养而闻名的度假村酒店

克莱恩大使酒店
Crans Ambassador
★★★★★ MAP p.180-A

3 Route du Petit Signal, CH-3960 Crans-Montana
☎027-485-4848 FAX 027-485-4849
www.cransambassadorhotel.com（法、德、英）
室 63间
2人间含早餐CHF450~
营 1月~4月、6月~10月、12月

酒店位于克莱恩和蒙塔纳交接处的高地上，巨大的三角形的屋顶给人留下深刻印象。前些年进行了闭店大改造，2010年重新开业。酒店客房全部都带有阳台，风景迷人。酒店温泉设施和游泳池也很齐备。

住宿的同时还可以享受美容疗养服务

精致的高级酒店

温泉疗养设施完备
克兰斯温泉酒店
Le Crans Hotel & Spa
★★★★★ MAP p.180-A

☎027-486-6060 FAX 027-486-6061
www.lecrans.com
室 14间 2人间含早餐CHF550~

豪华的高级酒店
瓜尔达高尔夫酒店
Guarda Golf
★★★★★ MAP p.180-A

☎027-486-2000 FAX 027-486-2001
www.hotelguardagolf.com
室 25间 2人间含早餐CHF590~

可遥望罗讷河谷的酒店
公园酒店
Grand Hotel du Park
★★★★ MAP p.180-A

☎027-481-4101 FAX 027-481-5301
www.parc-hotel.ch
室 72间 2人间含早餐CHF200~

格莱农湖湖畔的木屋酒店
湖畔酒店
Hotel du Lac
★★★ MAP p.180-A

☎027-481-3414 FAX 027-481-5180
www.hoteldulac-crans-montana.ch
室 29间 2人间含早餐CHF150~

克莱恩-蒙塔纳的酒店客房内均禁烟。不过，若入住带有阳台的客房，可在阳台吸烟。

被列为世界自然遗产的大型冰川

阿莱奇冰川地区

Aletsch Region

MAP ●剪切地图-6、p.6-F、p.155-B、p.185

全长23.6千米，面积达128平方千米的阿莱奇冰川（Grosser Aletschgletscher）是阿尔卑斯山脉最大的冰川，目前这一地区已被列为联合国教科文组织世界自然遗产。

阿莱奇冰川由三条冰川在康科迪亚普拉兹（Konkordia-platz）汇流而成，这三条冰川分别是阿莱奇峰（4195米）和少女峰（4158米）之间的大阿莱奇冰川（Grosser Aletschfirn）、少女峰和门希峰（4107米）之间的少女峰冰川（Jungfraufirn），以及门希峰和费也施峰（4049米）之间的埃维格斯施内费尔德冰川（Ewigschneefeld）。

可近距离欣赏阿莱奇冰川的地区称为阿莱奇冰川地区，这里还是世界著名的滑雪胜地，但是从山麓至山腰一带不适合滑雪，从山腰至山顶一带是陡坡，堪称天然滑雪场，很适合滑雪。为方便游客滑雪，建造了山岳地区交通设施、山麓车站、山腰度假村和观光，这一带山顶瞭望台等。

下面主要为大家介绍的是可从不同角度观赏冰河雄姿的瞭望台景点。

【旅游景点指南】

欣赏三峰与三冰川相交的绝景

埃吉斯峰瞭望台
Eggishorn

MAP p.185

www.eggishorn.ch（德、法、英）

海拔高达2869米的埃吉斯峰瞭望台位于阿莱奇冰川的上游，在这里能观赏到少女峰、门希峰、艾格尔峰三峰和三条冰川在康科迪亚普拉兹相交的雄姿。

埃吉斯峰瞭望台上眺望的景色

乘坐缆车登上山顶，展现在眼前的就是雄浑的阿莱奇冰川。望向上游，可看到少女峰、少女峰冰川、门希峰、艾格尔峰、埃维格斯施内费尔德冰川，眼前则是三条冰川汇流点康科迪亚普拉兹。

山顶车站的右手边有餐厅。再往上走即可到达埃吉斯峰山顶（2926米）。看到“单程15分钟”的路标后，沿着狭长的山路前进就可到达山顶。山路较陡，且路面不平坦，建议单程预留30分钟，往返留足1小时。

去往埃吉斯峰瞭望台，可从采尔马特周边的交通要地布里格（Brig）乘坐开往库尔方向的普通列车（R），约35分钟后在山麓车站菲施（Fiesch）下车。接着从

三条冰川汇流处中间的山峰楚柏格峰（Trugberg）

攀登埃吉斯峰山顶往返约1小时

菲施坐缆车，约8分钟即可到达山腰处的费也施阿尔卑（Fiescheralp）车站，最后再换乘缆车约7分钟即可到达终点。

缆车只在夏季和冬季运营，7月上旬~8月下旬上山缆车始发时间是7:30，下山末班车时间是17:15。菲施—费也施阿尔卑—埃吉斯峰瞭望台，往返需CHF54（持有瑞士通票者可享受CHF43.20的优惠价格）。

领略宽阔曲折的冰川景致

贝特默峰瞭望台
Bettmerhorn

MAP p.185

www.bettmeralpbahnen.ch（德、法、英）

位于贝特默峰海拔2647米处的贝特默峰瞭望台位于阿莱奇冰川的中游，这里能看到冰川全景。这一带还有本区最大的滑雪场，山腰还有繁华的度假村，是发展得最快的地区之一。

在索道车山顶车站内还设有圆形的远景立体观景餐厅和高科技影像艺术展示厅（Exhibition）（免费）。出车站，沿着右手边的游览小道走，约3分钟就可到达冰雪观景台（Ice Terrasse），在这里可一览冰川壮丽景色。

遥望冰川上游，可观赏到蜿蜒的阿莱奇冰川，以及冰川上的黑色的冰碛（黑色筋状的堆积物，是冰川冲刷出的岩石和沙土）。眺望冰川下部，也会在冰川的尾部看到明显的黑色冰碛。

去往贝特默峰瞭望台，可从采尔马特周边的交通要地布里格（Brig）乘坐开往库尔方向的普通列车（R），约16分钟到达山麓车站贝藤（Betten）。接着在贝藤车站上方的缆车乘车处换乘缆车去往山腰度假村贝特默尔阿尔卑（Bettmeralp）。

缆车会到达贝特默尔阿尔卑度假村的西头，从西头徒步到度假村的东头（约10分钟）即可到达索道车乘车处。度假村还有2处滑雪场电梯和多处铁塔、缆车，位于最高处的电梯才通往山顶的索道车乘车处，注意不要弄错了。乘索道车约8分钟可到达山顶车站。

缆车和索道车只在夏季和冬季运行，夏季，上山缆车始发时间是8:00，下山末班车时间是16:45。贝藤—贝特默尔阿尔卑—贝特默峰瞭望台，往返需CHF36。贝藤至贝特默尔阿尔卑区间可使用瑞士通票，因此，持有瑞士通票者全程只需要支付贝特默尔阿尔卑至贝特默峰瞭望台的往返车费CHF20。

（左）蜿蜒的阿莱奇冰川 （右上）充满现代感的贝特默峰瞭望台 （右下）位于山腰的贝特默尔阿尔卑度假村

圣加伦周边

（德语圈） Around St.Gallen

St. Gallen圣加伦 / Appenzell 阿彭策尔

Vaduz瓦杜兹（列支敦士登公国） / Chur库尔

Bad Ragaz巴特拉加茨 / Maienfeld 迈恩费尔德

点缀着许多魅力小镇
圣加伦周边及瑞士东部地区概况

圣加伦拥有建于9世纪且被列入世界文化遗产名录的修道院，周边点缀着许多充满魅力与个性的小镇。除此之外，更值得一提的是，横跨圣加伦州、格拉鲁斯州以及格劳宾登州的格拉鲁斯·阿尔卑斯一带，因完美呈现了冰川时期后的地壳运动状况的特殊地形，于2008年列入世界自然遗产名录（请参考p.34）。接下来，就让我们走进瑰丽的圣加伦周边地区吧。

中世纪欧洲的学术之地

这一地区的中心城市就是圣加伦。自中世纪以来，圣加伦依靠亚麻工业等纺织工业迅速发展，并用积累的财富建造了著名的圣加伦修道院及其附属图书馆。

走进图书馆大厅，采用木块拼花工艺铺设的深浅交错的木地板，描绘着美丽曲线的木雕书架，以及画满了湿壁画的天花板，一切都令人赞叹不已。馆中那些珍贵的藏书更是让人叹为观止。

从8~12世纪的文学作品、美术图书到哲学书、医学书，图书馆保存有中世纪古书原稿2000余部，藏书15万册。古书原稿指的是在没有印刷技术的古代作者留下的手写真迹。这些珍贵的古书原稿吸引了欧洲各地的读者，使圣加伦成为中世纪欧洲的学术圣地。

直到今天，修道院依旧是圣加伦城市的中心。修道院周边是装饰着木雕凸窗的中世纪风格建筑，地上一层有序地排列着咖啡餐厅、小精品店等，显得格外繁华。参观完修道院，漫步街头，可近距离感受圣加伦独特风貌。

值得推荐的周游旅行

圣加伦周边有许多特色小镇，既可以计划一次一日游，也可以在小镇上住上一晚，好好欣赏这些魅力小镇。有时间的

以修道院为中心向周边发展的圣加伦市

话，推荐大家体验一回圣加伦周边之旅。

每年，阿彭策尔（p.192）人民都举行表决大会，他们通过举手表决的方式决定州议案。阿彭策尔一直保留着这个传统。但有趣的是，这个保守的地区在1991年率先承认了女性的参政权。这个曾经被人们称为“瑞士秘境”的小镇坐落在原野中，镇上居民身穿民族服饰，住宅如七彩糖果般排列整齐，漫步其中，仿佛走进了童话世界。

列支敦士登公国是世界上少数几个袖珍国家之一，来到首都瓦杜兹（p.194），你会大开眼界，甚至会情不自禁发出感叹：“原来还有这样的国家啊！”列支敦士登公国是一个非常有趣的国家，值得一游。

《阿尔卑斯少女海蒂》中出现的温泉度假村巴特拉加茨（p.197），如今成为高级温泉度假村。在遥望阿尔卑斯连绵群山的同时享受优雅的温泉度假生活，多么让令人神往！

巴特拉加茨的邻村迈恩费尔德（p.201）是《阿尔卑斯少女海蒂》中海蒂生活的村庄，村中还有一条可游览故事场景的徒步旅游线路，不容错过。

格劳宾登州的州府库尔（p.204）是交通要地，自古就很繁荣，可在此漫步，感受古都风情。每年有大量乘坐冰川快车从采尔马特方向来到库尔的游客。虽然这里位于山区深处，但是从苏黎世乘坐火车到这里只需要1小时。

因纺织工业迅速发展的古镇

圣加伦

St. Gallen

MAP ●剪切地图-4、p.7-C、p.189、p.191

州名／圣加伦州	语言／德语圈
海拔／670米	人口／约7万人
产业／纺织业	长途区号／☎071

●交通

从苏黎世出发，约1小时10分钟可到达，81千米。

●乘列车

从苏黎世乘坐特快列车IC或ICN，约1小时10分钟可到达。特快列车运行时间是5:30~24:00，每隔30分钟一班。

●驾车

从苏黎世出发，走1号高速公路，出圣加伦出口（St.Gallen Zentrum）。接着，沿圣加伦（St.Gallen）、中心区（Zentrum）、车站（Bahnhof）的路标行驶。从高速路出口到圣加伦车站前，驾车只需2分钟。

●市内交通

市内有出租车、无轨电车、市内巴士等，出行十分方便。景点集中在老城区，可徒步游览。如果想要登上可一览城市全景的三池丘（Dreiweihern），可以在修道院（Klosterhof）背后的缆车乘车处乘坐缆车（Mühleggbahn），只需1分钟就可到达山丘。到达山丘后，沿着右手边的阶梯上山，接着进入右侧小路，再走300米左右就可看到椅子，这里就是观景点了。

●旅游局 St. Gallen-Bodensee Tourism

位于圣加伦车站站前广场的一角。

Bahnhof-platz 1A, CH-9001 St. Gallen

☎071-227-3737　FAX 071-227-3767

www.st.gallen-bodensee.ch（德、法、英）

〈5月~10月〉

周一~周五　9:00~18:00

周六　10:00~16:00

〈11月~次年4月〉

周一~周五　9:00~18:00

周六　10:00~13:00

在中世纪，凸窗上的装饰是富贵的象征

圣加伦位于瑞士东部，是圣加伦州的州府。612年，爱尔兰传教士圣加路斯（St. Gallus）在今天圣加仑所在的位置修建了一座礼拜堂，这是圣加伦城市发展的起源。9世纪建造的修道院拥有中世纪欧洲最大的图书馆，使得圣加伦成为当时欧洲的学术圣地。这个修道院已于1983年列入世界文化遗产名录。从前因纺织工业而繁荣的圣加伦，如今仍因精致的纺织品而闻名世界。

【旅游景点指南】

呈圆形分布的古建筑和石板街巷

老城区
Altstadt

MAP p.191

从圣加伦车站出发，穿过班霍夫大街（Bahnhof-strasse），即可到达集市广场（Mar-kt-platz）。从集市广场通向修道院（Klos-terhof）的集市街（Markt-gasse），以及与集市街相交的步行街穆尔特街（Multer-gasse）和修皮萨街（Spiser-gasse），是老城区的中心街区，整个老城区呈圆形分布，很有特色。

老城区曾经有城墙保护，至今还保留着许多16~18世纪的古建筑。这些老建筑和泛红的石板街巷构成了充满中世纪风情的老城区街道景象。

中世纪，在圣加伦地区，装饰着精美图案的凸窗是富贵的象征。现在，在圣加伦老城区还有许多这样的住宅，其中最出名的是鹈鹕鸟之家（Haus zum Pelikan）（Schmied-gasse）和（怪兽之家Haus zum Greif）（Gallus-strasse）。徜徉在这些装饰着精美图案的住宅所在的街道中，也是一件很浪漫的事。

被世界教科文组织列入世界文化遗产名录

修道院
Klosterhof

MAP p.191

www.stiftsbibliothek.ch（德、英）

修道院初建于8世纪，重建于18世

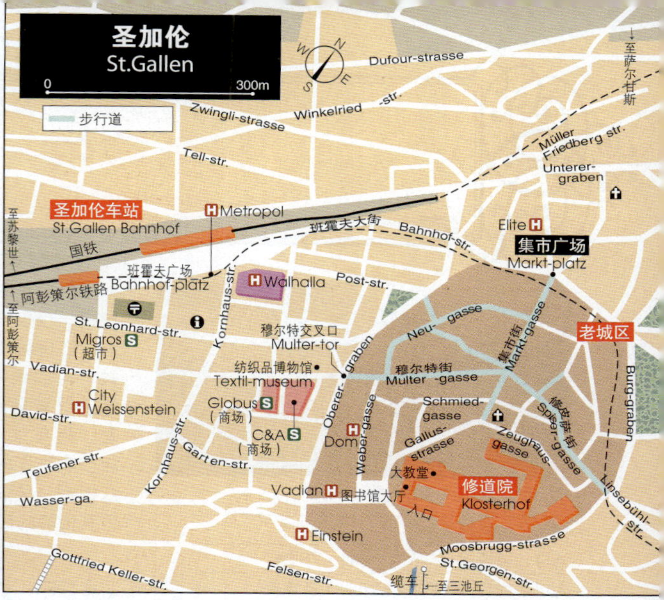

中世纪氛围浓厚的老城区

纪，是本笃会修道院。修道院拥有富丽堂皇的大教堂和珍藏着数千册古书手稿的图书馆，1983年，被世界教科文组织列为世界遗产。

大教堂（Kathedrale）外观比较普通，但一踏入大门就会被深深吸引。这是一座典型的后期巴洛克式教堂，屋顶画满了湿壁画，雪白的柱子上描绘着淡淡的翡翠绿花纹。开放时间是周一~周六9:00~18:00，周日12:15~18:30。

图书馆（Stiftsbibliothek）和大教堂一样是圣加伦最值得参观的景点。馆内珍藏着15万册书籍，至今还吸引着各地学者和研究者前来借阅。从8~12世纪的乐谱、文学作品、美术书到拉丁哲学书、德国语言学书、医学书，图书馆保存有中世纪古书原稿（手写原稿）约2000部，拥有欧洲最丰富的古书原稿收藏。此外，这里还保存着约1650册谷登堡时期的古版印刷书（Incunabula）。

图书馆对外开放的图书馆大厅（Barocksaa）建于1767年。大厅也是后期巴洛克式建筑的杰出代表，当时最精湛的建筑技术和装饰艺术在这里得到了完美结合。运用木块拼花工艺铺设的深浅交错的木地板，描绘着美丽曲线的木雕书架，以及画满了湿壁画的天花板，让人百看不厌。为了保护木地板，入口处摆放有拖鞋，参观时需换上专用拖鞋。

此外，在图书馆大厅的西侧还有一个石料展示厅（Lapidarium），这些石料是18世纪修道院改造前，830~837年建造修道院时使用的石料。

图书馆大厅和石料展示厅开放时间是周一~周六10:00~17:00，周日10:00~16:00。11月中旬~下旬以及全国节假日闭馆。门票是CHF10（持有瑞士通票者免费）。

成为世界文化遗产的修道院

图书馆大厅体现了室内装饰艺术的精粹

守护着独特文化的梦幻城镇

阿彭策尔
Appenzell

MAP ●剪切地图-4、p.7-C、p.189-B、p.192

牧地远端就是阿彭策尔小镇

州名／内阿彭策尔半州	
语言／德语圈	海拔／798米
人口／约1万5400人	产业／畜牧业
长途区号／☎071	

●交通

从圣加伦的阿彭策尔私营铁路车站乘坐11号S线，约50分钟可到。

●市内交通

小镇不大，可徒步游览景点。

●旅游局 Appenzellerland Tourismus AI

位于主街（Haupt-gasse）中心地带。

☎071-788-9641　FAX 071-788-9649

www.appenzell.ch（德）

〈5月~9月〉

周一~周五　9:00~12:00、13:30~18:00

周六~周日　10:00~12:00、14:00~17:00

〈10月~次年4月〉

周一~周五　9:00~12:00、14:00~17:00

周六~周日　14:00~17:00

阿彭策尔是一个四周环绕着牧场的小城镇，也是内阿彭策尔半州的州府。这里至今还保留着举行民众举手表决大会的形式，可以说是一个非常传统和保守的地区。这里曾经被称为"瑞士秘境"，但是，近年来，随着旅游业的发展和特产店、咖啡厅的大批开设，小镇逐渐进入大众视野。虽说这里与"观光胜地"无缘，但其恬静的田园风光同样让人难忘。

【旅游景点指南】

体现了最直接的民主

露天集会广场
Landsgemeinde-platz　MAP p.192

集会广场只是一个中央立着一棵大树的小广场。每年4月的最后一个星期天11点左右，内阿彭策尔半州的全部居民会聚集在这里，举行盛大的露天表决大会（Landsgemeinde）。人们聚集在广场上，通过举手表决处理州内的各种事宜，结果根据少数服从多数的原则产生。

1991年，阿彭策尔率先承认了女性参政权，结束了只有男性才能参政的古板时代。

在不举行大会时，露天集会广场一般作为停车场使用

有趣的乡土文化

乡土博物馆
Museum Appenzell　MAP p.192

市政厅于1560年遭遇大火后进行了重

走在街头，会看到许多身着民族服装的当地居民

建，并保留至今。走进市政厅，会看到介绍阿彭策尔地区文化和历史的乡土博物馆（Museum Appenzell）。

博物馆收藏着在保守封闭的阿彭策尔地区才能看到的精美手工艺品、珍贵古董（刺绣和油漆家具）以及具有当地特色的古代生活用品等。

开放时间是4月~10月每天10:00~12:00，14:00~17:00。11月~次年3月为周二~周日14:00~17:00。门票是CHF7（持有瑞士通票者免费）。

灿烂夺目的新巴洛克式教堂

圣毛里蒂乌斯教堂
St.Mauritius Kirche

MAP p.192

与市政厅相邻的是圣毛里蒂乌斯教堂，这也是阿彭策尔必看景点之一。

金色和红色相间的内部装饰，使教堂显得金碧辉煌。教堂内的湿壁画是精彩看点。5月~10月的每个周六、周日，这里都会举办盛大的结婚仪式，幸运的话还可以参观结婚仪式。

圣毛里蒂乌斯教堂是城镇的中心

展示阿彭策尔生活习俗

蓝房子博物馆
Im Blauen Haus

MAP p.192

www.faessler-appenzell.ch（德、法、英）

从圣毛里蒂乌斯教堂出来后，沿河畔的韦斯巴德街（Weissbad-gasse）前行，不久后就能看到蓝房子博物馆。正如名字所示，这是一家由蓝色房子改造而成的私营博物馆。这里陈列着与阿彭策尔地区风俗相关的资料和当地阿刺绣收藏。开放时间是周一~周五9:00~18:00，周六10:00~16:00。入馆免费。

漫步广阔的原野

徒步旅行线路
Hiking Course

绿野中的阿彭策尔有数条徒步旅行线路。当地旅游局向游客推荐的徒步线路可在官方网站www.appenzell.ch（德）上查看。此外，旅游局出售徒步旅行线路图。

阿彭策尔特产——香草酒和加入香草的奶酪

Hotel

是参观露天全民表决大会的绝佳地点

桑蒂斯酒店 ★★★★
Säntis MAP p.192

Landsgemeinde-platz, CH-9050 Appenzell
☎071-788-1111 FAX 071-788-1110
www.saentis-appenzell.ch
室30间　2人间含早餐CHF230~

同样是参观露天全民表决大会的绝佳地点

阿彭策尔酒店 ★★★
Appenzell MAP p.192

Haupt-gasse 37, CH-9050 Appenzell
☎071-788-1515 FAX 071-788-1551
www.hotel-appenzell.ch
室16间　2人间含早餐CHF200~

古典住宅改造而成的小型酒店（只提供早餐）

阿德勒酒店 Garni☆☆☆
Adler MAP p.192

Weissbad-strasse 2, CH-9050 Appenzell
☎071-787-1389 FAX 071-787-1365
www.adlerhotel.ch
室21间　2人间含早餐CHF170~

独立小国的首都

瓦杜兹

Vaduz (Fürstentum Liechtenstein)

MAP ●剪切地图-4、p.7-D、p.195

瑞士与列支敦士登公国的国界（国旗所在的地方）

国名／列支敦士登公国	语言／德语圈
海拔／455米	货币／瑞士法郎
国土面积／160平方千米	人口／约3.5万人
首都人口／约8000人	国际电话区域码／☎423

●交通

从苏黎世出发，约需1小时30分钟，110千米。

●乘列车

由于瓦杜兹（列支敦士登公国）市内没有火车站，需从萨尔甘斯（Sargans）或布克斯（Buchs）乘坐邮政巴士前往。

从苏黎世乘坐特快列车IC或者快车IR，约1小时到达萨尔甘斯。接着从萨尔甘斯乘坐开往瓦杜兹邮局（Vaduz-Post）的邮政巴士/列支敦士登巴士，约30分钟可到达。巴士车次较多。

●驾车

从苏黎世出发，上3号高速公路，接着进入13号高速公路，出塞沃伦（Sevelen）高速路口，沿28号普通公路前行。

●国境

只在公路旁立着瑞士和列支敦士登公国的国旗以表示国界，可以自由出入。

●货币

瑞士法郎。

●市内交通

瓦杜兹城区不大，可徒步游览景点。

●旅游局 Liechtenstein Center

位于斯塔德特尔大街（Städtle）上。
Städtle 37, 9490 Vaduz
☎423-239-6300 FAX423-239-6301
www.tourismus.li（德、法、意、英）
周一~周日　9:00~17:00

●电话拨打方法

从瑞士拨打列支敦士登公国境内电话时，需在电话前面加拨IDD号（00）和国际电话区域码（423）。

列支敦士登公国是夹在瑞士与奥地利两国之间的欧洲中部的内陆小国。列支敦士登家族买下这块土地，建立了列支敦士登公国，并在1719年取得了自治权。

列支敦士登公国不论是在外交、国防还是交通方面都依托瑞士。由于公国收取的企业税较低，因此避税的企业纷纷来到这里开办企业，这也使得公国国库收入的40%来自于企业税。每年都有大量游客来到首都瓦杜兹感受这个独特小国的风采。

公国的元首称为大公，现任元首为汉斯·亚当二世（Hans Adam Ⅱ）（1945年~，在位1989年~）。2004年，王储阿洛伊斯王子（Erbprinz Alois）（1968年~）摄政，代替亚当二世处理国内、国际事务。

【旅游景点指南】

瓦杜兹的主街

斯塔德特尔大街 Städtle

MAP p.195-B

斯塔德特尔大街是一条约500米长的步行街，也是首都瓦杜兹的主街。石板铺成的步行街路面上画着许多有趣的图画，

首都瓦杜兹的主街——斯塔德特尔大街

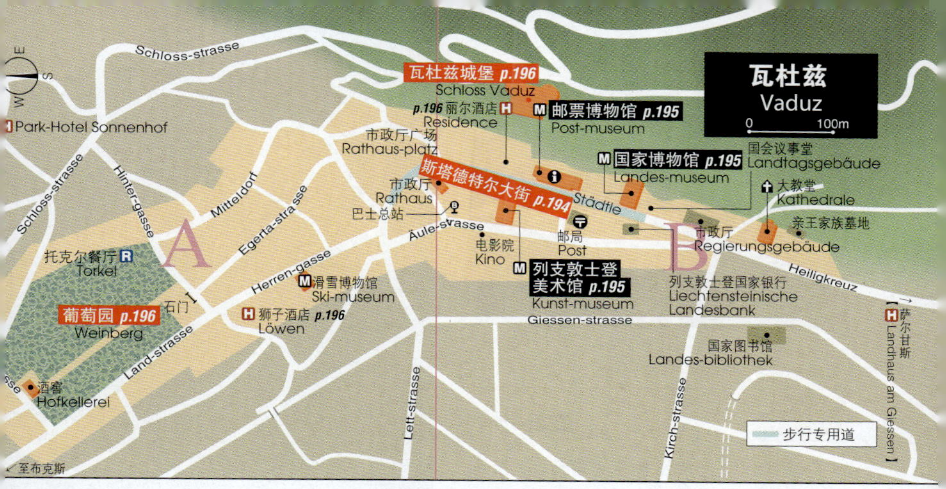

走在上面，令人轻松愉快。沿着主街，从北到南依次可看到市政厅（背后是巴士总站）、列支敦士登美术馆、邮票博物馆（地上层是旅游局）、邮局和国家博物馆等景点。

陈列着大公家族的名画收藏

列支敦士登美术馆
Kunst-museum Liechtenstein MAP p.195-B

www.kunstmuseum.li（德、英）

这是一家现代美术馆，其简约现代的黑色立方体外观足以吸引游客的注意。美术馆内除了展示着世界各国的现代绘画和雕刻等作品外，还展示了一部分大公家族在长达400年间收集的名画（包括伦勃朗、鲁本斯的作品）。

开放时间是周二~周日10:00~17:00（周四至20:00），周一闭馆。门票是CHF12，列支敦士登美术馆与国家博物馆的通票是CHF15。

简约现代的黑色立方体建筑

0F是旅游局，1F是邮票博物馆

邮票收集爱好者不能错过的博物馆

邮票博物馆
Post-museum MAP p.195-B

这座庄严的石造建筑，地上1层是旅游局（Liechtenstein Center），1F是邮票博物馆，2F是艺术馆。

邮票博物馆展示着深受邮票收集爱好者喜爱的列支敦士登公国邮票和原画作品。开放时间是每天10:00~12:00，13:00~17:00。免费入馆。

展现了公国的历史

国家博物馆
Landes-museum MAP p.195-B

www.landesmuseum.li（德）

博物馆内展示的是与大公家族和公国的历史相关的重要文物。古代生活用品和休闲娱乐用品十分有趣。开放时间是周二~周日10:00~17:00（周四至20:00），周一闭馆。门票是CHF12，国立博物馆与列支敦士登美术馆的通票是CHF15。

（右上）酒窖　（右下）托克尔餐厅

大公家族的葡萄酒原料产地

葡萄园
Weinberg

MAP p.195-A

城镇北侧是大公家族的葡萄园。亲王家族享用的葡萄酒“Hofkellerei des Fürsten von Liechtenstein”都是用这里的葡萄酿制而成的。穿过位于因特街（Hinter-gasse）上的石门就可进入葡萄园，沿着园内的小路走到尽头会看到酒窖（Hofkellerei）（423-232-1018/www.Hof-kellerei.li）。在酒窖，不仅可以品尝大公专享葡萄酒，还可以购买这里酿制的葡萄酒。酒窖开放时间是周一~周五8:00~12:00、13:30~18:00，周六9:00~13:00。穿过石门右拐，沿着石壁旁的小路上山，即可到达托克尔餐厅（Torkel）（423-232-4410），在餐厅也可以喝到大公专享葡萄酒。餐厅营业时间是周一~周五11:30~14:30、18:30~23:30，周六18:30~23:30。

亲王家族居住在这里

瓦杜兹城堡
Schloss Vaduz

MAP p.195-B

城堡建在山丘之上，从这里可以俯瞰瓦杜兹城。城堡最早建于12世纪，但是15世纪时遭遇了一场大火，16世纪修建成如今的样子。现任元首汉斯·亚当二世一家居住在这里。正因为大公家族居住在其中，城堡不对外开放。从市政厅广场出发，沿着弯弯曲曲的山路可以散步到城堡大门前。

Hotel

由600余年前的建筑改造而成的酒店

狮子酒店　★★★★
Löwen　MAP p.195-A

☎423-238-1144　FAX 423-238-1145
www.hotel-loewen.li
室 8间　2人间含早餐CHF299~

富有魅力的小型酒店

丽尔酒店　★★★★
Residence　MAP p.195-B

☎423-239-2020　FAX 423-239-2022
www.residence.li
室 29间　2人间含早餐CHF280~

葡萄园称得上是瓦杜兹城最美的地方

旅行小贴士

入境印章

游客可以自由进出列支敦士登公国，不需要入境检查。但是，抱着“好不容易来一次，还是想盖一个入境印章”想法的游客不在少数。为了满足游客们的要求，列支敦士登公国旅游局推出了在护照上加盖入境印章的服务，当然，这项服务是收费的。在印章窗口提交护照和CHF3，就会听到旅游局工作人员在护照上加盖纪念印章的响亮声音。

动画片《阿尔卑斯少女海蒂》中出现过的温泉度假村

巴特拉加茨

Bad Ragaz

MAP ●剪切地图-8、p.7-D、p.189、p.198、p.202-A

州名／圣加伦州	语言／德语圈
海拔／520米	人口／约4900人
产业／旅游业	长途区号／☎081

●交通

从苏黎世出发，约需1小时15分钟，120千米。
从圣加伦出发，约需1小时15分钟，86千米。
从库尔出发，约需15分钟，20千米。

●乘列车

从苏黎世乘坐开往库尔的国际特快列车EC或者快车IR，约1小时15分钟可到达。从圣加伦乘坐开往库尔的快车RE，约1小时15分钟可到达。从库尔乘坐开往苏黎世/圣加伦方向的快车IR或者普通列车R，约15分钟可到达。

●驾车

从苏黎世出发，走3号/13号高速公路。从圣加伦出发，走1号/13号高速公路。从库尔出发，走13号高速公路。在13号高速公路出巴特拉加茨高速路口，沿13号普通公路前行。

●市内交通

巴特拉加茨车站与老城区、巴特拉加茨豪华度假村相隔1千米，徒步约需15分钟，乘坐巴士和出租车仅需3分钟。巴特拉加茨豪华度假村的酒店提供从高级车停车站至酒店之间的免费迎送服务（需要事先预约）。

●旅游局 Bad Ragaz Tourist Office

位于多尔夫·巴特温泉中心内。
☎ 081-300-4020　FAX 081-300-4021
www.heidiland.com（德、英）
周一~周五　8:30~18:00
周六　9:00~16:00

俯瞰巴特拉加茨城镇全景

《阿尔卑斯少女海蒂》中的场景——多尔夫·巴特温泉中心

巴特拉加茨是早在1242年就发现了温泉并由此发展起来的温泉小镇。城镇独特的街景也是日本动画片《阿尔卑斯少女海蒂》的主要场景。集温泉中心、酒店、高尔夫球场、赌场等娱乐休闲设施于一身的巴特拉加茨豪华度假村（Grand Resort Bad Ragaz），每年都吸引了大量游客前来。

【旅游景点指南】

洋溢着温泉度假村独有的风情

老城区 Altstadt

MAP p.198-A

老城区是城镇的中心区，与车站相隔1千米。乘坐451、452、453路邮政巴士，约3分钟后在巴特拉加茨邮局（Bad Ragaz Post）[下车专用的车站名。上车需到多尔夫·巴特（Dorf Bad）车站] 即可到达老城区。邮局、多尔夫·巴特温泉中心巴托罗梅广场（Bartholomé-platz）等构成了繁华街区，洋溢着温泉度假村的悠闲风情。如果想散散步，建议走过塔米纳河，到对岸的巴特拉加茨豪华度假村享受悠闲的下午茶时光。

在动画片《阿尔卑斯少女海蒂》中出现过的场景——多尔夫·巴特温泉中心（Dorf Bad），是建于19世纪的温泉浴场，如今是温泉屋（Spahouse Bad Ragaz）和旅游局所在地。温泉屋内设可租用的个人浴室，可根据个人喜好选择裸体泡温泉。浴场共有6间浴室，根据选择的服务项目和人数，浴室租费不尽相同。小浴室2人租用，

费用是CHF60(45分钟)。经营时间是周二~周六每天10:00~19:00。宾客摇响门铃后，工作人员会为您开门。

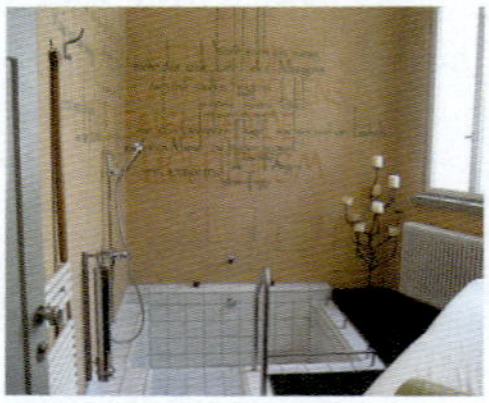
温泉屋的包租个人浴室

可轻松玩乐的温泉中心

塔米纳温泉中心
Tamina Therme

MAP p.198-B

塔米纳温泉中心位于特拉加茨豪华度假村内，这里的温泉来自4千米之外的源头法弗斯温泉(Pfäfers)。温泉水通过管道流到这里，但仍保持着36.5℃这个较舒适的温度。温泉对循环器官疾病和风湿有很好的疗效。

在温泉中心的入口处付钱后即可拿到衣帽柜钥匙，接着就可直接前往位于地下一层的衣帽柜房间(Garderobe)。更衣室是一个开放式的房间（进入后，将房间内的长椅一端放倒就可把门锁上），换好衣服后从另外一边的门出来。将衣物和行李放到衣帽柜内，接着沿着温泉泳池（Thermalbad）的标志走到地上一层即可。

温泉中心设有6个室内温泉游泳池和1个露天游泳池。其中大多是对高血压有疗效，又可缓解疲劳的低温温泉池（34℃~37℃），也设有42℃的高温池。室内池池底不断变换的彩色灯光，会让泡在泉水中的人感到无比的惬意和放松。

温泉中心的开放时间是每天8:00~22:00（周五至23:00）。2小时之内CHF26（周六、周日CHF28）、4小时之内CHF30（周六、周日CHF32）。酒店的住客可以免费使用，只要穿着酒店为住客准备的浴袍前往，工作人员就会为您开门。打开左边写着“Hotelgäste”的大门即可进入温泉池。

从车站出发，乘坐开往瓦蒂斯(Vattis)的451路邮政巴士，约2分钟后在塔米纳温泉中心下车即可。

经过大规模装修，于2009年重新开业的塔米纳温泉中心

塔米纳温泉中心的室内温泉游泳池

★★★★★
巴特拉加茨豪华度假村
Grand Resort Bad Ragaz
MAP p.198-B

✉CH-7310 Bad Ragaz
☎081-303-3030 FAX 081-303-3033
www.resortragaz.ch（德、英）
室289间
2人间含早餐CHF490~
营全年营业

已达到6星级水平的5星级度假酒店

巴特拉加茨豪华度假村是瑞士顶级的，也是规模最大的温泉度假村，深受瑞士和欧洲其他国家人士的青睐。

度假村占地面积很大，村内有凯伦霍夫豪华酒店和水疗套房（Grand Hotel Quellenhof & Spa Suites）和霍夫拉加茨豪华酒店（Grand Hote Hof Ragaz）两家酒店，酒店宾客专用温泉中心“幸福温泉中心”（To B.Wellbeing & Spa）和公共温泉中心“塔米纳温泉中心”（Tamina Therme），以及高尔夫球场、赌场等，集各种娱乐休闲设施于一身，就像一个小镇。

凯伦霍夫豪华酒店的泳池

左边是凯伦霍夫豪华酒店，更远处是霍夫拉加茨豪华酒店

高贵典雅的凯伦霍夫豪华酒店

凯伦霍夫豪华酒店是度假村主馆。酒店内部和客房色调为藏青色和黄色相间，显得高贵典雅。酒店有106间客房，客房全部是带有阳台的套房。客房层高较高，显得宽敞明亮。

客房非常舒适，设施便捷，酒店为宾客准备了意大利咖啡机、煮红茶用的电水壶以及度假村专用手机。

在宽敞的浴室里，不论是在浴缸泡澡还是淋浴，只要打开水龙头就会流出温泉。4千米之外的温泉源头法弗斯温泉的泉水通过管道流到酒店。在客房内洗浴时，既可以加热温泉又可以根据喜好降低温泉温度，十分方便。就连客房内的矿泉水也是来自当地的冷泉拉加泽泉（Ragazer）的泉水。

客房内的意大利咖啡机

冷泉水

图为凯伦霍夫豪华酒店的客房，就连最小的套房也很宽敞

凯伦霍夫豪华酒店的大厅

前面是塔米纳公共温泉中心，远处是水疗套房

水疗套房的起居室非常宽敞

凯伦霍夫豪华酒店2人间含早餐费用为CHF810起。

现代艺术风格的“水疗套房”

2009年开业的新馆水疗套房尽显豪华。室内装修采用了大量白色大理石和云纹大理石，与白色、茶色、灰色等时尚的颜色完美搭配，营造出瑞士人喜爱的现代艺术风格，很有格调。

馆内共有56间客房，且全部是带阳台的套房，面积在60~440平方米之间，十分宽敞。尽善尽美的起居室设计、一流的服务以及便利的温泉设施，达到了凯伦霍夫豪华酒店引以为豪的高规格。

水疗套房2人间含早餐费用为CHF880起。

拱廊建筑风格的霍夫拉加茨豪华酒店

霍夫拉加茨豪华酒店是度假村的另一家酒店，与凯伦霍夫豪华酒店和水疗套房相连接，因此常作为分馆。酒店与凯伦霍夫豪华酒店不同，没有高贵豪华的装饰，但其拱廊的设计不仅使酒店尽显典雅，还增添了一分温馨气氛。霍夫拉加茨酒店适合全家旅行入住或长期入住，相对来说会经济实惠些。酒店设有宾客专用的温泉泳池，客人还可以自由使用度假村内的其他休闲设施。不讲究奢华的游客可以考虑入住此处。

酒店共有127间客房，其中112间是普通客房，15间是套房。奶油色、绿色、茶色是酒店的基本色调，显得温暖舒适。

霍夫拉加茨豪华酒店2人间含早餐费用为CHF490起。

完备的用餐设施

巴特拉加茨豪华度假村内共有8家餐厅和7个酒吧。其中提供泰国料理和中国菜的纳姆餐厅（Namun）是村内唯一一家亚洲料理餐厅，在当地也很有人气。泰国主厨和中国主厨厨艺精湛，一定不能错过。

酒店宾客专用温泉中心内的温泉泳池（Helenabad）

地中海料理餐厅（Olives d' Or）

提供泰国料理和中国菜的纳姆餐厅

阿尔卑斯山的少女海蒂的故乡

迈恩费尔德
Maienfeld

MAP ●剪切地图-8、p.7-D、p.202

州名／格劳宾登州	语言／德语圈
海拔／560米	人口／约1600人
产业／葡萄种植业	长途区号／☎081

●交通

从巴特拉加茨出发，约需11分钟，3千米。

●乘邮政巴士

从巴特拉加茨乘坐开往迈恩费尔德邮局的邮政巴士，约12分钟可到达。

●乘火车

从巴特拉加茨车站乘坐普通列车R，约5分钟可到达迈恩菲尔德车站。接着，从迈恩菲尔德车站徒步15分钟后到达迈恩菲尔德邮局。

●旅游局 Maienfeld Tourist Office

☎081-330-1800　FAX 081-330-1801

www.heidiland.com（德、英）

周一~周五　9:00~12:00、13:15~17:15

周六　9:00~12:00、13:00~16:00

迈恩费尔德曾经是一个名不见经传的小村庄，后来因一部发表于1880年且拥有全球50多个国家版本的小说《海蒂》（*Heidi*）而闻名世界。《海蒂》是瑞士著名作家乔安娜·斯比丽夫人（Johanna Spyri）（1827~1901）的名作。后来，根据《海蒂》改编的日本动画片《阿尔卑斯少女海蒂》将迈恩费尔德风景作为动画的背景图，使得这个小村庄更加被众人熟知。

环绕着葡萄园的迈恩费尔德村庄

村庄的中心区——市政厅广场

【旅游景点指南】

小村庄的中心

市政厅广场
Städtli-platz

MAP p.202-A

迈恩费尔德村庄的中心就是市政厅广场所在的街区。从火车站出发，沿班霍夫大街（Bahnhof-strasse）上坡路走15分钟左右就可到达。邮政巴士终点停靠站，也就是迈恩费尔德邮局，也位于这里。广场的一端有一个装饰着鲜花的喷泉，这个精美的喷泉以及远方的街景曾经出现在动画片《阿尔卑斯少女海蒂》中。

海蒂博物馆所在的村庄

海蒂村（上罗菲尔斯村）
Heididorf (Ober-rofels)

MAP p.202-B

www.heididorf.ch（德、英）

故事中，海蒂夏季在山上度过，冬季则在村子里生活。仿造海蒂冬季生活的小屋

仿造海蒂冬季生活的小屋建造的海蒂之家博物馆

建造的海蒂之家博物馆（Museum Heidi-haus）、多尔夫拉达礼品店（Dorflada），以及徒步旅行线路2（请参考p.203）的登山口，都设在海蒂村。

海蒂之家博物馆的地上一层是博物馆入口和储藏室，地上二层是厨房、餐厅和博物馆出口，地上三层就是摆放着干草床的卧室。博物馆还珍藏着各国出版的《海蒂》绘本，各国人民心目中的海蒂的形象都不尽相同，非常有趣。开放时间是3月15日~11月15日每天10:00~17:00。门票为CHF7。门票需在多尔夫拉达礼品店购买。

《阿尔卑斯少女海蒂》中出现过的风光

海蒂草原
Heidialp (Ochsenberg)

MAP p.202-B

动画片《阿尔卑斯少女海蒂》给人们留下最深印象的莫过于那片美丽的夏季草原和海蒂山间小屋。这两个动画片场景的原型就是海蒂草原（Heidialp）和位于草原上的夏之家（Heidihütte）。徒步旅行线路2（请参考p.203）经过这里。

位于海拔1111米处的海蒂夏之家

女作家乔安娜·斯比丽生活过的村庄

耶宁斯村
Jenins

MAP p.201-B

耶宁斯是著名作家乔安娜·斯比丽夫人常来居住的村庄。她喜欢独自漫步在村庄周边，并在散步时构想海蒂的故事，最终完成了《海蒂》的创作。斯比丽夫人喜爱的耶宁斯村至下罗菲尔斯村的散步线路，如今被称作乔安娜·斯比丽散步道路（Der Von Johanna Spyri），成为一处景点。

Hotel

靠近海蒂村，是徒步线路的据点之一

海蒂霍夫酒店
Heidihof Hotel

MAP p.202-B

☎081-300-4747 FAX 081-300-4749
www.heidihof.ch（德、英）
室 15间　2人间含早餐CHF150~

紧挨车站，十分便捷

瑞士海蒂酒店
Swiss Heidi Hotel

MAP p.202-A

☎081-303-8888 FAX 081-303-8899
www.swissheidihotel.ch（德、英）
室 81间　2人间含早餐CHF180~

迈恩费尔德徒步旅行线路

走进《阿尔卑斯少女海蒂》的世界

徒步旅行线路 1

市政厅广场←→
Städtli-platz
海蒂村（上罗菲尔斯村）
Heididorf (Ober-rofels)（全程约需1小时30分钟）

周游海蒂冬季生活的村庄 MAP p.202-B

徒步旅行线路1是以周游海蒂冬季生活的村庄海蒂村为主题的线路。线路先后会经过市政厅广场（海拔518米）、海蒂霍夫酒店（664米）、海蒂村（658米）以及海蒂村的海蒂之家博物馆。返程线路是海蒂村—下罗菲尔斯村（617米）—市政厅广场。

先从村内出发，接着经过葡萄园，来到原野中，最后走进森林。一路上均是田园牧场风光，而且道路平缓，是一条让人轻松自在的线路。

全程约需要1小时30分钟，算上在海蒂霍夫酒店休息和参观海蒂之家博物馆的时间，大概需要留出4小时。

最后，要提醒大家的是，一路上除了在海蒂霍夫酒店外就找不到其他咖啡厅、餐厅或洗手间了，要做好旅行计划。

由当地儿童募款，建于1953年的海蒂泉

海蒂草原和夏之家

徒步旅行线路 2

海蒂村（上罗菲尔斯村）
Heididorf (Ober-rofels)
海蒂草原
Heidialp (Ochsenberg)
（全程需4小时）

漫游海蒂度过夏季时光的草原和夏之家 MAP p.202-B

徒步旅行线路2以海蒂草原和夏之家为中心，依次经过海蒂村（658米）、乔安娜·斯比丽散步道路、耶宁斯村（635米）、海蒂草原和夏之家，最后走进森林。从夏之家可以看到广阔的草原、山脚下流淌的莱茵河和美丽村庄。这里就是海蒂的世界，仿佛与凡间相隔，风景如画。

在草原上休息片刻（夏季，夏之家内有咖啡厅经营），接着沿着弯弯曲曲的山路下山。路上，在每个弯道都会看到编号，旁边还立着介绍海蒂故事的看板和纪念物等，很有意思。比如，在9号弯道处就有写着“彼得在这里把克拉拉的轮椅弄坏了，但克拉拉也因此重新站了起来”的看板和一个木雕轮椅。

全程约需要4小时，算上途中休息时间，最好能留出6小时的时间。

格劳宾登州的州府

库尔
Chur

MAP ●剪切地图-8、p.7-D、p.204

州名／格劳宾登州	语言／德语圈
海拔／595米	人口／约3.5万人
产业／旅游业	长途区号／☎081

●交通

从苏黎世出发，约需1小时15分钟，119千米。
从巴特拉加茨出发约需15分钟，21千米。

●乘列车

从苏黎世出发，乘特快列车IC，约需1小时15分钟。从巴特拉加茨出发，乘普通列车R，约需15分钟。

●驾车

从苏黎世出发，首先走3号高速公路，接着走13号线。

从巴特拉加茨出发，走13号高速公路。

●市内交通

城镇较小，可徒步游览景点。

●旅游局 Chur Tourismus

位于库尔火车站地下一层，国铁SBB咨询处旁。

☎081-252-1818 FAX 081-254-5889

www.churtourismus.ch （德、法、英）

周一~周五　7:30~20:00

周六、周日　8:00~20:00

库尔是瑞士最大的州格劳宾登州的州府。因是贯通南北的交通要地，库尔自古以来就很繁荣。库尔还没有冰川快车车站。

【旅游景点指南】

沿着火车站前的班霍夫大街前进，不久后就会看见州立美术馆（Bündner Kunst-museum）。美术馆展示着许多阿尔卑斯风景画作，以霍德勒和塞冈蒂尼的绘画作品为主。开放时间是周二~周日的10:00~17:00，门票是CHF12（持有瑞士通票者免费）。

继续前进，就会看到一座庄严的建筑，这就是邮局。邮局所在的广场叫做邮局广场，这里有一条通往老城区的步行街。库尔市的主街就是邮局大街（Post-strasse）。

邮局大街的尽头是一个著名的景点——圣马丁教堂（Kirch St. Martin）。参观完圣马丁教堂，沿着教堂旁的教堂街（Kirch-gasse）直走就会看到雷蒂亚博物馆（Rätisches Museum）。这是由建于1675年的古老建筑改建而成的历史博物馆。馆内展示了大量关于格劳宾登州历史的珍贵资料。开放时间是周二~周日的10:00~17:00，门票是CHF6（持有瑞士通票者免费）。

接着，从博物馆斜对面的阶梯（Hof-steig）拾级而上，即可到达建于12~13世纪的大教堂（Kathedrale）。

老城区的邮局大街

充满魅力的库尔小城

日内瓦周边

（法语圈）

Around Genève

Genève日内瓦 / Lausanne洛桑
Chamonix Mont-Blanc沙莫尼蒙勃朗（法国） / Nyon尼翁
Montreux蒙特勒 / Yverdon伊韦尔东 / Gruyères格吕耶尔
Neuchâtel纳沙泰尔 / La Chaux-de-Fonds拉绍德封

概况

漫步在清澈的莱芒湖湖畔，仰望白色的法国阿尔卑斯群山，走进瑞士的法语圈地区

月牙形状的莱芒湖（Lac Léman）是欧洲最大的湖，它的西端是瑞士的日内瓦州（Genève），北岸是瑞士的沃州（Vaud），南岸与法国相接。

由于紧挨着法国，瑞士的日内瓦州和沃州属于法语圈。当然，不仅仅是语言，在当地人的生活习惯、性情和当地的文化、风俗等各个方面都能看到法国的影子。

极具吸引力的国际大都市日内瓦

日内瓦州位于日内瓦湖西南角，与法国相接。该州虽然面积不大，但在政治、经济、文化等各个领域都在瑞士（瑞士法语圈）占据中心地位。

日内瓦州的徽章分为两部分，左边以黄色为底，上面是一只黑色的雄鹰，右边以红色为底，上面是一把金色的钥匙。这两部分充分体现了日内瓦州的历史，鹰代表这里曾经是神圣罗马帝国的领土，金色钥匙代表这里一直由其主教管理。日内瓦在1815年加入联邦，成为第22个州。

日内瓦州的州府是日内瓦。从著名的莱芒湖流出的罗讷河静静地从城市流过。过去，宗教改革家加尔文把这里当做新教的中心，思想家卢梭也诞生于此，因此日内瓦也被称作“思想之都”。1798年之后的16年间，日内瓦被法国占领，因此这座城市有着很浓厚的法国风情。

日内瓦是瑞士的重要交通枢纽，甚至被誉为瑞士的西大门。这里有发往欧洲各国的国际航班和国际列车。城市居民中外

籍人口约占40%，是瑞士最著名的国际化都市。不仅如此，来访的宾客中约有75%是外国商务人士，可以说日内瓦还是一个名副其实的国际商业都市。当然，作为世界有名的旅游都市，日内瓦每年还吸引了大量来自世界各地的游客。

作为永久中立国瑞士的中心城市，日内瓦汇集了多个国际机构。1863年成立的国际红十字委员会总部、拥有193个成员国的联合国的欧洲总部等200多个大大小小的国际组织总部都设在日内瓦。日内瓦深厚的人道主义传统、和平中立的理念使其成为国际组织设立的理想场所和开展国际外交的舞台。

因美丽葡萄园而闻名的沃州

沃州位于莱芒湖的北岸，是瑞士第四大行政州。沃州曾经在1798年以莱芒共和国的身份独立，接着于1803年4月14日加入瑞士联邦。沃州徽章源自莱芒共和国国旗，徽章被水平线分为上下两个部分，上面为白色，下面为绿色。上面部分绘有口号“LIBERTÉ ET PATRIE（自由和祖国）”。

沃州气候宜人，拥有长时间的日照和温暖的气候，这为莱芒湖湖畔丘陵上的梯田式葡萄园提供了绝佳的自然条件。因此，在沃州葡萄酒窖随处可见。当然，说到葡萄酒就不能不提到著名的葡萄酒产地洛桑和蒙特勒，这两个城镇之间的拉沃地区（请参考p.33，p.239）更是因令人赞叹的葡萄园被列

居民约40%为外国人的独特的国际城市日内瓦

为世界文化遗产。

沃州州府所在地是洛桑（请参考p.228）。洛桑是瑞士文化教育中心，拥有两个著名大学和瑞士联邦法院。同时，洛桑还因是艺术家、富豪的别墅区所在地而出名。此外，国际奥林匹克委员会（IOC）的总部也设在这里，洛桑是世界上唯一一个可以使用奥林匹克标志的城市。

洛桑周边还有许多值得一游的城镇，包括被誉为“瑞士的里维埃拉（世界著名的休养胜地）”的蒙特勒（请参考p.236），因诗人拜伦的大作而出名的希永城堡（请参考p.237），古罗马时代就发现了温泉的温泉小镇伊韦尔东（请参考p.243），奶酪火锅的故乡格吕耶尔（请参考p.242），以及以依云矿泉水而闻名于世的埃维昂。

以日内瓦和洛桑为据点的旅行

日内瓦和洛桑是莱芒湖周边旅游的据点。从日内瓦乘坐巴士或驾车只需1个小时就可到达欧洲最高峰勃朗峰的观光基地沙莫尼蒙勃朗（请参考p.224）。不仅如此，还可以计划从日内瓦到意大利的海朗纳峰瞭望台（请参考p.226）的一日游，尽情欣赏勃朗峰。

从日内瓦可以轻松实现去往上文所说的蒙特勒、希永城堡、伊韦尔东、格吕耶尔以及埃维昂等地的一日游。

热情友好的国际大都会

日内瓦

Genève（Geneva）

MAP 剪切地图-9、p.6-E、p.207-C、p.209

州名／日内瓦州	语言／法语圈
海拔／375米	人口／约18.7万人
产业／商业、旅游业	长途区号／☎022

●交通

从日内瓦国际机场出发，约需6分钟，6千米。

从苏黎世出发，约需2小时45分钟，297千米。

●乘列车

从日内瓦国际机场站（Genève Aéroport）乘坐特快IC约6分钟、乘坐5号巴士约20分钟即可到达日内瓦市中心的日内瓦科尔纳万车站。

从苏黎世乘坐特快IC或ICN，到达日内瓦市中心的日内瓦科尔纳万车站约需2小时45分钟。

●乘车

从日内瓦国际机场乘出租车到市区中心约需10分钟，CHF30~CHF35。

从苏黎世驾车到日内瓦需要约3小时，全程297千米。走高速1号线。

●市内交通

日内瓦市中心可徒步游览。

出租车起步价是CHF6.30，每1千米CHF3.20。夜间、周末或节假日，携带行李箱或狗等宠物需要另外加钱。

日内瓦公共交通（TPG）（包括有轨电车、无轨电车、市内巴士）、日内瓦市内国铁（CFF）和日内瓦市内航船（SMGN）统称为“Unireso”，有通用车票。1小时券CHF3，1日券CHF10，拥有瑞士通票者和市内酒店宾客（酒店会提供日内瓦市内交通卡）可免费乘坐。可到旅游局领取交通线路图。

此外，老城区有专用观光电车（Old Town Tours），游览老城区十分方便。观光电车的起点和终点都在罗讷广场（Place du Rhône），车票CHF9.90。

●旅游局 Genève Tourisme

总局设在勃朗峰大街的邮局大楼（Hôtel des Postes）的地上一层右侧。在罗讷河上的步行桥（Pont de la Machine）和日内瓦国际机场均设有分局。

www.geneve-tourisme.ch（法、英）

☎022-909-7000

FAX 022-909-7011

〈总局〉

周一

10:00~18:00

周二~周六

9:00~18:00

周日

10:00~16:00

［夏季7月］

平均最高气温：25.3℃

平均最低气温：13.3℃

日落时间：21:30左右

［冬季1月］

平均最高气温：3.7℃

平均最低气温：-1.9℃

日落时间：16:30左右

日内瓦位于新月形的莱芒湖畔西南端，其南、东、西三面都与法国接壤。日内瓦是继苏黎世之后的瑞士第二大城市。联合国欧洲总部(ONU)、国际红十字会总部(CICR)、联合国难民事务高级专员办事处(UNHCR)等200多个国际机构都设在这里，可以说它是瑞士在国际上最有名的城市。日内瓦的英文名字为“Geneva”。

【旅游景点指南】

瑞士国铁的主要铁路车站

日内瓦科尔纳万火车站

Gare de Cornavin, Genève MAP 剪切地图-13、p.209-A

科尔纳万火车站是瑞士最主要的铁路车站之一。它还是法国国际特快列车TGV（只需3小时即可到达巴黎）经行车站。地上一层设有售票厅、外汇兑换窗口、行李寄存窗口、超市和餐厅，地上一层半有收费洗手间（McClean）、投币式小件行李自动存放柜，地上二层是月台。地下一层是购物街。

日内瓦至主要城市的火车时刻表手册可以在行李寄存窗口领取。

车站内的餐厅和商店周日照常营业

日内瓦的治安

目前日内瓦已有约40%的外国人居住，近年来更不断有从欧盟各国而来的乞讨者、盗窃团伙、妓女涌入日内瓦，使得这里的外国人人数激增，治安也开始恶化。尤其要注意这几个地区：火车站附近偷窃、掉包事件频发；在帕基区、利布地区、生命之泉公园地区，大白天也会有妓女站在街边拉客。请大家多加注意安全！

日内瓦市内
0 100m
N S W E
至伯尔尼、洛桑↑
p.216 City Hostel
p.216 Royal Manotel
Auteuil Manotel
↑至联合国欧洲总部 p.211、阿丽亚娜博物馆 p.214、国际红十字和红新月博物馆 p.214
帕奎斯地区 Paquis
Rue du Prieuré
Rue de Lausanne
Rue Royaume
Rue du Môle
Rue de Berne
Bâle
Rue J.-A.-Gautier
Rue des Pâquis
Rue Jean-Jaquet
Quai W.-Wilson
Place J.-Marteau
Rue de l'Ancien Port
Migros（超市）
Place de la Navigation
Rue de la Navigation
Rue de Neuchâtel
Rue de Zürich
R. du Levant
Rue du Léman
Rue de Monthoux
Novotel
埃德尔维斯酒店 p.215 Edelweiss
科尔纳万火车站 p.208
Gare Cornavin
Migros（超市）
p.216 Warwick
Bernina
Place de Cornavin
Cornavin p.216
p.216 Cristal
Suisse p.216
Rue A.-Gevray
Rue de la Cloche
勃朗峰湖滨路 p.210 Quai du Mont-Blanc
Rue Docteur-Alfred-Vincent
Rue Sismondi
Rue S.-Thalberg
Rue Chaponnière
Rue Pradier
Square Pradier
Rue des Alpes
Rue Jean-Pécolat
Rue Ami-Lévrier
莱芒湖游泳池 Bains des Pâquis
Kempinski p.216
Angleterre
乐里什蒙酒店 p.215 Le Richemond
Rue Adhémar-Fabri
Brunswick
莱芒湖游览船、定期船码头 p.210
Pâquis Pier
综合巴士总站 Gare Routière
美岸酒店 p.215 Beau Rivage
邮局
勃朗峰大街 p.210 Rue du Mont-Blanc
Rue de Chantepoulet
英国教堂 Eglise Anglaise
De La Paix
Bristol p.216
大喷泉 p.211 Jet d'Eau
Mont-Blanc Pier
莱芒湖 Lac Léman
Manor（商场）
Rue Rousseau
Rue du Cendrier
Place de Grenus
Rue des Etuves
R. Guillaume Tell
Quai des Bergues
Four Seasons Des Bergues p.216
Pl. St. Gervais
Ambassador
贝尔格桥 Pont des Bergues
机械力建筑桥 Pont de la Machine
卢梭岛 p.211 Ile Rousseau
勃朗峰桥 Pont du Mont-Blanc
罗讷河 Le Rhône
至格朗日公园→
伊尔塔
贝卢埃尔广场 Place Bel-Air
p.216
罗讷广场 Place du Rhône
English Garden Pier
Promenade du Lac
生命之泉公园地区 Eaux-Vives
209
罗讷大街 p.211
Quai Général Guisan
Rue du Rhône
花钟
Place du Port
英国公园 p.211 Jardin Anglais
Quai Gustave-Ador
P.210~P.211
Coop City（超市）
Place de la Fusterie
Globus（商场）
Rue de la Confédération
Confédération Centre（购物中心）
Place du Molard
Rue du Marché
Rue Robert Céard
罗马丽广场 Place Longemalle
Swissotel Métropole p.216
Rue Versonnex
Rue Gérard-Muzy
Rue des Eaux-Vives
Rue Zurlinden
Rue de la Mairie
Rue du Lac
Rue de la Scie
Rue de la Cité
Rue Frank-Martin
老城区 p.212 La Vieille Ville
Rue de la Croix d'Or
Rue du Port
Rue du Prince
Rue de la Tour Maîtresse
Rue d'Italie
R. d'Aoste
Rue Pierre-Fatio
Rue Helvétique
R. Ls-Duchosal
利布地区 Rive
Rue de Hesse
Rue de la Corraterie
Rue François-Diday
大剧院 Théâtre
Place Neuve
街头国际象棋
Pl. du Grand-Mézel
Grand Rue
Rue Jean-Calvin
格兰大街
塔沃馆
玛德莱娜教堂
莱斯阿慕斯酒店（餐厅）p.215, p.218 Les Armures
Rue de Rive
Rond-Point de Rive
利布广场
Rue du Vieux-Collège
圣日耳曼教堂
Rue des Granges
Rampe de la Treille
旧武器库
卢梭故居
圣皮埃尔大教堂
加尔文讲堂
法院
加尔文高中
市政厅
Rue de la Croix-Rouge
宗教改革纪念碑
老市镇广场 Place du Bourg-de-Four
Boulevard Jacques-Dalcroze
Rue Ferdinand-Hodler
Rue Ami-Lullin
Boulevard Helvétique
R. des Glacis de Rive
Rue Adrien-Lachenal
Rue du Parc
Rue de la Terrassière
Rue St. Laurent
Ruelle du Midi
Rue de l'Est
Rue de la Chapelle
Rue de la Flèche
Rue des Marronniers
Rue de Villereuse
Place Emile-Guyénot
p.214 自然历史博物馆 Muséum d'histoire naturelle
Route de Malagnou
Promenade des Bastions
Rue du Conseil-Général
日内瓦大学 Université
卢梭博物馆
Rue R.-Ls-Piachaud
Rue Etienne-Dumont
Promenade de St-Antoine
艺术和历史博物馆 p.214 Musée d'art et d'histoire
俄罗斯教堂
Pass. Burlamachi
李斯特广场 Place Franz-Liszt
Rue Charles-Galland
Rue R.-Toepffer
Rue de Beaumont
Rue Michel-Chauvet
Rond-Point de Plainpalais
Rue de l'Université
R. St-Ours
Rue St-Léger
Rue Imbert-Galloix
Cours des Bastions
Rue Jean-Sénebier
Boulevard de l'Athénée
Boulevard Helvétique
R.F.-Bellot
Rue François-Le-Fort
Rue Munier-Romilly
鲍尔收藏艺术馆（东方美术馆）p.214 Fondation Baur
Coop City（商场）
Boulevard des Philosophes
Rue Candolle
Cours Jean-Canal
Rue Bastion
Rue François d'Ivernois
Rue F.-Massot
Rue du Mont-de-Sion
Boulevard des Tranchées
Avenue Jules-Crosnier
Route de Florissant
Rue Contamines
Rue Crespin
Place des Philosophes
Rue G.-Leschot
Boulevard de la Tour
Boulevard de la Cluse
Place Ed.-Claparède
Chemin Malombré
Rue de l'Athénée
Rue Marignac
Rue Marc Monnier
Rue des Sources
Rue des Voisins
Rue de Carouge
Boulevard du Pont-d'Arve
Rue Micheli-du-Crest
Rue A.-Lombard
Pass. de la Tour
Rue Emile-Yung
Rue Sautter
步行专用道

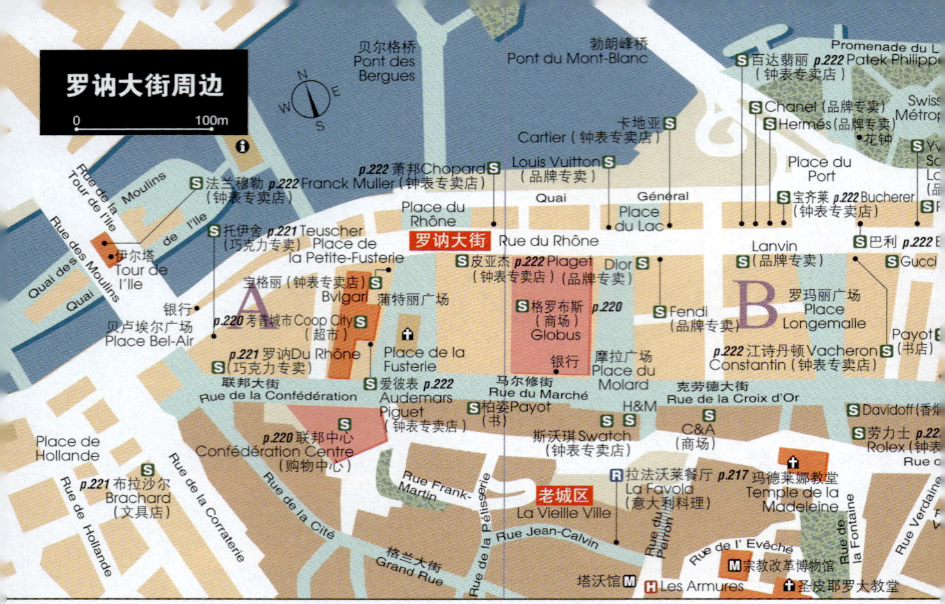

勃朗峰大街街头的咖啡厅露天席位

罗讷河北岸的繁华大街

勃朗峰大街
Rue du Mont-Blanc MAP ●剪切地图-19、p.209-A

勃朗峰大街是连接着日内瓦科尔纳万火车站地下商街和莱芒湖湖畔的繁华街道。这条长400米的大街是罗讷河北岸的主要街道。众多酒店、餐厅、商店和银行等聚集在这里，非常热闹。

地下商街的出口处有一个由旧巴士改造而成的旅游局咨询处（只在夏季上班）。从出口到旅游局的总局所在的邮局大楼（Hôtel des Postes）这一段是繁华的步行街。前方教堂的背后是综合巴士总站，这里是直达沙莫尼蒙勃朗的巴士的发车站。

尽情欣赏勃朗峰

勃朗峰湖滨路
Quai du Mont-Blanc MAP ●剪切地图-20、p.209-B

勃朗峰湖滨路与勃朗峰大街相交，是莱芒湖沿岸大街，靠近莱芒湖的一侧有宽敞的散步道和公园。莱芒湖游览船、定期船码头和莱芒湖游泳池也设在这里。可以在勃朗峰湖滨路度过丰富的一天。

夕阳中的勃朗峰和大喷泉

此外，在湖北岸的凯宾斯基饭店附近可以越过美丽的莱芒湖眺望到远处的法国名山勃朗峰（请参考p.224）。夕阳中的勃朗峰非常迷人，观看的最佳时间是夏季的20:30~21:30。

十分便捷的交通工具

莱芒湖游览船、定期船
CGN MAP ●剪切地图-20、p.209-B

游览船有1小时巡航（CHF18）和2小时40分钟的包餐巡航（CHF20.8+餐费CHF20/39）两种选择。定期船会经过尼翁（p.223）、洛桑（p.228）和法国的埃维昂（p.231）等地，十分便捷，想要去这些地方的游客可以选择定期船。

酒店、旅游局、码头和游船公司（CGN）[电话：0848-811-848/www.cgn.ch（法、德、英）] 都提供航程日程表和时刻表。

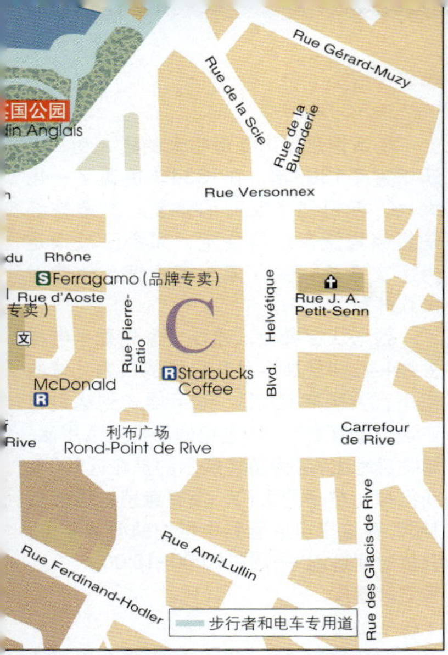

高级商店林立的罗讷大街

卢梭岛是大都会中的小绿洲

感受莱芒湖吹来的清风

卢梭岛
Ile Rousseau
MAP ●剪切地图-20、p.209-C

在罗讷河从莱芒湖流出的河域中，贝尔格桥（Pont des Bergues）的中段附近，有一个三角形的小岛，这就是卢梭岛。为了纪念18世纪出生在日内瓦的思想家卢梭，人们将小岛命名为“卢梭岛”。在繁茂的树林中立着卢梭的铜像。岛上还有大小咖啡餐厅等供游客休息。

罗讷河南岸的主要街道

罗讷大街
Rue du Rhône
MAP ●剪切地图-26、p.209-C

罗讷大街是罗讷河南岸的主要街道。罗讷大街以及与罗讷大街平行的联邦大街（Rue de la Confédération）、步行街（Rue de Marché）、克劳德大街（Rue de la Croix d' Or）、利布街（Rue de Rive）是闻名世界的购物街。这一带汇聚了世界著名的品牌直营店、高级钟表专卖店、大商场、高级餐厅和银行，熙熙攘攘，十分繁华。不过到了周日和节假日，这里就会冷清下来。

为市民提供了一个优美的休闲环境

英国公园
Jardin Anglais
MAP ●剪切地图-27、p.209-D

英国公园位于罗讷河南岸的莱芒湖畔，在勃朗峰桥（Pont du Mont-Blanc）南侧附近。它是日内瓦市民常去的休闲场所。公园内有广阔的草地、玫瑰花园以及直径达5米的大花钟。

远远就可看到的大喷泉

大喷泉（Jet）
Jet d'Eau
MAP ●剪切地图-21、p.209-D

1891年，为了纪念瑞士建国600周年，在莱芒湖上建造了人工大喷泉。大喷泉可喷出140米高的银色水柱。大喷泉是闻名世界的喷泉，也是日内瓦的醒目标志，甚至有人说，没看过大喷泉就等于没来过日内瓦。除了强风等恶劣天气、2℃以下的天气和11月份检修期间，每天都可以看到大喷泉喷出的水柱。

常常出现在新闻中的国际会议中心

联合国欧洲总部
Palais des Nations ONU
MAP ●剪切地图-15

联合国欧洲总部设在日内瓦，在举行会议期间以外的时间会向大众开放。游客可以跟随佩戴胸卡的导游（CHF12）进入总部参观。开放时间是：7月~8月每天10:00~17:00，此外时间为每天10:00~12:00、14:00~16:00。11月~次年3月周六、周日关闭。总部有几个大门，参观时从皮亚克斯大和（Avenue de la Piax）14号的佩尼门（Portail de Pregny）进入。咨询电话为022-917-4896，传真为022-917-0032，网站为www.unog.ch（法、英）。从市中心乘坐的士只需5分钟，或从日内瓦科尔纳万火车站乘坐8路、28路、F.V.Z巴士在阿皮亚（Appia）下车，约10分钟可到达。

格兰大街在中世纪时期是日内瓦的繁华街道

大街40号就是卢梭博物馆

塔沃馆是日内瓦最古老的建筑物，黑色的墙体和圆形高塔给人留下深刻印象

石板路渗透着中世纪韵味

老城区
La Vieille Ville

MAP ●剪切地图-26、p.209-C

●格兰大街
Grand Rue

罗讷河南岸的小高丘就是日内瓦老城区的所在地，横穿山丘顶部的大道就是格兰大街。格兰大街曾经是日内瓦城的主街。街道两旁15~18世纪的古老建筑讲述着日内瓦的历史，窄窄的石板路更是渗透着老城区的中世纪韵味。

●卢梭故居
Espace Rousseau

格兰大街40号就是伟大的思想家让-雅克·卢梭(Jean-Jacques Rousseau)(1712~1778)出生的地方。卢梭就出生在这个钟表匠家庭。如今，这里已成为博物馆，可以边听着外语解说边参考图示板自行参观（需25分钟)。这里能让你进一步了解卢梭的生平事迹。开放时间是周一~周日11:00~17:30。门票CHF5(持有瑞士通票者免费)。

可自由参观旧武器库内陈列的大炮和镶嵌壁画

●塔沃馆
Maison Tavel

塔沃馆是日内瓦最古老的建筑物。塔沃馆建于1303年，在1334年遭遇了一场大火，但得到了及时的修复。这里曾经是贵族塔沃家族的住宅，如今已被指定为历史遗迹，并改建为博物馆，免费对大众开放。

到塔沃馆参观，建议大家先乘坐电梯去往4层。4层展示着19世纪的日内瓦城的模型。参观完4层后，走下楼梯到达3层，在这里能看到17~19世纪的日常生活用品。博物馆地上2层为游客展示的是在近100年间拆掉的房子的大门，很有意思。最后是1层，在这里可以看到中世纪的徽章展览。开放时间是周一~周日10:00~18:00。

●旧武器库
Arsenal

旧武器库是由17世纪的谷物仓库改造而成的，如今不再是武器库，而是古代文献馆。在建筑的地上1层拱廊处展示有大炮。

●市政厅
Hôtel de Ville

市政厅位于一座建于15~17世纪的建筑物内。1864年，《日内瓦公约》(最早的《红十字会公约》)的签订仪式就是在这里举行的。目前只有市政厅的中庭和马车专用的旋转式斜坡对外开放。

●圣皮埃尔大教堂
Cathédrale Saint-Pierre

老城区的标志性建筑物就是这座古老的教堂。这座天主教堂始建于12~13世纪，此后经过几度改建以及扩建，最后形成现在人们看到的集罗马式和哥特式建筑风格于一身的建筑物。

1536~1564年，宗教改革家加尔文(Jean Calvin)(1509~1564)将这里作为基地，展开了新教的传教工作。加尔文的新教理论对欧洲的基督教产生了深远的影响。教堂的左廊还摆放着加尔文曾经用过的椅子。

此外，教堂祭坛左侧有一座北塔（Tour Nord)，入口设有售票处。登上狭窄的“擦肩而过”都困难的157级旋转式阶梯，就可登上北塔，在塔上可一览日内瓦街景和美丽的莱芒湖。穿过中间的走廊就可到达位于另一端的南塔（Tour Sud)。北塔是观景台，而南塔是钟琴历史资料室。入塔

（左图）经过几度改建以及扩建后，集罗马式和哥特式风格于一身的圣皮埃尔大教堂（上图）装饰着湿壁画和彩绘玻璃的礼拜堂

门票是CHF4。

开放时间是：6月~9月周一~周六9:30~18:30，周日12:00~18:30；10月~次年5月周一~周六10:00~17:30，周日12:00~17:30

●圣皮埃尔空间
Espace Saint-Pierre

与圣皮埃尔大教堂并设的还有两个博物馆。位于大教堂地下的是考古学博物馆（Site archéologique，里面展示的是大教堂地下的考古学发掘展示。开放时间是周一~周日10:00~17:00。门票CHF10（持有瑞士通票者免费）。

位于大教堂旁边的是宗教改革博物馆（Musée International de la Réforme）。博物馆沿用了马利特家族的住宅（Maison Mallet），这里曾经是宗教改革的基地。博物馆详细介绍了宗教改革的相关资料。开放时间是周一~周日10:00~17:00。门票CHF10（持有瑞士通票者免费）。

大教堂、考古学博物馆以及宗教改革博物馆之间有地下通道连接，因此这三个建筑统称圣皮埃尔空间（Espace Saint-Pierre）。大教堂的高塔、考古学博物馆以及宗教改革博物馆的参观通票价格为CHF16。

●加尔文讲堂
Auditoire de Calvin

从1557年开始，数年间，宗教改革家加尔文每天早上7点在这里传教。讲堂开放时间根据季节不同有所调整，夏季为周一~周五10:00~12:00、14:00~17:00，周六12:00~16:00。

曾举办宗教改革讲解和研讨会的加尔文讲堂

●老市镇广场
Place du Bourg-de-Four

这是一个等腰三角形广场，也是老城区最古老的广场。广场中心是一个建于18世纪的喷泉水池，周边整齐排列着16~18世纪的老建筑。走在建筑间，可在地上1层找到各国料理餐厅。

穿过广场继续向南走即可到达李斯特广场（Place Franz-List）。广场的一角有一座有名的建筑物，即出生于匈牙利的著名钢琴家、作曲家弗朗茨·李斯特（1811~1886）在1830年住过的住宅，可惜内部不对外开放。大门上装饰着纪念浮雕。

老市镇广场

旅行小贴士

两色河流交汇的地方——交界桥

从莱芒湖流出的蓝色罗讷河和源自法国勃朗峰的茶色的艾云河交汇的地点叫做“Jonction”。在这里可以清楚地看到，颜色差异很大的两条河，交汇时并没有完全混合在一起，而是保持着各自的颜色并流了一段，非常神奇。下面照片中的独特风景就是在交界桥（Pont de la Jonction）上看到的。从日内瓦中心区乘坐出租车，10分钟即可到达这里。

左半边是罗讷河，右半边是艾云河

日内瓦最具代表性的博物馆

艺术和历史博物馆
Musée d'art et d'histoire

MAP ●剪切地图-32、p.209-F

Rue Charles-Galland 2
022-418-2600 FAX 022-418-2601
www.ville-ge.ch/mah/（法、德、英）
免费
营 10:00~18:00 休 周日

博物馆位于老城区的东侧，通过陆桥即可看到。从圣皮埃尔大教堂徒步到博物馆只需要8分钟。

展厅分布在地下2层至地上3层

这座博物馆是日内瓦最具代表性的博物馆，中世纪的大炮、盔甲、圣像、十字架、雕刻和绘画等述说着欧洲历史的艺术品汇聚于此。绘画作品中最有名的要数康拉德·维茨（Konrad Wiitz）的作品《捕鱼神迹》（1444年作）。

可看到鸟鸣钟和宝石表的名品收藏

百达翡丽钟表博物馆
Patek Philippe Museum

MAP ●剪切地图-31、p.209-E

Rue des Vieux-Grenadiers 7
022-807-0910 FAX 022-807-0920
www.patekmuseum.com（英） CHF10（瑞士通票有效） 营 14:00（周六10:00）~18:00
休 周日、周一、节假日

从罗讷大街西端徒步到此需要15分钟左右。或乘坐1号巴士，在“Ecole Medécine”站下车。

展厅分布在地上1层至4层，名品展示在3层

馆内收集了16~19世纪的鸟鸣钟和宝石表名品共500多件。扣下扳机就从枪筒内奔出一只报时小鸟的鸟鸣钟最具代表性。欧洲贵族定做的七宝精密肖像画怀表让人看着看着就入了迷，真是有“让人忘记时间”的魔力。

让人心情平静下来的陶器博物馆

阿丽亚娜博物馆
Musée Ariana

MAP ●剪切地图-15、p.209-B

Avenue de la Paix 10
022-418-5450 FAX 022-418-5451
www.ville-ge.ch/ariana（法）
免费
营 10:00~18:00 休 周一

博物馆位于联合国欧洲总部旁边。博物馆建在绿地中央，是一座新巴洛克式的圆拱形建筑物，光是看到其别致的建筑外观就不虚此行了。

博物馆内设有咖啡厅，可放慢脚步仔细欣赏

博物馆的地下1层为特别展示厅。地上1层陈列着16世纪的中国陶器收藏，2层为瑞士和欧洲其他国家陶器收藏馆。氛围典雅安详，让人内心平静。

前往博物馆的方式与去联合国欧洲总部（p.211）相同，请参考。

其他值得一去的博物馆

很受儿童喜爱的博物馆

自然历史博物馆 MAP ●剪切地图-33
Muséum d'histoire naturelle

Route de Malagnou 1 /
www.ville-ge.ch/mhng
免费 / 周二~周日10:00~17:00

日内瓦才有的博物馆

国际红十字和红新月博物馆 MAP ●剪切地图-15
Musée Int'l de la Croix-Rouge et du Croissant-Rouge

Avenue de la Paix 17 / www.micr.org
CHF10（持有瑞士通票者免费）/，周三~周一10:00~17:00

收藏中国和日本等地的艺术名作

鲍尔收藏艺术馆 MAP ●剪切地图-33
Fondation Baur

Rue Munier-Romilly 8 /
www.fondation-baur.ch
CHF10 / 周二~周日14:00~18:00

展示着斯沃琪所有的钟表产品收藏

时间之城 MAP ●剪切地图-20
Cité du Temps

Pont de la Machine /
www.citedutemps.com
免费 / 每日9:00~18:00

著名的古典酒店

美岸酒店
Beau Rivage

★★★★★ MAP ●剪切地图-20、p.209-B

Quai du Mont-Blanc 13,CH-1201 Genève
022-716-6666 FAX 022-716-6060
www.beau-rivage.ch（法、德、英）
室 91间
2人间不含早餐CHF900~
营 全年营业

美岸酒店建于1856年，位于勃朗峰大街。在酒店可以欣赏到莱芒湖、大喷泉和勃朗峰美景。这里见证了捷克斯洛伐克建国仪式等许多重要的历史时刻。淡玫瑰色的大理石柱使得酒店大厅十分优雅。

酒店前面就是碧波荡漾的莱芒湖

夏加尔、米罗等艺术家常住的酒店

乐里什蒙酒店
Le Richemond

★★★★★ MAP ●剪切地图-20、p.209-A

Jardin Brunswick,CH-1201 Genève
022-715-7000 FAX 022-715-7001
www.lerichemond.com（法、德、英）
室 98间
2人间不含早餐CHF445~
营 全年营业

酒店位于莱芒湖湖畔的布伦瑞克公园对面，建于1875 年，是一家拥有几百年历史的古典酒店。酒店内的日用器具均是从中世纪保留到现在的，因此也被誉为“古董宝库”。经过2007年的改造，如今酒店内部的设施现代又时尚。

乳白色的外部墙体配上绿色的阳台，让人印象深刻

如想充分体验一回中世纪风情，那么就不能错过这家酒店

莱斯阿慕斯酒店
Les Armures

★★★★★ MAP ●剪切地图-26、p.209-C

Rue du Puits St. Pierre 1, CH-1204 Genève
022-310-9172 FAX 022-310-9846
www.hotel-les-armures.ch（法、德、意、英）
室 32间
2人间含早餐CHF695~
营 全年营业

位于老城区中心部的圣皮埃尔大教堂前。17世纪，这里是储存教会粮食的仓库，后又改造为日内瓦最古老的餐厅（请参考p.218），深受民众喜爱。之后又开设了酒店。建筑弥漫着中世纪氛围。禁烟。

从17世纪保持到现在的酒店外观

洋溢着阿尔卑斯风格的小型酒店

埃德尔维斯酒店
Edelweiss

★★★ MAP ●剪切地图-14、p.209-B

Place de la Navigation 2, CH-1201 Genève
022-544-5151 FAX 022-544-5199
www.manotel.com（法、德、意、英）
室 42间
2人间不含早餐CHF150~
营 全年营业

一进入酒店，就仿佛来到了阿尔卑斯度假村。地板、墙壁以及天花板全部都是木制的。红与黑的民族色调让酒店显得非常温馨。热情好客的工作人员以及优质的服务让这里更具魅力。

酒店内的瑞士餐厅很有名

日内瓦约有130家酒店，即便如此，由于游客较多，房价偏贵

位于勃朗峰湖畔大街。风景优美。
凯宾斯基饭店 ★★★★★
Grand Hotel Kempinski MAP ●剪切地图-14、p.209-B
Quai du Mont-Blanc 19, CH-1211 Genève 21
☎022-908-9081 FAX 022-908-9090
www.kempinski-geneva.com
室423间 2人间不含早餐CHF610~

位于罗讷河沿岸，提供东方式的细致服务
文华东方酒店 ★★★★★
Mandarin Oriental MAP ●剪切地图-19、p.209-C
Quai Turrettini 1, CH-1211 Genève 1
☎022-909-0000 FAX 022-909-0010
www.mandarinoriental.com
室182间 2人间不含早餐CHF590~

位于日内瓦郊外，高级的温泉度假酒店
瑞瑟夫酒店 ★★★★★
La Réserve MAP ●剪切地图-15
Route de Lausanne 301, CH-1293 Genève
☎022-959-5959 FAX 022-959-5960
www.lareserve.ch
室102间 2人间不含早餐CHF445~

还是位于机场前，与赌场并设的大型酒店
慕温匹克酒店 ★★★★★
Mövenpick Hotel & Casino Genève MAP ●剪切地图-13
Route de Pré-Bois 20, CH-1215 Genève 15
☎022-717-1111 FAX 022-717-1122
www.moevenpick-geneva-airport.com
室350间 2人间不含早餐CHF310~

位于车站前的罗讷大街，现代便捷酒店
皇家马诺特酒店 ★★★★
Royal Manotel MAP ●剪切地图-14、p.209-A
Rue de Lausanne 41, CH-1201 Genève
☎022-906-1414 FAX 022-906-1499
www.manotel.com
室202间 2人间不含早餐CHF170~

位于站前广场，国际连锁酒店
华威酒店 ★★★★
Warwick MAP ●剪切地图-14、p.209-A
Rue de Lausanne 14, CH-1201 Genève
☎022-716-8000 FAX 022-716-8001
www.warwickgeneva.com
室167间 2人间不含早餐CHF190~

车站附近，整洁舒适
水晶酒店 ★★★
Cristal MAP ●剪切地图-19、p.209-A
Rue Pradier 4, CH-1201 Genève
☎022-731-3400 FAX 022-731-7078
www.fhotels.ch
室78间 2人间不含早餐CHF250~

位于机场前，原来是瑞士航空乘务员宿舍
宜必思机场酒店 ★★
Ibis Genève Aéroport
Chemin de la Violette 10, CH-1216 Genève
☎022-710-9500 FAX 022-710-9595
www.ibishotel.com
室109间 2人间不含早餐CHF141~

罗讷河沿岸的高级酒店
四季酒店 ★★★★★
Four Seasons Des Bergues MAP ●剪切地图-20、p.209-C
Quai des Bergues 33, CH-1201 Genève
☎022-908-7000 FAX 022-908-7400
www.fourseasons.com
室103间 2人间不含早餐CHF620~

位于英国公园对面，拥有雄伟的外观
大都会酒店 ★★★★★
Swissôtel Metropole MAP ●剪切地图-27、p.209-D
Quai Général Guisan 34, CH-1204 Genève
☎022-318-3200 FAX 022-318-3300
www.swissotel.com/geneva
室127间 2人间不含早餐CHF450~

位于日内瓦郊外，与国际会议中心并设
威尔逊总统酒店 ★★★★★
Président-Wilson MAP ●剪切地图-15
Quai Wilson 47, CH-1201 Genève
☎022-906-6666 FAX 022-906-6667
www.hotelpwilson.com
室250间 2人间不含早餐CHF890~

位于勃朗峰大街，洋溢着温馨的氛围
布里斯托尔酒店 ★★★★
Bristol MAP ●剪切地图-20、p.209-C
Rue du Mont-Blanc 10, CH-1201 Genève
☎022-716-5700 FAX 022-738-9039
www.bristol.ch
室100间 2人间不含早餐CHF500~

位于站前广场，装有全新的隔音设备，室内安静舒适
科尔纳万酒店 ★★★★
Cornavin MAP ●剪切地图-19、p.209-A
Gare Cornavin, CH-1201 Genève
☎022-716-1212 FAX 022-716-1200
www.fhotels.ch
室164间 2人间不含早餐CHF278~

"美好时期"风格的小型酒店
蒂芙尼酒店 ★★★★
Tiffany MAP ●剪切地图-25
Rue de l'Arquebuse 20, CH-1204 Genève
☎022-708-1616 FAX 022-708-1617
www.tiffanyhotel.ch
室46间 2人间不含早餐CHF430~

位于国铁车站前，洁净的小型快捷酒店
瑞士酒店 ★★★
Suisse MAP ●剪切地图-19、p.209-A
Place Cornavin 10, CH-1201 Genève
☎022-732-6630 FAX 022-732-6239
www.hotel-suisse.ch
室62间 2人间含早餐CHF330~

位于车站前的罗讷大街附近，专为背包客设计的旅舍
城市旅馆
City Hostel MAP ●剪切地图-14、p.209-A
Rue Ferrier 2, CH-1202 Genève
☎022-901-1500 FAX 022-901-1560
www.cityhostel.ch 室50间
4人间不含早餐，每人CHF32~，单间CHF61~

法国料理老字号名店

穿靴子的猫餐厅
Le Chat Botté
（法国料理） MAP 剪切地图-20

位于美岸酒店的地上1层和2层
022-716-6939
www.beau-rivage.ch（法、德、英）
营 12:00~14:00、19:00~22:00
休 周六白天、周日
预 CHF80~ 需预约

这是一家法国料理餐厅，它有一个可爱的名字——“穿靴子的猫”。考究、精致的菜肴，透露着日内瓦的国际风格。餐厅最值得推荐的就是莱芒湖鱼类美食。午餐套餐为CHF70，晚餐套餐为CHF140~200。

地上1层是室内餐厅，2层有室内席位和露天席位

深受日内瓦人喜爱的啤酒屋

利普餐厅
Lipp
（法国料理） MAP 剪切地图-26

位于联邦中心酒店的3层
022-311-1011／022-318-8030
www.brasserie-lipp.com（法）
营 11:45~24:45（饮用酒水等可从7:00提供至次日的2:00） 休 无休
预 CHF50~

这家兼卖小吃的法国啤酒屋非常有人气，不论何时来到这里都座无虚席。可以品尝到7种美食的（一人份CHF40.50）套餐，最适合女性客人。海鲜菜肴和餐后甜点也十分丰富。想要晚上前去的话建议提前预约。

面对庭院处还设有露台席位

不能错过的意大利料理名店

拉法沃莱餐厅
La Favola
（意大利料理） MAP 剪切地图-26、p.210-B

位于老城区 Rue Jean Calvin 15
022-311-7437
www.lafavola.com（法、德、英）
营 12:00~14:00、19:00~22:00
休 周六白天、周日
预 CHF80~ 需预约

位于老城区塔沃馆附近的这家餐厅是一座小巧舒适的2层楼建筑物（有木制旋转楼梯通往2层）。餐厅内墙壁和天花板都是温馨的玫瑰色，非常独特。餐厅主厨厨艺精湛，每道菜都值得称赞。

是只有10桌左右的小餐厅，但不论白天还是夜晚都需要预约

氛围上佳的比萨餐厅

阳台餐厅
La Veranda
（比萨） MAP 剪切地图-14

位于科尔纳万车站前，阿尔卑斯街上
022-906-9779
www.international-terminus.ch（法、英）
营 11:45~14:00、18:45~22:00
休 无休
预 CHF20~

这是由国际总站酒店（Hotel International & Terminus）经营的比萨餐厅。餐厅拥有22种比萨，价格在CHF14.50~CHF27.50之间。还提供8种意大利面食，价格在CHF17.50~19.50。莱芒湖最有名的菜肴“河鲈鱼片”（请参考p.218）最值得品尝，价格是CHF27。

穿过大门是庭院，餐厅在庭院深处

餐厅内均禁烟。 餐厅外露台席位不禁烟。

让人轻松自在的日内瓦最古老的餐厅

莱斯阿慕斯餐厅
Les Armures

（瑞士料理） MAP ●剪切地图-26

✉位于莱斯阿慕斯酒店的地上1层和地下1层，餐厅入口设在酒店大门的反方向
☎022-310-3442
www.hotel-les-armures.ch（法、德、意、英）
营 12:00~23:30
休 无休 预 CHF30~

餐厅位于老城区旧武器库旁，创业于17世纪，是日内瓦历史最悠久的餐厅。轻松自在的氛围和“家乡的味道”一直是它最吸引人的地方。这里可以品尝到各种瑞士名菜。

店内氛围让人感觉轻松自在

边欣赏着约德尔调的美妙旋律边享用美食

埃德尔维斯餐厅
Edelweiss

（瑞士料理） MAP ●剪切地图-15

✉位于埃德尔维斯酒店的地上1层
☎022-544-5151（酒店前台）
www.manotel.com（法、德、意、英）
营 19:00~22:30
休 无休
预 CHF60~ 需预约

享用各式美食的同时耳边流淌着约德尔调和阿尔卑斯民谣的美妙旋律是餐厅最大的魅力。奶酪火锅和涮肉火锅等晚餐套餐价格为CHF55。单点菜肴也非常丰富。

木屋风格的餐厅洋溢着阿尔卑斯风情

漫步老城区时可在此歇歇脚

帕蓬咖啡厅
Café Papon

（咖啡餐厅） MAP ●剪切地图-26

✉位于老城区，走进市政厅旁边的小路，穿过拱门就可看到
☎022-331-5428
www.cafe-papon.com（法、英）
营 周一~周五7:00~23:00、周六9:30~23:00
休 周日

不论是饮茶还是吃饭，这里都是不错的选择。这个咖啡餐厅全天营业，非常方便。除了一些精致小吃，这里也提供著名的莱芒湖特色菜河鲈鱼片。餐厅还设有露天席位，前面就是美丽的特尔伊公园。

店内席位和可欣赏优美风景的露台席位

【莱芒湖湖畔地区的乡土料理】

河鲈鱼片
Filet de Perche

喜爱鱼类美食的人应该会喜欢这道菜肴

说到莱芒湖湖畔地区的乡土料理，不能不提到这道河鲈鱼片。它的做法是将产自莱芒湖的淡水鱼河鲈鱼裹上淀粉，用黄油嫩煎，接着倒入葡萄酒，使其更鲜嫩爽口。喜爱鱼类美食的人应该会喜欢这道菜肴。

这道菜肴在高档的法国料理餐厅能享用到，在普通的小咖啡餐厅也同样能品尝到，有机会不妨尝一下。瑞士嫩煎鲈鱼和瑞士冰白葡萄酒的搭配一定会给您的味蕾带来绝妙享受。

都
Miyako
（日本料理） MAP 剪切地图-20

位于勃朗峰大街的西侧。
☎022-738-0120
www.miyako.ch（法、英）
营 12:00~14:00、19:00~22:15
休 周日
预 1人CHF70~　需预约

这是一家正宗日本料理店。宽敞的餐厅设有铁板烧餐区、寿司餐区以及日式包间。铁板烧套餐CHF74~，寿司套餐CHF59.50。涮锅、日本火锅、什锦火锅等值得推荐。高级菜肴非常丰富。主厨是日本人。

餐厅位于与勃朗峰大街相交的Rue de Chatepoulet大街上

正宗的中国菜，很受欢迎

正阳大酒楼
Tse Yang
（中国菜） MAP 剪切地图-14

位于凯宾斯基饭店的2层
☎022-732-5081
www.kempinski-geneva.com（法、德、英）
营 12:00~14:15、19:30~22:45
休 无休
预 CHF70~　需预约

不论是餐厅氛围还是菜肴，这里都是最正宗的。每一道菜肴都值得细细品尝。餐厅位于凯宾斯基饭店的2层，窗外就是美丽的莱芒湖，还可以遥望大喷泉和远方的勃朗峰。

到了傍晚，透过餐厅窗户可欣赏到勃朗峰日落美景

帕塔拉餐厅
Patara
（泰国料理） MAP 剪切地图-20

位于美岸酒店的地上1层
☎022-731-5566
www.patara-geneva.ch（法、英）
营 12:00~14:00、19:00~22:00
休 无
预 CHF70~　需预约

近年来，在瑞士日本料理和泰国料理越来越受到青睐。这家泰国餐厅就是其中最具人气的一家。这家餐厅的总店在曼谷，香料和香草等调味料都从曼谷直接运到瑞士。从餐厅氛围到料理都是最正宗的泰国风格。其中值得推荐的是包含10道菜肴的套餐，只需CHF95。

位于美岸酒店的1层的帕塔拉餐厅

在当地市民中极具人气的啤酒吧

酿酒师餐厅
Les Brasseurs
（当地啤酒吧） MAP 剪切地图-14

位于日内瓦科尔纳万车站前
☎022-731-0206　www.les-brasseurs.ch
营 周一~周四11:30~23:45，周五、周六11:30~24:45，周日15:00~23:45

酒吧提供当地酿造的白啤酒（La blanche de froment et orge maltée）（250毫升 CHF4.70）、红啤酒（L' ambrée double malt）（CHF5）、黄金啤酒（La blonde pur malt）（CHF4.10）等5种啤酒。

如果要3升以上的啤酒，酒吧就会用圆筒形的超大酒杯盛上来，喝起来十分畅快。5种啤酒组合（La Palette de Dégustation）的价格是CHF 11.50。

亍内均禁烟。 餐厅外露台席位不禁烟。

日内瓦最大的高级商场

格罗布斯
Globus
（商场） MAP ●剪切地图-26、p.210-B

✉位于步行街上
营 周一~周三9:00~19:00、周四9:00~21:00、周五9:00~19:30、周六9:00~18:00 休 周日

商场位于步行街上。它是日内瓦最大的高级商场。食材、装修用品、衣物等商品十分齐全。商场内还有多家葡萄酒商店，店员都有过硬的葡萄酒专业知识，可帮助您选一款适合您的酒。商场的地上1层是土特产专区，不容错过。商场还为游客提供将所购商品送至酒店的服务。

位于罗讷大街和步行街之间，大门设在步行街上

集合了多家老字号专卖店的购物中心

联邦中心
Confédération Centre MAP ●剪切地图-25 p.210-A
（购物中心）

✉位于联邦大街
营 各家店铺不尽相同
休 周日

这是一个汇聚了多家老字号专卖店的购物中心。中心内约有50家店铺和餐厅。中部是一个宽敞的楼梯井，使得购物中心显得明亮通透。地上1层有一个回转寿司店（Matsuri），地上3层有一家法国料理餐厅（利普餐厅，p.217）。

从地上3层的出口前往老城区很方便。除了各种专卖店，购物中心还设有电影院。

全国连锁超市

考普城市
Coop City
（超市） MAP ●剪切地图-26、p.210-A

✉位于联邦大街
营 周一9:00~19:00、周二~周三8:30~19:00、周四8:30~21:00、周五8:30~19:30、周六8:30~18:00 休 周日

这是全国连锁超市考普超市的大型店。超市地下（Niveau 1）主要出售各种食材，1~3层（Niveau 2~4）主要是衣物和厨房用品。购买矿泉水、食材以及一些土特产等十分方便。

罗讷大街和步行街都设有入口

商品丰富，最适合选购土特产品

瑞士角落
Swiss Corner
（民间工艺品专卖） MAP ●剪切地图-20

✉位于综合巴士总站附近
☎022-731-0684
营 周一~周六9:00~19:00
休 周日（夏季，周日照常营业）

鸟鸣钟、八音盒、瑞士军刀、刺绣、木雕工艺品等瑞士著名的民间工艺品都可以在这里找到。店铺位于与勃朗峰大街平行的阿尔卑斯大街（Rue de Alpes），在综合巴士总站附近。

有外籍店员

品种齐全的文具专卖店

布拉沙尔
Brachard
（文具店） MAP ●剪切地图-25、p.210-A

- 位于贝卢埃尔广场附近
- ☎022-817-0555
- www.brachard.com（法）
- 营 周一~周五9:00~18:30、周六9:30~17:30
- 休 周日

这是一家创建于1875年的老字号文具专卖店。在这里可买到制作精细的账簿、笔记本、抛光纸、日历等商品。地上1层主要出售文具礼品，地下1层则出售日常使用文具。

专业人士使用的设计用具也十分齐全

要买地图就到这家专卖店

柏姿
Payot
（书店） MAP ●剪切地图-20

- 位于勃朗峰大街附近
- ☎022-731-8950
- www.payot.ch（法、英）
- 营 周一~周五9:30~19:00(周四至20:00)、周六9:30~18:00 休 周日

这是全国连锁的大型书店，其中地图尤为齐全。地图专柜位于地下。在勃朗峰大街附近（剪切地图-20）和罗讷大街街角（剪切地图-26，p210-A）各有一家专卖店。

绿色的外墙和招牌，很醒目

装饰着美丽鲜花的巧克力专卖店

托伊舍
Teuscher
（巧克力专卖） MAP ●剪切地图-25、p.210-A

- 位于罗讷大街，贝卢埃尔广场前
- ☎022-310-8778
- www.teuschergeneve.com（法、德、英）
- 营 周一10:00~18:30、周二~周五9:30~18:30、周六9:30~17:30 休 周日

这是源自阿尔卑斯小山村的巧克力专卖店，如今，已经发展成在日内瓦、苏黎世以及世界主要城市都有连锁店的著名企业。店内最值得推荐的就是香槟松露巧克力（Champagne Truffes），2个CHF5.50。

店内装饰着鲜花，非常别致

日内瓦最古老的巧克力专卖店

罗讷
Du Rhône
（巧克力专卖） MAP ●剪切地图-25、p.210-A

- 位于联邦大街
- ☎022-311-5614
- www.du-rhone.ch（法、英）
- 营 周一~周五7:30~18:30、周六8:30~17:00
- 休 周日

创建于1875年，是日内瓦历史最悠久的手工巧克力专卖店。许多名人都是这家巧克力店的忠实“粉丝”。店内最值得推荐的是“摩卡冰”（Moccas glacés）（16个CHF23）。

（上）店内布置十分雅致
（左）摩卡冰

瑞士最具代表性的品牌鞋店

巴利
Bally
（品牌鞋店）MAP ●剪切地图-26、p.210-B

✉罗讷大街47号 ☎022-310-2287
营 周一~周五9:30~18:30、周六9:30~17:00
休 周日
www.bally.com（德、法、意、英等）

巴利是瑞士著名品牌。该品牌的鞋子不仅结实耐穿，而且非常舒适，很受大众喜爱。这家巴利专卖店有很多在国外专卖店买不到的款式。店内十分宽敞，可耐心挑选。在北岸还有一家直营店。

不仅仅是鞋子，上衣等商品款式也很齐全

要买地图就到这家专卖店

宝齐莱
Bucherer
（钟表专卖店）MAP ●剪切地图-26、p.210-B

✉罗讷大街45号 ☎022-319-6266
营 周一~周五9:00~19:00、周六9:00~18:00
休 周日 www.bucherer.com（德、英）

宝齐莱是创业于1888年的老字号，在瑞士拥有14家连锁高级钟表专卖店，同时也是欧洲最大的劳力士专卖店。店内也出售自家公司生产的钟表。店铺有外籍员工。在勃朗峰大街22号还有一家专卖店。

高级专卖店，建议游客要注意穿戴讲究

瑞士高级钟表品牌直营店一览

1860年开创于日内瓦
萧邦
Chopard MAP ●剪切地图-29、p.210-A
✉罗讷大街27号 ☎022-310-7050
www.chopard.com
周一~周五10:00~18:30、周六10:00~17:00

1986年开创于日内瓦
法兰穆勒
Franck Muller MAP ●剪切地图-19、p.210-A
✉伊尔塔 ☎022-818-0030
周一~周五9:45~12:15、13:45~18:30、周六11:00~17:30 www.franckmuller.com

1839年开创于日内瓦
百达翡丽
Patek Philippe MAP ●剪切地图-26、p.210-B
✉罗讷大街41号 ☎022-809-5050
www.patek.com
周五~周五10:00~18:30、周六10:00~18:00

1875年开创于侏罗河谷的布拉苏丝村
爱彼表
Audemars Piguet MAP ●剪切地图-26、p.210-A
✉浦特力广场 ☎022-319-0680
www.audemarspiguet.com
周一~周五10:00~18:30、周六10:00~17:00

1755年开创于日内瓦
江诗丹顿
Vacheron Constantin MAP ●剪切地图-26、p.210-B
✉罗马丽广场 ☎022-316-1740
www.vacheron-constantin.com
周一~周五9:30~18:30、周六9:30~17:00

1908年开创于日内瓦
劳力士
Rolex MAP ●剪切地图-26、p.210-B
✉玛德莱娜教堂地下 ☎022-311-0855
www.rolex.com
周一~周五10:00~18:30、周六10:00~17:00

1874年开创于日内瓦
皮亚杰
Piaget MAP ●剪切地图-26、p.210-A
✉罗讷大街40号 ☎022-817-0200
www.piaget.com
周一~周五10:00~18:30、周六10:00~17:00

高级钟表专卖店的大门都是锁着的，进入时摇响门口的门铃，就有工作人员为您开门。商品没有陈列在货柜内，宾客坐在接待室，告诉店员想要购买手表，店员会为客人从金库取出。

因陶瓷而闻名的莱芒湖湖畔小镇

尼翁
Nyon

MAP ●剪切地图-5、p.6-E、p.207-A、p.223

州名／沃州	语言／法语圈
海拔／406米	人口／约1.6万人
产业／陶瓷制造业	区号／☎022

●交通

从日内瓦出发，约需13分钟，25千米。

●乘列车

从日内瓦乘坐特快列车ICN或快车IR，约15分钟可到达。

●乘船

从日内瓦乘坐定期船约1小时20分钟可到达。

●驾车

从日内瓦走1号高速公路，接着沿着湖畔1号普通公路直行，约25千米。

●旅游局

Nyon Région Tourisme

总局位于国铁车站的左斜前方，进入Avenue Viollier即可看到。分局（5月~9月，每天10:00~16:00）位于莱芒湖湖畔的乘船码头前。

Avenue Viollier 8, CH-1260 Nyon 1

☎022-365-6600　FAX 022-365-6606

www.nyon-tourisme.ch（法、德、英）

〈夏季〉
周一~周五
8:30~12:00
14:00~17:30
〈冬季〉
周一~周五
8:30~12:30
13:30~17:30

尼翁小镇从国铁车站延伸到莱芒湖湖畔

尼翁是公元前由古罗马尤利乌斯·恺撒大帝建造的城镇。如今，尼翁因绘有精美花纹的陶瓷器和尼翁特有的制陶工艺而著名。尼翁靠近日内瓦，花半天的时间漫步这个古老小镇，一定会让你的日内瓦之旅多一份感动。

【旅游景点指南】

精致的古老城堡

尼翁城堡
Château Nyon　MAP p.223

尼翁城堡是尼翁的标志，始建于13世纪，16世纪进行了一次大规模翻修。城堡内设有历史和陶瓷器博物馆（Musee Historique et des Porcelaines），在这里可看到著名的尼翁陶瓷器。开放时间为夏季每天10:00~17:00、冬季每天14:00~16:00，周一闭馆。与罗马博物馆、莱芒湖博物馆的通票价格为CHF8（持有瑞士通票者免费）。

让人流连忘返的博物馆

普昂沙城堡国家博物馆
Musée national Suisse Château de Prangins　MAP p.223

博物馆位于尼翁的邻村普昂沙（Prangins）。博物馆改建于18世纪的古堡，里面展示了古代生活文化相关的资料。开放时间为每天11:00~17:00，周一闭馆。门票CHF7（持有瑞士通票者免费）。从尼翁乘坐邮政巴士，约4分钟后在普昂沙村（Prangins village）下车，徒步6分钟即到。

瑞士国家博物馆普昂沙城堡不论建筑还是庭院都非常漂亮

欧洲最高峰勃朗峰山麓小镇

沙莫尼蒙勃朗

Chamonix Mont-Blanc (France)

MAP ●剪切地图-9、p.6-E、p.207-D、p.225、p.226

国名／法国	语言／法语
海拔／1035米	货币／欧元（EUR、€）
人口／约1万人	1欧元≈8元人民币
国家区号／☎33	

●交通

从日内瓦出发，约需1小时30分钟，92千米。

●乘观光巴士

计划从日内瓦到沙莫尼蒙勃朗一日游，最便利的是到日内瓦的关键之旅旅行社（Keytours）（剪切地图-20）申请乘坐配有外语导游的观光巴士旅游团。观光巴士的起点和终点都在综合巴士总站（Gare Routière）（剪切地图-20），每天8:30出发，15:00返回，费用为CHF234。预约电话为022-731-4140，传真为022-732-2707，网站为www.keytours.ch（法、英）。

●乘直达定期巴士

从日内瓦乘坐直达沙莫尼蒙勃朗的定期巴士，约1小时30分钟可到达。往返车费是55欧元。可在综合巴士总站领取时刻表和购买车票。

●驾车

从日内瓦出发，走A40（E25）号高速公路，在沙莫尼蒙勃朗出口出高速。法国的高速公路是收费的，收费站有两处。收费站可使用预付卡，如果不需要找零钱也可以付现金。但是如果要找零钱，请注意将车驶入可以找零钱的3号车道。

●旅游局

Office de Tourisme de Chamonix

位于巴士总站旁边。

☎（04）50-53-00-24
FAX（04）50-53-58-90
www.chamonix.com（法、德、意、英）
周一~周日　8:30~19:00

●山岳导游协会

Compagnie des Guides de Chamonix

位于沙莫尼蒙勃朗旅游局前面的"山之家"（Maison de la Montagne）内。可为您提供山区导游和冰川徒步旅行、滑雪旅行的设施配备等服务。

☎（04）50-53-00-88
FAX（04）50-53-48-04
www.chamonix-guides.com（法、英）
周二~周六　9:00~12:00、15:30~19:00

沙莫尼蒙勃朗是欧洲最高峰勃朗峰（海拔达4807米）的山麓小镇。小镇周边还有许多著名的山峰，因此成为登山基地。在这里乘坐缆车和登山列车十分方便，可以一览阿尔卑斯山脉的壮丽景色。正因为如此，沙莫尼蒙勃朗成为著名的观光旅游胜地，每年都有大量的游客造访这里。沙莫尼蒙勃朗虽是法国的小镇，但离法国主要城市较远，反而距离日内瓦更近。注意，到这里旅行要携带护照。

【旅游景点指南】

充满阿尔卑斯风情的度假小镇

中心区

Centre

MAP p.225

从旅游局、巴士总站到法国国铁（SNCF）沙莫尼蒙勃朗车站一带就是沙莫尼蒙勃朗最繁华的街区。在帕卡尔大夫街（Rue du Docteur Paccard）、约瑟夫瓦罗

与瑞士相比物价稍低一些，不妨好好吃一顿或者买些东西

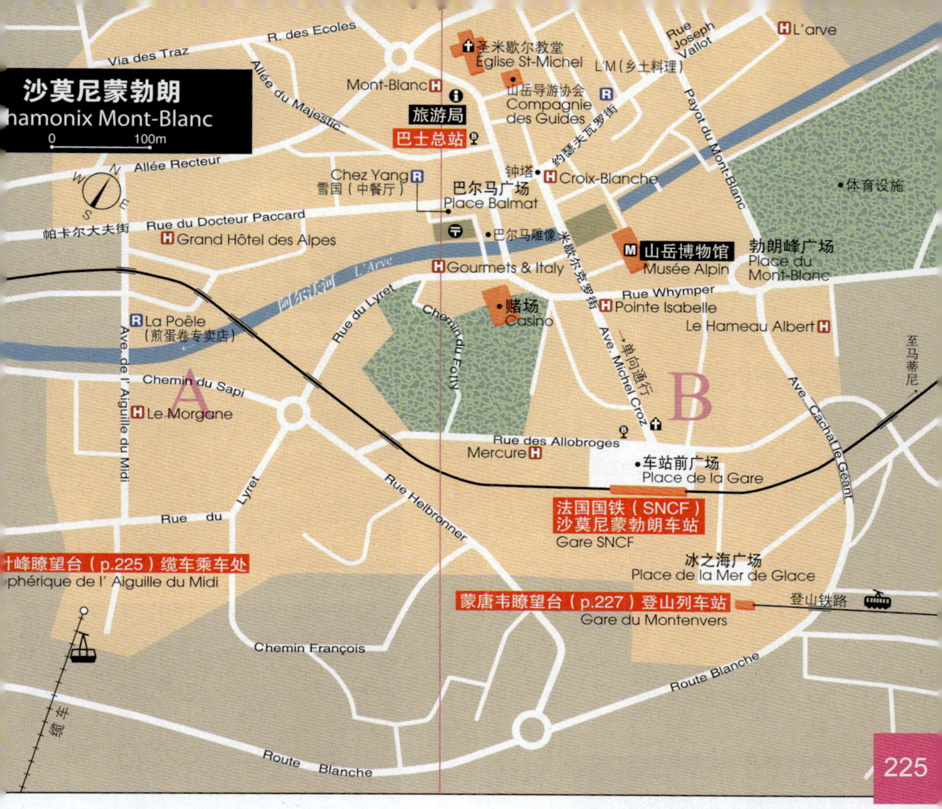

街（Rue Joseph Vallot）以及米歇尔克罗街（Avenue Michel Croz）上可以看到阿尔卑斯度假村风格的酒店、咖啡餐厅、商店和外汇兑换处，很热闹。

位于巴尔马广场（Place Balmat）帕卡尔大夫街和约瑟夫瓦罗街的交界处，广场靠近河畔处有两个雕像，分别是1786年初次登上勃朗峰的当地水晶采掘师巴尔马（Jacque Balmat）（1762~1834）和他的资助者瑞士贵族地质学家索绪尔（Horace-Benedict de Saussure）（1740~1799）的雕像，其中巴尔马的雕像用手指向院方的勃朗峰。

有着白色外观的山岳博物馆，显得十分壮丽

继续前进，在米歇尔克罗街还可以看到展示着勃朗峰登山历史资料的山岳博物馆（Musée Alpin）。开放时间是每天的14:00~19:00，5月和11月闭馆。门票是5欧元。

海拔3842米，可一览阿尔卑斯山脉美景

南针峰瞭望台
Aiguille du Midi

MAP p.225-A、p.226

在村外的南针峰瞭望台缆车乘车处（Télé-phérique）乘坐缆车约30分钟即可到达瞭望台（途中需在“Plan de l'Aiguille”站换乘）。

在海拔3842米上的南针峰瞭望台，除了可以看到近在咫尺的“白峰”勃朗峰（Mont-Blanc）（4807米），还可以感受到莫迪峰（Mont Maudit）（4466米）、塔库尔勃朗峰（Mont-Blanc du Tacul）（4248米）、被称作“巨人牙齿”的巨人峰（Dent de Géant）（4013米）、大若拉斯峰（Grandes Jorasses）（4208米）等4000米以上的阿尔卑斯山峰带给人们的震撼感。

从南针峰瞭望台的山顶观景台上看到的风景

近距离欣赏勃朗峰山顶

大若拉斯峰（左）和巨人峰（右）

瞭望台搭建在两座山峰之间，乘坐缆车先到达的是北峰（Piton Nord）。这里设有俯瞰沙莫尼蒙勃朗乡村景色的沙莫尼观景台（Terrasse Chamonix）。从北峰过桥后即可到达中峰（Piton Central）。再接着向右前进，看到收费电梯（3欧元），可乘坐电梯到达山顶观景台（Terrasse du Sommet）和可仰望高处山峰的勃朗峰观景台（Terrasse Mont-Blanc），山顶观景台是主要观景台，其海拔达到3842米。往

南针峰瞭望台的简图

左边走就可到达开往海朋纳峰瞭望台的由3节车厢组成的索道车的乘车处。

沙莫尼蒙勃朗至南针峰瞭望台之间的缆车会根据季节调整运行时间，一般夏季上山始发时间是7:30，下山末班车是17:30，每10~20分钟一班。往返需45.60欧元。11月上旬~12月中旬停运。

穿越2条冰川来到意大利

海朋纳峰瞭望台（意大利）

Pointe Helbronner (Italia) MAP p.226

很多旅游团一般参观完南针峰瞭望台就“打道回府”，而本书推荐大家从南针峰瞭望台继续向意大利境内的海朋纳峰瞭望台（海拔3466米）出发。

乘坐索道车从空中穿越国境，是多么让人兴奋的事情啊！不仅如此，在南针峰瞭望台至海朋纳峰瞭望台之间还会越过两条壮丽冰川——白谷冰川（Vallée Blanche）和巨人冰川（Glacier du Géant）。

图为从意大利看到的南针峰瞭望台（右边山峰山顶），可清晰看到瞭望台建在巨大的山岩上

在3节车厢组成的大索道车上俯瞰充满震撼力的冰川，让人赞叹不已。为了让游客更好地欣赏冰川，索道车还会在冰川上方停留片刻，让游客们尽情拍照留念。

海朋纳峰瞭望台本身并不大，但在这里可以看到别具特色的勃朗峰风貌以及周边的群山美景。

属于瑞士邻国意大利的海朋纳峰瞭望台

运行在南针峰瞭望台至海朋纳峰瞭望台之间的索道车

从南针峰瞭望台至海朋纳峰瞭望台，乘坐索道车约30分钟即可到达。运行时间会因季节而有所调整，5月中旬~9月下旬的夏季为8:00~15:30。沙莫尼蒙勃朗—南针峰瞭望台—海朋纳峰瞭望台往返需65欧元。

在意大利语中，勃朗峰叫做“Monte-Bianco”。

可在大冰川上散步的瞭望台

蒙唐韦瞭望台

Montenvers MAP p.225-B、p.226

蒙唐韦瞭望台登山列车乘车处位于法国国铁（SNCF）车站背后，在这里乘坐红色的登山列车，大约20分钟就可到达蒙唐韦瞭望台。

蒙唐韦瞭望台海拔1913米，在这里可看到巍峨的大若拉斯峰。从这里可以乘坐索道车（约5分钟）下到面积约40平方千米、长约7千米、冰层厚度约200米的冰之海冰川（Mer de Glace）。可以在冰川上面散步，还可以参观冰川洞窟（Grotto）。

登山列车会根据季节调整运行时间，一般7月~8月上山始发时间是8:00，下山末班车是18:30，每20~30分钟一班。登山列车车费（往返）、索道车费费、冰川洞窟门票一共需26欧元。

莱芒湖湖畔山丘上的教育城市

洛桑

Lausanne

MAP ●剪切地图-5、p.6-E、p.207-B、p.229

国名／沃州	语言／法语圈
海拔／400米	人口／约12.7万人
产业／教育相关产业	区号／☎021

●交通

从日内瓦出发，约需35分钟，63千米。

●乘列车

从日内瓦乘坐特快列车IC或快车IR，约35分钟可到达。

●乘船

从日内瓦乘坐定期船，约2小时30分钟可到达。

●驾车

从日内瓦出发，走1号高速公路，在洛桑南（Lausanne Süd）出口出高速，接着沿着“Centre”标志直行，最后从老城区入口圣弗朗索瓦广场进入。

●市内交通

洛桑的繁华街区主要分布在老城区、国铁车站和乌希地区这3个地区。地区之间距离不算远，但是由于上下坡较多，建议乘坐地铁（Métro）（世界上最古老的齿轨式地铁）m2号线。

地铁入口

m2号线途经北郊住宅区克鲁瓦塞特（Croisettes）、老城区的弗隆车站（Lausanne-Flon）、国铁CFF车站（Lausanne-Gare CFF）、乌希地区的乌希车站（Ouchy）。从老城区至乌希地区需要6分钟，车费是CHF3。持有瑞士通票者可免费乘车。如在市内酒店住宿，也可利用酒店为客人提供的市内交通卡。车票可在自动售票机购买，也可以在旅游局购买。在每个地铁站入口处都有“M”标志，很容易识别。

市内巴士路线较多较复杂，想要乘坐巴士的话，建议您先到旅游局领取一份巴士线路图。

国铁车站前有出租车车站，可在这里叫出租车。另外，也可在酒店拨打无线电话叫出租车。

●旅游局 Lausanne Tourisme

在国铁车站和湖畔的乌希地铁站内都设有咨询处。乘坐国铁或乘船到达洛桑时，建议您先到旅游局咨询处取一份城市地图和城市地铁线路图，这些资料在酒店前台也可以拿到。

☎021-613-7373 FAX 021-616-8647

www.lausanne-tourisme.ch

（法、德、意、英以及日文简略版）

〈国铁车站内〉

每天9:00~19:00

〈乌希地铁站内〉

4月~9月　　每日9:00~19:00

10月~次年3月　每日9:00~18:00

莱芒湖湖畔的山城洛桑是沃州的州府。这里有洛桑大学、国际学校、酒店管理学院以及芭蕾舞学院，有着浓厚的文化艺术气息。不仅如此，国际奥林匹克委员会（IOC）总部也设在这里，洛桑也因是世界上唯一一个可以使用奥林匹克标志和旗帜的“奥林匹克之城”而闻名于世。

洛桑市的繁华街区主要分布在老城区、国铁车站和乌希地区这3个地区。

【旅游景点指南】

以大教堂为中心的中世纪街区

老城区

Vieille Ville

MAP p.229-B

洛桑是一个古都，老城区还保留着浓厚的中世纪风情。老城区是步行者的天堂，徜徉在石板小道和古老台阶上，会发现这是一个非常有韵味的城市。圣母大教堂位于老城区的最高处。想要漫游老城区的游客，可以先一鼓作气向上走到大教堂，参观完大教堂后，沿着台阶而下，慢慢游览城区街景。

洛桑的标志性建筑物——圣母大教堂

●圣母大教堂
Cathédrale de Lausanne

出弗隆车站后，穿过圣弗朗索瓦广场和帕吕广场，再沿着带屋顶的台阶（Escalier du Marché）而上，就会看到耸立在高台上的圣母大教堂。也可乘坐地铁m2号线，在里彭站（Riponne-M.Béjart）下车。出站即可看到里彭广场（Place de la Riponne）和吕密纳宫（Palais de Rumine），大教堂即在其身上。

从帕吕广场沿着台阶而上，就可到达圣母大教堂

圣母大教堂是瑞士最美丽的教堂之一。这座哥特式大教堂始建于1170年，共耗费数十年的时间，最终于1235年完成整体建设。大教堂原本是天主教堂，后来在宗教改革的影响下，于1536年改为新教教堂。

被誉为“使者之门”的南侧大门上装饰着《圣经》中的圣徒的雕像群（13世纪制作），非常精致。教堂最有名的还数玫瑰窗（13世纪制作），上面画着神灵及其身旁围绕着的大地、海洋、空气和火等图案，充分表现了中世纪时期的世界观。

从正面入口的右手边可以登上人声报时尖塔（进塔时间为周一~周六8:30~11:30、13:30~16:30，周日14:00~17:00；费用为CHF2）。至今这里还保留着在深夜用人声报时的传统。登上232级阶梯，看到洛桑城市全景和美丽的莱芒湖景色，会让你忘记登塔的辛苦。

教堂开放时间是周一~周五每天7:00~19:00（9月~次年3月至17:30），周六~周日8:00~19:00。

●洛桑历史博物馆

Musée Historique de Lausanne

历史博物馆就位于圣母大教堂旁边。馆内展示了古代生活用品和古乐器等。开放时间是周二~周四11:00~18:00，周五~周日11:00~17:00，周一休馆门票CHF8（持有瑞士通票者免费）。

位于老城区的帕吕广场至今仍保留着中世纪风格

●帕吕广场

Place de la Palud

帕吕广场保留着浓厚的中世纪色彩。广场对面是建造于17世纪的市政厅（Hôtel de Ville）。广场中心是正义女神喷泉（Fontaine de la Justice）。广场周边散布着不少咖啡厅和商店。

●圣弗朗索瓦教堂

Eglise St.François

圣弗朗索瓦教堂建在热闹的圣弗朗索瓦广场上。这个14世纪的教堂前身是建于13世纪的方济各会修道院。

●瞭望塔

Tour de l' Ale

在古代，洛桑城有城墙包围，如今那些城墙已不复存在，唯一保留下来的就是这座瞭望塔。这座瞭望塔建于1340年。

莱芒湖湖畔的度假胜地

乌希地区
Ouchy

MAP p.229-C

位于莱芒湖湖畔的乌希地区是著名的疗养度假胜地。著名演员卓别林、时尚设计大师香奈儿等世界级名人和富豪们都把别墅建在这里。莱芒湖最大港口乌希港停满了大小游艇和快艇。与老城区和国铁车站不同，乌希地区色调明快，十分热闹。

这一带没有什么景点，但漫步在湖畔散步道或是公园，抑或坐在餐厅享用美食，也是很不错的度假方式。

图为乌希地区，可以在湖畔散步道上悠闲散步

便捷的出行工具

莱芒湖游览船、定期船
CGN MAP p.229-C

游览船游程有含餐巡航和观看落日晚霞巡航两种选择。定期船可到达洛桑对岸的法国埃维昂（约需35分钟，请参考下文），或沃韦（约需1小时，请参考p.238）、蒙特勒（约需1小时25分钟，请参考p.236）、希永城堡（约需1小时40分钟，请参考p.237）等地。酒店、旅游局、码头和游船公司［CGN，电话为0848-811-848，网站为www.cgn.ch(法、德、英)］都可提供乘船日程表和时刻表。

到法国逛一逛

埃维昂（法国）
Evian (France) MAP ●剪切地图-5、p.6-E、p.231

www.evian-les-bains.fr（法、德、意、英）

与洛桑隔岸相望的是法国城镇埃维昂。埃维昂全称是埃维昂莱班 (Evian-les-Bains)。这里最有名的是冷泉，享誉世界的“依云”矿泉水即产于此地。

从乌希地区码头乘坐直达定期船，约35分钟即可到达。船票和地图在乌希车站内的旅游局即可获取。往返费用是CHF33，瑞士通票有效。一般不需要检查护照，但还是尽量随身携带护照，以防万一。

到达埃维昂，登上码头前面的台阶就可以看到埃维昂温泉中心（Evian Les Thermes），这里有使用加热冷泉水的游泳池和疗养会所等。周一~周六7:30（周六8:00）~19:00营业。1日券为25欧元。

如果想漫步埃维昂，可以从码头出发，沿港口街（Rue du Port）前进，再沿古斯塔夫街（Rue Gustave et Pierre Girod）直走，即可到达“依云”公司总部旧址。建于1903年的“依云”公司总部是一座新艺术派风格的建筑，1956年这里开始开凿冷泉。“依云”公司总部旧址的背后就是最著名的卡沙泉（La Source Cachat）饮水处，因为这是依云水的源头，每天来这里打水的人络绎不绝。

接着从这里向商业街国民街（Rue Nationale）出发，商业街两边是各有特色的商店、咖啡店等。大街的西侧就是集市广场（Place-Charles-de-Gaulle），这里是小镇最繁华的地方。从广场出发，沿着教堂街（Rue-de-l’Eglise）往前走，还可以看到教堂和旅游局。沿查尔斯·阿尔伯特·贝松湖岸大街（Quai Charles Albert Besson）即可走回乘船码头，途中还可看到剧场、市政厅、卢米埃尔宫（现在是国际会议中心）等典雅的建筑物。

（右照片）“埃维昂”公司总部旧址
（左照片）卡沙泉

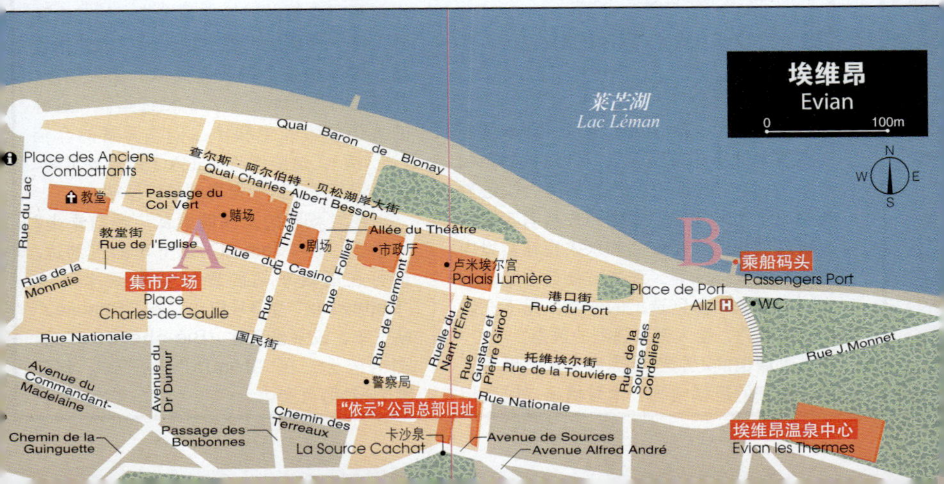

展示着从古代到现代的奥林匹克运动的有关影像和资料

奥林匹克博物馆
Musée Olympique

MAP p.229-D

图为用产自希腊泰索岛（Thassos Island）的白色大理石建造的大理石圆柱，远处是万国国旗

✉Quai d'Ouchy 1
☎021-621-6511
www.olympic.org（法、英）
CHF15（持有瑞士通票者免费）
营9:00~18:00
休11月1日~次年3月31日的周一

永不熄灭的奥林匹克圣火

这是在国际奥林匹克委员会（IOC）总部所在地洛桑才能参观到的博物馆。馆内的从古代到现代的奥林匹克运动的有关影像和资料，可以让人们明白奥林匹克不仅仅是人类的体育盛会，还与人类的历史和文化密切相关。在博物馆的入口处可看到希腊式圆柱，圆柱旁边就是燃烧着的奥林匹克圣火。

博物馆采光很好，显得十分明亮，地上1层为游客展示的是奥林匹克运动的历史和各种奥林匹克标志。2层是现代奥林匹克运动的发展和竞技项目的解说。巨大的屏幕上投映着运动员们从辛苦训练到成为冠军的感人画面。展厅内还挂着最近一次奥运会的马拉松线路图和著名运动员的运动服。地下1层是图书馆，可以在这里查阅资料和图书。

此外，博物馆有外语版的录音解说器。借用录音解说器需CHF3。

从地铁乌希站（Ouchy）徒步10分钟即可到达。

有许多游客来到洛桑就是为了来这里参观

原生艺术收藏馆
Collection de l'Art Brut

MAP p.229-A

收藏馆设备朴素简单，但展示的每一件作品都震撼人心

✉Avenue des Bergières 11
☎021-315-2570
www.artbrut.ch（法）
CHF10（持有瑞士通票者免费）
营11:00~18:00
休周一（7~8月的周一照常开馆）

每件作品都让人难忘

原生艺术（Art Brut）意为“没有受到专业美术训练的普通人（门外汉）的自由艺术”。这个不同寻常的美术馆内收藏着各种原生艺术作品，如精神失常者在精神病房内创作的绘画作品和杀人犯在监狱内完成的雕刻作品等。那些被社会边缘化的人以内心的力量创造出的作品，无不充满了艺术张力，给人带来强烈的震撼。

收藏馆的2层至5层为展览区，展示了笔法精细的巨幅绘画、木雕椅子，以及用木材和贝壳等做成的充满感染力的艺术品等，每一件都是世界上独一无二的艺术作品。每件作品上都配有类似“失去孩子，并且左目失明后所创作的精细画作”这样的关于作者人生和作品创作背景的介绍（法、英）。这些作品都注入了作者的灵魂，是他们存在于这个世界的最好证明。

在老城区的圣弗朗索瓦广场前乘坐2号巴士，在“Jomini”站下车即可到达。也可在国铁车站的麦当劳前乘坐开往“Bellevaux”的3号巴士，在“Beaulieu”站下车，或乘坐开往“Bié-cherette”的21号巴士，在“Jomini”站下车，都只需5分钟即可到达。

★★★★★

洛桑皇宫温泉酒店

Lausanne Palace & Spa

MAP p.229-A

酒店庄重的外观

Grand Chêne 7-9, CH-1002 Lausanne
☎021-331-3131 FAX 021-323-2571
www.lausanne-palace.com（法、英）
室 146间
2人间含早餐CHF540~
营 全年营业

如家般的舒适和温馨

酒店坐落在洛桑山丘上，到老城区、国铁车站、莱芒湖湖畔乌希地区以及繁华街区都十分方便。徒步到老城区只需1分钟，去国铁车站和乌希地区乘坐下行地铁也只需1分钟，地理位置十分优越。

酒店创业于1915年，在近100年的历史中不断严格要求自己，从而培育出高贵的品质和一流的服务。因频繁地进行翻修改造，酒店拥有最现代的设施。

酒店大厅呈现给宾客的是东方的怀旧风格，十分雅致。每间客房都可以欣赏到洛桑美丽的街景，高层客房更可以遥望到莱芒湖对岸的法国小城埃维昂。套房的每间房间的颜色搭配都有所不同，但浴室统一都是黑色大理石搭配上金色装饰，非常讲究。酒店内的温泉疗养中心设有室内游泳池、浴桶和摩洛哥浴室。

以上这些都是酒店值得称道的硬件设施，给人留下深刻印象的还有酒店的“软件”。酒店全体员工做事敏捷，为宾客提供无微不至的服务，他们真诚的笑容和从容的应答让宾客觉得回到了家中，被温暖包围。也正因如此，来自世界各地的名流都选择下榻这家酒店。

怀旧风格的酒店大厅

宽敞舒适的客房

主要提供法国料理的埃德加餐厅（LaTable d'Edgard）

会员制的温泉疗养中心，酒店宾客可免费使用

悠久历史培育出的豪华品质以及一流的服务

美岸宫殿酒店
Beau-Rivage Palace
★★★★★ MAP p.229-C

Place du Port 17-19, CH-1006 Lausanne
☎021-613-3333 FAX 021-613-3334
www.brp.ch（法、德、英）
室 169间
2人间不含早餐CHF570~
营 全年营业

这是一家创建于19世纪的顶级酒店，位于乌希地区。酒店坐落在安静的庭院内，四周由草地环绕，仿佛世外桃源。酒店分为2栋，2栋建筑之间还有一座别致的拱形建筑，这是一家咖啡馆（Café Beau-Rivage），可以眺望到莱芒湖的美景，很受宾客喜爱。

仅仅酒店区域就够游玩一天了

酒店内部设计时尚

英伦公馆酒店
Château d'Ouchy
★★★★ MAP p.229-C

Place du Port 2, CH-1006 Lausanne
☎021-331-3232 FAX 021-331-3434
www.chateaudouchy.ch（法、意、英）
室 50间
2人间不含早餐CHF330~
营 全年营业

酒店建在乌希地区，是由Angleterre酒店和La Residence酒店合并而成的大型酒店。如今，由美岸宫殿酒店经营。酒店经过大改造后于2002年重新开业。酒店面积很大，包括一座18世纪建筑在内的6栋建筑。

这是Angleterre分馆，酒店前台设在右侧的小楼内

改建于古老乌希城堡的城堡酒店

乌希古堡酒店
Angleterre & Résidence
★★★★ MAP p.229-C

Place du Port 11, CH-1006 Lausanne
☎021-613-3434 FAX 021-613-3435
www.angleterre-residence.ch（法）
室 75间
2人间不含早餐CHF435~
营 全年营业

酒店所在建筑物前身是始建于12世纪的莱芒湖畔瞭望塔，之后在19世纪改建为新哥特式的城堡。目前，酒店由美岸宫殿酒店经营。酒店经过装修后在2008年重新开业。

酒店前方就是莱芒湖

还有很多值得推荐的大型酒店和小型的民俗酒店

瑞士全国连锁酒店
慕温匹克酒店
Mövenpick
★★★★ MAP p.229-C

Avenue de Rhodanie 4, CH-1006 Lausanne
☎021-612-7612 FAX 021-612-7611
www.moevenpick-lausanne.com
室 265间　2人间不含早餐CHF203~

超低价的四星级酒店
阿尔法-帕尔玛法斯酒店
Alpha-Palmiers
★★★★ MAP p.229-A

Rue du Petit-Chêne 34, CH-1003 Lausanne
☎021-555-5999 FAX 021-555-5998
www.fassbindhotels.com
室 210间　2人间不含早餐CHF148~

位于莱芒湖畔的新艺术风格酒店
湖畔酒店
Au Lac
★★★ MAP p.229-C

Place de la Navigation 4, CH-1006 Lausanne
☎021-613-1500 FAX 021-613-1515
www.aulac.ch
室 84间　2人间含早餐CHF176~

小型经济酒店
旅客酒店
Voyageurs
Garni☆☆☆ MAP p.229-A

Rue Grand St-Jean 19, CH-1003 Lausanne
☎021-319-9111 FAX 021-319-9112
www.voyageurs.ch
室 33间　2人间含早餐CHF160~

瑞士人非常喜爱的啤酒屋

大橡树
Grand-Chêne

（法国料理） MAP p.229-B

位于洛桑皇宫温泉酒店的0F和1F
021-331-3224
www.lausanne-palace.com（法、德、英）
营 7:00~24:00
休 无休　预 CHF40~

这家餐厅深受当地人的喜爱。餐厅菜肴美味，而家一般的氛围、周到的服务和实惠的价格更是其魅力所在。用产自莱芒湖的河鲈鱼做成的河鲈鱼片(Filets de perche)(CHF42)这道菜不容错过。

餐厅中央的天井可以从1F俯瞰0F

可悠闲自在享用美食的餐厅

穆东餐厅
Moudon

（瑞士料理） MAP p.229-B

Rue du Tunnel 20
021-329-0471
www.lausanne-moudon.ch（法）
营 7:00~24:00
休 周日　预 CHF30~

餐厅位于老城区的北边。这家瑞士料理餐厅不仅味道地道，而且气氛让人很自在，店员们都非常开朗热情。值得推荐的是奶油煮香肠和扁豆（Saucisson et lentilles）（半份CHF17/全份CHF24）。

从老城区的里彭广场徒步到这里仅需5分钟

瑞士人和日本人都喜爱的餐厅

寿司善
Sushi-Zen

（寿司料理） MAP p.229-B

位于洛桑皇宫温泉酒店的0F
021-331-3988
营 周二~周六12:00~14:00（周六至15:00）、19:00~22:00（周五、周六至23:45）
休 周日、周一　预 CHF40~

这是一家不仅深受日本人喜爱，也很受瑞士人欢迎的正宗日本寿司店。日本厨师长会为顾客准备新鲜的寿司。寿司拼盘价格为CHF43~59，乌冬面、荞麦面为CHF19~21。此外，餐厅还提供外卖服务。

餐厅设有露天席位、吧台席位、餐桌席位

氛围和菜肴都值得称赞的中餐厅

北京鸭
Canard Pékinois

（中华料理） MAP p.229-A

Place Chauderon 16
021-329-0323
营 12:00~14:30、19:00~22:30
休 周日
预 CHF50~

餐厅装修十分考究，可看到脚下游动着的鲤鱼的玻璃板走廊、透雕镂刻的屏风等，让人印象深刻。餐厅有10位香港大厨，菜肴也是地道的香港味。餐厅的鸭肉菜肴做得特别好，尤其值得推荐的菜品是豆豉鸭片(CHF30)。炒饭、炒面、茶点也值得推荐。

从老城区的圣弗朗索瓦广场徒步到这里仅需8分钟

餐厅内均禁烟。餐厅外露台席位不禁烟。

莱芒湖湖畔风光明媚的度假村

蒙特勒

Montreux

MAP ●剪切地图-5、p.6-E、p.207-B、p.237

国名／沃州	语言／法语圈
海拔／372米	人口／约2.21万人
产业／文化活动举办	区号／☎021

●交通

从日内瓦出发，约需1小时，85千米。

从洛桑出发，约需20分钟，26千米。

●乘列车

从日内瓦出发，乘坐特快列车IR约1小时15分钟可到达。从洛桑乘坐特快列车IR，约20分钟可到达。

●乘船

从日内瓦出发，途经洛桑，约4小时可到达，从洛桑出发，约需1小时25分钟。

●驾车

从日内瓦出发，上1号高速公路到洛桑，接着从洛桑上9号高速公路到达蒙特勒。如走1号和9号普通公路，虽然路上花费时间较多，但一路上可欣赏莱芒湖美景。

●市内交通

城镇不大，可以徒步游览。湖畔散步道上还运行迷你列车，坐上这种观光小火车游览蒙特勒风光会是很不错的选择。

可爱的迷你列车

从蒙特勒中心区到尼翁城堡，徒步约需45分钟，乘坐巴士和游湖船只约需15分钟。

●旅游局

Montreux-Vevey Tourisme

位于游湖船乘船码头。

☎0848-868-484

FAX 021-962-8486

www.montreuxriviera.com

(法、德、意、英)

＜观光旺季＞

周一~周五　9:00~18:00

周六、周日　9:30~17:00

＜观光淡季＞

周一~周五　9:00~12:00

13:00~17:30

周六、周日　10:00~14:00

蒙特勒素有“瑞士的里维埃拉”的美称，是一个风光明媚的小城镇。20世纪初，许多流亡贵族移居到这里，这里也吸引了众多艺术家和文人墨客。除了每年7月都要举办的蒙特勒爵士节，这里还承办着其他许多活动，是一个名副其实的文化活动之都。蒙特勒东边的希永城堡是一个著名的景点。

【旅游景点指南】

鲜花装点的湖畔散步道

湖畔散步道

Chemin Fleuri

MAP p.237-A

与城镇的大街（Grand Rue）平行的莱芒湖湖畔散步道，一年四季都有鲜花装点。美丽的鲜花和秀丽的莱芒湖湖景吸引着众多游客前来这里漫步，非常热闹。

从码头前的旅游局向东走，就来到了带有顶棚的集市广场（Place du Marché）。广场前有一座著名的人物铜像，他就是闻名世界的摇滚传奇“皇后乐队”(Queen) 主唱弗雷迪·墨丘利(Freddie Mercury，1946~1991)。弗雷迪自从于1978年在这里进行过音乐演出后，就喜欢上了蒙特勒，还把这里当作自己的第二故乡。

继续前进，就来到了城镇的社交区

四季都有鲜花装扮的湖畔散步道十分美丽，真想到蒙特勒散散步啊！

赌场地区，这里每年都会举办许多音乐会、演唱会以及大型活动。在这一带可以越过莱芒湖看到对岸的希永城堡。

就这样沿着湖畔散步道徒步约45分钟即可到达著名的希永城堡（请参考下文）。

图为“皇后乐队”主唱弗雷迪·墨丘利的铜像，中国也有许多深爱着他的歌迷

因拜伦的叙事诗而闻名的城堡

希永城堡
Château de Chillon MAP p.207-B、p.237-B

www.chillon.ch（法、德、英）

希永城堡是瑞士最具代表性的古城堡。希永城堡建造在莱芒湖岸突出湖面的岩石上，看似一座漂浮在湖面上的城堡，非常浪漫。城堡始建于9世纪，在12世纪时被当时很有势力的萨伏伊公爵（Savoia）买下，之后进行了多次扩建和修缮，在19世纪形成了现在人们看到的样子。

16世纪，投身于宗教改革的日内瓦圣维克多修道院院长博尼瓦（Bonivard）被萨伏伊公爵支持的萨伏伊公国国王用铁链锁在城堡地下监狱入口处的第5根石柱上，在1532年到1536年这四年间，他深受牢狱之苦，直到1536年3月29日瑞士伯尔尼大军攻占城堡后他才获释。19世纪，著名诗人拜伦（Byron）参观城堡时，听到这段历史后，据此写下叙事诗《希永城堡的囚犯》，此后城堡因这篇诗作而闻名世界。城堡地下监狱入口处的第3根柱子上还保留着拜伦的签名。

城堡开放时间是夏季9:00~19:00，冬季10:00~17:00。门票为CHF12（持有瑞士通票者免费）。

从蒙特勒出发，沿着湖畔散步道徒步约45分钟（约4千米）可到达。或者可乘坐1号巴士或游船，约15分钟可到达。

因拜伦的叙事诗《希永城堡的囚犯》而闻名于世的希永城堡

沃韦市中心的大广场

佩尔兰山上盛开的那喀索斯水仙花

查理・卓别林安度晚年的幽静小城

沃韦
Vevey

MAP p.207-B、p.239

距离蒙特勒不远，还有一个风景优美的小镇，这里因著名喜剧演员查理・卓别林而闻名。查理・卓别林（Charles Chaplin，1889~1977）在这里生活了24年，他和妻子都葬于此地［小镇西边郊外的考泽墓地（Cimetiere de Corsier）］，城镇里还有他的铜像（位于湖畔的食品博物馆前）。城镇最出名的活动是25年一度的大型葡萄酿酒节（Fete des Vignerons）（上一次在1999年举行，下次在2024年）。此外，世界著名品牌雀巢咖啡的总部就坐落在这个小城里。

小城内值得游览的景点有，夏季每周六举办集市的大广场（Grand Place）、照相机博物馆（Musee Suisse de l' Appareil Photo-graphique）（周二~周日11:00~17:30，CHF8，持有瑞士通票者免费）、雀巢公司建造的食品博物馆（Alimentarium）（周二~周日11:00~17:30，CHF10，持有瑞士通票者免费）等。

旅游局和照相机博物馆就位于步行广场前，食品博物馆位于湖畔沿岸大街（Quai Perdonnet）旁。

从蒙特勒乘坐特快列车IR约6分钟，或乘坐湖船约20分钟可到达沃韦。

食品博物馆和博物馆前面的卓别林雕像

那喀索斯水仙花盛开的地方

佩勒兰山
Les Pléiades

MAP p.207-B、p.239

沃韦城北侧的小山佩勒兰山（海拔1348米）是那喀索斯水仙花簇生的地方。每年的5月上旬到6月上旬，山头会开满白色的水仙花。漫山遍野的水仙花，犹如铺满一地的白雪，瑞士人称这样的美景为“五月雪”，是初夏必看景观。

从沃韦出发，乘坐MOB登山列车（在沃韦车站的第7站台发车），约40分钟［途中在布洛奈（Blonay）换乘列车］可到达佩勒兰山，往返CHF30，瑞士通票有效，持蒙特勒・里维埃拉卡只需CHF7.80。

佩勒兰山返回布洛奈设有一条徒

步线路（Nordic Walking，约需1小时30分钟），沿途可欣赏那喀索斯水仙花。徒步旅行线路图可到沃韦旅游局领取，或者登录网站www.idrando.ch（法、德）查询。

被列为世界文化遗产的葡萄园

拉沃地区的葡萄园
Lavaux, Vineyard Terraces

MAP p.238~239

洛桑—沃韦—蒙特勒—希永城堡一带靠近莱芒湖沿岸的丘陵叫作拉沃地区(Lavaux)。这一地区的葡萄园始建于11世纪，如今，已因其珍贵的历史文化价值被列入世界文化遗产。

绵延的葡萄园间设有徒步小路，为游客提供了亲近拉沃自然美景的机会。为了保证葡萄日照充足，园内没有种植可遮阳的大树，因此晴天徒步葡萄园会比较晒，要注意避暑。不过还有一个好办法，那就是可以乘坐带顶棚的小火车（4月~10月运行）沿途观赏。

小火车经过吕特里（Lutry）、魁伊（Cully）和谢布尔（Chexbres）。葡萄园线路约运行1小时，需CHF12~13。在适合观景的地方可停下休息，还可购买葡萄酒和新鲜的葡萄。

从沃韦出发，乘坐游湖船到吕特里约需40分钟，到魁伊约30分钟，乘坐31次S线城际快车到达谢布尔只需10分钟。吕特里、魁伊发出的拉沃快车的运行时刻可参考www.lavauxexpress.ch（德、法、英），谢布尔发出的拉沃观景车的运行时刻可参考www.lavaux-panoramic.ch（德、法、英）。

背着婴儿到葡萄园徒步的游客们

叫作“拉沃快车”的小火车

★★★★★

费尔蒙特莱蒙特勒宫酒店

Fairmont Le Montreux Palace

MAP p.237-A

酒店前方的公园也是酒店的一部分

Grand Rue 100, CH-1820 Montreux
021-962-1212 FAX 021-962-1717
www.montreux-palace.ch（法、德、英）
室 236间
2人间不含早餐CHF399~
营 全年营业

1906年创立的"蒙特勒的珍珠"

早在"美好时代"时期，蒙特勒就成为王公贵族以及艺术家们的休闲度假胜地。他们来到蒙特勒，一定会选择下榻这家费尔蒙特莱蒙特勒宫酒店。每当夜幕降临，酒店内一场场盛宴和聚会就拉开帷幕。如今，被誉为"蒙特勒的珍珠"的这家酒店依然保持着优雅高贵的氛围，吸引着世界各地的名流。

曾经有许多名流住过这家明星酒店。如著名的俄罗斯作家弗拉基米尔·纳博科夫（Vladimir Nabokov），就在这里度过了余生。弗拉基米尔于1961年到1977年的16年间都住在这里，把酒店内的一间客房当作自己的家。此外，英国的摇滚乐团"皇后乐队"的主唱弗雷迪·墨丘利（Freddie Mercury）也把酒店当作自己的第二个家。

的确，只要住上一晚，就想把这里当作自己的家。 这个充满优雅的宫殿气息的古典酒店，外观有着文艺复兴艺术风格，酒店内则是"美好时代"艺术装饰，显得格外高雅。酒店的走廊很宽敞，据说是为了让古代身穿大蓬裙的贵族女性无障碍穿行其中。

不仅如此，为了紧跟时代发展，酒店客房也进行了整修。如今的客房不仅保存了原有的雅致氛围，而且设备齐全、舒适便捷。全部客房都备有无线网络、网络电视、咖啡机等，非常方便。值得一提的是，客房内摆放整齐的人性化设计的家具，不仅美观，而且使用方便。

（左）从休息区通往酒店大厅的内阶梯
（下）可举行大型聚会的大厅

透过客房落地窗可欣赏莱芒湖美景

舒适的早餐餐厅（La Pameraie）

酒店前绿树葱郁的公园（地下是酒店会议厅等设施）和蓝色的莱芒湖

风情独特的老牌酒店

瑞士马捷斯特大酒店
Grand Hotel Suisse Majestic
★★★★ MAP p.237-A

Avenue des Alpes 45, CH-1820 Montreux
☎021-966-3333 FAX 021-966-3300
www.suisse-majestic.ch（法、德、英、日）
室 137间
2人间不含早餐CHF290~
营 全年营业

瑞士马捷斯特大酒店创建于1870年，是一家“美好时代”艺术风格的古典酒店。酒店位于国铁车站前。在平行的两条主街阿尔卑斯街（Avenue des Alpes）和大街（Grand Rue）上都设有大门。

酒店的遮阳窗帘是鲜艳的黄色，仿佛灿烂的阳光

漫步酒店周边也是一种享受

伊甸园皇宫酒店
Eden Palace au Lac
★★★★ MAP p.237-B

Rue du Théâtre 11, CH-1820 Montreux
☎021-966-0800 FAX 021-966-0900
www.edenpalace.ch（法、德、英）
室 100间
2人间不含早餐CHF305~
营 全年营业

这家创建于1896年的古典酒店坐落在莱芒湖湖畔。“美好时代”艺术风格的内部装饰，让酒店显得格外幽雅和谐。酒店设在湖畔散步道旁的咖啡餐厅“露台”(La Terrasse)，也对游客开放。当散步累了，可坐在这里休息片刻，尽情欣赏眼前的风景。

在享用咖啡时，可以遥望莱芒湖和对岸群山美景

蒙特勒约有40家酒店

设施齐备的现代化酒店
皇家广场酒店 ★★★★★
Royal Plaza MAP p.237-A
Grand Rue 97, CH-1820 Montreux
☎021-962-5050 FAX 021-962-5151
www.hotel-royalplaza.com
室 154间 2人间不含早餐CHF505~

健身、美容项目很受欢迎
怡东静港酒店 ★★★★
Hotel du Grand Lac Excelsior MAP p.237-B
Rue Bon Port 21, CH-1820 Montreux
☎021-966-5757 FAX 021-966-5758
www.hotelexcelsiormontreux.ch
室 58间 2人间不含早餐CHF290~

精致的小型酒店
勒莎啦啦酒店 ★★★
Tralala MAP p.237-B
Rue du Temple 2, CH-1820 Montreux
☎021-963-4973 FAX 021-963-2311
www.tralahotel.com
室 40间 2人间含早餐CHF130~

整洁舒适的3星级酒店
赫尔维提酒店 ★★★
Helvétie MAP p.237-B
Avenue du Casino 32, CH-1820 Montreux
☎021-966-7777 FAX 021-966-7700
www.montreux.ch/helvetie
室 62间 2人间含早餐CHF150~

现代高层酒店
里埃维拉欧洲酒店 ★★★★
Eurotel Riviera MAP p.237-A
Grand Rue 81, CH-1820 Montreux
☎021-966-2222 FAX 021-966-2220
www.eurotelriviera.ch
室 156间 2人间含早餐CHF220~

新艺术派风格的酒店
托斯卡纳别墅酒店 ★★★★
Villa Toscane MAP p.237-A
Rue du Lac 2-8, CH-1820 Montreux
☎021-966-8888 FAX 021-966-8800
www.villatoscane.ch
室 43间 2人间含早餐CHF219~

位于希永城堡附近，环境幽静
布里斯托尔酒店 ★★★
Bristol MAP p.237-B
Avenue de Chillon 63, CH-1820 Montreux
☎021-962-6060 FAX 021-962-6070
www.bristol-montreux.ch
室 20间 2人间含早餐CHF290~

舒适自在的小型家庭酒店
辉煌酒店 ★★★
Splendid MAP p.237-A
Grand Rue 52, CH-1820 Montreux
☎021-966-7979 FAX 021-966-7977
info@hotel-splendid.ch
室 24间 2人间含早餐CHF180~

奶酪火锅的故乡

格吕耶尔

Gruyères

MAP ●剪切地图-5、p.6-F、p.207-B、p.242

国名／弗里堡州	语言／法语圈
海拔／746米	人口／约1500人
产业／奶酪制作	区号／☎026

●交通

从蒙特勒出发，约需1小时，45千米。

●乘列车

从蒙特勒出发，乘坐普通列车R，约40分钟到达蒙特巴瓦（Montbovon）。接着，在此换乘前往布勒（Bulle）方向的普通列车R，约20分钟到达格吕耶尔。从格吕耶尔车站徒步前往建在山丘上的格吕耶尔城堡，需15分钟。

●驾车

从蒙特勒出发，上9号/12号高速公路前往布勒（Bulle），接着换11号普通公路前往格吕耶尔。

●旅游局 La Gruyère Tourisme

位于城堡下村庄的入口处。

☎0848-424-424　FAX 026-921-3850

www.la-gruyere.ch（法、德、英）

每天10:30~12:00、13:00~16:30

格吕耶尔是著名的奶酪火锅原料格吕耶尔奶酪的原产地。

【旅游景点指南】

建在山丘上，童话般的城堡

格吕耶尔城堡

Château de Gruyères　MAP p.242

www.chateau-gruyeres.ch（法、德、英）

格吕耶尔城堡建于13世纪，如今城堡第3层已经开发为博物馆。城堡内的装饰和布局得到了完好的保存，木雕家具、绘画

在车站附近看到的格吕耶尔城堡

以及挂毯等非常精美。开放时间是夏季9:00~18:00，冬季10:00~16:30，门票CHF9.50（持有瑞士通票者免费）。

城堡下方的石板广场洋溢着独特的小镇风情

城堡前的石板广场是城镇的中心，这一带有格吕耶尔奶酪火锅餐厅、蛋白酥皮点心专卖店等特产商店，来到这里不妨去逛一逛。

可参观现场奶酪制作

奶酪工坊

La Maison du Gruyère　MAP p.242

www.lamaisondugruyere.ch（法、德、英）

车站前有一家奶酪工坊，1层右侧是奶酪餐厅，正面是奶酪地窖，左侧是奶酪出售处。除此之外，2层设有可现场参观的奶酪制作工坊（门票CHF7，持有瑞士通票者免费）。每天9:00~11:00和12:30~14:30，在这里都可以看到奶酪制作的全过程。奶酪工坊的营业时间是每天的9:00~19:00（冬季是9:00~18:00）。

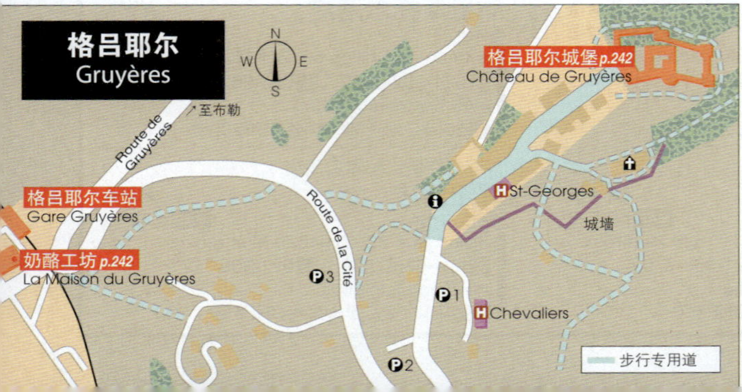

使奶酪发酵成熟的地窖

纳沙泰尔湖畔的温泉度假村

伊韦尔东

Yverdon

MAP 剪切地图-5、p.6-A、p.207-B、p.243

国名／沃州	语言／法语圈
海拔／433米	人口／约2.5万人
产业／工业	区号／☎024

●交通

从洛桑出发，约需20分钟，39千米。

●乘列车

从洛桑出发，乘坐特快列车ICN，约20分钟可到达。

●驾车

从洛桑出发，上1号高速公路。

●市内交通

城镇不大，可以徒步游览。

●旅游局 Office du Tourisme

出车站后往左拐即可看到。

☎024-423-6101 FAX 024-426-1122

www.yverdonlesbainsregion.ch（法、德、英）

〈4月~10月〉

周一~周五9:00~12:00
13:30~18:00

周六、周日9:30~15:30

〈11月~次年3月〉

周一~周五9:00~12:00
13:30~18:00

裴斯泰洛齐雕像和教堂　裴斯泰洛齐广场和伊韦尔东城堡

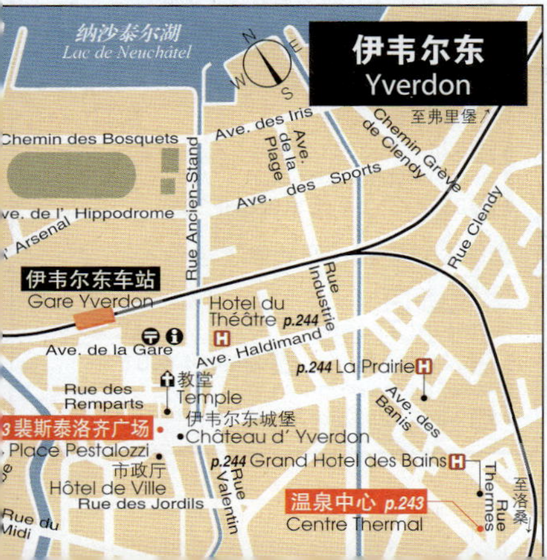

伊韦尔东的全称是“Yverdon-les-Bains”，通常简称为“Yverdon”。地名中的“Bains”是浴池的意思。可以从地名看出，这里是温泉城市。伊韦尔东是古罗马时代就发现的温泉小镇，如今作为温泉度假村而闻名。这里的温泉水温平均是28℃，对治疗风湿、支气管炎等疾病有很好的疗效。这里还流淌着碱性的冷泉，享誉世界的“依云”矿泉水使用的就是这里的冷泉。

【旅游景点指南】

古建筑环抱中的广场

裴斯泰洛齐广场

Place Pestalozzi　MAP p.243

被建于13世纪的萨沃伊风格的伊韦尔东城堡（Chateau d' Yverdon）、18世纪的教堂（Temple）和市政厅（Hôtel de Ville）环绕着的裴斯泰洛齐广场就是城镇的中心。

伊韦尔东城堡内现有乡土博物馆（Musée d' Yverdon et region）和裴斯泰洛齐纪念馆（Centre Pestalozzi）。博物馆的开放时间是6月~9月11:00~17:00，其他月份是14:00~17:00，周一闭馆，门票为CHF8（持有瑞士通票者免费）。纪念馆的开放时间是周四的14:00~17:00。

为了纪念瑞士著名的民主主义教育家裴斯泰洛齐（Johann Heinrich Pestalozzi，1748~1827），广场命名为“裴斯泰洛齐广场”。提倡“不应只有特权阶级，全民都有权利接受教育”的裴斯泰洛齐在1805~1825年间，在城内建立了寄宿制学校，并担任老师，为当地平民儿童创造了接受教育的机会。

值得城镇自豪的温泉中心

温泉中心（Centre Thermal）

Centre Thermal　MAP p.243

温泉中心有2个室外温泉池（28℃~34℃），还有室内温泉池（34℃）、浴桶（34℃）、日式浴池（bain japonais）（38℃）、土耳其式桑拿浴（hammams）（45℃），设施完备，是市民休闲的好去处。

温泉中心的室外温泉池配有气泡和回流等多功能设施

圣克鲁瓦(Ste-Croix)CIMA 博物馆中的活动人偶“写信的小丑

在温泉中心的入口售票处购票后，可直接前往衣帽间。进入两端都有门的更衣室后，关上两端的门，把写着“close doors”的白色木板翻倒就可当作板凳，同时也将两端的门卡住了。换好衣服后，从进来时反方向的门出去，就进入了衣帽间。存好衣物和行李后，将入场券插入衣帽间的门锁后，就可打开门。离开温泉中心时还需使用入场券，请务必保存好。温泉中心的营业时间是周一~周六8:00~22:00，周日8:00~20:00。门票CHF19。泳衣和浴巾需自带。

瑞士最大城堡所在的城镇

格朗松
Grandson

MAP ●剪切地图-5、p.6-A、p.207-A

格朗松是伊韦尔东的邻镇（乘坐巴士约9分钟可到。在“Grandon, Place de château”下车）。这里有瑞士最大的城堡格朗松城堡（Château de Grandon）。具有萨沃伊风格的格朗松城堡始建于11世纪，如今看到的城堡是在13世纪经过改造后保留下来的。

如今，城堡内已成为古董车博物馆（Le musée de l'automobile）。开放时间是4月~10月每天8:30~18:00，11月~次年3月每天8:30~17:00，门票为CHF12（持有瑞士通票者免费）。

矗立在纳沙泰尔湖畔的格朗松城堡

艺术八音盒之都

圣克鲁瓦
Ste-Croix

MAP ●剪切地图-5、p.6-A、p.207-A

从伊韦尔东乘坐快车RE，约36分钟可到达圣克鲁瓦。这个朱拉山山麓小镇是艺术八音盒（Boîtes à musique）和活动人偶（Automates）之城。

收藏着各种古董和艺术名品的CIMA博物馆（Musée CIMA）是必看景点之一。参观博物馆时，需参加导游旅游团。旅游团参观时间原则上是在周二~周五的15:00、周六日的14:00和15:30，也可能会有时间上的调整，建议您向博物馆方面确认。

电话：024-454-4477，网站：www.musees.ch（法、德）。

Hotel

与温泉中心连通的酒店

浴场大酒店 ★★★★
Grand Hotel des Bains MAP p.243

☎024-424-6464 FAX 024-424-6465
www.grandhotelyverdon.ch
室 120间 2人间含早餐CHF350~

酒店内的法国餐厅非常有名

青草地酒店 ★★★★
La Prairie MAP p.243

☎024-423-3131 FAX 024-423-3100
www.hoteldelaprairie.ch
室 35间 2人间含早餐CHF305~

酒店改建于19世纪的庭院宅邸

剧院酒店 ★★★
Hotel du Théâtre MAP p.243

☎024-424-6000 FAX 024-424-6001
www.hotelyverdon.ch
室 24间 2人间含早餐CHF180~

纳沙泰尔湖畔的城堡小镇

纳沙泰尔
Neuchâtel

MAP ●剪切地图-5、p.6-A、p.245

国名／纳沙泰尔州	语言／法语圈
海拔／479米	人口／约3.3万人
产业／钟表制造业	区号／☎032

●交通

从洛桑出发，约需40分钟，73千米。

从伯尔尼出发，约需35分钟，47千米。

●乘列车

从洛桑出发，乘坐特快列车ICN，约40分钟可到达。从伯尔尼出发，乘坐快车RE，约35分钟可到达。

●旅游局 Neuchâtel Welcome Centre

位于乘船码头前面的邮政大厦内。

☎032-889-6890 FAX 032-889-6291

www.neuchateltourisme.ch（法、德、意、英）

周一~周五　9:00~12:00、13:30~17:30

周六　9:00~12:00

<7月、8月>

周一~周五　9:00~18:30

周六　9:00~16:00

周日　10:00~14:00

纳沙泰尔是纳沙泰尔州的州府。“纳沙泰尔”（Neuchâtel）是“新城”的意思，正如其名字的含义，纳沙泰尔是一个以建于12世纪的城堡为中心而形成的新兴小镇。这个城堡下的小镇随处可见到与城堡一样的蜂蜜色房屋，是一道独特的风景。

【旅游景点 · 指南】

蜂蜜色建筑物构成的城堡城镇

老城区
Vieille Ville

MAP p.245

从国铁火车站到车站前的车站大街（Avenue de la Gare）一带属于老城区。老城区中心的集市广场（Place des Halles），每周的周三、周四、周六都有早市，非常热闹。从城堡大街（Rue de Château）走上石桥，石桥的另一端就是参事会教堂（Eglise Collégiale）和城堡（Château）（内部不开放）。返回时，可沿着阶梯（Escalier du Château）而下。在普里广场（Place Pury）可乘坐7号或9号巴士返回火车站。

老城区中心的集市广场

考古爱好者不能错过的考古学博物馆（Laténium）

展示着重要的史前考古文物

考古学博物馆
Laténium

MAP p.245

www.latenium.ch（法、德、意、英）

早在史前时代，纳沙泰尔湖畔就有了人类文明的足迹，当时人们在湖畔建造高台式房屋。考古学家们还在纳沙泰尔附近的拉泰尔（La Teine）发掘出了公元前500年的遗迹。博物馆内展示着遗迹中发现的重要文物和考古材料，包括房屋遗址、船、弓箭、青铜器等。博物馆前的考古公园再现了曾经在纳沙泰尔湖畔建造住宅的村落。

博物馆开放时间是周二~周日10:00~17:00，门票是CHF9。

从纳沙泰尔的乘船码头乘坐开往比尔（Biel/Bienne）的湖船（纳沙泰尔发船时间是11:40），约15分钟，在第一个停靠码头（Hauterive）下船即可到达博物馆。

列入世界文化遗产的钟表产业城镇

拉绍德封

La Chaux-de-Fonds

MAP ●剪切地图-5、p.6-B、p.246

国名／纳沙泰尔州	语言／法语圈
海拔／1000米	人口／约3.8万人
产业／钟表制造业	区号／☎032

●交通

从纳沙泰尔出发，约需30分钟，20千米。

●乘列车

从纳沙泰尔出发，乘坐快车RE，约30分钟可到达。

●旅游局 La Chaux-de-Fonds Welcome Centre

位于埃斯帕西特高塔地上层。

☎032-889-6895 FAX032-889-6297

www.neuchateltourisme.ch（法、德、意、英）

周一~周五　9:00~12:00、13:30~17:30

周六　9:00~12:00

＜7月、8月＞

周一~周五　9:00~18:30

周日　9:00~16:00

拉绍德封是瑞士制表业的中心城市。19世纪，根据钟表制造业者的要求，有计划地建造了这个城镇。整个城市都产生于一个产业，这在世界上是十分罕见的，拥有特殊的历史和文化价值，因此被列入世界文化遗产。

【旅游景点指南】

从观景台上俯瞰城市全貌

埃斯帕西特高塔

Tour Espacité

MAP p.246

（左）城镇全貌　（右）埃斯帕西特高塔

从国铁火车站出来后，沿着城镇主街利奥波德·罗伯特大道（Avenue Léopold-Robert）前行，远远地就会看到一栋15层高的圆锥形大厦。大厦的地上第一层设置了旅游局，最高层是免费的观景台，可以一览城镇美景。

曾获得欧洲最优秀博物馆奖

国际钟表博物馆

Musée international d'horlogerie

MAP p.246

国际钟表博物馆是一个即便对钟表不感兴趣的游客也会情不自禁走进去参观的优秀博物馆，同时也是瑞士最大的钟表博物馆。这里收藏了近3000件藏品，从日期时钟表、沙钟、水钟、机械表到著名的七宝表、宝石表等，各种古董名品应有尽有。不仅如此，博物馆在为游客解说方面也很下功夫，除了有英语解说外，还配有影像模拟解说。

博物馆的入口在赌场大街（Rue du Casino）的尽头。博物馆建在地下，地上则是公园（Parc des Musées）。公园内还有历史博物馆（Musée d'historie）和美术馆（Musée des beaux-arts）。

博物馆开放时间是6月~9月11:00~17:00，其他季节是10:00~12:00、14:00~17:00。门票是CHF15（瑞士通票有效）。

博物馆内展示的钟表珍品让人陶醉其中，忘却了时间的流逝

卢加诺周边

（意大利语圈） Around Lugano

Lugano卢加诺

Bellinzona 贝林佐纳／Locarno洛迦诺

Como科莫（意大利）

概况

阳光明媚的意大利甜美氛围——卢加诺周边及南提契诺地区

提契诺州位于瑞士南部，与意大利接壤。其中心地区为卢加诺周边及南提契诺地区，这里光照充足、气温温暖，被誉为“瑞士南国”。瑞士的主要植被为针叶林，但该地区阔叶林居多，椰子树及棕榈树茂盛生长，全年绿意盎然。特别是冬季，气候温暖，全国各地的富裕阶层都愿意来此长期逗留。

色彩浓厚的意大利风

提契诺州与意大利接壤，历史上又受到过罗马帝国的统治，因此在各个方面都受到意大利强烈的影响。

当地人说意大利语时，其夸张的身体语言及手势都让人感觉到强烈的意大利风格。而且很多人都具备意大利人的气质，性情开朗，爱开玩笑。

鹅卵石铺砌的道路上，汽车毫无忌惮地鸣着喇叭，时尚的女士们穿着红、黄等色的衣服漫步，城镇里一切的风景都染上了意大利风格。

正午到下午的3点是午休时间，商店全体关门，这也是意大利式的。

在饮食生活方面，意大利风格更是完美地得到体现。餐厅里面，比萨、意大利面、肉汁烩饭等应有尽有，可谓意大利料理的大荟萃。另外，说起葡萄酒，在瑞士通常指的是白葡萄酒，但在提契诺州，说起葡萄酒，指的却是红葡萄酒。

与新圣哥达山环抱的北提契诺州相比，和意大利接壤、气候温暖的南提契诺州氛围更为甜美宜人。

把观光基地设在卢加诺

南提契诺州地区的中心是观景休养胜地卢加诺，该城面向卢加诺湖（一半属瑞士，一半属意大利）而建。

卢加诺土生土长的孩子们在改革广场兴致勃勃地玩着象棋，堪称步行者天堂的纳萨大街上各种有趣的商店林立，

卢加诺旧城区的改革广场

游人们欣赏着美丽的景色，在湖岸步行道上散步……不管是城中心还是城郊，这里都让人流连忘返。

登上南郊的圣萨尔瓦托雷山瞭望台(Monte San Salvatore)，能够眺望到卢加诺、卢加诺湖及由于发现古生物化石而成为世界自然遗产的圣乔治山（Monte San Giorgio）。

东郊的甘德利亚村（Gandria）位于布雷山（Monte Brè）与卢加诺湖附近，是一个小渔村。由于村内没有大片的平地，民房及餐厅都沿绝壁而建，其中还有一半房屋建在湖面之上。这里拥有独特的情趣的氛围，对漫步来说是最好不过的地方。

即使去意大利，时间也宽裕的一日游

把卢加诺作为观光的中心，除了前面所述的近郊之外，去往近邻的各城市一日游，在时间方面也不用担心。

去往提契诺州首府贝林佐纳（Bellinzona，p.256），乘火车约需30分钟，这里有被列为世界文化遗产的古城墙。去往古都洛迦诺（Locarno，p.258），乘火车约需1小时，这里有美得令人室息的教堂。去往邻国意大利科莫湖畔的休养胜地科莫（Como，p.260），乘火车约需30分钟。去往世界著名的时尚之都米兰，乘火车约需1小时。

如果只选择在卢加诺逗留，至少也需在此住宿2晚。当然，如果想要去邻国欣赏不同的风景，至少需在此住宿3晚，请大家留意。

此外，卢加诺与米兰马尔本萨国际机场有机场巴士（4:30~23:30，每隔1小时一班，所需时间约1小时，CHF35）运营。如果乘坐意大利航空公司的航班，从卢加诺出入境是最方便的。机场巴士的时刻表请参照www.malpensaexpress.ch/orari.asp。

提契诺最大的疗养城市

卢加诺

Lugano

MAP ●剪切地图-11、p.7-G、p.249-B、p.251

州名／提契诺州	语言／意大利语圈
海拔／273米	人口／约5.2万人
产业／旅游业、金融业	长途区号／☎091/058

●交通

从苏黎世出发，乘国内航班约需40分钟，乘国际特快CIS约需2小时40分钟，距离约230千米。

从日内瓦出发，乘国内航班约需1小时，距离约355千米。

从意大利的米兰马尔本萨国际机场出发，乘摆渡巴士约1小时。

●市内交通

卢加诺沿倾斜地势展开，陡坡较多。国铁车站和铁道沿线是高地，旧城区和酒店街天堂地区（Paradiso）位于湖畔附近。旅行的时候，请考虑到两区的地势差异。

从国铁车站徒步下行到旧城区，会非常有趣。从旧城区的奇欧卡罗广场（Piazza Cioccaro），可以乘坐缆车（Funicolare）到国铁车站。从国铁车站到天堂地区可以乘坐出租车、2路公交车、S线。从旧城区到天堂地区沿湖岸观光道步行，需10~20分钟，也可以乘坐1路公交车。当然，如果想在旧城区观光的话，步行是最好不过的。

●旅游局 Lugano Tourismo

旅游局总局位于旧城区，在卢加诺湖畔市政厅的一角。卢加诺国铁车站内和卢加诺机场内还设有分局。

〈总局〉

Palazzo Civico, CH-6900 Lugano

☎058-866-6600 FAX 058-866-6609

www.luganoturismo.ch（德/法/意/英）

〈夏季〉

周一~周五 9:00~19:00

周六 9:00~18:00

周日 10:00~18:00

〈冬季〉

周一~周五 9:00~12:00、13:30~17:30

周六 10:00~12:30、13:30~17:00

国铁车站分局

☎091-923-5120 FAX 091-923-5352

夏季

周一~周五 14:00~19:00

周六 11:00~19:00

冬季

周一~周五 13:30~18:00

周六 10:00~17:30

[夏季7月]

平均最高气温：25.8℃

平均最低气温：16.7℃

日落时间：21:30左右

[冬季1月]

平均最高气温：6.1℃

平均最低气温：0.1℃

日落时间：16:30左右

位于卢加诺湖畔的卢加诺城位于瑞士南部，与意大利接壤，是提契诺州的代表性国际都市，气候温暖，阳光明媚，是著名的疗养胜地。以此作为旅行基地，无论是去意大利的科莫湖还是米拉诺，都可当天返回。

【旅游景点指南】

享受闲庭信步的乐趣

旧城区

Città Vecchia

MAP p.251-C

旧城区位于国铁车站下方的湖畔沿岸，被誉为“步行者的天堂”，拥有历史悠久的教堂和妙趣横生的小广场，非常适合漫步。

●改革广场

Piazza della Riforma

改革广场位于旧城区的中心，咖啡馆和商店林立。周二和周五有早市，周六有古董市场。市政厅（Municipio）面向广场，旅游局就位于其中一隅。旅游局前面是卢加诺湖游船和定期渡船的停靠码头。

●纳萨大街

Via Nassa

从改革广场到卢伊尼广场（Piazza

从布雷山望到的卢加诺城和远处的圣萨尔瓦托雷山

旧城区派西亚街（Via Pessina）的萨拉米香肠店

Luini）是大约500米的步行街纳萨大街。纳萨大街是卢加诺地区最热闹的购物大街。商场、名牌商店、钟表店、杂货店、食品店等应有尽有。

●圣玛利亚・德利・安乔里教堂
Chiesa Santa Maria degli Angioli

该教堂位于卢伊尼广场，是16世纪建造的教堂（前身为15世纪所建的修道院），外观朴素，但教堂内部的湿壁画非常有名。湿壁画是著名画家达・芬奇的弟子伯纳迪诺・卢伊尼（Bernardino Luini，1481~1532）于1592年所创作的。进入教堂，可以看到左侧壁画是《最后的晚餐》，右侧里面的礼拜堂壁画是《圣母子像》，从窗户一直延伸到天井的壁画是《基督受刑》。

参观时间为8:00~12:00、15:00~19:00。

●圣洛伦佐教堂
Cattedrale di San Lorenzo

该教堂位于国铁车站的下方，建于

卢加诺的基督教中心——圣洛伦佐教堂

高地之上。始建于818年，但几经改建，混合了不同时代的建筑风格。教堂的正面是3扇大门和巨型圆窗，属于早期意大利文艺复兴风格，十分漂亮。教堂内的湿壁画和巴洛克风格的装饰都非常值得一看。

能够眺望卢加诺周边的瞭望台

圣萨尔瓦托雷山瞭望台
Monte San Salvatore MAP p.249-B、p.251-A

www.montesansalvatore.ch（意、德、法、英）

该瞭望台位于卢加诺南郊，海拔高度为912米。从国铁车站出发，乘坐S线（S-Bahn）大约2分钟可以到达卢加诺天堂站（Lugano-Paradiso），接着转乘缆车（Funicolare Monte San Salvatore），大约12分钟即可到达瞭望台。缆车的运营时间为3月~11月8:30~18:00，大约每隔30分钟一班。往返票价为CHF26（持有瑞士通票者半价）。

山顶车站内有咖啡馆，从那里看到的风景十分秀丽，不过步行5分钟登上全景露台（Terrazza Panoramica）观景更值得推荐。露台有一个教堂，从教堂的前面可以一览卢加诺市区、卢加诺湖、布雷山（Monte Brè），从教堂的后面可以欣赏到梅利德桥（Melide）、圣乔治（Monte San Giorgio）。

世界自然遗产化石山

圣乔治山
Monte San Giorgio MAP p.249-B

圣乔治山位于意大利边境附近，卢加诺湖南侧，海拔1096米。在这一带曾发掘出几亿年前的三叠纪化石——脊椎动物、鱼类、海洋爬行动物化石，大约1万多件，为世人所瞩目。其中还包括恐龙化石等，非常珍贵。

梅利德桥的远处是圣乔治山

由于尚未开发，前往该地区只能步行。但可以从前面所述的圣萨尔瓦托雷山瞭望台一览圣乔治山的全景。

圣焦耳焦山背面

布雷山瞭望台
Monte Brè MAP p.249-B、p.251-B

www.montebre.ch（意、德、法、英）

该瞭望台位于卢加诺东北郊，海拔高度为933米。从卢加诺国铁车站出发，乘坐2号巴士约11分钟、从曼佐尼广场出发，乘坐1号巴士大约9分钟，即可到达蒙特卡罗（Cassarate-Monte Brè），然后换乘缆车（Funi-colare Monte Brè），约33分钟即可到达瞭望台。缆车全年运行，9:10~19:05，约30分钟一班。运行时间根据季节不同而有所差别，淡季的12:05~13:45是午休时间，停止运行。往返票价为CHF20（持瑞士通票者半价）。

从山顶车站可以眺望到卢加诺市区、卢加诺湖、圣萨尔瓦托雷山，风景十分秀丽。

去往圣萨尔瓦托雷山瞭望台的缆车

风景看台林立的小渔村

甘德利亚村
Gandria MAP 249-B、p.251-B

甘德利亚是一个小渔村，位于卢加诺以东5千米，在布雷山与卢加诺湖附近。由于村内没有大块的平地，民宅、酒店、餐厅、商店等都像粘在绝壁上面一样，而且湖面之上也有风景看台伸出。

虽然没有什么著名的景点，但鹅卵石铺设的小巷、伸出湖面的风景看台，也别有一番风味，特别适合漫步。另外，渔村的很多餐厅都有独特的鱼类美食。

乘坐从卢加诺出发的定期渡船大约30分钟，驾车或乘出租车大约10分钟，即可到达该地。

★★★★★

斯普兰迪德皇家酒店
Splendide Royal

MAP p.251-A

位于湖畔酒店街天堂地区的中心

Riva A.Caccia 7, CH-6900 Lugano
☎091-985-7711 FAX 091-985-7722
www.splendide.ch（意、德、英）
室 93间
2人间含早餐CHF320~
营 全年营业

优良的传统流传至今

该酒店坐落于卢加诺湖畔，从旧城区的卢伊尼广场出发，大约步行10分钟即可到达。

酒店始创于18世纪末，正如酒店的经理所说“比起创造新的东西，保存旧的东西更加困难，但把这些东西保存下来却是我们的使命”，哪怕是酒店里的一把椅子，都是用相同的布重新装饰，不断地进行修复，一直保持着优雅的古老风格。

酒店内的布局不是像现代酒店那样单纯地考虑效益，优先考虑的是空间。天井装饰、大理石圆柱、枝形吊灯、古董等把高大宽敞的空间装饰得华丽非凡。

客房里面的布局也非常令人惊奇。推开厚重的木门，呈现于眼前的是优雅的空间，一旁是浴室，另一旁是衣饰间，正面是通往卧室的房门。走廊与卧室有两扇门相隔，隔音性非常好，所以十分安静。其宽敞的程度也特别值得一提。浴室和衣饰间大小就如同一般酒店的单人间。卧室更是宽敞。高高的天井垂下美丽的枝形吊灯，巨大的窗子对面便是广阔的卢加诺湖。

酒店内豪华的空间布局

大厅内每天晚上都播放着使人心情平和的钢琴曲

单间竟也如此宽敞

双人间真的很宽敞

优雅至极的酒店

普林西利奥波德酒店
Villa Principe Leopoldo
★★★★★ MAP p.251-A

Via Montalbano 5, CH-6900 Lugano
☎091-985-8855 FAX 091-985-8825
www.leopoldohotel.com（意、德、法、英）
室 75间
2人间不含早餐CHF410~
营 全年营业

该酒店位于高地之上，从卢加诺城中心出发，乘车约需10分钟。酒店环境非常静谧，被绿树所包围。

这里曾经是贵族利奥波德王子的府邸。酒店内部是“美好时代”风格的装饰，到处弥漫着优雅的气氛。

酒店的常客很多是欧洲社交界的名人，想要预约住宿非常困难。能够俯瞰卢加诺市区和卢加诺湖的咖啡馆阳台席位也十分令人向往，法国料理、意大利料理绝对正宗、一流。即使不能在此留宿，来此品上一壶茶或者享受一顿午餐（晚餐）也是值得的。

这里是欧洲社交界“御用”的超豪华酒店，来酒店时请注意盛装打扮

氛围轻松的现代酒店

伊甸园大酒店
Grand Hotel Eden
★★★★★ MAP p.251-A

Riva Paradiso 1, CH-6900 Lugano
☎091-985-9200 FAX 091-985-9250
www.edenlugano.ch（英、意）
室 127间
2人间含早餐CHF440~
营 全年营业

只有该酒店拥有私人沙滩

该酒店位于卢加诺湖畔，从旧市区的卢伊尼广场出发，步行大约20分钟即可达到。酒店的两栋建筑被天堂大街（Riva Paradiso）分开，下面由地下通道相连。

酒店的装饰是简洁的现代风格，大厅休息室装饰成热带雨林式的风景，电梯外面的装饰是中国的书法作品，酒店处处都洋溢着轻松愉悦的氛围。

面向卢加诺湖的那栋酒店建筑，拥有伸出湖面的日光甲板和私人沙滩，除了能够在湖里游泳、晒日光浴之外，还可进行各式各样的水上运动。

卢加诺共有约50家酒店

黄色的外壁让人印象深刻
卡斯特尼奥拉酒店 ★★★★★
Grand Hotel Villa Castagnola MAP p.251-B
☎091-973-2555 FAX 091-973-2550
www.villacastagnola.com
室 88间　2人间含早餐CHF400~

有日本料理店“月见亭”
Suitenhotel parco paradiso酒店 ★★★★
Suitenhotel Parco Paradiso
☎091-993-1111 FAX 091-993-1011
www.parco-paradiso.com
室 65间　2人间含早餐CHF304~

酒店的餐厅非常有名
最佳西方贝尔维加尤酒店 ★★★★
Best Western Bellevue au Lac MAP p.251-A
☎091-994-3333 FAX 091-994-1273
www.hotelbellevue.ch
室 64间　2人间含早餐CHF285~

位于旧市区的奇欧卡罗广场，非常便利
卢加诺但丁酒店 ★★★★
Lugano Dante MAP p.251-C
☎091-910-5700 FAX 091-910-5777
www.hotel-luganodante.com
室 83间　2人间含早餐CHF310~

牛奶橙色的外壁是其标志
和平酒店 ★★★★
De la Paix MAP p.251-A
☎091-960-6060 FAX 091-960-6066
www.delapaix.ch
室 131间　2人间含早餐CHF270~

1906年开始营业的古典酒店
国际 Au Lac酒店 ★★★
International au Lac MAP p.251-C
☎091-922-7541 FAX 091-922-7544
www.hotel-international.ch
室 80间　2人间含早餐CHF195~

卢加诺的代表性高级餐厅

拉维兰德餐厅
La Veranda
（地中海料理） MAP p.251-A

✉斯普兰迪德皇家酒店0F
☎091-985-7711（酒店代表）
www.splendide.ch（意、德、英）
营 12:00~14:30、19:00~22:30
休 无
预 CHF80~　需预约

该餐厅专营地中海料理，气氛优雅。菜单随季节发生变化。餐厅所使用的鱼类食材都是从法国直送的新鲜鱼虾。如果点法国料理“Flambé specialities”时，厨师会在各餐桌上现场制作。

能够让心情放松的餐厅内部装饰

时尚料理众多

绿洲餐厅
Oasis
（意大利料理） MAP p.251-A

✉伊甸园酒店0F
☎091-985-9200（酒店代表）
www.edenlugano.ch（意、英）
营 12:00~14:30、19:00~22:30
休 无休
预 CHF80~　需预约

该餐厅建于卢加诺湖面之上。时尚料理众多，而且十分美味。菜单随季节而变化。是美食家十分喜受的餐厅。

一边欣赏卢加诺湖美景，一边品尝美味

当地颇具人气的自助餐厅

马诺拉餐厅
Manora
（自助） MAP p.251-C

✉Salita Chiattone 10, CH-6900 Lugano
☎091-912-7246
营 周一~周六7:30~22:00、周日10:00~22:00
休 无休
预 CHF20~

该餐厅是马诺拉商场所经营的自助餐厅，位于改革广场附近。在商场的上方，长长的阶梯中间位置便是餐厅。自助料理种类丰富，味道鲜美，但需现金支付。

餐厅入口不易找到，请参考照片

【提契诺州的名吃】

蛋酒
Zabaione

提契诺州的名吃是蛋酒。

蛋黄加上白砂糖、马萨拉酒、拉姆酒，用小火熬干，最后冷却成固体状，是意大利风格的布丁。口感润滑、口味浓厚，是成人的下酒菜。

很多意大利料理餐厅的甜点菜单中都有该甜品，请务必一尝。

餐厅内禁止吸烟。但阳台席位可以吸烟。

作为交通要塞而繁荣的中世纪城市

贝林佐纳

Bellinzona

MAP ●剪切地图-11、p.7-G、p.249-B、p.257

州名／提契诺州	语言／意大利语圈
海拔／243米	人口／约1.8万人
产业／物流业	长途区号／☎091

●途经

从卢加诺出发，约需30分钟，30千米。

●乘列车

从卢加诺出发，乘坐国际特快EC或S线(S-Bahn) 10号，约需30分钟。

●开车

从卢加诺出发，进入高速公路2号线，约30千米。

●市内交通

市区较小，步行即可。

●旅游局

Bellinzona Turismo

旅游局位于贝林佐纳市政厅（Municipio）[市政厅位于诺塞特广场（Piazza Nosetto）]的中庭。分局在三座古城堡的入口。

☎091-825-2131 FAX 091-821-4120

www.bellinzonaturismo.ch（意、德、法、英）

〈夏季〉

周一~周五 9:00~18:30

周六 9:00~12:00

〈冬季〉

周一~周五 9:00~12:00、13:30~18:30

周六 9:00~12:00

贝林佐纳作为连接瑞士和意大利的交通要塞，中世纪已非常繁荣，现为提契诺州的首府。大城堡（Castel Grande），蒙特贝洛城堡（Castello di Montebello），萨索·科尔巴罗城堡（Castello di Sasso Corbaro）等三座古城堡，以及围绕大城堡和蒙特贝洛城的城墙（Murata），被列为世界文化遗产。

【旅游景点指南】

旧城区今天依然是城市的中心

中心区
Centro

MAP p.257

从国铁车站前面的大街（Viale Stazione）往南行进，大约步行5~6分钟即可看到城墙，再往前面就是旧城区。即使到了今天，旧城区依然是城市的中心。最热闹的要数学院教堂广场（Piazza Collegiata）和诺塞特广场（Piazza Nosetto）。

西侧大岩石上面耸立着大城堡，从德拉瓦莱广场（Pizzetta Della Valle）乘坐升降机即可轻松到达。

错综复杂的小巷很少，中心区布局简单明了

位于德拉瓦莱广场的去往大城堡的升降机

从大城堡开始延伸出来的城墙

首先说明一下这三个城堡的位置关系。大城堡位于城市的中心区，蒙特贝洛城堡位于山丘中部，可以眺望到整个城市，萨索·科尔巴罗城堡位于山丘的顶部。围绕大城堡和蒙特贝洛城堡的是城墙（Murata）。从中世纪一直保留到今天。城墙多处都出现了断裂。如果时间不是很宽裕，那么一定不要错过大城堡。当然，如果时间充足，三座城堡都是值得一看的。在这里推荐给大家的路线是：从车站乘出租车到达萨索·科尔巴罗城堡，徒步下到蒙特贝洛城堡（约40分钟），最后下到中心区（约20分钟）参观大城堡。

三个城堡内都设有博物馆（Museo），门票为CHF5，三个博物馆的通票为CHF10（持瑞士通票者免费）。

城市中心所建的第一座城堡

大城堡
Castel Grande

MAP p.257

大城堡矗立在城市中心区的大岩石上（比中心区高约50米），是三座城堡中规模最大的主城。据推算，大城堡始建于1250年左右，一直到1500年都有不同程度的增建或改建。

城堡内有考古学博物馆，中庭有餐厅，还有两座塔——黑塔（Torre Nera）、白塔（Torre Bianca）。城西和城南都有城墙，可以在城墙上面或下面（隧道状）散步。开放时间：中庭9:00~22:00（周一10:00~18:00），博物馆10:00~18:00（冬季至17:00），城墙10:00~19:00（冬季至17:00）。

矗立在城中心大岩石上的大城堡

建在山腰的第二座城堡

蒙特贝洛城堡
Castello di Montebello

MAP p.257

在山丘的中部（比中心区高约140米），能够俯瞰到整个城市的地方矗立着第二座城堡。它由意大利的鲁斯卡家族建造，后转让给维斯康蒂家族。中庭的监视塔是考古学历史博物馆。城西和城南的城墙上可以供人散步。开城时间为4月~11月。中庭开放时间为8:00~20:00，博物馆10:00~18:00。

建在山腰的蒙特贝洛城堡

建在山丘之巅的第三座城堡

萨索・科尔巴罗城堡
Castello di Sasso Corbaro

MAP p.257

能够俯瞰整个城市的山巅（比中心区高约230米）处，矗立着第三座城堡。据说建于1300年左右，15世纪后期，在米拉诺军队的建议下，被要塞化。

城堡内有开设特别展览的博物馆。开城时间为4月~11月。中庭开放时间为10:00~22:00（周一至18:00）。博物馆10:00~18:00。

眺望风景的好地方——萨索・科尔巴罗城堡

马焦雷湖畔妙趣横生的城市

洛迦诺

Locarno

MAP ●剪切地图-11、p.7-G、p.249-A、p.259

州名／提契诺州	语言／意大利语圈
海拔／198米	人口／约1.45万人
产业／展览业	长途区号／☎091

●交通

从卢加诺出发，约需1小时，39千米

●乘列车

从卢加诺出发，乘国际特快EC或特快ICN去往贝林佐纳（约22分钟），接着换乘快速IR约19分钟。或者从卢加诺出发，乘坐（S-Bahn）10号去往朱比亚斯科（Giubiasco）（约26分钟），然后换乘S线20号，大约23分钟。两种方式，加上换乘时间大约都为1小时。

●开车

从卢加诺出发，上高速2号线，在贝林佐纳南出口（Bellinzona Süd）下高速，接着驶入普通公路394号线，在奎蒂诺（Quartino）右拐，进入一般道路13号线直行。大约39千米。

最初看到的是洛迦诺（Locarno）的标志，然后进入市区，沿着中心区（Centro）和车站（Stazione）的标志行驶即可。意大利语圈的城市街道狭窄，一定要注意驾驶安全。

●市内交通

城区面积不大，徒步游览即可。但是如果要去往建在高地之上的圣玛利亚・德尔・萨索教堂，可以乘坐从城区中心出发的缆车，单程所需时间约为6分钟，每隔15分钟一班。

●旅游局

Information Desk Locarno

旅游局位于从城中心的大广场一直延伸到湖畔的佐齐大街（Largo Zorzi），赌场建筑内。指示牌不是十分醒目，朝着赌场方向走即可。

Largo Zorzi 1, CH-6600 Locarno

☎091-791-0091 FAX 091-785-1941

www.ascona-locarno.com（意、德、法、英）

〈4月~10月〉

周一~周五	9:00~18:00
周六	10:00~18:00
周日	10:00~13:30
	14:30~17:00

〈11月~次年3月〉

周一~周五	9:30~12:00
	13:30~17:00
周六	10:00~12:00
	13:30~17:00

与卢加诺同样，是位于湖对面的意大利风小城，但在规模上洛迦诺更小、更富情趣。这里冬季温暖，从3月开始许多树种相继开花，是避寒最合适的休养胜地。

这里有著名的《洛迦诺条约》，这里更有新人电影导演跳龙门的国际电影节，这座城市虽小，但闻名国际。

【旅游景点指南】

城区的中心拱廊商业街

大广场

Piazza Grande

MAP p.259

位于城区的中心，商场和购物中心林立，是整个洛迦诺最富活力的地方。虽说是广场，其实给人的感觉不过是用大石块铺砌而成的宽阔的道路，广场的中央是公共停车场。

广场的两侧是有拱廊的商业街，商业街上有咖啡馆的阳台席位，三明治店的店前零卖摊，非常热闹。

每个星期的周二（冬季隔周），广场上都有手工艺品的露天市场。

如垫子般大小的面包

大广场的露天市场

充满历史感的中世纪之城

维斯康蒂城
Castello Visconteo

MAP p.259

据说维斯康蒂城建于10世纪，之后荒废，14世纪重建后成为米拉诺名门维斯康蒂家族的宅邸。现在是州立历史考古学博物馆（Museocivico e archeologico），里面展示有《洛迦诺条约》的相关资料，以及古罗马时代的玻璃制品等。

开馆时间为周二~周五10:00~12:00、14:00~17:00，周六、周日10:00~17:00。周一闭馆。门票为CHF7（持瑞士通票者免费）。

庄严美丽的教堂

圣玛利亚·德尔·萨索教堂
Santuario della Madonna del Sasso

MAP p.259

意大利风格的黄色外壁、砖瓦房顶，不禁让人感叹它的美丽。这就是圣玛利亚·德尔·萨索教堂，欧洲的基督教徒来此朝圣之地。1478年，一名叫作巴塞罗缪的僧人为了纪念圣母玛利亚在梦中对其的告诫而创建了该教堂。

从城区中心乘缆车（Fanicolare）出发，在终点站奥塞利纳站（Orselina）下车。车站下有通往教堂的阶梯，但是建议大家不要急于去教堂，先在车站前面的大街一边散步，一边眺望教堂全景及美丽的马焦雷湖吧！接着下阶梯去教堂，参观完教堂之后，在教堂下面的避难所车站（Santuario）乘缆车返回最为便利。缆车的运行时间为7:00~12:00（夏季延长），大约每隔15分钟一班。所需时间约6分钟，往返费用CHF6.60（持瑞士通票者免费）。

旅行小贴士

洛迦诺的名吃——潘妮多尼面包

提到洛迦诺的名吃，就会让人想到潘妮多尼面包。它的外形如西餐厅主厨的帽子，软软的，非常特别。面包的尺寸从手掌大小到橄榄球大小都有。其中数“Amaretto”和“Al Porto”两家的面包最为有名。

“Amaretto”店的潘妮多尼面包

风景秀丽的马焦雷湖和圣玛利亚·德尔·萨索教堂

科莫湖畔秀丽的城市

科莫（意大利）

Como (Italia)

MAP ●剪切地图-11、p.7-G、p.249-B、p.260

国名／意大利	语言／意大利语
海拔／201米	货币／欧元
人口／约8.3万人	
国别号／☎39	

●交通

从卢加诺出发，约需25分钟，30千米。

●乘列车

从卢加诺出发，乘国际特快EC约25分钟，乘S线（S-Bahn）约35分钟。列车内需检查护照，因此必须携带护照。

●开车

从卢加诺出发，上高速2号线，约30千米。

●市内交通

旧城区和湖畔步行游览即可。

●旅游局 Info Point

在科莫圣乔凡尼车站、大教堂、科莫湖北站都设有旅游局咨询处（Info Point）。

☎031-252-518　FAX031-252-528

www.comotourism.it（意、英）

＜科莫圣乔凡尼车站分局＞

周一~周五　10:30~13:00、14:00~17:30

周六、周日　10:00~18:00

＜大教堂分局＞

周一~周五　10:30~12:30、14:30~18:00

周六、周日　10:00~18:00

从卢加诺出发，到科莫游玩可当日内返回。科莫湖畔是非常知名的风景休养胜地，而科莫作为意大利丝绸的产地也广为世人知晓。市内贩卖丝绸制品的商店林立，在此购物别有一番乐趣。

从卢加诺出发，乘列车到达科莫圣乔凡尼车站（Como S.Giovanni）。首先去往湖畔的凯沃尔广场（Piazza Cavour）。它是一个巨大的正方形广场，是城市的中心。广场设有旅游局，广场前面是游览船和定期渡船的停靠码头。

凯沃尔广场南侧一带是旧城区，有历史的古老建筑物较多，最值得观赏的是科莫的象征——大教堂（Duomo）。该教堂是由设计米拉诺大教堂的建筑家斯帕齐（Spazzi）设计的，于1396年开工建设，1740年完工。由于建设时间长达4个世纪，教堂的建筑混合了哥特式和文艺复兴式的风格，众多艺术家参与了修建工程。教堂壮丽的正面装饰出自罗达里（Rodari）兄弟之手，美丽的天井装饰则由莫拉佐内（Morazzone）完成。内部参观时间为7:00~12:00、15:00~19:00。

湖畔作为高级别墅聚集地广为人知

科莫的象征——大教堂

城市的中心 凯沃尔广场

圣莫里茨周边

（罗曼什语圈） Around St. Moritz

St. Moritz 圣莫里茨

Scuol 施库奥尔 / Müstair 米施泰尔

Tirano 蒂拉诺（意大利）

概况

由150条峡谷与石桥交织而成 富有独特魅力的格劳宾登州

格劳宾登州（Graubunden）（法语和英语为“Grisons”）位于瑞士东南部，被意大利和奥地利所包围，是瑞士面积最大的州。当地居民绝大多数说罗曼什语。由于地形复杂，因此也孕育出了不同的文化和风俗。以圣莫里茨为代表的恩加丁地区是该地区的观光中心。

自然风景秀丽的恩加丁地区

从古代起就生活在这片土地的拉托罗曼人，进入近代之后并没有“屈服”于德语，而是依然传承着自己民族的语言——罗曼什语。1938年，罗曼什语被瑞士定为该国的第四语言，之后，罗曼什语及该地区独特的文化风俗也更加受到重视和保护。

多瑙河的支流因河流经格劳宾登州。以圣莫里茨为起点，沿因河展开的恩加丁地区拥有海拔超过4000米的贝尔尼纳峰，分布在山间峡谷的城镇和村落堪称人类与大自然共同的杰作。

作为阿尔卑斯的画家，塞冈第尼（Segantini，1858—1899）一直生活在此，并描绘着他热爱的恩加丁群山，向人们展现它们春夏秋冬的千姿百态（他的作品能够在塞冈第尼美术馆欣赏到）。

这里有湛蓝的天空和沁人心脾的清新空气，这里有沐浴着温和阳光的夏山和风景秀丽的冬山，这里有疗养身心的温泉。这里冬可滑雪，夏可郊游，作为休养胜地，在欧洲各国人气颇高。

从圣莫里茨出发一日游

格劳宾登州的州府为交通要塞的库尔（p.204），这里有国际著名的会议中心达沃斯等城镇，观光的大本营为圣莫里茨。

颇具人气的冰川快车（p.28）、贝尔尼纳快车（p.30），其始发站正是圣莫里茨。该地区还是世界上著名的高级滑雪胜地，

圣莫里茨多夫地区和圣莫里茨湖

1928年和1948年两届冬季奥林匹克运动会都在此举行。

另外，这里作为欧洲各国上层人士的别墅聚集地也非常有名。尤其是冬季和夏季，到处可见他们身着特色的衣服，在大街上行走。传统的敞篷车，从头到脚一身20世纪40年代的打扮，如电影画面一般。这里是休养胜地，自然极其奢华绚烂，但更准确地说，人们是满怀一颗玩乐的心，在此享受生活。

从圣莫里茨出发，当日可以返回的旅游城市有施库奥尔和米施泰尔。施库奥尔（p.272）的温泉及壁画装饰非常出名，米施泰尔（p.274）拥有世界文化遗产米施泰尔修道院。除此之外，可乘坐贝尔尼纳快车，从圣莫里茨至蒂拉诺（意大利城市，p.276），然后换乘巴士到达卢加诺州，从蒂拉诺至卢加诺（瑞士城市，p.250）。

世界著名的滑雪胜地

圣莫里茨

St. Moritz

MAP ●剪切地图-8、p.7-H、p.263-C、p.265

州名／格劳宾登州	语言／罗曼什语圈
海拔／1815米	人口／约5900人
产业／旅游业	长途区号／☎081

●交通

从苏黎世出发，约需3小时30分钟，206千米

从采尔马特出发，约需8小时，270千米

从库尔出发，约需2小时，86千米

●乘列车

从苏黎世到库尔，乘特快IC约需1小时30分钟。从库尔乘坐快速RE约需2小时。

从采尔马特出发，乘坐冰川快车约需8小时。

●开车

从苏黎世出发，上3号/13号高速公路，在图西斯南出口（Thusis-Süd）下高速，然后进入登山普通道路3号线，在席尔瓦普拉纳（Silvaplana）左转，直接进入到普通道路27号线。

从采尔马特出发，下登山公路去往菲普斯（Visp），然后进入普通道路9号线/19号线去往赖兴瑙（Reichenau），接着在高速13号线的图西斯南出口下高速。之后的行驶路线与上述一样。

●市内交通

圣莫里茨城分为多夫地区和巴德地区。两地区之间，乘邮政巴士约需10分钟，步行约需25分钟。但是，如果只在交通中心和景观中心多夫地区进行游览的话，无须乘坐交通工具，徒步即可。

如果是乘火车到达圣莫里茨，由于多夫地区海拔较高，所以去往中心区多夫地区最好的方法是乘坐出租车。出租车停靠站就位于圣莫里茨车站前。

●旅游局 St.Moritz Tourist Information

总局位于多夫地区的毛里求斯广场，分局位于圣莫里茨车站。以下是总局信息。

☎081-837-3333　FAX 081-837-3366

www.engadin.stmoritz.ch（德、法、意、英）

〈夏季、冬季〉

周一~周五

9:00~18:30

周六

9:00~12:30

13:30~18:00

其他

周一~周五

9:00~12:00

14:00~18:00

周六

9:00~12:00

〈夏季7月〉

平均最高气温：18.4℃

平均最低气温：3.0℃

日落时间：21:30左右

〈冬季1月〉

平均最高气温：-2.2℃

平均最低气温：-18.0℃

日落时间：16:30左右

圣莫里茨成功举办了1928年和1948年两届冬季奥林匹克运动会，是世界上著名的滑雪胜地，并且还是冰川快车和贝尔尼纳快车的始发车站所在地。

圣莫里茨城区分为圣莫里茨多夫（St. Moritz-Dorf）中心区和圣莫里茨巴德（St. Moritz-Bad）中心区。多夫地区位于高地上，是观光旅游和交通的中心；巴德地区位于湖畔，是温泉疗养胜地。多夫主街上名牌商店及高级钟表店林立，周边还分布着疗养酒店。

【旅游景点·指南】

圣莫里茨的中心

多夫地区

St.Moritz-Dorf

MAP p.265-A

学校广场（Plazza da Scoula）位于去往奈尔瞭望台的缆车乘降站附近，多夫地区以其为中心，利用高地地势，沿东西方向展开。旅游观光局在毛里求斯广场，迈斯特拉街（Via Maistra）和塞尔拉斯街（Via Serlas）是主街，名牌商店和高级钟表店林立。

城镇疗养地色彩浓厚，真正意义上的观光景点很少。冬季，是一年中最为热闹的季节。

旅游观光局所在的毛里求斯广场

让人联想到凡高的画风

贝瑞美术馆
Berry Museum

MAP p.265-A

www.berrymuseum.com （德、意、英）

从施瓦茨宾馆酒店出发，沿阿罗那街（Via Arona）而下，能够看到展示皮特·罗伯特·贝瑞（Peter Robert Berry，1864~1942）的作品的美术馆，他是出生于恩加丁地区的画家。

建筑本身也具很高观赏价值的恩加丁博物馆

贝瑞受到塞冈第尼（请参照p.266）绘画的影响，在巴黎的美术学校学成之后回到自己的家乡恩加丁，持续40年不断地描绘着恩加丁的风景。看到贝瑞的画，人们能够联想到凡高的绘画，其鲜明的色彩广受称赞。开馆时间为10:00~13:00、16:00~19:00。门票为CHF15。

向人们展示恩加丁地区往昔的生活

恩加丁博物馆
Engadiner Museum

MAP p.265-A

www.engadiner-museum.ch（德、意、英、日）

恩加丁博物馆位于多夫地区和巴德地区中间，朝向有邮政巴士通过的巴格大街（Via del Bagn）。从多夫区中心步行前往大约10分钟。

恩加丁博物馆再现了16~18世纪恩加丁地区的乡土生活。1906年，古董家具收藏家理查德开始把其作为私营博物馆对外开放，现在由州政府管理。

博物馆的建筑本身为恩加丁地区典型的民宅风格，外墙涂着白水泥，上面装饰着被称作“Sgraffio”的水泥画，并有小监视窗和阁楼式的回廊。馆内木质的墙壁，雕刻精细的柱子，粗大横梁横穿的天井，全部都是传统的建筑样式。

从一层到三层有许多房间，再现了往昔的客厅、食堂、厨房、卧室等家居生活环境。在众多房间中必看的是第9室，这里的物品均由意大利独立运动政治家的旧居搬迁而来。

开馆时间为周一~周五、周日10:00~12:00，14:00~17:00，周六休息。5月和11月闭馆。门票为CHF5。

阿尔卑斯画家塞冈第尼的作品集萃

塞冈第尼美术馆
Segantini Museum

MAP p.265-A

www.segantini-museum.ch（德、意、英）

塞冈第尼美术馆面向索姆广场大街（Via Somplatz），与恩加丁博物馆相隔一条路。

美术馆整体为圆形的石制建筑，有圆形的屋顶、圆形的窗户。它建于1908年，可用来眺望塞冈第尼生前建于山上的画室。

1858年，塞冈第尼出生于意大利北部，1886年来到恩加丁地区，最初是在席尔瓦普拉纳（Silvaplana）附近，接着是马洛亚（Maloja），然后是索格利奥（Soglio），逐渐地向恩加丁谷的深处移住，同时他也不断地描绘着恩加丁群山的姿态。

春夏秋冬四季的变换，晴天雨日的不同风景，日出日落的交替，这些都在塞冈第尼的画笔下向人们展示出来。他的画能够让人们感受到光与空气，颇受瑞士人的好评，深得瑞士人的喜爱。他是瑞士画家的代表人物。

他的作品中最为出名的是在摆放在二层的“命运三部曲”大作，即《生》（*Das Leben*）《自然》（*Die Nature*）《死》（*Der Tod*）。

1899年，他在蓬特雷西纳上方的小屋（Schafberg）（现在是以塞冈第尼山小屋为名的咖啡餐厅）绘制《自然》时，不幸患急性腹膜炎去世。因此，美术馆面朝他去世的小屋的方向而建，在此眺望，圣莫里茨湖以东稍远的山上能够隐约看到小屋。

开馆时间为5月20日~10月20日，12月10日~次年4月20日，周二~周日10:00~12:00、14:00~18:00。周一及节假日休息。门票为CHF10。

外观给人留下深刻印象的塞冈第尼美术馆

眺望贝尔尼纳峰

奈尔瞭望台
Piz Nair

MAP p.265-B

从多夫地区只需25分钟就可以到达奈尔瞭望台。登山列车就位于学校广场的内侧，从这里乘车，先登上科尔维利亚（Corviglia），然后再换乘缆车就可以到达海拔3057米的奈尔瞭望台。单程所需时间为25分钟，往返费用为CHF54。如果在圣莫里茨市内的酒店协会加盟酒店住宿2晚以上，往返可免费。

奈尔附近有大型滑雪场，是冬季奥林匹克运动会和世界滑雪预选赛的举办地。冬季这里是滑雪胜地。夏季是旅游和郊游旺季，热闹非凡。

从瞭望台餐厅的阳台望去，圣莫里茨

可眺望贝尔尼纳峰的奈尔瞭望台

瞭望台的象征——野山羊雕像

城区、圣莫里茨湖、恩加丁谷尽收眼底，对面是最高峰贝尔尼纳峰（Piz Bernina，4049米）等贝尔尼纳—阿尔卑斯群山，360度的全景画面让人大饱眼福。

缆车和厢式缆车的运行根据季节不同有所差异。夏季上山始发时间为8:20，下山末班时间为16:50，每隔20分一班。5月和11月休息。

眺望冰河和贝尔尼纳—阿尔卑斯地区

迪亚沃莱扎瞭望台
Diavolezza

MAP p.263-C

该瞭望台位于圣莫里茨近郊，海拔2978米，与奈尔瞭望台的眺望角度不同，能够欣赏到不一样的贝尔尼纳—阿尔卑斯风景。

瞭望台前面是冰河（Vadret Pers），正面是高耸的帕鲁峰（Piz Palü）（3905米），右方是贝拉维斯拉山（Bella-vista）（3922米）、最高峰莫特拉奇峰（Piz Morteratsch）（3751米），秀丽的山峰林立，美丽的全景画面一览无余。观光最好的时间是上午，因为下午逆光，不推荐。

乘坐圣莫里茨到蒂拉诺方向的列车（Rhb），约40分钟即可到达贝尔尼纳迪亚沃莱扎车站，接着换乘缆车，约10分钟即可到达瞭望台。缆车的运行根据季节有所变动，夏季8:30~17:30，每隔20分钟一班。往返费用为CHF33（瑞士通票半价）。

旅行小贴士

马在冻结的湖面上奔跑

瑞士最寒冷的地方是圣莫里茨，冬季时湖泊会结冰。结冰的湖面会有冰上赛马活动举行。身裹毛皮大衣的欧洲社交界人士共聚在此，买票为自己所支持的马加油助威。

2月的第1、2、3个周日是比赛日。详情请资询White Turf Racing Associa-tion，电话：081-833-8460，网站：www.whiteturf.ch（德、英）。

独特的圣莫里茨湖冰上赛马

★★★★
斯特凡尼酒店
Steffani

MAP p.265-A

宽敞的酒店大厅

Sonnen-platz, CH-7500 St. Moritz
☎081-836-9696 FAX 081-836-9717
www.steffani.ch（德、英）
室 64间
2人间含早餐CHF310~
营 全年营业

圣莫里茨罕见的全年营业酒店

由于圣莫里茨地区是世界著名的滑雪休养胜地，这里的酒店大多高雅别致，但氛围友好、住宿条件便利的非斯特凡尼酒店莫属。

酒店白色的外壁配以黄色的太阳伞，色彩鲜明。酒店内部的氛围和工作人员一样，都是那么友好。整个酒店有64间客房，规模虽小，却让人非常安心。客房虽不奢华，却干净便捷。

该酒店有两个餐厅，颇受当地人和游客的欢迎。一个是瑞士和意大利料理餐厅（蓝兔餐厅）（参考p.271），另一个是圣莫里茨地区唯一的中餐厅(Le Mandarin)（参考p.271）。在酒店的入口一旁有一个小型酒吧（Cresta Bar），仿佛隐匿之所，晚餐后来此小酌一杯是不错的享受。

住宿条件便利、氛围轻松友好的酒店

另外，酒店的地理位置十分优越，去往多夫中心地区、学校广场及奈尔瞭望台的缆车乘降站就在附近，购物和观光都很便利。在圣莫里茨，全年营业的酒店是非常少有的，因此弥足珍贵。

来过这里住宿的人，都无法抵御它的魅力，都会成为它的常客。

客房装饰简单，但非常舒适

酒店室内游泳池

隐匿的小酒吧

电影《伪装者》中出现的酒店

巴德鲁特宫殿酒店
Badrutt's Palace

★★★★★ MAP p.265-A

Via Serlas 27, CH-7500 St.Moritz
☎081-837-1000 FAX 081-837-2999
www.badruttspalace.com（德、英）
室 195间
2人间不含早餐CHF370~
营 1月~3月、6月~9月、12月

该酒店位于多夫地区中心，是圣莫里茨高级酒店的代表。酒店内装饰典雅别致，氛围静谧。在滑雪季冬季，欧洲社交界人士在此云集。另外，酒店还作为电影《伪装者》的拍摄地而广为人知。

酒店的传统样式外观让人印象深刻

建在能够俯瞰圣莫里茨湖的高地上

卡尔顿酒店
Carlton

★★★★★ MAP p.265-B

Via J.Badrutt11,CH-7500 St.Moritz
☎081-836-7000 FAX 081-836-7001
www.carlton-stmoritz.ch（德、意、英）
室 60间
2人间含早餐CHF950~
营 1月~3月，6月~9月，12月

从多夫地区中心出发，徒步7~8分钟，就能看到建在能够俯瞰到圣莫里茨湖的高地上的卡尔顿酒店。酒店长达一年半的装修工程已完工，2007年年底重新开业。酒店的60间房间全部都是湖景房。

很远就能够看到酒店富丽堂皇的外观

酒店的历史开始于1856年

库尔姆酒店
Kulm

★★★★★ MAP p.265-B

Via Veglia 18, CH-7500 St.Moritz
☎081-836-8000 FAX 081-836-8001
www.kulmhotel-stmoritz.ch（德、英、意）
室 173间
2人间含早餐CHF525~
营 1月~3月，6月~9月，12月

该酒店位于多夫地区中心，能够俯瞰圣莫里茨湖。酒店氛围开放。由于所处地势较高，能够从客房一览蓝色的圣莫里茨湖美景。另外，酒店的庭院宽敞，并设有高尔夫球场。

黄色的外壁及美丽的直线型设计

住宿方便的现代化酒店

水晶酒店
Crystal

★★★★ MAP p.265-B

Via Traunter Plazzas 1, CH-7500 St. Moritz
☎081-836-2626 FAX 081-836-2627
www.crystalhotel.ch（德、法、意、英）
室 71间
2人间含早餐CHF310~
营 1月~3月，6月~9月，12月

该酒店位于多夫中心地区，面朝学校广场而建。不论是外观还是内部装饰，都极其简约，并富有现代气息。客房非常舒适，让人感觉像在自己家中。

简约的现代化酒店

…劳宾登州的酒店内均为禁烟客房。但若是附阳台的客房，可在阳台处吸烟。

★★★★★

凯宾斯基酒店

Kempinski Grand Hotel des Bains

MAP p.265-A

Via Mezdi 27, CH-7500 St. Moritz
☎081-838-3838 FAX 081-838-3000
www.kempinski-stmoritz.com（英）
室 184间
2人间含早餐CHF350~
营 1月~3月，6月~9月，12月

双塔建筑为超豪华的3层客房

温泉中心住宿者免费，非住宿者需付CHF60

舒适的温泉中心

该酒店位于湖畔的温泉疗养地巴德地区，于2002年开业。它是在旧有的库尔酒店的基础上改建而成的。外观风格活泼，内部及客房装饰现代，是一座非常高雅的酒店。酒店内到处是生动的插花装饰，美感十足。

温泉中心设施齐全，有室内游泳池、桑拿房，还有各种各样的温泉疗养设施。饮用泉和疗养用的温泉都是从酒店地下涌出的天然碳酸型泉水。另外，酒店内还设有赌场，营业时间为：周一~周五20:00~次日凌晨3:00，周末20:00~次日凌晨4:00。

如城堡一样的高级酒店

苏弗莱塔酒店 ★★★★★
Suvretta House

MAP p.265-A

Via Chasellas 1, CH-7500 St.Moritz
☎081-836-3636 FAX 081-836-3737
www.suvrettahouse.ch
室 181间 2人间不含早餐CHF305~

位于车站前，近郊旅游十分便利

拉莫雷纳酒店 ★★★★
La Margna

MAP p.265-B

Via Serlas 5, CH-7500 St. Moritz
☎081-836-6600 FAX 081-836-6601
www.lamargna.ch
室 58间 2人间含早餐CHF340~

位于丘陵之上，环境幽静

巴伦酒店 ★★★★
Bären

MAP p.265-B

Via Maistra 50, CH-7500 St. Moritz
☎081-830-8400 FAX 081-830-8484
www.hotelbaeren.com
室 60间 2人间含早餐CHF236~

自由舒适的中档酒店

豪斯酒店 ★★★
Hauser

MAP p.265-A

Via Traunter Plazzas 7, CH-7500 St. Moritz
☎081-837-5050 FAX 081-837-5055
www.hotelhauser.ch
室 51间 2人间含早餐CHF270~

有着悠久历史的一流酒店

施瓦茨宾馆酒店 ★★★★
Schweizerhof

MAP p.265-A

Via dal Bagn 54, CH-7500 St. Moritz
☎081-837-0707 FAX 081-837-0700
www.schweizerhofstmoritz.ch
室 82间 2人间含早餐CHF280~

多夫中心地区的现代化酒店

莫诺普尔酒店 ★★★★
Monopol

MAP p.265-B

Via Maistra 17, CH-7500 St. Moritz
☎081-837-0404 FAX 081-837-0405
www.monopol.ch
室 68间 2人间含早餐CHF380~

全年营业的湖畔酒店

瓦尔德豪斯酒店 ★★★
Waldhaus am See

MAP p.265-B

Via Dim Lej 6, CH-7500 St. Moritz
☎081-836-6000 FAX 081-836-6060
www.waldhaus-am-see.ch 室 53间
2人间含早餐CHF220~

新艺术风格的中档酒店

滨旋花酒店 ★★★
Soldanella

MAP p.265-A

Via Somplaz 17, CH-7500 St. Moritz
☎081-830-8500 FAX 081-830-8505
www.hotel-soldanella.ch
室 36间 2人间含早餐CHF195~

格劳宾登州的酒店内均为禁烟客房。但若是附阳台的客房，可在阳台处吸烟。

富有情趣的餐厅公馆

凯萨塞餐厅
Chesa Veglia
（瑞士料理和比萨）MAP p.265-B

- ✉ Via Veglia大街
- ☎ 081-837-2800
- www.badruttspalace.com（德、英）
- 营 每日12:00~22:30
- 营 1月~4月、6月中旬~9月、12月
- 预 CHF50~

该餐厅公馆是由1658年所建的恩加丁地方公馆改建所成的。馆内有“Patrizier Stuben”（瑞士料理）、“Pizzeria”（比萨）、“Grill Chadafö”（法国料理，只用冬季营业）三个餐厅及酒吧。

5星级酒店所经营的餐厅

广受大众欢迎的人气餐厅

蓝兔餐厅
Lapin Bleu
（瑞士和意大利料理）MAP p.265-A

- ✉ 斯特凡尼酒店0F
- ☎ 081-836-9697
- www.steffani.ch（德、英）
- 营 每日8:00~24:00
- 营 全年
- 预 CHF30~

该餐厅提供早餐、午餐、晚餐，另供应农家料理和意大利面。

宽敞明亮的阳台席位

中国菜，请到这里

中餐厅
Le Mandarin
（中国菜）MAP p.265-A

- ✉ 斯特凡尼酒店（1F）
- ☎ 081-836-9730
- www.steffani.ch（德、英）
- 营 每日18:30~23:30
- 营 1月~4月、6月中旬~12月
- 预 CHF30~

是圣莫里茨内唯一的中国菜餐厅。餐厅的主厨是从香港聘请的厨师。其中最有名的是火锅。

面类和炒饭等菜式很丰富

格劳宾登州的名吃

牛肉饼
Bündner Nusstorte

在圣莫里茨，冬季有很多被大雪孤立的村庄。这样一来，就出了以牛肉干和奶酪制作而成的格劳宾登州名吃牛肉饼。

表面是厚厚的黄油，中间夹有核桃等坚果，犹如牛奶味的月饼。看似热量很高，其实吃起来口感特别清爽。

由于它保质期长，作为礼物非常合适。在当地的面包房或食品店及超市都能够购买到。

餐厅内禁止吸烟。但阳台可以吸烟。

富于情趣的壁面装饰之乡和温泉之乡

施库奥尔

Scuol

MAP ●剪切地图-8、p.7-H、p.263-B、p.273

州名／格劳宾登州	语言／罗曼什语圈
海拔／1250米	人口／约2400人
产业／畜牧业	长途区号／☎081

●交通
从圣莫里茨出发，约需1小时30分钟，60千米。从苏黎世出发，约需2小时30分钟，197千米。

●乘列车
从圣莫里茨出发，乘Rhb的普通列车R，在萨梅丹（Samedan）换乘，大约需1小时30分钟。从苏黎世出发，乘特快IC，约1小时到达兰德夸特（Landquart），换乘Rhb的普通列车R约1小时30分钟。

●开车
从圣莫里茨出发，上普通道路27号线，约需1小时30分钟，60千米。从苏黎世出发，上高速3号线、13号线，在兰德夸街下高速，接着进入普通道路28号线去往斯布勒兹（Selfranga），穿过维恩那隧道（Vereina-Tunnel），进入普通道路27号线。共需2小时30分钟，约197千米。

●市内交通
从施库奥尔特拉普斯车站（Scuol-Tarasp）出发，乘坐去往邮局（Scuol Poasta）的邮政巴士，约2分钟。从邮局到城中心，沿斯特兰敦大街步行10分钟即到。

●旅游局 Gäste-Info Scuol
与邮局相邻。
☎081-861-2222 FAX 081-861-2223
www.scuol.ch（罗曼什、德、法、意、英）
〈夏季、冬季〉
周一~周五 8:00~18:30
周六 8:00~12:00
13:30~17:30
周日 9:00~12:00
〈其他时间〉
周一~周五 8:00~12:00
13:30~18:00
周六 9:00~12:00

施库奥尔位于瑞士最东部，距离奥地利边境20千米。在这里，罗曼什语是通用语言，一般不用英语。每家的外墙面都有一种被称作“Sgraffito”的装饰，是把石灰乳涂在墙面上，然后用凿子切削而成，伸出墙壁的窗子和阳台都有漂亮的花装饰，其美丽程度无法用言语形容。

这里自古以来就是温泉疗养地，自从大型温泉中心开放以后，作为温泉疗养胜地更加出名。

【旅游景点指南】

生活中的艺术

壁面装饰之家
Sgraffito

MAP p.273-B

温泉中心恩加丁巴德施库奥尔（Engadin Bad Scuol）对面，与斯特兰敦街相隔一条路的拉什莱纳地区和城南一带，很多民宅外墙壁上面有着几何图样和花朵的雕饰。

这里尤其美丽的要数拉什莱纳广场（La Plazzertta Raschlaina），广场的正

壁面装饰“Sgraffito”

壁面装饰之家林立的拉什莱纳广场

中央有两种不同的矿泉水饮用场所，可供人们自行饮用。

让施库奥尔引以为豪的温泉中心

恩加丁巴德施库奥尔
Engadin Bad Scuol MAP p.273-B

www.engadinbadscuol.ch（德）

这是一座现代化设施齐全的温泉中心。除了温泉游泳池之外，还有罗马浴池、芬兰桑拿、咖啡餐厅、销售温泉产品的柜台、按摩设施、美容沙龙等。

室内温泉游泳池采用圆形顶棚的高天井式设计，露天温泉有回流、“寝汤”、气泡浴等设施，身后就是美丽的恩加丁峡谷。只需付CHF1.50的杯子费用，就可以享用设施内提供的4种矿泉水，包括硫黄泉、碳酸泉等各种各样的矿泉。营业时间：温泉中心每天8:00~22:00，饮泉台周一~周五8:00~10:00、15:30~18:00，周六8:00~10:00。门票为CHF25（3小时）。

Hotel

位于城中心的典雅酒店

美景宫酒店 ★★★★
Belvédère MAP p.273-B

☎081-861-0606 FAX081-861-0600
www.belvedere-scuol.ch
室72间　2人间含早餐CHF300~

由壁画装饰的小型酒店

恩加丁谷地酒店 ★★★
Engiadina MAP p.273-B

☎081-864-1421 FAX081-864-1245
www.hotel-engiadina.ch
室15间　2人间含早餐CHF174~

室外温泉游泳池颇受当地孩子们的喜欢

室内温泉游泳池有阳光射入，十分明亮

提供4种矿泉水的饮泉台

有很多人喜欢把矿泉水加热后饮用

拥有世界文化遗产——米施泰尔修道院的山谷之村

米施泰尔
Müstair

MAP ●剪切地图-8、p.7-H、p.263-B、p.274

州名／格劳宾登州	语言／罗曼什语圈
海拔／1247米	人口／约800人
产业／畜牧业	长途区号／☎081

●交通

从圣莫里茨出发，约需2小时20分钟，73千米。

●乘列车

从圣莫里茨出发，乘快车RE前往萨姆登(Samedan)，换乘普通列车R前往采尔内茨，大约需45分钟。接着在采尔内茨换乘邮政巴士，去往米施泰尔修道院站（Müstair, Clostra Son Jon)，大约需1小时5分钟。加上换乘所需的时间到达该地需2小时20分钟。

●开车

从圣莫里茨出发，走普通公路27号线北上，在采尔内茨进入普通公路28号线，之后一直前行。

●旅游局 Gästeinformation Val Müstair

☎081-858-5858
FAX 081-858-6262
www.val-muestair.ch
（德、法、意、英）

●修道院

☎081-851-6228
FAX 081-858-6292
www.muestair.ch
（罗曼什、德、意、英）

施库奥尔位于瑞士最东端，距离奥地利边境仅1.5千米。虽然它只是米施泰尔谷深处的一个不足800人的小村子，但村外的修道院仍然保留着9世纪的湿壁画，并在1983年被列为世界文化遗产。

【旅游景点指南】

保留有9世纪壁画的世界文化遗产

圣约翰本笃会女修道院
Benedictine Convent of St. John

英语称圣约翰本笃会女修道院为

壁画内容从东南侧墙壁开始，以顺时针方向展开

"Convent of St. John"，罗曼什语为"Clostra Son Jon"。8世纪，由法兰克王国的查理大帝所建，建成之初是男子修道院，但从12世纪起成为女子修道院，现在修道院中的众多修女们依然过着恬静的与世无争的生活。

这座名列世界文化遗产的修道院位于山谷小村的村外

修道院入口左手边是服务台兼便利店，正面是教堂。教堂的外观显得朴素无华，但里面的湿壁画才是真正精彩的地方。壁画多是9世纪的作品，描绘的是《圣经》故事和耶稣的一生。其中，西面墙壁上的《最后的审判》（其中一部分移到苏黎世的国家博物馆）被认为是世界上最古老的作品。

修女们制作修道院点心，其收入作为修道院的修缮资金

这些9世纪的作品是在20世纪时被发现的，当人们要在原来的墙面上重新绘制新壁画时，惊奇地发现了这些保留状态完整的壁画。

与教堂并立的尖塔（Planta Tower）是博物馆，保存有往昔人们使用的工具和生活用品。参观时需在便利店购买门票（CHF12，瑞士通票持有者免费），教堂内部左手方向是博物馆的入口，按铃后门会自动打开。

另外，便利店还销售修女们亲手制作的物品，其中最有人气的要数修道院馅饼（Clostra Son Jon Nusstorte），奶油里面夹有坚果的馅饼是该地区的传统点心。由于保存时间长，非常适合做礼物。

祭坛之上的东侧墙壁描绘有12世纪所作的『圣约翰的殉教』

修道院的开放时间为：5月~10月周一~周六9:00~12:00、13:30~17:00，周日13:30~17:00；11月~次年4月周一~周六10:00~12:00、13:30~16:30，周日13:30~16:30。

修道院位于村外，步行至村中心约需15分钟。修道院的附近有酒店（Chavalatsch）和餐厅，是休息、用餐的好去处。

贝尔尼纳快车的终点站

蒂拉诺（意大利）

Tirano (Italia)

MAP ●剪切地图-12、p.7-H、p.263-D、p.276

国名／意大利	语言／意大利语
海拔／429米	货币／欧元（EUR、£）
长途区号／☎39	CHF £ 并用

●交通

从圣莫里茨出发，约需2小时20分钟，57千米。

●乘车

从圣莫里茨出发，乘贝尔尼纳快车约需2小时20分钟。乘坐去往蒂拉诺的巴士约需3小时。在蒂拉诺车站有入境审查，需携带护照。

●乘的士

从圣莫里茨出发，进入普通公路27号线去往蓬特雷西纳。然后在蓬特雷西纳驶入普通公路29号线。

●市内交通

城区较小，徒步漫游即可。

●旅游局 Ufficio Informazioni di Tirano

设置在意大利国有铁路车站内。

☎ & FAX (0342)706-066

www.valtellina.it（意、英）

〈6月~8月〉

周一~周六 9:00~17:00 周日 9:00~14:00

〈其他时间〉

周一~周六 9:30~12:30、14:00~17:00

周日 10:00~12:30

列车通过时会发出“哐哐”的警报声，其他车辆须停车

蒂拉诺位于与瑞士接壤的意大利瓦尔泰利纳（Valtellina）地区，是贝尔尼纳快车的终点站。有关贝尔尼纳快车的信息，请参照p.30~p.31。

【观光景点】

连接意大利和瑞士的车站——蒂拉诺站

蒂拉诺站

Tirano Stazione

MAP p.276-B

贝尔尼纳快车到达的车站为瑞士莱特火车站。在站内接受入境审查之后，出站后的右手边便是意大利国有铁路车站。

右边是瑞士，左边是意大利的蒂拉诺车站

贝尔尼纳快车的有名摄影景点

圣玛利亚教堂

Santuario Madonna di Tirano

MAP p.276-A

圣玛利亚教堂位于城区西侧，是根据1504年9月29日圣母玛利亚现身的传说而建，完工于16世纪。

教堂的前面是交通环岛，而贝尔尼纳快车从交通环岛中间穿过，对于铁路爱好者来说，这是难得的摄影景点。

旅行必备常识

【中国篇】

- 出发时间参考日历
- 去往瑞士
- 跟团还是个人旅行
- 跟团游的选择方法
- 个人旅行的步骤
- 网络时刻表的使用方法
- 优惠券
- 护照签证
- 服装和携带物品
- 携带物品确认清单
- 机场指南

出发时间参考日历

瑞士的节日

带★为全国统一的节日（以2010年为准）

- 1月1日 ★新年
- 2月中旬 狂欢节（卢塞恩）
- 2月下旬 狂欢节（巴塞尔）
- 迎神节（勒伸谷地）
- 4月6日 ★耶稣受难日
- 4月8日 ★复活节
- 4月9日 ★复活节周一
- 4月下旬 迎春节（苏黎世）
- 5月17日 ★耶稣升天日
- 5月27日 ★神灵降临日
- 5月28日 ★圣灵降临节周一
- 6月7日 ★逾越节

滑雪季

12月上旬~次年4月上旬

特惠机票价格波动

1月 上旬 中 下　2月 上旬 中 下　3月 上旬 中 下　4月 上旬 中 下　5月 上旬 中 下　6月 上旬 中

▼1月下旬
雪上高尔夫大会（圣莫里茨）

▼2月上旬
雪上赛马（圣莫里茨）

▼1月下旬~2月上旬
热气球大会（各地）

▼2月上旬
（狗拉雪橇比赛）（各地）

▼6月上旬~6月下
全国约德尔大会
（每3年一次）

▼6月中旬
家畜往高地迁移

▼6月下旬~9月上
威廉·泰尔室外剧
（因特拉肯）

平均气温

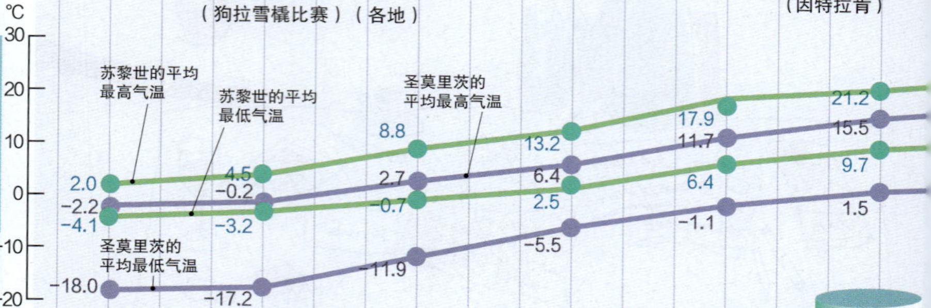

平均降水量

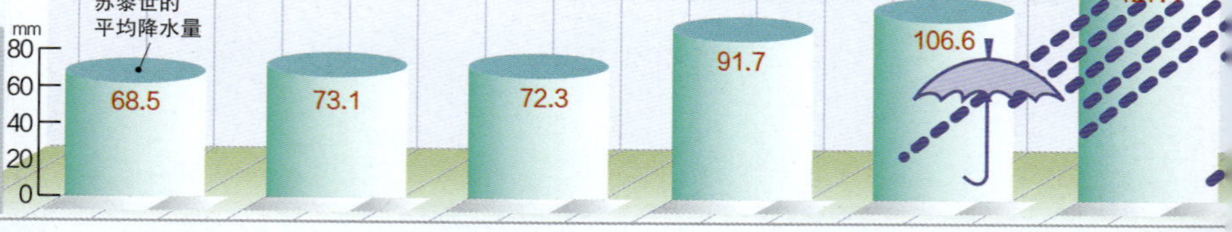

费用最高
8月1日
★国庆节
高山植物季
7月上旬~8月下旬
葡萄酒酿造季
9月中旬~10月中旬
11月下旬
洋葱节（拜伦）
12月中旬
攻城节（日内瓦）
12月25日
★圣诞节
12月26日
★圣斯蒂芬日
奶酪制作季
7月上旬~9月下旬
登山季
5月下旬~9月下旬
7月
8月
9月
10月
11月
12月
中 下 上旬 中 下 上旬 中 下 上旬 中 下 上旬 中 下 上旬 中 下
7月上旬
士网球公开赛
格斯塔德）
7月上旬~7月下旬
士音乐节（蒙特勒）
7月上旬~8月下旬
山节（少女峰周边）
▼8月中旬~9月中旬
国际音乐节（卢塞恩）
▼9月上旬
瑞士高尔夫公开赛（克莱恩-蒙塔纳）
▼9月上旬　家畜低地迁移
▼10月中旬~11月中旬
费用最低
23.6
18.4
11.6
3.0
22.7
17.7
11.2
2.8
19.5
15.1
8.5
-0.1
13.7
10.8
4.9
-4.2
7.0
3.5
0.2
-10.6
3.1
-1.5
-2.8
-16.1
119.5
136.5
94.7
69.8
84.3
77.1

飞机上的礼仪

●**后面座位的乘客优先**

为使登机顺利，后面座位的乘客先登机，前面座位的乘客后登机，这是一般的礼仪。

●**头上方的物品保管箱**

飞机内自己座位上方的物品保管箱，如果自己的行李放完之后还有空间，不要把保管箱的门合上（飞机起飞前，空乘人员会把门合上），当然如果没有剩余空间的话可以把门合上，这是一般的礼仪。

●**去洗手间的时机**

飞机起飞后不久，是用餐时间。因为空乘人员推着小推车在为乘客服务，此时去洗手间过通道时则比较困难，应提前把握好去洗手间的时机。

●**“请”与“谢谢”**

在向空乘人员要咖啡时，他们会说“请用咖啡”，加上“请”字这是礼仪。那么，在接过空乘人员的咖啡，说声“谢谢”，这也是礼仪。

机票

出国旅游，机票在消费开支中占相当比例，如果能在机票上多省些钱那再好不过了。现在国内也时不时推出特价机票。一般，旅行社因为是团体订票也会订到特价的机票，还有些航空公司机票代理处也会推出特价机票，不过因为有诸多限制，所以即使有特价机票也未必能买到想乘坐的航班或要到达的目的地机票。

◆如何选择机票

购买机票的途径不少，有售票代理点、旅行社、网络在线订票。如果要购买特价机票，需要多比较、多咨询，而且一般特价票会有很多制约，例如不能退票，无法指定座席等。另外起降时间也多是差强人意，不过有时价格低得实在很诱人，所以特价机票对不在乎其他条件的旅客来说还是很有吸引力的，为了买到理想的机票，建议注意以下要点：

●收集超便宜的票价信息●

直接登录出售廉价机票的网站搜索具体价格，比如携程旅行网、去哪儿网，就提供了详细的国际机票信息，不妨多加利用。

●充分利用机票比价业务●

通常国内航空公司的票价会比国际航空公司的票价低，中转航线的票价也通常会比直飞航线的票价低，所以即使航线中途行经地点相同，如果是中转换乘的，虽然耗时长，但票价就比较经济了。

●比较官方折扣机票●

距离预订出发日1个月前，游客最好再查阅一下各个航空公司推出的官方折扣机票价格，有时这些机票价格和其他网站或者公司推出的廉价机票相差无几。不仅如此，官方推出的折扣机票还可以根据个人喜好指定乘坐的座席，也能获得会员飞行累积里程数等多项优惠政策，因此折扣机票也具有参考价值。

●关注飞行里程累积奖励制度●

持有会员卡的游客若想累积到更多的飞行里程数，最好仔细选择适合的航班出行。

●调整出发日●

出发日期和回国日期如果选在周末，一般都会支付额外费用，因为这算是“旺季”，所以预订机票时，需要认真确认，尽可能避开周末出行。

这里提醒读者购买机票时，还要考虑航空公司、起降时间、服务质量这3项要素。另外，还要考虑出游的季节是否是旺季。若是碰上节假日等旺季，机票价格都会上涨，出行之前最好留意确认。

跟团还是个人旅行

制订旅行计划首先必须要决定的是“跟团旅行还是个人旅行”。瑞士的治安良好，绝大部分瑞士人能说英语，再加上旅游立国的方针，瑞士国内的交通标识简单明了，所以个人旅游完全没有问题。但是，如果想在短时间内观光尽可能多的旅游景点，跟团游无疑是最佳的选择。究竟是哪种方式更好，这的确……

第1：人各有所好。

第2：旅行的目的、时间、预算。

旅行的目的、时间、预算有各种各样的组合方式，比如“目的是观光，时间为2周，预算一般”，那么这样的话，跟团游是值得推荐的。但“除了观光，还想郊游郊游”“2周以上”“想在一个城市待3天以上”“预算较少或充足”的话，那么个人游是上佳的选择。

跟团游的优点与缺点

跟团游的长处在于效率。能够在较短的时间内观光较多的景点。机票、酒店、餐饮全部可以享受团体优惠，因此与相同条件下的个人游相比，跟团游更加实惠。而且还有当地的导游从早到晚的陪同，可以说事事轻松。

但是，跟团游也有自身的缺点，只去那些有名的景点，不论哪个城市都是1到2天的行程。另外，航空公司、酒店、餐饮全都被决定好了，所以几乎没有个人的自由选择。

一优一缺，如果仍然钟情跟团游，请参考p.282。

个人旅行的优点和缺点

个人旅行的优点在于，旅游时间、逗留地、飞机、移动方式、观光景点、住宿酒店、餐饮等全部可以由自己决定。在一个城市待上三四天，随心所欲地郊游，享受放松身心的温泉，对于钟情于这样的旅行游客来说，非个人旅行莫属。

但是，个人旅行也有其缺点，那就是全部的事情必须由自己来解决。这对嫌麻烦的人来说或许没有什么吸引力。而且，一旦出现什么意外也需自行处理，如果没有“旅行就是自我负责”的想法，那么个人旅行恐怕是件困难的事情。

总之，有利有弊，即使如此还钟情于个人旅行的话，请参考p.284。

另外，航空及酒店行业为了和跟团游的Tour Group进行区分，把个人旅行者称其为FIT（Free Individual Tourist）。与团体优惠价格相比，FIT价格较高，而且同样条件下通常团体优先。

大部分跟团游必去景点

苏黎世
少女峰地区
采尔马特
日内瓦

部分跟团游必去景点

卢塞恩 p.80
里吉山 p.90
伯尔尼 p.102
迈恩菲尔德 p.201
洛桑 p.228
蒙特勒 p.236
卢加诺 p.250
圣莫里茨 p.264

跟团游不常去的景点

巴登 p.61
沙夫豪森 p.63
巴塞尔 p.68
莱茵费尔登 p.76
皮拉图斯山 p.88
铁力士山 p.94
四森林州湖畔 p.96
萨斯费 p.172
洛伊克巴德 p.176
克莱恩-蒙塔勒 p.180
阿莱奇冰川 p.185
圣加伦 p.190
阿彭策尔 p.192
瓦杜兹 p.194
巴特拉加茨 p.197
库尔 p.204
尼翁 p.223
格吕耶尔 p.242
伊韦尔东 p.243
纳沙泰尔 p.245
贝林佐纳 p.256
洛迦诺 p.258
科莫 p.260
施库奥尔 p.272
米施泰尔 p.274
蒂拉诺 p.276

跟团游的选择方法

收集旅行线路信息

有不少旅行社或者专业的旅行网站就瑞士旅行会制定具体的游览线路，不妨通过旅行社门市部或者相关网站了解线路信息。

参加旅行团的流程

① 报名

参照旅行团设置的相关行程选择适合自己的旅行路线，就相关内容咨询了解清楚后可进行填表报名。

② 办理护照、签证

没有护照的或者护照到期的需要到本人户口所在地的公安局出入境管理处申请办理护照。签证的办理可以提交相关材料由旅行团统一办理。

③ 支付参团的费用

根据旅行社的要求在签订参团合同或者出发前支付相关费用。

④ 确定最终旅行日程表

在出发前一定要再次明确最终的旅行日程表。

⑤ 出发

按照最终旅行日程表上注明的时间、地点集合出发。

如果选择跟团游，那么就必须决定跟什么样的团更合适。瑞士的观光季节在4～9月，此时很多旅行社都会推出各种各样的瑞士跟团游，浏览各家的网站，阅读各家的宣传手册，然后进行详细的比较是十分有必要的。

价格不同的理由

●时间不同价格不同

不论哪家旅行社推出的跟团游，其时间不同相应的价格也就不同。与比较便宜的4月或9月相比，黄金周和暑假期间会有5200元人民币的涨幅，特别是暑假，大约会大涨7800元人民币。当然，这个绝非旅行社任意地进行调价，而是这个时间去瑞士旅游，不论是机票还是当地的酒店的价格都在上涨，旅行社实属无奈之举。

航空、酒店、旅游行业由于供需的（时间）不同，其价格的制定会发生大幅的变化。

●跟团游内容不同价格不同

即使跟团游的时期、天数都相同，其内容不同相应的价格也就不同。比如，是导游全程陪同还是只是当地导游随行；乘坐的飞机是直达还是转机；住宿的酒店、瑞士国内的交通方式、餐饮、观光景点的数量等。如果是导游全程陪同，直达飞机，4～5星级酒店，瑞士国内使用的交通工具较多，1日3餐，主要观光景点全部包括在内，那么价格肯定较高，反之较低。

请记住"价格不同必有其理由"。便宜的跟团游有很多是附带特产店"观光"及收费项目。

选择跟团游的优先选项

●价格？时间？跟团游内容？

价格便宜，时间合适，内容充实，这样是最好的。但"价格""时间""内容"三者都理想的跟团游是不存在的。价格便宜，但旅游时间不好，其内容也"打折"不少。旅游时间理想，内容也充实，但相应价格就会很高。

因此，在选择跟团游之时，对自己来说选择的第一步是把"价格""时间""内容"三者中的哪一项作为优先选项。

通常来说，学生时间自由且金钱有限，可以把"价格"作为优先选项；上班族的休假是固定的，可以把"时间"作为优选选项；而对于中年夫妇、朋友团体来说，有导游全程陪同既安心，而且尽可能短的飞行时间又可以节省体力，所以"内容"应作为优选选项。

包价型跟团游

飞机、机场接送、酒店、城市间的交通、郊游、餐饮等全部包价的跟团游被称为包价型跟团游。

●包价型跟团游的优点

该类型的跟团游既可以在短时间内观光尽可能多的景点，有导游全程陪同或当地的导游随行，又可以让人事事轻松。另外，还有一个非常吸引人的地方在于，由于几乎所有的费用都包括在内，所以根本没有必要去考虑买礼物之外的其他费用。

●包价型跟团游的缺点

航空公司及机内的座席，住宿的酒店及房间，用餐的餐馆及餐饮等都被事先决定好了，因此几乎没有供个人进行选择的自由。另外，无论哪个城市，一般都是紧张的1到2天的日程，如果遇到天气原因还不得不被中止。

自由型跟团游

面向瑞士的跟团游，自由型较少。只有飞机、机场接送、酒店、城市间交通是包价的，其他全部是自由行动的跟团游被称为自由型跟团游。

●自由型跟团游的优点

该类型的跟团游优点在于能够自由地做自己喜欢的事情，吃自己喜欢的食物。行程可自行安排，哪个城市都可以待上2～3天。

●自由型跟团游的缺点

观光、郊游、餐饮等必须自行解决，一定程度上的旅行能力是必要的。另外，包价之外的花费也会相当可观。

定制型计划

按照自己喜好制定相应的行程和内容，旅行社根据此负责一切，比如预约飞机、酒店、观光火车等，并且还会详细告知城市间的移动方法。

做这种业务的专门旅行社有：Fellow-travel阿尔卑斯线路、Cycletour瑞士中心等（参考右栏）。

●定制型计划的优点

可以按照自己的喜好安排行程和旅行内容。这与全靠自己来预约飞机、酒店、观光火车等的个人旅行不同，这些全部都由旅行社负责解决，可以说非常方便。

●定制型计划的缺点

虽说有旅行社在瑞士的分社会提供协助，但没有导游全程陪同或当地的导游随行，基本上和个人旅行没有什么差别，所以相应的旅行能力是必需的，并且与跟团游相比价格偏高。

提前确认旅行团的安排内容

旅行社的宣传册中，除了登载旅行安排之外，还有大量重要信息，这是选择旅行团的重要根据。预约前一定要仔细阅读。可选另付费的项目，费用中不包含全部餐饮，如果不知道参加的旅游团的安排里有这样的细节，在旅行地可能会非常慌张。由此导致的预算不足也会非常麻烦。不明白的地方要事先和旅行社沟通，提早解决。

（确认重点）

- 是否有全陪
- 是否有地陪
- 是否有导游
- 日程中包含餐饮的数量
- 费用中是否包含美术馆等门票费用
- 是下车游览市内，还是乘车游览

旅行团费用中包含的项目

- 机票
- 住宿
- 餐费（另付的情况也有）
- 旅游地当地的交通费
- 门票（另付的情况也有）

旅行团费用中不包含的项目

- 海外旅行伤害保险
- 出发时到机场的费用
- 可选旅行项目
- 门票（也有包含的项目）
- 自由活动的各种费用
- 从机场回家的交通费
- 行李从机场到家里的物流费（也有的旅行团免费提供该服务）

＊希望1人占用一个房间的情况下需要额外负担的费用

个人旅行的步骤

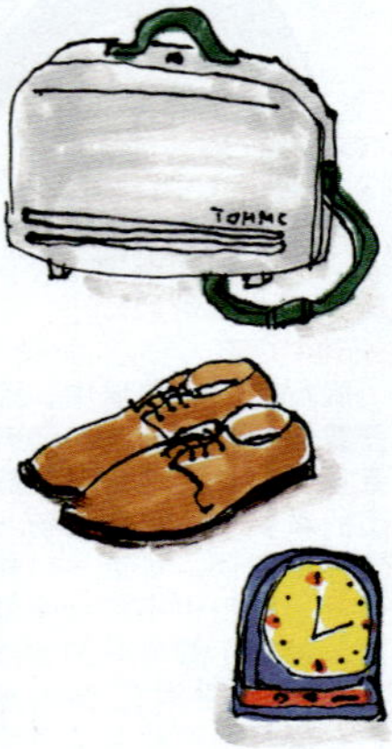

如果决定个人旅行，那么就应该着手制订出行计划，并按照计划预约飞机、酒店等。

❶决定旅行时期

去往瑞士的特惠机票（往返、经济舱）由于时期不同，其价格会有大幅变动。如果旅行的目的是为了观光古都，春、秋、冬三季皆可，但如果是为了郊游，那么即使价格较高，夏季还是最好的选择。

❷决定出发、回国的时间

在定好了出行时期，接下来就必须要决定具体的出发和回国的日子。出发日和回国日的航班和酒店的预约根据实际情况可能有一天的偏差，但首先要做的是根据决定好的日子来进行自己的计划。

❸决定入境城市

仔细阅读导游书籍，大体上决定要逗留的城市，并在瑞士地图上面画上标记。这样看着标记来决定是从苏黎世入境方便，还是从日内瓦入境更便利，或者是从苏黎世入境，日内瓦出境（或相反）更加便捷。

逗留城市的数量，个人旅行的情况下一般会采用如下公式来计算：（旅行天数－中国瑞士移动时间3天）÷1个城市逗留的时间4天。比如说旅行时间为15天，那么逗留城市的数量应为：（15天－3天）÷4天=3。

❹预约航班

决定好了出发回国的日子及入境的城市，那么接下来就告诉旅行社具体的安排，并请教主要航空公司的特惠机票价格，或者自己在网上进行确认。

决定好乘坐哪家航空公司的航班，然后按照自己希望的出发回国的时间来预约航班。特惠机票（电子机票存根）根据实际情况不同，有出发一周前邮寄到的，也有出发当天在机场办理的。如果是网上预订，在对方确认付款后，马上就可以收到预订成功的邮件。

另外，想购买全价机票的人，可以去航空公司或旅行社进行预订购买。全价票的有效时间为1年，可以自由变更预约的航班，相同路线的情况下还可以乘坐其他航空公司的航班。

⑤决定详细的行程

航班预约成功，出发和回国的日子也已确定，接下来就要决定详细的旅行行程。下面是必须要决定的事情：

●逗留的城市 ●每个城市逗留的天数

●逗留城市的住宿酒店 ●逗留城市间的移动方法

与有当地导游陪同的跟团游不同，个人旅行无论做什么都会花费很多时间，这是正常的，而且要领就是自由、留有余地地来安排行程。因此基本常识是要严格筛选逗留的城市，每个逗留的城市要安排3~4天的日程。也许3~4天会略感漫长，但除了开始和最后要移动的两天，实际上中间只有2天时间。如果旅行的目的是阿尔卑斯观光或者是郊游，那么还要考虑因为天气不得不延期的情况，为了以防万一，中间最好留3天时间。另外，苏黎世、日内瓦等都市，周日商店和餐厅休息，周一博物馆休息，所以在安排日程的时候尽量避开周日和周一。

⑥预约酒店

如果决定好逗留的城市和逗留的时间，那么本书将会为大家提供每个城市最受欢迎的酒店，以便大家参考，预约。

在瑞士，一般情况下，酒店一个房间（双人标间）的价格包含两人份的早餐。阿尔卑斯休养胜地、温泉休养胜地的酒店中，有提供晚餐的“半食宿”，也有提供午餐和晚餐的“全食宿”，如果希望提供这些服务需清楚地告诉酒店工作人员。

酒店的预约可以通过以下5种方法：

●在瑞士政府旅游局＆瑞士国铁的在线预约网站“瑞士旅游中心STC”上面进行预约。

●在酒店的主页上进行在线预约。

●用电话或传真向酒店直接预约。

●通过旅行社或酒店代理网站进行预约。（参考右栏）

⑦决定入境城市

酒店预约成功，行程基本上已经决定，接下来就要决定各城市间的移动方法了。

铁路、游船、山地交通等的时刻表可以在网上轻松检索到。对于平时不用电脑的人来说，只要去购买机票的旅行社询问即可。

网上轻松预订宾馆

国际酒店网

HP http://www.hotels.com

可根据酒店信誉、价位等因素，选择最适合自己的住宿之地。

国际订房中心

HP http://www.hotelclub.com

可以在线预订，可供选择的酒店类型很齐全，还能“货比三家”。

国际沙发客网

HP http://www.couchsurfing.org

可以体验一下这种新的住宿方式，也能实地感受当地人的生活习惯。

雅高达

HP http://www.agoda.com.cn

号称有全球十多万个酒店可预订，是比较专业的订房网，有多种语言页面供选择。

去哪儿

HP http://www.qunar.com

不仅有机票预订服务，还提供海外酒店预订业务。

携程旅行网

HP http://www.ctrip.com

提供关于旅行的全方位服务，其中就有国际酒店的预订。

酷讯旅游

HP http://www.kuxun.cn

也提供国际酒店信息，不妨上网去看看。

网络时刻表的使用方法

列车的种类

TGV
国际特快 TGV
RJ
国际特快 Rail Jet
ICE
国际特快 Inter City Express
EC
国际特快 Euro City
EN
国际夜行特快 Euro Night
IC
特快 Inter City
ICN
特快 Inter City Neigezug
IR
特快 Inter Regio
RE
快速 Regio Express
R
普通列车 Regio
S
与大城市近郊通勤路线连接在一起的普通列车S-Bahn

瑞士的国有铁路、民营铁路、邮政巴士、湖上船舶、河流船舶、登山铁路、缆车、厢式缆车、索道车、城市巴士、有轨电车等瑞士正式时间表都能在国有铁路 SBB 的主页（语言有德 / 法 / 意 / 英）上轻松地检索到。不止能够检索到站名、城市名等，还能检索出地址、景点名称，甚至连步行所需的时间都能检索出。

如果是一般的城市观光就没有必要进行如此详细的检索，但想要事先调查城市之间的移动方法等则可以进行详细的检索，如果把检索到的内容打印出来随身携带则更为便利。另外，印刷版的瑞士正式时间表由于随着网络的普及，只有极少量的印刷版，所以想要得到比较困难。

主页网址

可以直接进行链接瑞士国有铁路 SBB 主页（英语），www.sbb.cn/en/ 进行登录。

检索的方法

❶ 输入出发地

在 From 一栏输入出发地，点击右边的“◎”，然后选择出发地的种类。All types 是没有指定类型，Station/Stop 是站名，City，Street no. 是城市名和地址，Point of Interest 是景点名。在进行检索时尽可能地把检索条件缩小，这样检索出的结果会更准确。Ü 是德语的元音变音符号，è 是法语的重音，在输入时可以把其忽略即可。

❷ 输入目的地

在 To 一栏输入目的地，然后选择目的地的种类。如果想要途经哪个地方，可以在 Via 上输入经由地。

❸ 输入日期和时间

Date一栏显示的日期为当天日期，所以要将其清除之后按照日/月/年的顺序输入新的日期。例如，要输入2012年1月1日，则需输入01.01.12。新的日期输入完成之后，上面会自动显示周，也可以使用旁边的日历Calendar。

输入时间 Time 的方法和日期一样，需输入 24 小时制的时间。比如，上午 10 点，需输入 10:00。

❹ 进行检索

点击检索开始按钮“Search connection”进行检索。

网络时刻表的检索画面

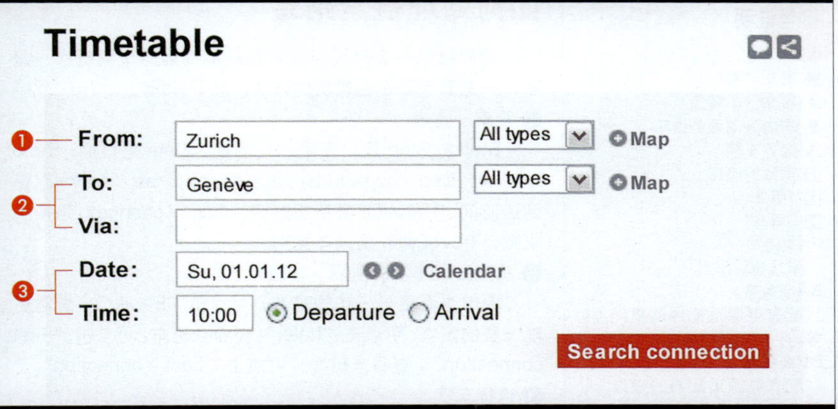

检索结果画面

如何处理检索结果

检索结果中会出现与输入时刻最接近的车辆班次一览表，一览表下面是各班次的详细信息 Details。

❶ 观察一览表

Station/Stop 是出发地和目的地，Date 是日期，Time 是时间，Dep（departure）是出发时间，arr（arrival）是到达时间，Duration 是所需时间，Chg.（change）是换乘次数，Travel with 是火车类别。

❷ 观察出现车次的前后

要想查看更早一些的班次，可点击“Earlier”；查看更晚一些的班次，可点击“Later”；查看首班车，可点击“First connection”；查看末班车，可点击“Last connection”。

❸ 选择车次

如果出现与期望时间不吻合的车次，或换乘较多不方便的车次，那么可以取消“Details”选项，点击“Details for selected”，这样只有进行再次确认的车次详细信息会出现在一览表下方。

❹ 观察详细内容

Platform 是站台名，Travel with 是车次名，Comments 是那个车次的有关评论。点击车次名，就可以知道路线、途中经停车站、经停车站的到达时间和出发时间，到达站台的编号等。

❺ 打印

检索结果画面可以进行打印，点击“Print view”即可。另外，点击“Timetable booklet”还可以制作自己喜欢的原创时刻表。

❻ 重新检索

如果出发地、目的地、日期、时间等其中一个发生改变，可以点击一览表上面的“Change query”。开始新的检索，可点击“New request”；查看回程车次，可点击“Return journey”。如果从目的地出发想要去另外的地方，可点击“Continue journey”。

不懂电脑的人该怎么办?

不懂电脑的人也无须担忧，可以向购买机票的旅行社进行咨询，或者向懂电脑的人进行请教。

一般的旅行社都会在到达当地之后，在车站给游客发放小册子型的时刻表，有它已足够，因此无须担忧。

详情请参考 p.305。

符号说明

- ✖ 餐车（餐厅）
- (✖) 餐车（小餐馆）
- 🍷 车内流动服务推车
- ▲ 全景车辆
- 🅁 需预约座席
- 1 1等车
- 2 2等车
- FA家庭车
  带儿童玩乐室
- BA商务室
  配有电源适配器的单间（1等车）
- BP商务席
  配有电源适配器的座席（1等车）

优惠券

瑞士的交通费昂贵（铁路运费请参考p.306）。对经常移动，频繁乘坐交通工具的外国游客来说，购买专门面向外国游客的交通优惠券是明智之举。可以通过各旅行社购买。优惠券以欧元进行付费，所以由于汇率不同价格常会有所波动。

●瑞士通票 Swiss Pass

瑞士通票可以任意乘坐瑞士的铁路、游船、邮政巴士以及 40 个主要城市的市内交通工具。山地交通可享受半价优惠。同时它还兼有瑞士博物馆优惠券的功能，可免费参观瑞士国内 400 座博物馆、美术馆。两人以上使用通票进行旅行时（共同行动），还可以购买八五折的瑞士同行通票 Swiss Saver Pass。而且，未满 26 岁的可以购买大约七五折的瑞士青少年通票 Swiss Youth Pass。

●瑞士通用通票 Swiss Flexi Pass

功能与瑞士通票一样，但在一个月的有效期间内可以按照自己的喜欢使用 3~6 天时间。对于在每个城市只逗留数日的人来说尤其便利。

●瑞士转乘票 Swiss Transfer Ticket

这种优惠车票能够从机场车站、边境车站到逗留地车站往复一次。有效时间为 1 个月。1 等票 976 元，2 等票 643 元。

●瑞士优惠卡 Swiss Card

瑞士优惠卡除了有转乘票的功能之外，在铁路、湖船、邮政巴士、市内交通、山脉高原交通上可享受 5 折优惠，有效时间为 1 个月。1 等 1292 元，2 等 925 元。

优惠信息：

● 家庭卡 Family Card

左栏中所述的优惠券如果由父母购买，家庭一起出游的话，未满16岁的孩子可享受免费待遇。

（2014年9月）

瑞士通票 Swiss Pass

使用期	1等			2等		
	瑞士通票	同行通票	青少年票	瑞士通票	同行通票	青少年票
4日	￥2270	￥1925	￥1706	￥1419	￥1206	￥1068
8日	￥3275	￥2780	￥2453	￥2051	￥1740	￥1539
15日	￥3976	￥3373	￥2982	￥2482	￥2108	￥1860
22日	￥4573	￥3890	￥3430	￥2861	￥2436	￥2148
1个月	￥5040	￥4286	￥3780	￥3150	￥2677	￥2366

瑞士通用通票 Swiss Flexi Pass

使用期	1等		2等	
	通用通票	同行通票	通用通票	同行通票
3日	￥2165	￥1837	￥1355	￥1155
4日	￥2630	￥2240	￥1643	￥1401
5日	￥3038	￥2585	￥1895	￥1614
6日	￥3457	￥2935	￥2160	￥1832

护照签证

申办护照所需材料

❶居民身份证原件、复印件
❷本人户口簿、户口簿首页、本人资料页、变更页
❸填写完整的申请表原件
❹申换护照须附上原护照
❺近期2寸淡蓝色背景彩色证件照1张
❻申请事由相关材料

申办费用：200元工本费

办理地点：本人户口所在地公安局的出入境管理处

申办申根签证所需材料

❶所需文件
❷签证申请表
❸护照照片2张（尺寸为35厘米×45厘米的白色背景正面彩照）
❹护照
❺医疗保险
❻机票订票信息
❼户口原件
❽住宿证明
❾旅行行程
❿申请人偿付能力证明
⓫以下文件的复印件：
　护照身份页及签名页
　身份证（正反两面）
　居住许可（外国申请人）
　医疗保险
⓬未成年人（未满18岁）还需要以下文件：
　学生证以及学校证明信原件
　旅行许可公证书
　家庭关系或监护证明公证书

◆护照

无论是个人旅行还是团体旅行，只要是去往外国就需要护照。所谓护照就是国家对持有人的一种证明，也就是“官方的身份证明”。我国护照分为普通护照、外交护照和公务护照三种，公民出境旅游，办理普通护照即可，其有效期为：护照持有人未满十六周岁的五年，十六周岁以上的十年。对已经拥有护照的人来说，则要注意确认自己护照的有效期限，如果期限不足则要申请更换新的护照。

●签证入境●

中国内地居民赴瑞士需要申请签证。赴瑞士签证分为申根签证、瑞士本国签证。

瑞士于2008年12月12日加入《申根协定》。凭申根签证可直接进入瑞士或经由其他申根国家进入瑞士。停留期最长一般不超过三个月。

瑞士本国签证发给拟在瑞士停留超过90天或有特殊要求的人员。

瑞士在北京设有大使馆，在上海、广州、香港设有总领事馆。不同地区申请人应向相应使领馆申办签证。

申请签证需提前预约。

进一步信息请咨询瑞士驻华使领馆。

特别提示：瑞士不是欧盟成员国，《申根协定》只适用于人员往来，进入或经过瑞士的货物在边境仍须接受检查。

◆海外旅行保险伤害

在国外万一碰到生病看医生的话，那么花费可能就会超出自己的预算。所以还是加入海外旅行伤害保险比较安全。海外旅行伤害保险有很多种，分别对应伤害、疾病、财产赔偿、随身财物等。所以要清楚了解保险的种类、内容和支付条件后再选择合适的加入。可以在保险公司、旅行社等地方申请购买。购买前，可以先做一些了解。一般来讲，各个保险公司的保险内容差别不是很大，就看服务质量和信誉。推荐大家在负责组团旅行和购买机票的旅行社中申请，这样一来一旦出现意外，赔偿手续办理起来会比较顺利。每个保险公司都与相应的援助服务公司联手合作，在出现意外时可以用本国语言进行求助。而且还有24小时的紧急援助体系等服务，能为在外的游客提供不少安全协助。另外，有的信用卡上附带保险功能，办理信用卡时可以先确认一下有没有这项服务。

◆瑞士驻华相关机构

一、瑞士驻华大使馆

地址：北京市三里屯东五街3号，邮编：100600。

电话：010-85328755（签证处咨询电话）；010-85328888（不回答签证问题）。

签证处工作时间：周一至周五9:00～11:00。

签证处电话咨询时间：周一至周五14:00～16:00。

大使馆工作时间：周一至周五9:00～12:00 。

二、瑞士驻上海总领事馆

地址：上海市仙霞路319号远东国际广场A幢22楼，邮编：200051。

电话：021-62700516。

传真：021-62700522（包括签证处传真）。

签证处接受电话咨询时间：周一至周四14:00～16:30。

咨询电话：021-52574111。

领事馆对外开放时间：周一至周五9:00～12:00。

三、 瑞士驻广州总领事馆

地址：广东省广州市天河区天河路228号广晟大厦27层，邮编：510620。

电话：020-38330450（总机）；020-38330451（瑞士商务促进中心）。

传真：020-38330453。

开放时间：周一至周五8:30～12:00（下午预约来访）。

签证处电话：020-38330452。

签证处传真：020-38331315。

开放时间： 周一至周五8:30～11:30（个人），周一至周五13:30～14:30（旅行社）。

四、 瑞士驻香港总领事馆

地址：香港湾仔港湾道18号中环广场6206-7室。

电话：085-225227147。

传真：085-228452619。

对外开放时间：周一至周五9:00～12:00。

国际学生证

国际通用，发放对象是学生，到主要的美术馆、博物馆等地方旅行时，只要出示自己的学生证，就可以享受打折待遇。

资格：年满12岁的全日制在校生

申请所需材料：

❶申请表格

❷一寸及两寸近期证件照各一张

❸证明是学生身份的材料，如学生证

申办地点：可登录国际学生证官方网站http://www.isic.org/查询

费用： 85元人民币

国际青年证

英文名简称为IYTC（The International Youth Travel Card）。持有此证可以在世界各地享有多种优惠服务，如住宿、购物、买门票等。

资格：未满26岁的青年人

申请所需材料：

❶申请表格

❷1张1寸彩色有效证件照

❸身份证或出生证明文件

费用： 85元人民币

服装和携带物品

※关于各种形状的电源请参照P.13

服装的建议

瑞士所处的纬度比中国的哈尔滨更高。大体上，春秋寒，夏凉，冬冷。

仲夏季节（7月～8月），白天光照强烈，无袖或半袖的衣服最为舒适，但树荫下略感阴凉，日落之后，则寒气逼人。因此，需要携带能够应对如此温差的服装。在海拔高的地方，像这样的温差更显著。

另外，以郊游为目的的旅行，男性需携带领带和夹克，女性需携带连衣裙。之所以这样，是因为即使在阿尔卑斯休养胜地也有需要穿礼服才能进的高级餐厅。如果不知道这个，直接穿着郊游的衣服贸然进去，可能会被拒绝。这样的事情偶有发生，且令人尴尬，所以应该事先注意为好。

便携物品

■防紫外线＆干燥用品

阿尔卑斯休养胜地海拔较高，在5月～9月来此旅游时，需注意预防紫外线和干燥。在户外待上半天，皮肤就会全红，甚至引起炎症。因此，帽子、太阳镜、防晒霜、保湿霜、唇膏等都是必备的。

■烟灰缸

对于酷爱吸烟的人来说，烟灰缸是必须携带的。瑞士是一个十分注重环境保护的国家，如果在山脉、湖泊等地乱扔烟头，那么将会令人厌恶。因此，在吸烟礼节方面需谨慎。

■漂亮的睡衣

在5星级酒店住宿的人最好带上漂亮的睡衣，因为大部分5星级酒店在进行寝具整理时，都会把客人的睡衣像装饰品一样平铺在床上。“只是旅行时穿的，最后把它扔掉就可以了”，虽然是这样的心情，但是“破破烂烂”的睡衣难免让人笑话。

如果在床上找不到睡衣的情况下，请确认一下枕头下面。通常，酒店会把睡衣叠放到枕头下面。

5星级酒店的寝具整理

旅行箱的建议

一般情况下，外出旅行的人都会在当地买些礼物，如此一来旅途中旅行箱中的东西就会越来越多。所以，在出发之前尽量准备一个大些的旅行箱，并且空出二分之一到三分之一的空间（为了不使里面的物品过于松散，中间空出的部分可以用报纸补充）。在机场时为防止错拿或“顺手牵羊”，可以事先在旅行箱的外侧贴上标签，以便辨认。

携带物品确认清单

携带物品确认清单

	机内手携物品：		旅行箱内物品：
	护照		西服
	电子机票存根		内衣
	现金（人民币）		袜子
	现金（瑞士法郎）		旅游鞋
	信用卡		登山包
	海外旅行伤害保险合同书		雨具
	旅程表		帽子
	酒店预约确认单		太阳镜
	国外驾照		防晒霜
	本国驾照		唇膏
	笔记用具		睡衣
	笔记本		拖鞋
	旅游指南		吹风机（国外用）
	地图		变换插座
	化妆品		相机充电器
	简单的洗漱用品		护照复印件及备用照片
	餐巾纸		洗漱用品
	药		基础化妆品
	计算器		洗衣粉
	相机、录像机		闹钟
	移动硬盘（硬盘等）		词典
	名片		发票夹
			资料夹
			泳装（温泉用）
			凉鞋（温泉用）

机内手携物品的限制

●头等舱＆商务舱
下面所述的2个+手提包1个
●经济舱
下面所述的1个+手提包1个
※横、竖、厚合计115cm以内，重量8kg以内。
※滑雪/高尔夫、乐器不论尺寸，1个。
※折叠式的婴儿车、轮椅放置机内。

行李箱的限制

●头等舱
合计40kg以内
●商务舱
合计30kg以内
●经济舱
合计20kg以内

行李的检查

近年，由于受恐怖主义的影响，对行李的检查变得严格起来。

超过100ml的液体（包含啫喱及与其类似的物品严禁带入机内。但是可以分装在100ml以下的容器，并将这些容器装在1L以内的带拉链的透明塑料袋中。出国后，在免税店、售货亭等购买的化妆品和饮料可以带进飞机内，但药品、婴儿奶粉等除外。详细可参考各航空公司的规定。

旅行箱的X光检查也非常严格。胶卷及记忆存储装置可能会受其影响，所以尽可能手携。

机场指南

北京首都国际机场

机场概况

北京首都国际机场，简称首都机场，1958年开始启用，是目前中国最重要、规模最大、设备最齐全、运输生产最繁忙的大型国际航空港，是中国民航最重要的航空枢纽。首都机场位于北京东北郊顺义区天竺镇，距市中心25.35千米，通航近200余个国内外城市，每周有5000多个定期航班，是北京乃至全国的重要空中门户和对外交往的窗口。

北京首都国际机场位置示意图

航站楼

北京首都国际机场共有3个航站楼。1号航站楼规模较小，约有10个登机口。2号航站楼的规模比1号航站楼大得多，可同时停靠20架飞机，并同时承担国内和国际航班的服务。1、2号航站楼之间有乘客连接通道，同时也可乘坐摆渡车互通。3号航站楼于2007年建设完工，规模比2号航站楼更为庞大，目前是国内面积最大的单体建筑。与2号航站楼一样，它也同时承担着国内和国际航班的服务。

停车场信息

首都机场1号停车场，位于首都机场1号航站楼正南侧，共有车位约600个，其中含小车位、中巴车位、大车位、无障碍车位，主要停放机场巴士、社会临时车辆及过夜车辆。

3号停车楼位于首都机场3号航站楼南侧，一层为商业区、派出所、办公区等；二层设有机场快轨车站，并设有前往3号航站楼的通道。3号停车楼目前开放地下一层作为旅客车辆停放区域，共有车位约3300个，其中含小车位、中巴车位和无障碍车位。

主要航空公司

中国国际航空公司（CA） T3
HP www.airchina.com ☎95583

中国南方航空公司（CZ） T2
HP www.csair.com ☎95539

西班牙航空（IB） T3
HP www.ibria.com
☎4001-811-2010

瑞士国际航空公司 T3
HP www.swiss.com
☎400-882-0880

英国航空公司（BA） T3
HP www.britishairways.com
☎4008-007-008

机场交通

机场快轨（东直门—机场）

全长28.1千米，沿途设4个站，到达首都国际机场T3航站楼大约只需20分钟，十分便捷。另外，机场快轨与地铁2号线的东直门站和10号线的三元桥站均有换乘站。

出租车

北京出租车的费用按跳表计算，起步价13元（3千米以内）；超过3千米后，每千米加2.3元。夜间行驶(23:00至次日5:00)计价器会自动加价20%。现在还需要多付2元的燃油附加费。正规出租车上均有发票打印机，下车前记得索取发票，上面有出租车公司的电话，若不慎在车上遗失物品还可打电话询问。

机场大巴

有10多条线路，可就近选择停靠站搭乘。北京周边城市的人士，可选择往返于机场与天津、廊坊、秦皇岛、塘沽等城市之间的省际巴士。北京市内巴士、省际巴士则依距离远近价格有所不同。具体线路可参见下表。

市区至机场大巴线路

线路名称	主要途经站点	首、末班时间（机场→市内）
1线（出）	T3航站楼→T1航站楼→T2航站楼→亮马桥→白家庄→大北窑→潘家园→十里河→方庄	7:00至次日1:00，发车间隔不超过30分钟，客满随时发车
2线（出）	T3航站楼→T1航站楼→T2航站楼→雍和宫→安定门桥西→积水潭桥西→西直门桥南→复兴门桥东→西单	7:00~24:00，发车间隔不超过30分钟，客满随时发车
3线（出）	T3航站楼→T1航站楼→T2航站楼→三元桥→渔阳饭店→东直门→东四十条→朝阳门→雅宝路→北京站	7:00~24:00，发车间隔不超过30分钟，客满随时发车
4线（出）	T3航站楼→T1航站楼→T2航站楼→三元西桥→西坝河→安贞桥→马甸桥→北太平庄→蓟门桥→友谊宾馆→苏州桥→紫竹桥→航天桥→公主坟	6:50至次日1:00，发车间隔不超过30分钟，客满随时发车
5线（出）	T3航站楼→T1航站楼→T2航站楼→小营→亚运村→学院桥→中关村	6:50~24:00，发车间隔不超过40分钟，客满随时发车
6线（出）	T3航站楼→T1航站楼→T2航站楼→广顺北大街→湖光中街→育慧里→北苑路大屯→大屯→奥运村→亚奥国际酒店→上地智选假日酒店	8:00~21:00，发车间隔不超过40分钟，客满随时发车
7线（出）	T3航站楼→T1航站楼→T2航站楼→朝阳公园桥→通惠河北路→永安里东街→广渠门→磁器口→前门大街南口→菜市口→广安门外→西客站南广场	7:20~24:00，发车间隔不超过30分钟，客满随时发车
8线（出）	T3航站楼→T1航站楼→T2航站楼→白坊→天通西苑→回龙观东大街→回龙观西大街→回龙观	8:00~21:00，发车间隔不超过40分钟，客满随时发车
9线（出）	T1航站楼→T2航站楼→T3航站楼→北关站→西大街→北苑路口→翠屏北里→太阳花酒店	7:00~24:00，发车间隔不超过30分钟，客满随时发车
10线(出)	T3航站楼→T1航站楼→T2航站楼→广渠门→肿瘤医院→玉蜓桥→北京南站北出口	9:30~21:30，发车间隔不超过30分钟，客满随时发车
11线(出)	T3航站楼→T1航站楼→T2航站楼→窑洼湖桥北→小武基→亦庄北环西路→泰河站	每日18:00由机场发一班车
12线(出)	T3航站楼→T1航站楼→T2航站楼→朝阳公园桥→四惠交通枢纽	7:30~18:30，发车间隔不超过30分钟，客满随时发车
13线(出)	T3航站楼→T1航站楼→T2航站楼→东直门→东四十条→朝阳门→雅宝路→王府井	7:00、9:00，全天仅两班
14线(出)	T3航站楼→T1航站楼→T2航站楼→广顺桥南→广顺北大街→湖光中街→南湖→花家地→望京医院→望京新世界→中国民航管理干部学院	6:00~19:30，发车间隔不超过30分钟，客满随时发车
15线(出)	T3航站楼→T1航站楼→T2航站楼→西直门外→动物园→首都体院馆→二里沟→甘家口→西客站北广场→世纪坛	7:00~18:00，发车间隔不超过60分钟，客满随时发车
16线(出)	T3航站楼→T1航站楼→T2航站楼→首都体院馆（白石桥东）→紫竹桥→鲁谷（远洋山水）→万达嘉华酒店→石景山	5:30~20:00，发车间隔不超过30分钟，客满随时发车

上海浦东机场

机场概况

上海浦东机场与北京首都国际机场、香港国际机场并称为中国三大国际航空港。机场位于浦东新区的江镇、施湾、祝桥滨海地带，距市中心约30千米。目前，浦东机场中外通航公司已达到48家，通航60多个国内城市、90多个国际城市，是中国重要的对外交往的窗口之一。

浦东机场位置示意图

航站楼

上海浦东机场共有两座航站楼，两座航站楼之间有通道可互通，也有免费机场摆渡大巴，非常方便。

主要航空公司

中国国际航空公司（CA）
HP www.airchina.com
☎ 95583

法国航空公司（AF）
HP www.airfrance.com.cn
☎ 4008-808-808

荷兰皇家航空公司（KL）
HP www.klm.com
☎ 400-880-8222

中国东方航空公司（MU）
HP www.ceair.com
☎ 95530

瑞士国际航空公司
HP www.swiss.com
☎ 400-882-0880

德国汉莎航空公司（LH）
HP www.lufthansa.com
☎ 021-53524999

机场交通

地铁

可以选择乘坐地铁2号线（绿色）到达或者离开浦东国际机场，不过，需要在广兰路站进行换乘。注意，2号线地铁在机场与广兰路站之间的运营时间为6:00~22:00，每8.5分钟发一趟，乘坐很方便。

磁悬浮（龙阳路地铁站—机场）

车票单程每人50元和往返每人80元（普通票）。运行时间为6:45~21:40。每日19:02前，发车时间为15分钟一趟；19:02后，发车时间为20分钟一趟。

地面公交

也可以利用地面公交到达或者离开浦东国际机场。目前，浦东国际机场共有大巴专线8条，外加浦东机场环一线和浦东守航线，乘坐也是很方便的。具体线路可参见下表。

地面公交线路

线路	主要途经站点	首、末班时间（机场→市内）
1 线（出）	T1 航站楼→ T2 航站楼 →虹桥机场 T2 航站楼	7:00~23:00
2 线（出）	T1 航站楼→ T2 航站楼→城市航站楼（静安寺）	7:00~23:00
3 线（出）	T1 航站楼→ T2 航站楼→龙阳路地铁站→打浦路→肇嘉浜路天平路→银河宾馆	7:00~23:00
4线（出）	T1 航站楼→ T2 航站楼→德平路浦东大道→五角场→运光新村→鲁迅公园	7:00~23:00
5 线（出）	T1 航站楼→ T2 航站楼→洋泾港桥→东方医院→延安中路成都北路（下行单向）→上海火车站	7:00~23:00
6 线（出）	T1 航站楼→ T2 航站楼→龙东大道科苑路→龙阳路地铁站→张杨路东方路→老西门→延安中路石门一路→延安西路华山路→安化路定西路（中山公园）	21:00~24:00
7 线（出）	T1 航站楼→ T2 航站楼→川沙路华夏东路→上南路华夏西路→上海南站	7:30~23:00
8 线（出）	T1 航站楼→ T2 航站楼→当局楼→海天三路启航路→交通队→海关仓库→航油站→东方航空→河滨西路卡口→机场保税区→金闻路闻居路→祝潘公路川南奉公路→千汇路南祝公路→南祝公路周祝公路→南祝公路祝成路→南祝公路卫亭路→盐仓→人民公路城东路→南汇汽车站	7:00~19:30
机场环一线	T1航站楼→T2航站楼→当局楼→公安分局→指挥部（非高峰站）→海关仓库→航空公司→施湾→航城园	8:00~19:15
守航线	T1航站楼→T2航站楼→龙阳路地铁站→东方路张杨路→东方医院（浦东大道）→浙江中路（延安路人民广场）→石门一路（延安路）→华山路（延安路静安寺）→虹许路（延安路）→虹桥机场T1航站楼	23:00后至当日航班结束后45分钟

出租车

里数	日间(5:00~23:00)	夜间(23:00至次日5:00)
0~3千米	14元（含1元燃油费）	18元
3~10千米	2.4元/千米	3.1元/千米
10千米以上	3.6元/千米	4.7元/千米

机场常用电话

机场问讯：96990

失物招领：021-68346324/68340417

机场投诉电话：021-68347575

行李寄存：021-68346324/68340076

候机楼广播电话：021-68346523/68346234

机场售票电话：021-68346465/68346466/68346467

广州白云国际机场

机场概况

广州白云机场始建于20世纪30年代，现位于白云区人和镇与花都区新华街道交界处，距广州市中心约28千米，是我国著名的航空枢纽机场之一。白云机场目前与30多家航空公司建立了业务往来，已开通国内、国际航线110多条，通航国内外100多个城市，在我国民用机场布局中占有举足轻重的地位。

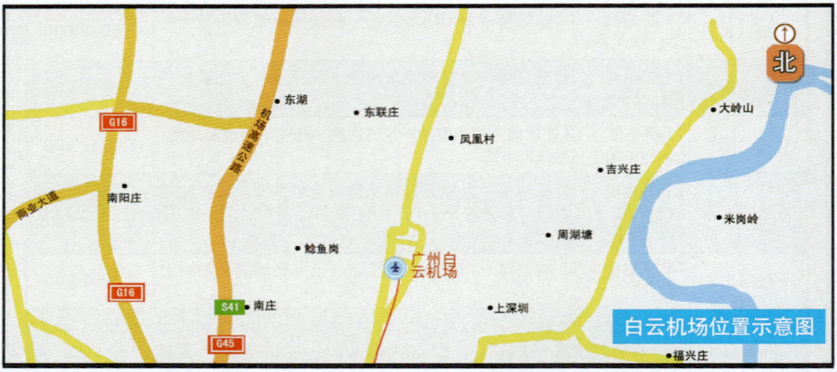

白云机场位置示意图

航站楼

广州白云国际机场航站楼包括地上3层及地下1层。其中，1层为到达层、接机大厅和商业层，2层为到达夹层，3层为出发及候机大厅，地下1层则通往地铁、停车场和机场酒店。

机场交通

机场大巴

机场大巴有两种：空港快线与机场快线。1~4号大巴为空港快线，5~10号大巴为机场快线。同时，机场还有前往周边城市的直达班车，乘坐很方便。

地铁

乘坐地铁3号线的北延伸段（体育西路至机场南站），可往来于机场与市区之间。机场地铁位于航站楼地下1层。

出租车

机场设有两处出租车搭乘处，分布在航站楼两侧。一般从市区前往机场费用相对比较高，要100多元。

机场常用电话

航班查询台：020-36066999

机场投诉电话：020-36066315

机场民航售票处：

020-86130088（国内）

020-86130099（国际）

咨询电话：020-86137273

航站楼急救站：020-36062664

空港快线查询：020-86122102

行李寄存台：020-36066854

机场行李查询：

020-36066763（国内）

020-36066790（国际）

旅行必备常识

【瑞士篇】

- 瑞士入境指南、机场示意图、出境指南
- 城市间、山区、市区交通
- 酒店、美食、购物指南
- 郊游和高山病对策
- 瑞士详情、瑞士历史
- 旅行会话（英、德、法、意）

中国国际航空公司有往返北京—日内瓦航班。网址：www.airchina.com.cn

瑞士航空公司有往返北京—苏黎世、上海—苏黎世、香港—苏黎世航班。网址：www.swiss.com

飞机到港

飞机到达瑞士后，如果是苏黎世国际机场就朝着出口Exit Zurich的标志走去，如果是日内瓦国际机场就朝着出口Exit Geneve的标志走去。对于在苏黎世和日内瓦换乘的人来说，朝着换乘Transit的标志走去即可。苏黎世国际机场内各种免税店林立，在入境之时能够购买免税物品。

瑞士入境指南

●入境审查 Passport Control

入境审查的柜台分为瑞士/EU（Switzerland/EU）和其他国家（All Nationalities），因此接受审查时请往其他国家柜台方向。

●海关 Customs

如果所携带的东西在免税范围内请往绿色的免税柜台方向；如果有需要报税的，需拿上在机内填写的报税单往红色的柜台方向。

瑞士规定的免税范围内的烟、酒、礼品如下所述。如果是从欧洲各国入境的话（不包括转乘），免税的量将减半。另外，17岁以下的未成年人，烟酒不免税。

■瑞士免税范围

酒精度15°以上的酒	1L
酒精度15°以下的酒	2L
纸卷香烟	200根
礼品	总计CHF300以内

与世界70个国家相连接的苏黎世国际机场

眼前是1号航站楼，里面是2号航站楼

瑞士是世界的金融中心，因此出入境时对现金和支票没有限额。

苏黎世国际机场

苏黎世国际机场(Zurich Flughafen) 位于市区以北12千米处，是瑞士的空中大门。

苏黎世国际机场是一座大型空港，有3座航空大楼，2座航站楼，3处登机手续办理口。请参考p.302的机场示意图。

航空大楼的E口瑞士国际航空公司的远距离航班乘降点（LX161/NH675在E口E27降落）。A口是国际航空公司与星空联盟集团航空公司的短距离航班乘降点。B口是其他航空公司的航班乘降点。

航站楼的1号航站楼/1号到达口/1号登机手续办理口由瑞士国际航空公司与星空联盟集团航空公司使用，2号航站楼/2号到达口/2号登机手续办理口由其他航空公司使用。

2号航站楼的对面是机场购物大楼，地下2层是国有铁路苏黎世国际机场站，地下1层是3号登机手续办理口。3号登机手续办理口供乘坐国营铁路转乘瑞士国际航空公司航班的乘客使用。1层的超市有零售窗口（每天6:00~23:00），到达机场后可以马上购物，非常便利。

或许上述看起来有些复杂，但这里是以旅游立国的瑞士，每到之处都有详尽的标志，所以完全不用为此担心。

去往苏黎世市区

苏黎世国际机场距离市区大约11千米，如果从机场乘出租车大约15分钟，CHF50；如果乘坐机场地下2层的国有铁路大约需要10分钟，1等车票CHF11，2等车票CHF6.60（瑞士通票免费）。去往市区还可以乘坐S-buhn，如果是特快IC或快速IR，那么在苏黎世中央车站乘车较为便利。

日内瓦国际机场

日内瓦国际机场（Geneve Aeroport）被称为瑞士的空中第2大门，位于日内瓦市区西北约6千米。

整个机场只有一座航站楼，既小巧别致又布局清晰明了。

地下1层是国有铁路日内瓦国际机场站。1层是到达口，2层是登机手续办理口，3层是出发口，4层是美食街。请参考p.302的机场示意图。

与法国各城市相连航班的出发和到达位于2层右端的法国区，French Sector。

去往日内瓦市区

日内瓦国际机场距离市区约6千米，如果从机场乘出租车大约10分钟，CHF35；如果乘坐10路无轨电车大约15分钟，CHF3；如果乘坐地下1层的国有铁路大约6分钟，CHF3(瑞士通票免费)。

其他机场

巴塞尔（欧洲机场）、拜伦、卢加诺也有国际机场，航班有国内航班和欧洲内航班。如果从卢加诺开始自己的旅程，那么最方便的是从意大利的米兰国际机场入境。从米兰国际机场到卢加诺，乘坐摆渡巴士大约1小时，CHF35。具体时刻表参考www.starstation.ch上的Orari Malpensa。

机场货币兑换

到达口有货币兑换柜台，营业时间为航班的出发、到达时间带。各个兑换点都设有24小时的自动兑换机，操作简单，非常方便。只需把钱放进兑换机内，瑞士法郎就会自动出来。

行李托运

瑞士国内没有货送到门的快递服务，但有行李托运系统，详细如下所述。

● **航空和铁路托运 Fly Rail Baggage**

随身行李最大尺寸为55 x 40 x 23 厘米，最大尺寸为 57 x 54 x 15 厘米的可折叠服装包也可作为随身行李。超过尺寸的行李则必须在值机台办理托运手续。

一个行李（32kg以内）的托运费用大约15美元。可以在瑞士国际航空公司的营业柜台办理相关手续。

● **车站间快运 Reisegepack**

把行李从一个车站托运到另外一个车站的托运系统。使用该托运的前提条件是购买托运车站间的车票或优惠通票，托运的行李于次日可取。对于到达目的地需换乘多次的游客来说较为便利。

托运行李一件（25kg以内）的费用为CHF10。

● **快递托运 Fast Baggage**

快递托运服务是车站间快运的特快托运，托运的行李可于当日或次日领取。对于不断更换观光目的地的游客来说较为便利。

但是承担该快递服务的车站只有瑞士主要车站和观光车站，且根据托运车站间距离的远近，领取行李的时间或当日或次日。在苏黎世中央车站的行李托运柜台有相关指南册（右为照片），上面详细记述了承担快递托运服务的车站名及托运所需的时间。

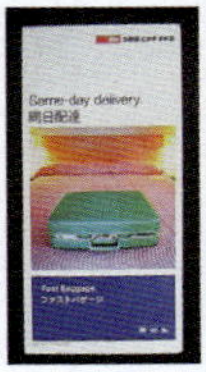

托运行李一件（25kg以内）的费用为CHF20。

苏黎世中央车站的行李托运柜台

机场示意图

■苏黎世国际机场示意图

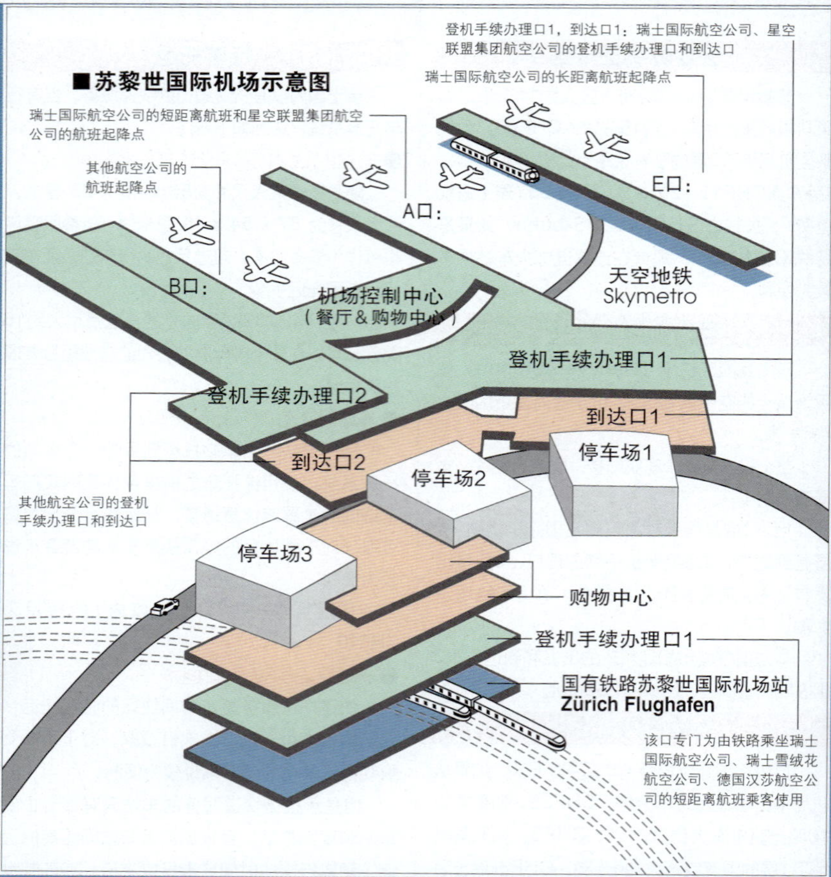

■日内瓦国际机场示意图

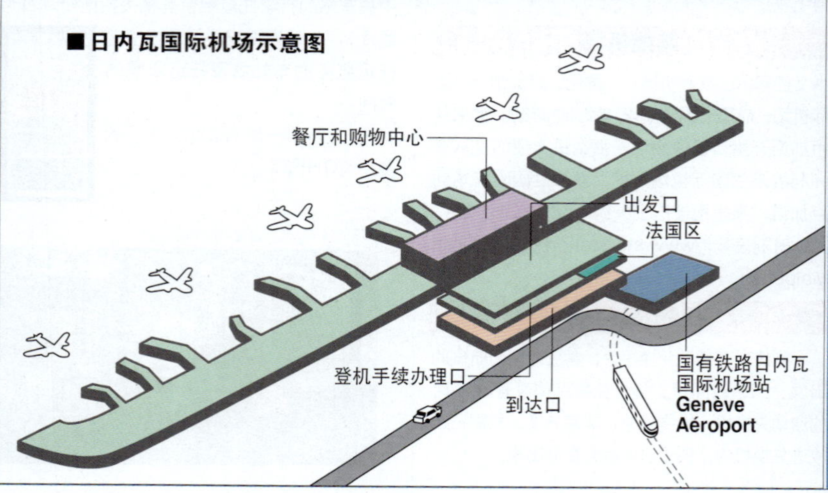

瑞士出境指南

瑞士出境之前

●火车站代办登机手续

瑞士各主要火车站代办各大航空公司的登机手续和行李托运Fly Rail Baggage（托运车站→中国的国际机场）。但需要出示到瑞士国际机场的火车票/优惠通票、电子机票存根、护照。这种服务能够让旅游者“一身轻松”地回家，但是它需要事先确认提前几天办理相关手续，因为承运的车站到瑞士国际机场的距离及乘坐航班的不同，所需要的时间有所差别。

行李一件（32kg以内）需CHF20。

●车站间托运/快递托运

如果没有火车站代办登机手续服务的地区，而且还想把行李从逗留地托运到瑞士的国际机场，那么可以利用车站间托运或快递托运。详情请参照P.301。

在瑞士的机场

●登机手续办理 Check-in

一般需要比航班起飞时间提前2个小时出发去机场。

（苏黎世国际机场的场合）乘坐瑞士国际航空公司等星空联盟集团航空公司的乘客，需到1号航站楼的1号登机手续办理口。1号登机手续办理口不区分航空公司，登机手续办理柜台是按照经济舱/商务舱/头等舱等座位席别分类。

●出境审查

登机手续办理完成之后，按照出境Departure、出境审查Passport Control等引导标识，接受出境审查。接受审查时需出示护照。

●退附加值税（VAT）

详情请参照P.324。

●购买免税商品 Duty Free Shopping

出境审查完成之后，就可以在免税商店购买免税商品。信用卡、瑞士法郎、欧元等都可以进行支付。

●再兑换

入境时所兑换的瑞士法郎如果还有剩余，可以在兑换点再次兑换人民币。

●搭乘口

苏黎世国际机场→首都国际机场有直飞航班，乘坐天空地铁（参照P.302）去搭乘口时，需确保有足够的时间。

在中国的机场

●机内

航班在临近中国时，机内的工作人员会让每位乘客填写携带物品申报单。如果有托运的物品还需再填写一份相同的申报单。

●入境审查

入境审查时需要在专门柜台接受审查，并出示护照。

●领取行李

领取行李时要先在信息提示板上确认自己所乘坐航班的行李信息，找到行李所在的转车台（turntable）编号，然后领取行李。

入境中国时的免税范围

●酒精饮料　2瓶（12度以上，1.5升以下）

●烟草制品

香烟	400支
雪茄	100支
烟丝	500克

※其他如果超出免税范畴，需要课税，具体规定可参考中国海关总署官方网站。

HP www.customs.gov.cn

限制带入中国的物品

●无线电收发机、通信保密机；

●烟、酒；

●濒危的和珍贵的动物、植物（均含标本）及其种子和繁殖材料；

●国家货币；

●海关限制入境的其他物品。

城市间交通【铁路 Eisenbahn / chemin de fer】

瑞士的铁路准时、安全、舒适，驰名世界。主干线为国有铁路，支线及登山路线为民营铁路，主干线和支线等所组成的铁路网长约5200千米，可以说铁路线延伸到瑞士的各个角落。

如果说瑞士的铁路有什么缺点的话，那就是费用过高（请参照p.306）。对于频繁利用铁路交通的游客来说，购买优惠通票是上佳选择（请参照p.289）。

另外，车站内和列车内禁止吸烟，请留意。

【国有铁路 SBB / CFF】

运营主干线的国有铁路，其正式的名称为瑞士联邦铁路，略称SBB（德语）、CFF（法语）、FFS（意大利语）。列车侧面同时标示有3种简称。

无论哪趟列车都非常舒适，即使是早晚上、下班高峰也不会有无座的情况。而且近年的特快列车多为2层，当然2层看到的风景更加秀丽。

从各方向驶来的列车在同一时间段内同时到达换乘车站（列车网络时刻表制度），所以列车换乘极其便利。而且，各个路线都有路线名。

【民营铁路】

运营支线和登山路线的民营铁路也广受好评。铁路宽度相同的地方，与国有铁路相互延伸，而且票价体制及非常便利的列车网络时刻表制度等都与国有铁路相同。另外，民营铁路最有特色的就是各式各样的观光列车（请参照p.307）。

【车站 Bahnhof / Gare】

● 站内

主要车站的形式为干线引入式。车站内有旅游局、铁路服务中心、国有铁路SBB货币兑换点、行李托运柜台、投币物品保管箱、餐饮、购物、超市等。车站内还配有行李手推车，可以免费使用。只是在使用时要在手推柄的投币处投入CHF2～5的保证金，打开车锁然后便可以自由使用。用完之后，要把车放到就近的手推车存放处，车锁和其他手推车相连之后，保证金便会自动退回。车站内还特别为使用手推车和轮椅的乘客考虑，铺设了很多平缓的坡道，可以说完全是无障碍通道。

瑞士国有铁路中心、苏黎世中央车站

站台入口的综合提示板

可自由使用的行李手推车

苏黎世中央车站内，左边是铁路服务中心Info Point

主要车站的形式为干线引入式

列车的座位为包厢式

黄色时刻表为出发时刻表

白色时刻表为到达时刻表

另外，苏黎世中央车站、伯尔尼中央车站等中央车站Haupt Bahnhof，略称HB。

● 站台 Gleis / Quai

任何人都可以自由出入站台和列车。由于站台和线路的高度相同，所以绝对禁止横穿线路，如有违反将受重罚。大型车站的站台有A～D分区Sektor/Secteur,站台的出发到达提示板上面会有1等车、2等车、餐车的区域提示。

● 列车

列车有1等车1st Class和2等车2nd Class。1等车的感觉就像中国的软座车厢一样，座位舒适，即使高峰期座位也有空的。根据列车的不同，有残疾人专用座位，配有电源适配器的商务座位或商务包间。2等车虽不像1等车那样豪华，但也足够舒适。除了冰河特快等观光列车，所有的座位都可以自由选择。有些列车不同的目的地其车厢是不同的，在乘坐之前务必要确认车厢侧面所标识的目的地。车门是半自动式，车门自动打开的方法是轻轻地转动门把手或按车门旁的按钮。

● 行李托运 Reisegepäck

详情请参照P.301。

● 检票

检票采用车内检票系统。发车后，列车长会在车内巡回进行检票。无票乘车将受重罚。

【时刻表 Fahrpläne / l' horaire】

● 提示板 & 电子时刻表

车站内到处都可以看到该车站出发和到达的列车时刻表。写有Abfart/Depart的黄色时刻表为列车出发时刻表，写有Ankunft/Arrivee的白色时刻表为列车到达时刻表。时刻表上的内容是按照如下顺序标记：目的地/出发地、出发时刻/到达时刻、出发和到达站台。

● 免费的手册型时刻表

在主要车站的铁路服务中心都会有免费

免费的手册型时刻表，可自由拿取

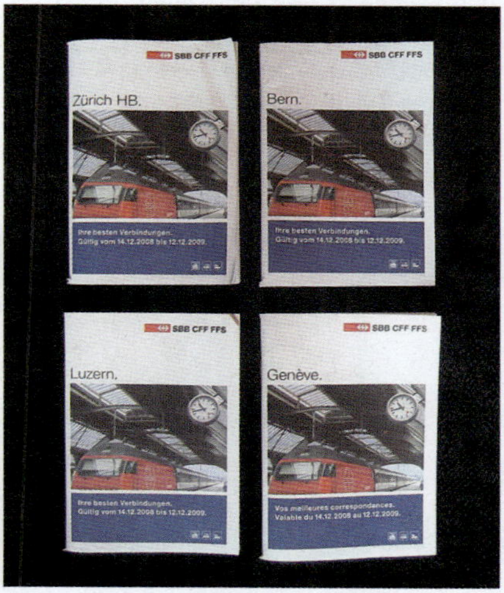

主要车站的手册型时刻表的设计都相同

的手册型时刻表Stadtefahrpane。对于一般旅游者来说，像这样的手册型时刻表就足够了。通常情况下，时刻表堆放在铁路服务中心一角的小推车里。

在时刻表的目的地一栏中，按照出发时刻、列车种类、餐车有无、到达时刻的顺序表记，让人一看就会明白。

● 网络时刻表

铁路、邮政巴士、湖船、山区交通、市内交通的网络时刻表详情请参照p.286。

【车票 Billette / Billets】

中长距离的列车车票需到柜台购买，短距离列车的车票在柜台或自动售票机购买均可。在瑞士，银行等受理现金业务的柜台到处可见，只是顾客与工作人员之间有防灾玻璃隔开，售票柜台也同样如此。现金和车票要通过玻璃下面的转盘（turntable）进行交易。

售票柜台

在购票时要告诉工作人员所需车票的相关信息：往返Return或单程Single/目的地/1等车1st Class或2等车 2nd Class，然后在转盘上放上所需的钱转动半圈。工作人员会把车票和找零放入转盘中再转回到顾客一侧。

在告诉工作人员目的地名字时，最好把其写在笔记本上拿给工作人员看，不能只靠发音。

【列车的种类】

主要城市间的移动，以速度快、线路多的特快IC（Intercity）和快速IR（Interregional）列车最为便利。

● 国际特快EC（Eurocity）

行驶在欧洲各国之间的国际特快，和其他列车一样在瑞士全国都能利用。夜行班次为EN（Euronight）

● 国际特快CIS（Cisalpino）

意大利最值得骄傲的特快列车，和其他列车一样在瑞士全国都能利用。

● 国际特快ICE（Inter City Express）

德国的超级特快列车，可在苏黎世、巴塞尔、伯尔尼、因特拉肯等城市利用。

● 国际特快TGV（Train Grand Vitesse）

法国的超级特快列车，也就是大家所熟知的法国快速高铁，可在苏黎世、巴塞尔、伯尔尼、日内瓦、洛桑等城市利用。

● 特快IC（Intercity）

连接主要城市之间的长途特快列车。速度快、停站少、线路多。

● 特快ICN（Intercity ）

连接日内瓦和圣加伦的特快列车。

● 快速IR（Interregional）

连接主要城市之间的中长距离快速列车。速度快，停车站较少，线路多。

● 快速RE（Regional Express）

中距离快速列车。停车站较多。

● 普通R（Regional）

短距离普通列车。每个车站都停。

● S-Bahn

与大城市近郊的通勤线路连接在一起的普通列车。

■主要城市区间的火车票价（单位CHF。CHF1≈6.6元人民币）

区间	单程 1等	单程 2等	区间	单程 1等	单程 2等
苏黎世 ➡ 巴塞尔	53	31	日内瓦 ➡ 伯尔尼	80	47
卢塞恩	40	23	因特拉肯西站	114	67
伯尔尼	80	47	格林德尔瓦尔德	131.80	77.40
因特拉肯西站	111	65	采尔马特	154	90
格林德尔瓦尔德	128.80	75.40	卢加诺	189	111
采尔马特	198	116	圣莫里茨	227	133
日内瓦	140	82	洛桑	35.80	21
卢加诺	104	61	蒙特勒	48	28
圣莫里茨	119	70	伯尔尼 ➡ 巴塞尔	65	38
沙夫豪森	31.80	18.60	卢塞恩	62	36
日内瓦 ➡ 巴塞尔	119	70	因特拉肯西站	45	26
卢塞恩	126	74	格林德尔瓦尔德	62.80	36.40

城市间交通 【观光列车】

① 冰川特快 Glacier Express

www.glacierexpress.ch（德、法、意、英、日）

世界上著名的观光列车，自1930年开始运营。行驶路线为圣莫里茨—采尔马特，全程大约需8小时。详情请参照p.28～29。

② 贝尔尼纳快车 Bernina Express

www.rhb.ch（德、法、意、英）

贝尔尼纳快车在铁路爱好者中备受欢迎。行驶路线为圣莫里茨—蒂拉诺(意大利)，全程大约2小时。详情请参照p.30~31。

③ 金色山口线 Golden Pass Line

www.goldenpass.ch（德、法、意、英、日）

行驶路线为卢塞恩—因特拉肯—茨维西门—蒙特勒，经过四森林湖—莱芒湖等8个湖泊，景色宜人。全程大约8个小时，单程票价CHF17。

④ 威廉特尔快线 Dampfbahn Furka Bergstrecke

www.furka-bergstrecke.ch（德、法、意、英）

威廉特尔快线是湖船和铁路的组合观光列车。行驶路线为卢塞恩—卢加诺，全程大约4小时，单程票价CHF39。

城市间交通【邮政巴士、船、国内航线】

【邮政巴士 Post Bus】

邮政巴士行驶在瑞士的各个地区，乡野小镇，偏僻山村等到处都能见到它的踪影。全境大约750条线路，全长约1万千米，几乎覆盖瑞士全境。黄色的车体及车体上面的圆圈标志是邮政巴士最显著的特征。

正如其名，最早是从投递邮政包裹的马车开始的。现在这种巴士在运送乘客的同时也运送包裹，因此各村镇的邮局前面便成了停车港。

听到“驶往乡野山村的邮政巴士”，或许让人马上联想到带着乡土气息的巴士形象。但是，邮政巴士都是富有现代气息的车辆，不但准时，而且乘坐舒适。尤其是巴士司机全是富有经验的老手，山路的驾驶技术更是超群。

车票可以在上车时向司机购买，或者在邮局前乘车时事先在邮局购买。如果持有瑞士通票，乘车免费，但在经过山路等特别路段时需另付费。

车内前方的电子提示板上会依次显示行车路线、下个车站名、所需时间等。如果自己所到的车站在下一站时，需按下装在车内支柱上面的红色Stop/HALT按钮。不像中国到站时会有到站的提示音，而是在电子提示板上面的停车站名旁显示STOP的字样。车门是半自动的，按下车门旁支柱上的STOP/HALT按钮，车门会自动打开。

在站牌处有时刻表，但也可以在邮局领取，还可以在国有铁路SBB主页（p.304）、邮政巴士主页www.postbus.ch（德、法、意、英）上检索到。

邮政巴士的象征标志

邮政巴士非常准时，不愧是瑞士！

即使不是大海，船依然是重要的代步工具

【湖船、河船 Schiff / Bateau】

莱芒湖、图恩湖、布里恩茨湖、苏黎世湖、博登湖、卢加诺湖、四森林湖、莱茵河、阿勒河等航行着联结附近城镇的定期联络船。对于旅行者来说是观光用的代步工具，而对当地的人们来说却是日常生活的交通工具。

由于瑞士湖泊河流众多，船只在这里便可以“大显身手”。在制订旅行计划时，在考虑移动方法时，不能只考虑陆路交通，适当地把水路交通也考虑在内，或许能够发现更加有趣的线路或捷径。大部分船只都分1等舱和2等舱，而且还设有餐厅和咖啡馆。

船票可以在售票窗口购买。持有瑞士通票的免费。

在乘船点有时刻表，但也可以在旅游局、酒店领取，还可以在国有铁路SBB主页（p.304）或各船只公司的主页上检索到。

【国内航线 Flugzeug/l'avion】

瑞士是一个小国，火车和汽车可以去到境内任何地方，但对于当日出发当日回的商务人士来说，乘坐国内航班是不错的选择。瑞士国际航空公司的国内航班如下所示。

请登录瑞士国际航空公司总部的主页http://booking.swiss.com（英）或在各分部进行预约和时刻表确认。

- 苏黎世↔日内瓦（所需时间约50分钟）
  经济舱单程票价CHF234
- 苏黎世↔卢加诺（所需时间约40分钟）
  经济舱单程票价CHF248

城市间交通【租车】

瑞士的道路网发达，驾驶人员素质高，同时又是观光立国、多语言国家，交通标志清楚明了，是一个非常适合驾车的国家。

铁路交通等公共交通的费用较高，2个人以上一起行动且移动频繁的情况下，推荐租车旅行，既省钱又安心。由于自驾车，所以能自由地安排行程，而且无须托运行李，在旅行途中还能够自由地逗留。

为了安全起见，最好两个人以上租车，1个人负责驾驶，另外1个人当助手。可以事先购买地图，在地图上用工具标出行驶路线。

【高速公路】

高速道路(德语Autobahn/法语Autoroute/意大利语Autostrada）的标志全国统一，即车专用道的图案为绿色底，白色字。按照城镇里的这些标志就可以进入高速公路。各高速公路的都有编号“○号线”，其图案是红色底，白色字。入口处标有“○号线△△△方向”，所以入口前需确认自己的目的地在哪个方向。

高速道路出口附近的提示牌上面写有城市名，城市名字后面是出口（Ausgang/Sortie/Uscita）的蓝色标记。出口处立交桥较多，即使地图上标记的方向在右，但实际方向在左的情况也有。出了高速公路，沿着车站（Bahnhof/Gare/Stazione）或中心（Zenturn/Centre/Centro）标志可以到达城镇中心。瑞士的高速公路限速120km/h，不收过路费。只是在高速公路上行驶需在车内贴上写有“Vigentte”的标签。CHF40，有效时间为1年。一般在瑞士租赁的汽车都会贴有这种标签，但是如果是从瑞士以外的国家租赁汽车的话，有可能没

风光秀丽的瓦莱州一般道路9号线

有这一标签。在入境前需在入境处、邮局、加油站等地方事先购买。

道路标牌

【一般道路】

本书中把国道、州道、市道、县乡道等统称一般道路。一般道路的标志清一色为蓝色。市区限速50km/h,郊区限速为80km/h。在大城市市区也有路面电车。

如果是城市间的移动较多，租车无疑是值得推荐的，尤其是从日内瓦到采尔马特。穿过高速1号线和9号线，在谢尔9号线的尽头，然后进入一般道路9号线。罗讷谷小道、美洲杨林立的林荫道，风景尤其秀丽。

另外一般道路上的标识牌上，在城镇名字旁边还有“Transit”的标志。去往城镇方向的游客朝着城镇名字标志的方向行驶，如果只是过路的话，就朝着“Transit”标志的方向行驶。

【冬季的道路开放封闭状况】

在冬季，穿越山口或山村的道路有时会因大雪而封闭。在山麓下有村名一览和写有道路开放、关闭情况的标志。Open为开放，Closed为关闭。

绿色底，白色字的高速道路汽车专用道图案

红色底，白色字的高速道路编号和前行方向标志

村名一览表和写有道路开放、关闭情况的标志。Open为开放，Closed为关闭。

城市间交通【租车】

带有顶棚的摆渡汽车的火车

【摆渡汽车的火车】

摆渡汽车的火车的标志是装载有汽车的火车车厢图案

在瑞士，汽车和乘客一起运行的汽车专用列车，摆渡汽车的火车Car Train十分常见。尤其是道路险峻的地方，没有道路的罗奇伯尔格山口、冬季道路封闭的富尔卡山口及辛普朗山口，搭乘过山隧道的摆渡汽车的火车，可以和汽车一起安全地到达山口的那一边。

使用方法为：在摆渡汽车的火车站付钱，接着排队等候。当摆渡火车到来时，车门会自动打开，保持队列形状把车开上摆渡火车。然后关掉引擎，用手刹等刹车，乘客将一直待在车内。

游客最经常利用的摆渡火车线路为坎德施泰格Kandersteg—戈彭施泰因Goppenstein（罗奇伯尔格隧道Lotschber-tunnel）。联结格林德尔瓦尔德等少女峰地区和采尔马特等瓦莱州地区的主干线，没有山区道路，只有摆渡火车。每天6:00~24:00，夏季每隔15~20分钟一班，其他季节每隔30分钟一班。所需时间约15分钟，费用为平日一台车CHF20，周末CHF25。隧道内无照明设施，伸手不见五指。

【驾驶规则】

瑞士是一个文明驾车的国度，对不文明驾驶的司机处罚非常严厉。

● 右侧通行

在瑞士是右侧通行。

双车道以上的道路，右侧为正常行驶道，左侧为超车道。从右侧超车是绝对禁止的。

● 优先权

在没有设红绿灯的丁字路口、十字路口、环形岛，右侧行驶的车拥有优先权。山路行驶时，上行车拥有优先权。

● 禁止停车空转

长时间停车时，红灯短暂停车时，一定要关闭引擎，禁止空转。

● 禁止超校车

禁止超校车和山路行驶的邮政巴士（都为黄色车身）。

● 系安全带

驾驶员及副驾驶员一定要系好安全带，这是应尽的义务。另外，未满12岁的未成年人需乘坐后面座席，未满7岁的儿童需乘坐儿童专用座席。

【去他国兜风】

如果去往法国、德国等瑞士邻国兜风，需要注意道路标志的不同。瑞士高速公路的标志是绿色的，一般道路的标志是蓝色的，但法国、德国等正好相反。高速道路的标志是蓝色的，一般道路的标志是绿色的。并且，在法国一部分高速道路是收费的。高速道路的入口设有收费站。有用卡付费的车道、不找零现金付费车道、找零现金付费车道等3类车道。在过不找零车道时，只需把现金投进机器的投币口内，车栏便会自动打开。

高速公路旁的紧急联络电话

禁止超车，邮政巴士优先道路结束标志

离此2km有鹿出现，注意！

水质保护区。禁止排放液体！

骑马路线，注意！

Hertz苏黎世市内营业所

【汽车租赁公司】

瑞士有赫兹Hertz、安飞士Avis等大约10家汽车租赁公司，其中最大的是赫兹。在瑞士国内27座城市拥有36处营业网点，而且免费把车送到顾客所住的酒店，顾客还能够进行异地还车，即One-way-rental/Drop-off。

租车时需要护照、海外驾驶执照、本国驾驶执照、信用卡、1年以上的驾驶经历、年龄在25岁以上（汽车租赁公司的规定不同，年龄限制也有所差异）。

租赁的汽车牌照号码与所租借地区没有直接关系，而与税制有关，要么是A1（阿彭策尔半州）牌照，要么是FR（弗里堡州）牌照。而且近年柴油汽车的数量在不断增多。

【汽车租赁费用】

汽车租赁费用是根据汽车的种类及租用时间的长短来收费。一般租车时间越长，平均一天的费用就越低……以赫兹为例，如果是菲亚特等经济型车型，租1～2天，那么平均每天的费用为CHF159；租3～6天，平均每天的费用为CHF108；租7～13天，平均每天的费用为CHF100；2周以上平均每天的费用为CHF80。CHF80约为524元人民币，如果是2~4人一起乘坐，平均下来比乘坐火车便宜很多。

租车费用里面还包括了汽车损害赔偿保险（对人和对物保险），如果要加入车辆损害补偿制度（CDW）、搭乘人伤害保险（PAIA）、被盗保险（TP），需另外付费。

【预约方法】

赫兹、安飞士等都能在中国进行预约，而且提前预约还可享受优惠，所以推荐在中国国内预约。特别是瑞士的自动档汽车较少，对于喜欢自动档汽车的旅行者来说，提前预约是“当务之急”。

【还车和支付】

在返还汽车之前，需把油箱加满汽油。即使没有时间，最好也要把不足满箱的那部分油钱交给汽车租赁公司。

返还汽车时，工作人员会确认汽车是否有损伤，如果没有任何问题，就可以付费了。付费时一般是用当时作为保证的信用卡付费。

● 在国际机场返还汽车

首先找到“租赁汽车返还（Rental Car Return）的标志，按照标志的提示，把车开进机场内租赁汽车的专用停车场。接着把车停到所在汽车租赁公司的车位，然后请工作人员验车，最后到附近的柜台付费即可。

【加油的方法】

瑞士的加油站是自助式加油站。在自动售卖机上有两种付费选择，一种是“先付费”，先把钱投入到自动售卖机中，投多少钱加相应量的油；另一种是“后付费”，先加够自己所需量的油，然后再用现金进行支付。汽油的价格为：无铅CHF1.60/L,标准CHF1.7/L。柴油的价格约CHF1.7/L。

在瑞士的加油站需自己加油

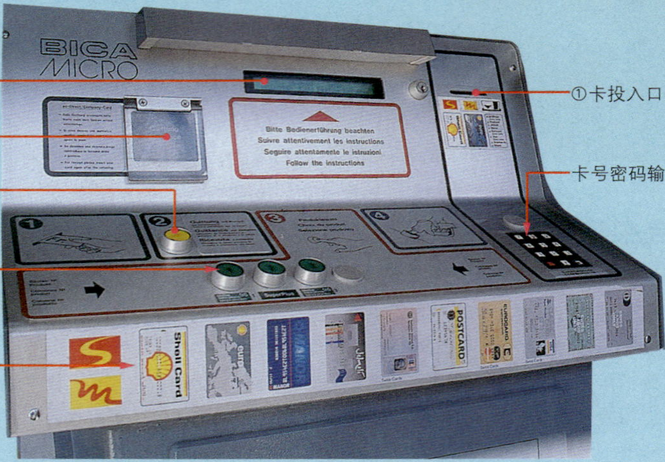

● 先付费形式（自动售卖机）

❶投入CHF10～50（加满大约CHF50）。信用卡、欧元EUR付费都可。

❷选择汽油的种类。无铅：Bleifrei、标准：Superplus、柴油：Diesel。

❸打开注油口，把注油嘴插进注油口，握紧手柄开始加油。加到相应的量，加油器便自动停止。

● 后付费形式

❶与上述❷相同。

❷与上述❸相同，只是需要看着加油表进行加油，当加到所需的量时，马上挪开手柄，加油便自动停止。另外，当油加到满箱时，加油器也将自动停止，所以无须担心。

❸现金支付（Kasse/Caisse/Cassa）。把加油器的号码告诉相关工作人员，完成支付。

【停车费的付费方法】

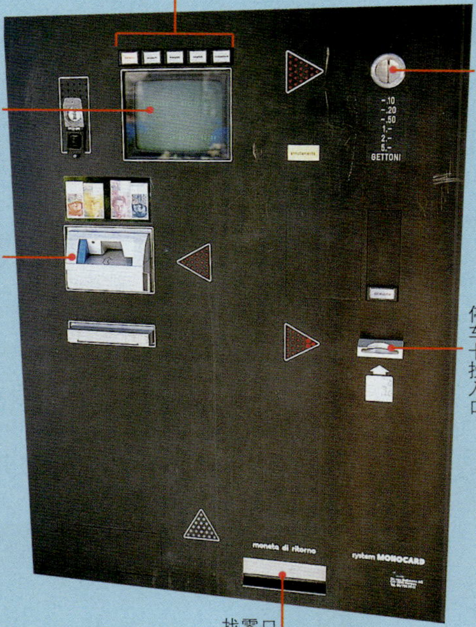

停车场的标志有两种。一种是带有屋顶标志的室内停车场（照片上左），一种是不带屋顶标志的室外停车场和路边停车场（照片上右）。

临近出入口及电梯的停车位，一般是残障人士专用、女性司机专用、最长停车时间不超过15分钟，需要特别注意。如果停车时间超过15分钟将会被收取高额停车费用。

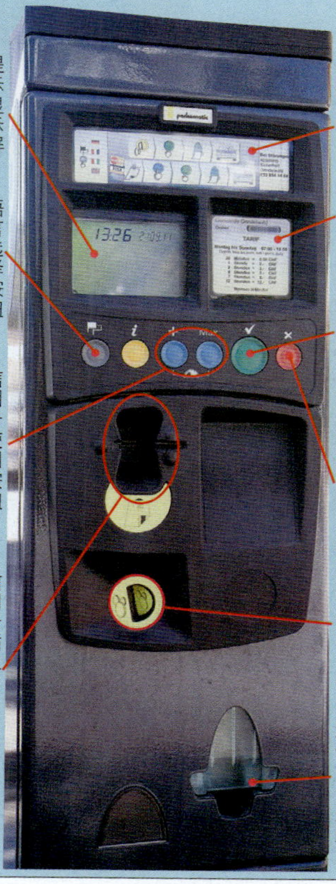

● 停车场

❶ 在入口处领取停车卡。

❷ 取车时需在停车费自动精算机上现金付费(Kasse/Caisse/Cassa)。在自动精算机（照片上）的停车卡投入口投入停车卡，在金额表示画面上就会自动出现应付费用，然后用CHF或欧元EUR进行支付。付费后，停车卡将自动返出来。

❸ 在出口处插入停车卡，出口大门便会自动打开。

● 路边停车场

❶ 在空车位把车停好。

❷ 在附近的停车卡贩卖机（照片右）上购买停车卡。上面显示有价格表，选择自己所停车位的编号，投入预计停车时间的费用（只能使用CHF硬币的贩卖机较多），停车卡便会自动出来。但是由于近年来采用电脑管理，也有不需停车卡的情况。

❸ 把停车卡放到汽车仪表盘上面，以便从外面辨认。

【登山铁路】

瑞士的魅力之一就是，山区交通发达，无论是谁都可以轻易地到阿尔卑斯观光旅行。作为山区交通工具的登山铁路，分布在少女峰等瑞士10多座山脉。

登山铁路的轨道中间另铺设有一根齿轨，这是防止车辆在陡峭的山坡上滑落而专门采取的对策。虽然列车的速度较慢，但随着海拔的升高，车外的风景也更加秀丽。需要注意的是，登山列车的运行日期，有的只在旅游旺季的夏季运行，有的只在冬季和夏季运行，有的虽全年运行，但在春秋季线路检修期间会停运。

登山铁路的齿轨线路

登山铁路的叫法，德语为Bergbahn，法语为chemin de fer de montagne。持有瑞士通票者可享受50%～75%的优惠。

【登山车】

登山车主要用在山脉、卢加诺等陡峭山道较多的城镇，在瑞士全境大约有50处。登山车的种类也有不同，比如去往采尔马特展望台的上行登山车，行驶在山内隧道的地下式登山车。

用在山脉的登山车，一般从山麓到山腰是登山车，从山腰到山顶则是缆车或索道车。在旅游淡季的春秋两季，停运的情况较多，需特别留意。

登山车的叫法，德语为Drahteseilbahn，法语为Funiculaire。持有瑞士通票者可享受50%～75%的优惠。

【缆车】

在山区地带大显身手的是缆车和索道车。在英语中把登山车、索道车、缆车等使用绳缆的交通工具都称为缆车。本书把定时发车的、定员30～100人的厢式此类交通工具称为缆车。

缆车的叫法，德语为Luftseilbahn，法语为Telepherique。

【索道车】

本书把定员4～6人的小型厢式升降交通工具称为索道车。

通常情况下，从山麓到山腰为索道车，从山腰到山顶则是缆车，而且索道车换乘缆车非常方便。

索道车的叫法，德语为Gondelbahn，法语为Telecabine。持有瑞士通票者可享受50%～75%的优惠。

缆车

索道车

市内交通【出租车、公交车】

出租车停靠站和出租车

【出租车】

在瑞士乘坐出租车需要在机场、车站、市内的出租车停靠站乘车，或者用电话叫车，因为在瑞士没有招手即停的出租车。在景点、酒店、餐厅叫车时，只要向工作人员拜托“Please call a taxi”，他们非常乐意帮忙。

乘车费用是打表计算，城市不同，起步价和加价也不同，一般情况下起步价大约为CHF6～7。每隔几十秒钟，计费器会以不可思议的速度转动。“嘎恰、噶恰、噶恰”，计费器上面的费用不断地增加，对初到瑞士的人来说，惊讶，甚至担心都是常有的事情。路程约10千米，时间约15分钟，费用却需CHF50。

即使是瑞士最大的城市苏黎世，徒步也可转遍市区，使用出租车的乘客少，而且出租车司机的人工收费高，所以瑞士出租车的费用在世界范围内都属高价位。

瑞士是一个无须付小费的国家，但在出租车行业却有付小费的风俗。小费的数目一般为乘车费用的5%~10%，但通常情况下付给的都是找零的硬币。小费说到底不过是一种感谢的表达，可以根据服务的质量来决定付费的多少。

【公交车】

在主要城市及大的城镇都有公交车在运营。

公交车的行驶路线复杂，利用时首先应在当地的旅游局拿到公交线路图。如果目的地为1处，可以向住宿酒店的服务中心咨询去往该目的地公交车的详情，包括线路号Bus No.，终点名，下车车站名，最近乘车车站名。

瑞士的公交车前面或侧面所显示的目的地为终点名，在查看公交线路图时需特别确认该路线的终点。

车票可以在公交车站的自动售票机上购买，也可以乘车时向司机购买（买票乘车时需从车前门上车）。买票时一般不设找零，最好准备好零钱。对于游客来说，通常都持有瑞士通票，所以乘车十分便利。车门为半手动式，下车时按下车门旁边的按钮，车门会自动打开。

车内前方的电子提示板上会依次显示行车路线、下个车站名、所需时间等。如果自己所到的车站在下一站时，需按下装在车内支柱上面的红色STOP/HALT按钮。不像中国到站时会有到站的提示音，而是在电子提示板上面的停车站名旁显示STOP的字样。车门是半自动的，按下车门旁支柱上的STOP/HALT按钮，车门会自动打开。

在站牌处有时刻表，但也可以在邮局领取，还可以在国有铁路SBB主页（p.304）检索到。

车内前方的电子提示栏中标记有路线、车站名、所需时间等

两节车辆相连的公交车较多

市内交通【有轨电车】

苏黎世、日内瓦、巴塞尔、伯尔尼等大城市市内的主要交通工具是被称作有轨电车Tram的路面电车，通常由2～3节车厢组成。

有轨电车的总站一般设在火车站前或广场，行驶路线为市内各主要道路，而且停靠站较多，乘坐非常方便。对于游客来说，如果有电车行驶路线图（可以在当地的旅游局免费领取），无疑是非常便利的移动工具。持有瑞士通票者，乘车完全免费。

自由舒适的有轨电车是市区交通的主力

【停车站】

每隔300～400米，比中央路面稍高的站台设有提示板和自动售票机。提示板上面写

无轨电车车内。在车门旁边的黄色柱子上有一个突出的绿色按钮，按下这个Halt按钮，即可开门

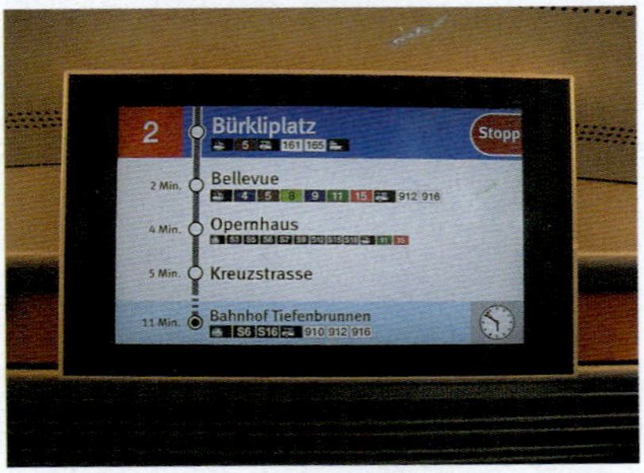

车内的提示显示屏。为乘客提示线路、下一站站名、上一站站名、终点站、所需时间

的是该停车站的名称，下面写的是该停车站停车的路线号及目的地。

停车站边的提示站牌

与公共汽车一样，只要不是始发站和终点站，每个停车站都分为上行和下行两处，因此在进行确认时，不但要看停车站名称，还要看停车站提示板上面写的目的地。另外，在火车站等电车总站，一个停靠站可能有若干路电车停靠，所以乘车时一定要看清路线号。

【车票】

没有瑞士通票的人需在停靠站的自动售票机买票乘车。自动售票机只接受硬币，所以需提前准备好。

车票的价格各城市有所不同。单程一次票的价格为CHF2~3，往返的价格为CHF3~4。1天内自由乘车1小时票价为CHF3~4，1天内自由乘车1日票Tageskarte价格为CHF7~8。车票购票方法如下页所示。

【乘车下车的方法】

有轨电车和普通电车一样，隔一定的时间，车门会自动打开和关闭，乘车下车时从距离自己最近的门乘降即可。而且无须过闸机，乘降自由。

乘车时按车门旁的按钮，下车时按车门把手附近的HALT按钮，车门便自动打开。但车门的关闭是自动式的，而且为了保持车内温度，没有乘客上下的那个车门不开。

【车内】

车内和公共汽车车内设置一样，在前进方向两侧设有左右两排座位。

【车内检票】

没有司机或乘务员检票，乘车下车完全自由，所以“不买票=无票乘车”，这样的机会想要多少有多少，只不过在此告诫大家这样的机会还是让其溜走最好。

因为专门负责检票的工作人员会时不时冷不丁地来到车内进行检票。一旦发现无票乘车，将给予重罚。

【旧款购票机】

旧款购票机只显示本城市的语言，想要购买去往郊外住宅小区的车票时，则必须输入区域代码。因此，旅行者想要购票时，最好在近距离区域购票。

●近距离区域内的一次性车票

购买单程车票按黄色按钮。往返车票则需要按→按钮和黄色按钮。

●1小时券

购买1小时券按蓝色按钮。

●1日券

购买1日券按蓝色按钮。

按下按钮，右上角的屏幕会显示金额，投入相应金额即可取票。儿童、狗乘车时，只需购买半价车票，这时按½按钮。

【新型购票机】

新型购票机上的提示屏上可以选择德语、法语、意大利语和英语四种语言。英语画面操作方法如下：

●近距离区域内的一次性车票

按Short-distance按钮。

●1小时券

按Single ticket 1h按钮。

●1日券

按Day pass 24h按钮。

●去往国际机场

按Airport按钮。

●购买苏黎世交通卡

按ZurichCARD 24h/72h按钮，并选择24小时券或者72小时券。

根据显示屏的显示投入相应金额，即可取卡。

上述介绍的是苏黎世市内的购票机，其他城市可能略有不同。

【狗与瑞士社会】
狗与主人一起行动是理所当然的事情，不论是外出还是旅行

与主人一起乘登山铁路去往阿尔卑斯山

在缆车的售票窗口

不论是登山铁路，缆车，酒店还是餐厅，到哪里狗都与主人同行

在海拔3500米的眺望台

与主人一起郊游

近些年来，出现了史无前例的养狗热，相信有很多读者也有养狗吧。目前，笔者也养一狗，品种是苏格兰梗，不管严寒酷暑，不论春夏秋冬，每天都会带着它一起去散步，每次到瑞士采访时，都会感叹“多么令人羡慕啊！”

可以说瑞士真的是一个狗爱好者的天堂，因为无论到任何地方都可以带着狗一起。

市内有轨电车和公交车、铁路和登山铁路、缆车和索道车等所有的公共交通工具，狗与人一样可以自由“乘坐”，无须被装入包中或箱子里面。自动售票机上面有狗半价的按钮，卖票窗口处的价格一览表上面也写有“狗半价”的提示。狗在酒店“住宿”也是理所当然的，经常可以看到金碧辉煌的五星级酒店大厅里，狗在闲庭信步。

狗与主人可以一起出入餐厅的阳台席，并且瑞士很多餐厅里面的席位也允许狗进入。这在中国是无法想象的事情，但在瑞士，即使是高级餐厅，也常常能够看到一对恋人在用餐，而狗温驯地卧在他们脚下的地毯上静静地等候主人。

骑跨斗式摩托车观光时，一旁是狗的座位！

狗狗也可乘坐列车

高速道路服务站内狗专用的厕所

登山铁路价格表上面的提示“狗半价”

城镇上准备的狗粪收集袋

一般只有商场和超市会有“禁止狗入内”的提示，其他的购物商店则完全没有关系。也就是说，只要上面没有写有“禁止狗入内的”商店，狗都可以自由出入。所以瑞士人不论是外出就餐还是购物都会带着自己的爱犬，当然旅行和郊游时带着爱犬同行也是很自然的事情。

无须专门为了爱犬而散步，这种生活方式与中国相差实在太大。在中国很多地方是不能带狗出入的，所以喜欢狗的人只能带着自己的爱犬在家的附近散步，能够想象出他们该有多么羡慕瑞士。

瑞士的狗比小孩更有教养？

“也许瑞士的狗比一般的小孩更有教养？”或许你会怀疑这样的说法，但事实是瑞士的狗确实非常有教养。

首先，绝对不乱叫和乱咬东西。不对陌生人或其他狗乱叫，看见猫时不猛冲去追，不与摩托车或汽车竞跑，看到主人吃东西不向主人要食。主人=绝对的存在，对主人以外的东西（包括主人的指示）不感兴趣。

实际上，并不是它们天生就有很好的教养。在瑞士“狗是社会的一员”，这是大家所公认的。所以为了让社会能够接纳它们，并且真正地成为社会的一员，要对自己的爱犬进行教育，这同样也是常识。

瑞士人从养狗开始就要对它们进行专门的教育。最短的时间为3周，对接受程度慢的狗还要追加训练。感觉就像是孩子的义务教育。所以瑞士的狗有很好的教养也就不奇怪了。而在中国还是宠狗、宠猫的饲养方式，狗作为社会的一员还有相当长的路要走。

如果每条狗都可以有很好的教养，或许我们的社会会更好地接纳狗作为其一员；反过来说，如果中国社会能接纳狗作为其中的一员，或许狗会变得更加有教养？这种想法就好像是“先有蛋还是先有鸡”的争论。但不论如何，作为喜欢狗的笔者来说，“瑞士真好”。

有轨电车的自动售票机。儿童和狗半价。

正在为狗购买票的狗主人

去餐厅也同行

酒店概况

瑞士是以旅游立国的国家，因此全国的住宿设施完备。不管是多么小的村落或山庄，都有正规的酒店，而且干净卫生、快捷舒适。所以即使是价格便宜的酒店，也会让人感觉特别舒心。另外，还有更多的古典酒店，广受全世界VIP用户的好评。这些古典酒店中优雅的氛围、一流的设施，世界上只有瑞士所独有。

在瑞士，即使是一流酒店，大部分也是规模较小的私人经营模式，没有大规模的连锁酒店，这个也是瑞士酒店的特征。这些酒店真正让你能够体会到独有的瑞士风情。

另外，几乎每个城镇都有叫“Schweizerhof”“Beaurivage”的酒店，但这并不是连锁酒店的名字，只是单纯地同名罢了。

禁烟

自2009年起，瑞士的禁烟活动日趋发展，现在几乎所有的公共场所都禁止吸烟。酒店也属公共场所，当然也不例外，酒店内禁止吸烟。根据城市不同，禁烟的范围也有所差异。巴塞尔、伯尔尼、因特拉肯、采尔马特、蒙塔纳等城市，以圣莫里茨为代表的格兰宾登州，其酒店的客房内禁止吸烟，客房外则无限制。

如果房间带有阳台，可以在阳台吸烟。吸烟爱好者可以选择带有阳台的房间，但在瑞士带有阳台的房间价格费用高，而且即使是一流酒店也很少有带有阳台的房间，或几乎没有。在有阳台的房间，深夜可以欣赏到美丽的萤火虫。

禁烟对于爱好吸烟的人来说或许是个麻烦，但对于讨厌吸烟的人来说或许是再好不过的事情。

酒店的标准和分类

在瑞士大约有5600家酒店，其中约半数都是瑞士酒店协会（Hotellerie suisse）的成员。根据协会的标准，加盟酒店分为9个级别，即超5星，5星，超4星，4星，超3星，3星，2星，1星，无星。星的数量是综合酒店设施进行的综合考量，即使星的数量少，但在酒店的清洁度上面并无多大差别。另外，加盟酒店必须配有会说英语的工作人员，这是加盟酒店应尽的义务，并且与星的数量无关。

除了普通的酒店，还有如下种类的酒店。

阿彭第尔度假村内随处可见木墙上写着名字的木屋，这些木屋基本上都是出租别墅

●小型酒店 Garni Hotel

小型酒店，设有住宿者专用早餐室，没有餐厅。价格便宜，比较适合把酒店当成只是睡觉的地方的人，经济实惠，值得推荐。

●特色酒店 Unique Hotel

酒店建筑独特，酒店内装饰独特，酒店的概念独特，酒店的系统独特。

●山区酒店 Berg Hotel

位于山顶或山腰的酒店。但与山间小屋不同，虽然规模不大，但酒店的设施完善。

●膳宿式公寓

在阿尔卑斯山休养胜地逗留时间超过一周的旅客，推荐膳宿式公寓住宿。也有把这种公寓称为假期公寓、休闲公寓等。

住宿形态

在瑞士，通常情况下房费包含有早餐（inci. breakfast）。但是，苏黎世、日内瓦等城市的酒店，早餐需另付费（CHF20~CHF40）。预约时需确认。

●半食宿 Half Pension

半食宿（英语为Half Board）指的是“住宿＆早餐＆晚餐”。但阿尔卑斯山及温泉休养胜地的酒店不带晚餐。把其看作日本的温泉旅馆，就容易理解了。

晚餐是酒店的主餐。用餐时可以从“今日菜品”（前菜、主餐、甜品共三道菜，每道菜2~3种）中，选择自己喜欢的菜品。饮料需另付钱。

在瑞士外出就餐费用较高，半食宿酒店既方便又实惠。

●全食宿 Full Pension

全食宿（英语为 Full Board）指的是“住宿＆早餐＆午餐＆晚餐”。阿尔卑斯山及温泉休养胜地的酒店，全食宿只面向于长期逗留疗养的客人，不向来此旅游观光的短暂逗留游客推荐。

住宿费

住宿费一般与星的数量成正比，但是城市不同，酒店不同，具体的住宿费用也有差别。在大城市，分淡季和旺季（有活动或国际会议举行的时期），在阿尔卑斯山和温泉休养胜地的酒店分淡季、中季（复活节假期、暑假）、旺季（滑雪季）进行定价。

本书的表记方法

●酒店房费的表记方法

本书中所介绍的酒店价格，是指淡季双人房（标间），一个晚上的费用。如果带有早餐指的是2人份的早餐，如果是半食宿，指的是2人份的早餐和晚餐。

●酒店层数的表记方法

瑞士把中国称作1层的楼层通常叫做“地上层”，把中国的2层叫做1层，把中国的3层称为2层，并以此类推。关于“地上层”的标记，在德语中是“E”(Erdgeschoss)，在法语中是“R”(Rez-de-Chaussee)，在不同的语言中标记有所差别，本书采用的是瑞士全国通用的标记方法，即“0F”。

停业时间

阿尔卑斯休养胜地的很多酒店，只在夏季(6月中旬～9月中旬)和冬季(12月上旬~次年4月下旬)营业，5月上旬～6中旬和9月中旬~12月上旬休息。

预约方法

酒店预约有以下几种方法：

❶ 在瑞士政府旅游局&瑞士国有铁路的在线预约网站“瑞士旅行中心STC”进行预约。

❷ 在酒店的主页上进行在线预约或发邮件预约。

❸ 打电话或发传真直接预约。

❹ 通过中国的酒店预约代理公司进行预约。

❺ 通过中国的旅行社进行预约。

❻ 通过当地的旅游局进行预约。

即使同一家酒店，由于预约的方法不同，其价格可能也有差异，至于哪种最便宜，不能一概而论。例如，❶和❷可以享受网上打折，❹可以享受独特的优惠，❺比较适合团体游，❻可以享受即时打折。

入住和退房时间

办理入住手续的时间一般为下午2点，但如果是空房的情况下，可以提前入住。如果到酒店的时间在晚上，请提前联络。退房时间一般为中午12点左右。另外，小规模酒店在晚上会锁上大厅的门，请一定注意门禁。如果超过门禁时间，要按门铃请工作人员开门。

使用客房的注意事项

●房间钥匙为房卡

为了应对房卡丢失所带来的不必要的麻烦，很多酒店的房卡上面都没有标记房间号。所以，一定要事先记住自己的房间号。

●房间钥匙为传统的钥匙

如果房间的钥匙是传统式钥匙，开门时有很多的窍门所在。一只手插入钥匙，另外一只手握着门把手向走廊方向用劲儿拉，在拉的同时转动钥匙。或者，一只手插入钥匙，另外一只手握着把手向着房间方向用劲儿拉，在拉的同时转动钥匙。

●房门是手动锁

如果房门是传统式的手动锁的情况下，把钥匙插进房门内侧的钥匙孔中进行反锁，反锁后钥匙留在钥匙孔中即可。

●双方向开关型窗户

酒店的窗户比较多的是双方向开关型。横向拉动把手，窗户则横向打开；纵向推动把手，窗户则纵向打开。

●照明设施和电器的开关

“｜”表示开，“○”表示关。

●房间楼层的走廊照明

感应式或按下墙壁上的开关，过一定时间自动熄灭的节电型照明设施较多。

●毛巾传递信息

为了环保，如果希望更换毛巾需做提示，比如没有把毛巾挂在架子上，而是直接丢在地板上(一般房间内都有相关提示)，如果没有任何提示，很多酒店都视其为毛巾无须更换。

在床上放这个可爱的圆板，则表示需要换洗床单（萨斯费的菲林纳特温泉度假酒店）

美食

瑞士人的餐饮

瑞士的餐饮生活，简单地来说就是依赖“牛”。牛肉、仔牛肉、香肠、风干牛肉之类的，火腿、牛奶、奶油、奶酪、酸奶、冰激凌。基本上都是牛肉制品和奶制品，在杂食系的中国人眼里，真是过于单一。

早餐一般是咖啡/红茶，牛奶/橙汁，面包，奶酪，火腿类，酸奶/混合酸奶（Bircher-muesli，谷物、坚果、苹果的混合酸奶）。通常没有鸡蛋等热腾腾的菜。很多带早餐的酒店，早餐中的鸡蛋需另付费。一份煎蛋的价格为CHF12。

午餐一般是夹有奶酪或火腿的三明治、意大利面、汤&面包、沙拉&面包等。在餐厅就餐时，面包通常都会上的，如果不想吃面包的话，只单点汤或沙拉即可。

夏季时，大家通常坐在阳台或庭院中一起吃晚餐，所以烤肉比较多。一周大概三次是蔬菜沙拉、香肠/牛肉/鸡肉等烤肉、甜点。冬季寒冷，因此火锅居多，比如奶酪火锅，奶酪土豆火锅，苏黎世小牛肉火锅等。

美食

●瑞士美食

代表性的瑞士美食请参照P.35～P.39。

●奶酪

代表性的瑞士奶酪请参照P.40。

●矿泉水

代表性的饮料水请参照P.13。

●季节美食

代表性的季节美食请参照P.39。

●莱芒湖淡水鱼

瑞士无海，鱼类的获取主要来自莱芒湖等

瑞士早餐不可或缺的牛奶什锦早餐

瑞士葡萄酒中干，清爽

淡水湖泊，其种类有Perche、Fera、Lotte。因为鱼身通白，所以通常做鱼的方法是，用黄油煎，加白葡萄酒入味。请参照P.38的河鲈鱼片。

●瑞士葡萄酒

瑞士盛行葡萄酒制作，全国所有的州都生产红葡萄酒，但产量少，绝大部分都在国内消费，很少出口，所以只有亲自来到瑞士才能品尝到正宗的瑞士葡萄酒。

临近意大利的蒂拉诺州主产红葡萄酒，其他州主产白葡萄酒。莱芒湖畔的沃州和沿罗讷河的瓦莱州，作为葡萄酒的著名产地广为人知。尤其是瓦莱州的Fendant是瑞士代表性的品牌。生产葡萄酒中所使用的葡萄种类主要有：萨斯拉斯、莎当妮、白沙威浓、威士莲。

在餐厅点葡萄酒时，其单位有所不同。高级餐厅，是以杯/半瓶/瓶作为单位，快餐餐厅，是以dl为单位，1dl等于100ml。可供选择的有1dl，2dl，3dl，5dl，7.5dl（1整瓶）。

●瑞士的啤酒

绝大部分啤酒都是瓶装，而且各地都有的啤酒品牌。比如伯尔尼的Rugenbrau，卢塞恩的Eichhof。对于喜欢啤酒的游客来说，不妨品尝一下各地不同风味的啤酒。

●瑞士的日本料理

在瑞士，近些年来以寿司为代表的日本料理广受欢迎，但价格颇高。在瑞士的大城市，一定有回转寿司，但是也有很多人喜欢黄瓜卷、金枪鱼生鱼片、三文鱼等，通常一碟需CHF5~15。在进行采访时，了解到有一家酒店内的日本料理店，冷豆腐CHF25、豆腐和裙带菜的味噌汤CHF10，价格之高令人惊叹。

由于瑞士没有海洋，新鲜的鱼虾类只能全部空运。所以瑞士人在吃回转寿司时，都是慢慢地品尝，大约要花上2个小时（寿司是回转的，但客人却不“回转”），不过这也是没有办法的事情，所以在瑞士吃日本料理，要准备好相应的预算。

餐厅

●营业时间

通常情况下，餐厅的营业时间为午餐12:00~14:00，晚餐19:00~22:00。午餐与晚餐中间的时间，选择休息的餐厅占多数，所以就餐时一定要注意餐厅营业时间。如果是非营业时间段，或者休息日等，可以到车站内的餐厅就餐。主要车站内都设有全年无休，全天营业的餐厅。

●市区餐厅的休息时间

一般情况下，市区餐厅周日休息。本书中的餐厅一览表中，虽然没有每家餐厅休息时间的详细记述，但全国性节假日选择休息的餐厅占多数。并且，个人经营的餐厅，在7月～8月的暑假也选择休息。在夏季时，最好通过电话确认是否营业。

●阿尔卑斯休养胜地的餐厅休息时间

一般情况下，阿尔卑斯休养胜地的餐厅在夏冬旺季时营业，在春秋淡季时休息。因此，春秋季节去到那里旅游的人，最好事先通过电话确认是否营业。

菜单

高级餐厅的菜单都有英语表记。如果只有德语、法语、意大利语，首先不要着急，要仔细地看菜单，一定程度上还是可以知晓一二。菜单上面几乎都是定式，顺序是前菜、沙拉、汤、甜点。理解菜单除了语言能力之外，更多的还是习惯的问题。“应该是这样吧”，带着这样的心情点完餐，然后“心惊肉跳”地等着。究竟是

这是“格罗普斯”商场内的外卖寿司

一个三明治竟然需要CHF7～13！

“旅游的快乐”还是“旅游的痛苦”，这个问题完全靠你的心情决定。

埋单

埋单时不用去前台，直接在自己所在的座位即可。当店员从身旁走过时，对店员说“埋单”，或者举手向店员示意，当店员注意到时做“钢笔签名”手势。付钱时可以用瑞士法郎、欧元及信用卡。无须小费，但离开店时向店员说声“谢谢”是最基本的礼貌。

食物价格

根据当时货币兑换汇率，或感便宜，或感昂贵，但瑞士整体物价偏高，尤其是食物价格之高令人吃惊。街头店铺中所卖的面包夹黄油火腿三明治，一个竟然需要CHF7～13(约32～70元人民币)。快餐店最便宜的套餐，一份CHF10（约52元）。鸡蛋，一盒CHF5（约26元）。服务生的时薪CHF25（约180元），所以这里食物价格之高也是没有办法的事情……

对于外国旅行者来说，物价确实高得惊人。即使对于法定最低工资为CHF3300（约1.8万元人民币）的瑞士国民来说也会感到在外就餐价格偏高，所以有孩子的家庭很少在外吃饭。瑞士有的城镇规模很小，早上外出上学或上班的人一般都回家吃午餐。如果自带便当，通常是奶酪三明治或火腿三明治，另加一个苹果或一根胡萝卜。

所以根据上述情况，如果打算在外就餐，需做好中午CHF25（约133元），晚上CHF50（266元）的预算。

购物

瑞士有享誉全世界的精巧手工艺品，其中最具代表性的就是表和八音盒。当然，这些东西价格不菲，但有品质保证，可陪伴你终生。

营业时间

●市区商店

虽然每个商店有所不同，但通常情况下，营业时间为：周一～周五9:00～18:00，周六9:00～16:00，周日休息。由于从周六傍晚到周日，大部分都选择休息，所以在制订旅行计划时，最好不要周日在城市逗留。如果日程不巧刚好是周日的话，可以前往车站的商店。

●阿尔卑斯休养胜地的商店

虽然每个商店有所不同，但通常情况下，营业时间为：9:00～12:00,16:00～19:00。由于下午游客都到山上游玩，所以中午到下午的4点商店都会选择休息。夏冬旅游旺季，无休营业；春秋旅游淡季，很多商店选择休息。

●意大利语圈的商店

虽然每个商店有所不同，但通常情况下，营业时间为9:00～12:00,15:00～18:00。由于意大利语圈的人们有午睡的习惯，所以中午休息时间较长。

附加值税（VTA）

在瑞士对商品征收7.6%（VTA）的附加值税,以内税方式含在商品价格中。但是，如果外国旅行者在全球基金加盟店（免税店）购买CHF300以上的物品，可以享受6.3%的免税。

❶在所购买物品的商店出示护照，要求免税Tax Refund，商店工作人员会给一份记有必要事项的免税申请单Refund Cheque。

❷出境时，到海关的免税申请柜台（苏黎世国际机场，A口的Transfer Desk附近；日内瓦国际机场，American Express兑换所）办理相关手续。向工作人员出示护照、免税申请单、发票、购买的物品，没有问题的话，工作人员会在免税申请单上面盖章。

❸回国后去现金基金柜台，办理免税部分的现金退税。

详情请参照www.globalrefund.com。

支付方法

大部分的商店都能够用信用卡进行支付，而且信用卡支付也最为便利。利用现金或旅行支票进行支付时只接受欧元，根据瑞士法郎和欧元的兑换率，商店通常会选择对商店有利的，即用瑞士法郎找零。

瑞士特产

●钟表

传统手工艺所支撑的瑞士表，缘其宝石般的漂亮及高贵的品位，在世界上依然广受欢迎。在中国有名的高级表有劳力士Rolex、欧米茄Omega、浪琴Longines等，但这些品牌在瑞士并非最高级的表。瑞士最高级的表有着黄金宝石般的价值，知名品牌有：多用钻石的萧邦Chopard、百达翡丽Patek Pilippe、伯爵Piaget以及瑞士最早的钟表作坊江诗丹顿商Vacheron Constantin。这些级别的表价格一般都在十几万元人民币至数百万元人民币。

需要注意的是，这些高级表专卖店不接受只是单纯逛店者。其营销体系如下：按门铃入店，接着坐在椅子上告诉店员自己的喜爱及预算，然后店员到店里面的藏表室拿出表。另外，20～40岁的青年男性喜欢的品牌是豪雅Tag Heuer及百年灵Breitling，而玉宝Ebel则颇受20～40岁的女性欢迎。它们的价格一般都在数千元至数万元人民币之间，作为旅行的纪念品是不错的选择。

结实耐用的瑞士军表Swiss Army Watch及休闲表中的手表只需几百元就能够买到，所以作为礼物送人是很好的选择。

在瑞士，不论哪个城市都有很多名表店

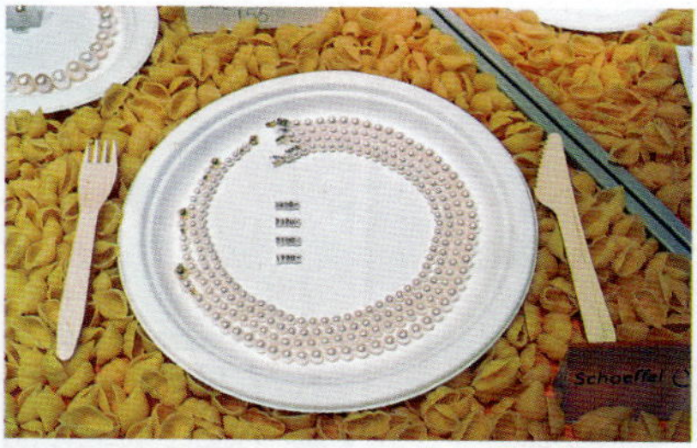

精致的橱窗设计让人流连忘返

而且这些手表有很多是限量版，设计也多种多样。

●珠宝饰品

瑞士珠宝饰品与瑞士表齐名，并且享誉全世界。大部分的珠宝饰品都与表相结合设计，比如带表的戒指，带表的项链等，这些都是瑞士所独有的。

●八音盒

与瑞士表一样，都是瑞士精密、精巧工艺的代表作。金属针接触无数金属突起所发出的那种天籁般的声音，纤细而优美，抚慰心灵。八音盒部分有如CD唱片那样的碟片式，有如筒状的圆筒式；外壳部分有木雕、陶器、玻璃等。著名的制造商是御爵Reuge。

●鞋

驰名世界的鞋类品牌巴利Bally，正是来自于瑞士。除了数量众多的专卖店，在苏黎世还有一栋6层的总店，巴利首都店Bally Catipal（请参照P59）。

●瑞士军刀

集大大小小的刀、启瓶器、剪刀、开罐器等小工具于一体的瑞士军刀，在野营等野外活动中是不可或缺的宝贝。小工具的种类越多，价格越高，通常情况下，售价在CHF20左右。著名的制造商是维士Victorinox。

●巧克力

如果想要购买便于携带的特产，巧克力是最好的选择。既然要买，不妨到专卖店Confiserie看看。无论哪个城镇都有巧克力专卖店，其中最出名的要数苏黎世的斯普伦理Sprunqli。由于德菲丝和马卡龙等巧克力不易保存，所以最好等到旅行最后一天购买。

●手工艺品

刺绣制品、针织品、木雕等手工艺品较多，这是由于瑞士的冬季漫长，制作这类手工艺品需要耐心。

●礼品

以牛铃模型、雪绒草或瑞士国旗为主要风格的商品，能够在瑞士很多的礼品店中看到。但是，价格各种各样，不尽相同。即使同一件商品，两家相邻的商品店中价格相差巨大，这类情况并不鲜见。如果时间充足，尽量“货比三家”后再购买。

●郊游用品

在阿尔卑斯休养胜地，有很多卖郊游用品、登山用品的商店，品种齐全。

●其他

厨房用品、市内装饰用品、牙齿保健用品、办公用具等，也有很多设计和功能上佳的商品。香草制品也广受好评。

全国连锁店

●商场

全国知名的连锁商场是Globus。在瑞士的主要城市都有连锁店。

●超市

全国知名的连锁超市是Migros和Coop。在瑞士的每个城镇都有分布。在主要车站周边还有两大超市的便利店Migrolino和Coop Pronte。营业时间为每天的凌晨至深夜，非常便利。

■尺寸对照表

女士服	中国	145/72A	150/76A	155/80A	160/84A	165/88A	170/92A
	瑞士	34	36	38	40	42	44
绅士服装	中国	S	M	L	XL		
	瑞士	44	48	52	56		
鞋	中国	36/37	37	38	39	39/40	40
	瑞士	36/37	37	38	39	39/40	40
	中国	41	42	43	43/44	44	45
	瑞士	41	42	43	43/44	44	45

郊游和高山病对策

在瑞士最快乐的事莫过于郊游了。瑞士全境有大约5万千米的郊游线路，而且道路和路标也非常完善。

在中国提到郊游，通常指的就是从山脚登到山顶，再从山顶下到山脚。但在瑞士，山区交通发达，乘坐交通工具到达山顶之后，从山顶出发的水平线路或下山线路，非常有趣。即使是第一次体验，也无须担心安全。

另外由于山区交通工具的末班较早，所以一定要事先确认好下山时的末班时间Last Departure。

季节

6月上旬～9月下旬是郊游季节。但海拔较高的地区7月上旬～8月下旬为郊游季节。

不管怎样，只要稍遇天气变化，最好终止计划。抱着“好不容易来到瑞士”的想法，硬要冒着恶劣的天气郊游者，有可能会遭遇危险。绝对不能轻视瑞士的阿尔卑斯，绝对不能轻视大自然的力量。

郊游线路图

瑞吉山、格林德尔瓦尔德周边、采尔马特、克莱恩-蒙塔纳 、马恩菲特等地区的郊游线路图，在本书中也有记述。只是篇幅有限，本书中登载的线路图为缩略图。

为了不弄错线路，最好在当地买一份郊游线路图(Wanderkarte)，并用标线器把自己走过的线路标出。

温暖化·异常气象

近年来受到地球变暖等异常气象的影响，冰河及永久性冻土地带开始融化，岩盘松动、坍塌，河流水位上涨，导致地形发生了变化。所以在去郊游之前，最好到当地的旅游局打听线路的最新消息。

道标

一般的郊游线路被称为“Wanderweg”，沿线的路标是黄色的（见上页照片1）。而面向高水平的郊游者线路被称为“Bergweg”，沿线的路标是红色的（见上页照片2）。

路标上面写有目的地名称和到达目的地所需时间，“1½Std”的意思是所需时间为1小时30分钟。不过路标上的时间都是以习惯山路的瑞士人为标准，估计一般的中国人需要花费1.5～2倍的时间。

另外路标上面左右标识的地名都一样，这样的情况比较常见。这是因为线路虽不同，但最终的目的地相同。需要注意的是不同线路所需时间不同，甚至有很大的差异。右边线路需1小时，而左边线路需花上8个小时，也是屡见不鲜的。所以一定要仔细观察路标，遇到左右是同一地名的情况，确认好各线路所需时间，然后再做决定。

中途休息

如果是一般郊游线路“Wanderweg”的话，大体上每走1小时一定会有快餐厅，补充能量，上洗手间等，中途休息必不可少。

服装和携带物品

海拔较高的地区，特别是背阴区天气会突然变冷，所以为了应对山区变化无常的天气，防寒、防水等是必须的。而且，由于海拔高，空气相对稀薄，太阳紫外线强烈，空气干燥，所以还必须做好防紫外线和防干燥。

一般郊游线路，散步鞋或球鞋即可；阿尔卑斯郊游线路，则需准备登山鞋。

郊游必须携带的物品有：帽子、太阳镜、防晒霜、唇膏等应对紫外线的物品，手套、毛衣等防寒用品，登山服等防水用具，水壶、巧克力、坚果等应对突发情况的食物，郊游线路图和标线器，为以防万一还可带上指南针。

旅行小贴士

高山病对策

瑞士的山区交通发达，登上海拔3000米的瞭望台眺望海拔4000米的群山风景并不是什么困难的事情。少女峰瞭望台（p.140）的海拔高度为3571米，马特峰冰川天堂的海拔高度为3883米(p.158)。由于比富士山的海拔要高，所以容易出现头疼、头晕、浮肿、呼吸困难、悸动、呕吐等高山病症状。尤其是体力较弱、年老、患有高血压、心脏病、肺病的人，需特别注意。

为了预防高山病，最好不要乘坐缆车想一口气登到高海拔的地方。最好慢慢地增加高度，这样可以使身体自然地适应高度的变化。此外，到达高海拔的地方时，不要奔跑，在适应环境之前最好慢慢地行动。在酒店休息时，绝对不能喝酒和服用安眠药，因为这样会导致大脑氧气供应不足。

如果出现身体不适，应立即告知眺望台的工作人员，利用眺望台配备的氧气瓶进行吸氧。而且应尽可能地下到海拔低的地方，这是治疗高山病最好的方法。

瑞士详情

国名

国名“瑞士”用其四种官方语言表示分别是德语Schweiz、法语Suisse、意大利语Svizzera，以及罗曼什语Svizra。由于不论使用哪种官方语言都显得有失公平，为了统一，它的正式名称采用了拉丁语叫做Confederatio Helvetica，其意思是“海尔维联邦”，来源于最早进驻瑞士的凯尔特人海尔维部落，因此瑞士的简称为CH，瑞士法郎简称CHF。另外邮政编码、车牌号、网络域名简称都为CH。

此外，正是由于复杂的官方语言，最近瑞士国内也开始将英语Swiss作为国名。

国境

瑞士位于内陆，被德国、法国、意大利、奥地利及列支敦士登公国这5个国家包围着，北接德国（Deutschland），西邻法国（France），南接意大利（Italia），东临奥地利（Osterreich）和列支敦士登公国（Liechtenstein）。去往这些邻国家只需在出境时出示护照（列支敦士登公国入境自由），出入境十分方便。

早期瑞士雇佣兵的国旗式样制服

国旗

正方形的瑞士国旗旗底为红色，正中一个白色十字。国旗有着深厚的战争背景。13世纪，施维兹州的一名士兵从神圣的罗马教皇那里得到使用红十字的许可，于是便致力于脱离哈布斯堡家族的统治，并制作了红底白十字样的旗子。不久，该旗帜传遍全国，于19世纪时被定作瑞士国旗。19世纪国际红十字会正式成立，其创始人来自瑞士的亨利·杜南，他为了向创始地瑞士表示敬意，把白底红十字作为红十字会的标志。这就是国际红十字会标志的来源。由于瑞士是永久中立国，再加上国旗又是著名的国际红十字会的标志的来源，所以人们很容易误会瑞士国旗是和平的象征，而实际上正是强烈要求独立的表达。

国花

瑞士国花是常出现在歌词里的高山植物火绒草Edelweiss（学名，Lenontopodium alpinum），其形状酷似星星，因此又有“阿尔卑斯山之星”的美称。花的颜色虽被形容是白色，但在植物学上，花瓣的白色部分是被棉毛包裹的花苞，其中心的淡黄色部分才是真正的花。火绒草在瑞士颇受欢迎，最近也有人工栽培。野生的火绒草只有7月～9月，在海拔1800～3500米的山上才能欣赏到。

人口

瑞士的人口约有770万。其中约2成是外国人口。特别是日内瓦，外国人口比重达到38.7%。全境大部分为山区，因此城市人口密集，全国约70%的人口居住在城市。人口密度为173.5人/平方米，是世界上高人口密度的国家。

首都

首都伯尔尼，仅次于苏黎世（人口约36万5000人）、日内瓦（约18万3000人）、巴塞尔（约16万5000人）为瑞士第四大城市，人口约12万3000人。联邦议会两院的会议厅位于首都旧城区的中心。

州

瑞士由23个州组成，其中有3个州又分别由2个半州构成，因此全国共有26个地方自治体。瑞士的州原来是各自独立的一个国家，所以是共同联合的松散联邦国家。

1291年建国时，瑞士只有施维兹、下瓦尔登与乌里3个州，随后不断有州加入，1979年汝拉州成为第23个成员。由此，各州在政治上拥有自主权，而且很大程度上拥有自治权。

地理

瑞士的国土面积为1285平方千米。连接法国、意大利、奥地利边境的阿尔卑斯山脉占国土面积的60%，连接法国边境的汝拉山脉占国土面积的10%，因此全境70%为山地，剩余的30%为平原。

由于冰河的侵蚀作用，瑞士阿尔卑斯山山险谷深，现在的冰河还有很多是原始的冰河时代的残存。利用登山铁路等可以欣赏到冰河美景，可谓是瑞士特有的风景。

瑞士号称欧洲的水源。欧洲三大河流，莱茵河、多瑙河、罗讷河都发源于瑞士。

发源于瑞士瓦莱州罗讷河，向西流经莱芒湖进入法国，最后注入地中海。

发源于瑞士格劳宾登州的莱茵河，流经博登湖，经法国、德国、荷兰注入北海。另外同样发源于此的因河（多瑙河分支）流经奥地利，在德国与多瑙河合流，后经匈牙利、罗马尼亚等17个国家，最后注入黑海。

湖泊也是瑞士自然景观不可或缺的组成部分，瑞士有大大小小约100个湖泊，其中最大湖泊为莱芒湖。

自然

向阳的南面与背阴的背面，植被相差很大。海拔500~1200米为阔叶树林带，植被有栎、榉等常绿乔木，海拔1200~1800米为针叶树林带，植被有杉、冷杉、落叶松等，海拔1800~2800米为高山地带，植被有火绒草、阿尔卑斯蔷薇等代表性的高山植物，6月~9月盛开着美丽的鲜花。据称在瑞士阿尔卑斯山能观察到的高山植物有2000多种。海拔2800米以上的高山，只有苔藓生存。

野生动物方面，平原有松鼠和刺猬，山区有土拨鼠、野山羊、小羚羊、鹿、雪兔等。

特别是在少女峰地区和采尔马特地区的眺望台，有土拨鼠出现。如果运气够好的话，还能一睹它们的芳容。

冰河的水融为白浊的河流。瑞士人称之为“冰河之乳”

阿尔卑斯的土拨鼠

正在爬山的野山羊

瑞士详情

民族

祖先是阿勒曼尼人的日耳曼族日耳曼瑞士人（德语）占63.7%，属于勃艮人的瑞士法兰西人（法语）占20.4%，巴伦第人血统的瑞士意大利人（意大利语）占6.4%，属于凯尔特人后裔雷托罗曼人的瑞士罗曼什人仅占0.5%。关于历史请参考p.332。

语言

瑞士官方语言有德语、法语、意大利语及罗曼什语四种。瑞士人口比例采用上述民族人口比例来划分，而面积则是按照下面“语言圈&州地图”来进行划分的。乘车跨越不同语言圈时，会突然发现车站、道路等提示语言发生了变化，这在中国人看来是非常有趣的。

对于游客来说，只要懂得英语就足够了。但是作为礼仪，事先了解几句当地的语言也是必要的。旅行英语会话请参考p.338，德语请参照p.339，法语请参照p.340，意大利语请参照p.341。

另外，在网络世界里，为了方便，书写或输入时可以把德语中的“ö”变成“oe”，把法语中“â”变成“a”等。

宗教

瑞士人绝大多数是基督教徒，其中人口的41.8%为天主教徒，新教徒占35.3%，剩下的22.9%的人口信仰其他教派。提到瑞士，大家也许都会想起16世纪的宗教改革运动，其中心地为日内瓦和苏黎世。其中伯尔尼及巴塞尔周边多信仰新教，传统的瓦莱州、蒂诺州及四森林湖周边多信仰天主教。

政治体制

各州有州政府，州政府几乎拥有完全的自主权。州下面共有2700余市镇村，与州相同，享有高度的自治权力。市镇村各级政府都有议会，但历史上大部分的镇和村采用的是直接民主主义体制，即有权者在晴空下共聚一堂，共商大事。随着时代的发展，都变成了议会选举制，现在保留这种传统的体制的只有阿彭策尔州。

位于伯尔尼的联邦议事堂

全国的领导机关是联邦议会，实行国民议会和全州议会的两院制。召开国民议会时会按照人口比例从各州选出议员，全州议会则采取各州一律2个席位（半州1个席位）来选取议员。此外，当表决重大事宜时，还需根据法案进行公民投票。

经济

瑞士国土大部是山地，所以容易让人误会该国畜牧业发达，实际上从事第一产业的人口不到总人口的5%，主要产业为农业和服务业。

工业以技术密集型产业为主，主要生产钟表等精密机器和精密机械、柴油发动机、机车、缆车、索道车、电梯。另外，医药品和化学用品也非常有名。

服务业中的银行业和保险业世界领先。其中最著名的是严守顾客秘密的私人银行（个人存款以数百万元人民币为单位）。观光旅游业也是这里的主要产业之一。据称，瑞士从事服务业的人口占总人口的比重为50%以上。

正是得益于这些产业的发展，瑞士人享受着高收入和高水平的生活。

教育

义务教育从6岁开始，共9年或10年时间。教育制度由各州自行决定，学校的形态和就学年龄，各州也有不同。但是，主要科目全国统一考试。

义务教育阶段结束后，有以大学为目标的高中，有以习得一技之长为目标的中专，有一边实习一边上学的职业学校等。职业实习的种类有400种，实习结束后，政府发放资格证书。大学共有10所，州立综合大学8所，单科大学2所。

另外由于瑞士治安良好，环境优雅，有很多私立的国际学校、新娘学校、酒店学校，这也是瑞士教育的一大特征。

永久中立

永久中立是瑞士在列强林立中谋求生存的外交政策。但是，永久中立不意味着不被卷入战争，而是为了保持中立而使国民团结一心，共同奋进。

一般来说，中立的立场容易导致周边国家的嫉妒和怀疑，而且多民族、多语言的国家要保持舆论的统一也非常困难。实际上，在第一次世界大战之际，德语圈和法语圈的居民就发生过感情的对立。但经过努力，克服障碍，并经过两次的世界大战，瑞士终于成功坚守了永久中立。第两次世界大战时，面临着纳粹德国的侵略，瑞士成功将其抵挡在阿尔卑斯山下，用武力死守中立。

征兵制度

永久中立不意味着不行使武力，而且为了守护中立，还需武力，这一点体现在瑞士的全民皆兵的征兵制度。年满20岁的瑞士国籍男性公民，要接受15周的新兵补充训练。训练结束后，发放武器、弹药，各自自行保管，紧急时备用。而且，之后每两年要进行3周，共计10次的训练。飞行员和防空部队，每年要进行12天，共计16次的训练。各地的主要路线旁为防战车，埋有铁栅栏。各家及公寓楼下设有防空洞。对于小国瑞士国民的防卫意识，在中国人看来是无法想象的。

另外，瑞士军队也积极参加国际维和活动，联合国PKO也有瑞士人的身影。

媒体

电视台有德语的“TSR1”“TSR2”、法语的“SF1”，意大利语的“TSI1”“TSI2”，由于能够收到邻国的电视信号和欧洲共同卫星信号，所以能够收看的频道有40～50个。报纸方面，不同语言的国家报纸和地方报纸大量发行。

节日

节日时，商店、商场、银行及邮局全部放假。除了全国统一的节日，各州及城市还有自己独特的节日，如果以购物为目的的游客，需特别注意。

全国法定节假日（2010年度）	
1月1日	新年
4月6日	耶稣受难日（Good Friday）
4月8日、9日	复活节
5月17日	耶稣升天
5月27日、28日	神圣降临周一
6月7日	逾越节
8月1日	国庆节
12月25日	圣诞节
12月26日	圣斯蒂芬日

各城市主要节日	
2月中旬	里塞恩/狂欢节
2月下旬	勒伸谷地/迎神节
2月下旬	巴塞尔/狂欢节
4月下旬	苏黎世/迎春节
4月最后一个周日	阿彭策尔/州民大会
7～8月	少女峰周边/阿尔卑斯节
9月上旬	圣加伦/家畜低地迁移
10月第一个周五～周日	卢加诺/葡萄酒节
11月的第四个周一	伯尔尼/洋葱节
12月中旬	日内瓦/攻城节

瑞士历史

瑞士最早有人类足迹出现要追溯到旧石器时代。新石器时代，在苏黎世湖畔、纳沙泰尔湖畔、莱芒湖畔已有原始村落出现。

历史上，瑞士初次登上舞台是在公元前58年。罗马人侵入凯尔特人所居住的赫尔为蒂Helvtia，而赫尔为蒂正是今天瑞士拉丁国名的由来，现在瑞士邮票上面还标记有Helvtia。也就是说，在此之前，公元前4世纪时迁移至瑞士的凯尔特人是瑞士历史上最早的居民。

日耳曼民族大迁移

之后，瑞士成为罗马帝国的属国，繁荣昌盛。从南翻越阿尔卑斯山的军道被铺设，商人开始往来，早期的城市诞生。现在的苏黎世、日内瓦、巴塞尔等城市的起源都可以追溯到罗马帝国的属国时代。

4世纪末，日耳曼民族开始大迁移，瑞士迎来了新的民族。阿尔曼族（德语系），布尔郡特族（法语系），伦格巴度族（意大利语系）同为日耳曼民族。原来属于凯尔特人一支的里托罗曼人（罗曼什语系）向格兰宾登地区的溪谷地带迁移。这个正是瑞士多语言国家的原点。

到了6世纪，欧洲全境都被法兰克王国统治，11世纪初归于神圣罗马帝国治下。

这期间，势力得以壮大的是封建贵族阶级。著名的有以伯尔尼为据点的宰林根家，拥有广大的领地。现在伯尔尼州州旗及宰林根家徽章都来源于此。1218年由于后继无人，宰林根家消亡，领土被萨沃斯家和哈布斯堡家平分。哈布斯堡家的鲁道夫一世在成为德意志国王之时，瑞士开始开展独立运动。

瑞士联邦的诞生

13世纪后期，哈布斯堡家的鲁道夫一世

1291年签订的玉特里盟约

以王权之名，试图把神圣罗马帝国的直辖领地变为哈布斯堡家的领地。为了对抗哈布斯堡，1291年施维茨、下瓦尔登、乌里3个州结成永久同盟，是为瑞士建国的开始。值得顺便一提的是，著名的《威廉·泰尔传》正是以该时代建国为背景展开的。

1315年，3州同盟打败了哈布斯堡家的列奥波德一世，并签订了“布伦嫩协定”，从此时起，瑞士开始作为国名被使用。

一直到1353年，3州同盟在加入卢塞恩、苏黎世、格拉鲁斯、楚格、伯尔尼之后，成为8个州的瑞士同盟。1499年，瑞士同盟在战胜哈布斯堡家的神圣罗马帝国皇帝的军队之后，先后又有5个州加入，到1513年瑞士联盟共达到13个州，并对神圣罗马帝国取得了事实上的独立。此时，瑞士的军事实力被各国所知，争先雇用瑞士人为佣兵，瑞士以此为契机，获得了大量的土地和钱财。

16世纪的宗教改革运动使13州同盟关系更加巩固。以苏黎世为中心的活动失败后，改革的中心转移到日内瓦。不久，在欧洲爆发了大规模的长达30年的战争（1618~1648），瑞士恪守中立，增强国力。战后的1648年，签订了《威斯特伐利亚和约》，正式从神圣罗马帝国获得真正意义上的独立。

永久中立国之路

1798年，由于遭到拿破仑军队的入侵，瑞士同盟一度崩溃。在拿破仑的扶植下，成立了中央集权制的赫尔为蒂共和国，但于1803年重回联邦，此时加盟州共有19个。拿破仑失败后，在1815年的维也纳会议上，由22个州组成的联邦国家获得正式承认，同时也得到了欧洲各国对瑞士永久中立国的承认。30年战争之后，瑞士传统的中立立场，更加清晰明确。

由于后来的宗教对立，瑞士的永久中立国立场再次发生动摇。1846年，信仰天主教的部分州从联盟分离，并结成“分离同盟”。然而在伯尔尼召开的中央会议，其他州团结一致发表了“分离同盟”解体的宣言，并决定武力介入。由此，分离同盟战争爆发，但很快分离同盟军大败并同意和解。1848年，联邦政府和联邦宪法诞生，定伯尔尼为首都。

19世纪后期到20世纪前期，两次世界大站爆发，全球陷入了战争的漩涡，但瑞士恪守中立。中立的外交方针和国家立场成为了瑞士的生存之道。

严守中立的瑞士，是设置国际机构总部及作为世界外交舞台最合适的场所，特别是日内瓦，联合国欧洲总部等许多国际机构的总部都设在此。

中立国的瑞士也是人道主义的急先锋。其象征之一是，1863年瑞士人杜南创始的国际红十字会，会旗的设计正是来源于瑞士国旗。另外，瑞士的国际救援队同样活跃在世界各地。世界上哪个地方有灾难，哪个地方就有他们的身影。现在人们或许仍然记得阪神大地震时他们的救援。1995年1月，阪神大地震，瑞士救援队派出25名队员和12条搜救犬到灾区参加救援，搜救生存者。

13世纪，施维茨州士兵设计的瑞士国旗

瑞士联邦年表

1291年	玉特里盟约（瑞士建国）
	乌里州加盟
	施维茨州加盟
	下瓦尔登州加盟
1315年	布龙嫩协定
	确立瑞士国名
1332年	卢塞恩州加盟
1351年	苏黎世州加盟
1352年	楚格州加盟
	格拉鲁斯州加盟
1353年	伯尔尼州加盟
1481年	索洛图恩州加盟
	弗里堡州加盟
1501年	巴塞尔BS半州加盟
	巴塞尔BL半州加盟
	沙夫豪森州加盟
1513年	阿彭策尔AI半州加盟
	阿彭策尔AR半州加盟
1803年	沃州加盟
	图尔高州加盟
	提契诺州加盟
	格劳宾登州加盟
	阿尔高州加盟
	圣加伦州加盟
1815年	日内瓦州加盟
	纳沙泰尔州加盟
	瓦莱州加盟
	维也纳会议
	瑞士联邦得到国际社会承认
	永久中立国得到国际社会承认
1848年	瑞士联邦政府和瑞士宪法诞生
1979年	汝拉州加盟

安全方面的注意事项

瑞士是世界上治安最好的国家之一，虽说如此，但如果没有足够的防范意识，还是很容易造成损失的。以下是一些需要留心的地方。

■在旅行箱上下点功夫

一般旅行者的旅行箱，大多数都很崭新、漂亮，看起来里面装有很值钱的东西，而且行李箱上面也不做什么标志，很容易成为被偷盗的对象。因此，旅行箱尽量使用旧些的，而且在外面贴上标签，能让自己一眼可以辨认出。

■把包放在两腿中间

把包放在地上时，一定要置于两腿中间，最好能让腿能轻轻地接触到包，这样的话就能避免被抢。

■什么是最重要的

当遭遇强盗或飞机事故等突发事故时，冷静地考虑什么才是最重要的。不用说最重要的是自己的生命。其次是护照、现金、信用卡。与此相比，其他的任何东西都是次要的。

■乘电梯（扶梯）时

在住宿的酒店乘电梯时，如果看到有可疑人员想要搭乘，最好的方法是乘坐下一趟电梯。

■不告诉陌生人自己的房间号

为预防强盗和强奸，一定注意不要向陌生人泄露自己的房间号码。经常可以看到有的游客拿着写有房间号码的房卡毫无防备地走在大厅中或乘坐电梯，这一点需特别注意。

■回房间时确认自己的背后

在回房间时，一定要确认自己的背后是否有可疑人员，然后再开锁进门。这是安全基础中的基础。

■不要在列车或公交车上打盹

在列车或公交车上面打盹时遭遇扒手，这是自作自受。谁也不会给予同情，连警察都懒得受理该类案件。

■不要中国式的“占座”

在餐厅或快餐店就餐时，把自己的行李放在座位上“占座”，然后离开座位，如果行李被盗，那是自作自受。

■把手提包放在膝上或腿旁

女性在餐厅就餐时，常常会把自己的手提包挂在椅子上面，这在海外极有可能遭遇扒手。所以手提包一定放在膝上或腿旁。

■不在人前进行现金“交易”

在餐厅AA制结账时，需要在人前进行现金“交易”，这无形中会刺激到犯罪者，令他们手指发痒。最好的方法是，一个人代表大家结账，然后私下里大家再把钱补上。

■逛街时穿着低调

拿着大纸袋去名牌商店或有名的免税品商店购物，会被认为是大款，所以容易被抢。在名牌商店或免税店购物后，最好把钱和物品放到其他的纸袋中。

■善于整理

最好使用那些里面分层较多的包，然后按照自己的习惯把必须携带的文件、发票等分开放到相应的位置。如果不善于整理自己的包，当要从里面拿什么东西时，会把现金、护照等一股脑儿全翻出来，这样的做法是非常危险的，敬请注意。

■不要相信陌生人

“我会讲汉语。能和你了解更多关于中国的事吗”，在大街上如果遇到像这样想与你套近乎的人，最好的办法是不理他，把他看成心怀不轨的人即可。

礼仪指导

或许这些话听着刺耳，笔者从瑞士的朋友那里了解到，有些游客（特别是团体）非常没有礼仪观念。尽管有“入乡随俗”的谚语，但有些游客根本不遵守瑞士的礼仪，或者说根本就不知道瑞士的礼仪。

有关瑞士礼仪方面的信息有很多，如果了解了，很容易去遵守，但是如果不了解，就会变得无知，而无知直接带来的便是羞耻。

下面所列举的是主要的礼仪。在旅行之前，强烈推荐读者一读。

■机内头顶上方的行李箱

飞机内自己头顶上方的行李箱，如果自己的行李装满了，可以把行李箱合上。如果自己的行李放完后还有空间，应保持行李箱的门打开状态，这样做才是礼貌的。

■照顾身后的人

瑞士的酒店、餐厅、商店等大门，很多都是手动的。所以在开门时，不能只想着“只要自己通过就好了”马上放手，应该确认后面是否有人，如果有人的话，用手按住门1～2秒钟直至身后的那个人按到门为止，这样做才是礼貌的。

■照顾赶时间的人

乘扶梯时应朝一边站立，为赶时间通过的人留出空间。在我国国内经常两人并排站立，这是不礼貌的，应该注意。

■排队时排成一列

在洗手间、售票处、银行等排队等候时，礼貌的做法是排成一列，以便先来的人先行。不要分若干队排列，这是原则。

■招呼打完之后说正事

在瑞士简单地打完招呼之后，礼貌的做法是马上说正事。在车站买票时，在酒店前台咨询时，在银行兑换钱币时，都应该在简单的问候之后，马上说出你想干什么。

■被宴请时晚到5分钟

在瑞士如果被宴请到家中做客，比约定时间晚到5分钟是礼貌的。在中国比约定时间提前是很好的礼节，但在瑞士等欧洲国家这是不好的。

■说话时看着对方的眼睛

和人说话时，一定要看着对方的眼睛。有些中国人有视线恐怖症的倾向，和对方说话时马上会把视线游离开。在瑞士人看来游离视线是说谎的表现，所以要十分注意。

■不抽鼻涕

在瑞士擤鼻涕时无论多大的声音大家都习以为常，但是抽鼻涕或打喷嚏是不被接受的。所以感冒时或受花粉症困扰时，不要抽鼻涕，要擤鼻涕。

■吃饭时不出声

瑞士人接受不了的就是用餐时发出声音。据说大部分瑞士人“听到用餐时发出的‘哧溜哧溜’的声音，心情会变得很差”。所以，在喝咖啡或红茶时，在喝汤时，在吃意大利面时，一定注意不要发出声音。

■取餐时不要把凉菜和热菜放在一起

取餐时的礼貌做法是，按照凉菜、热菜、甜点的先后顺序，分3次放到3个盘子中。有的中国人把它们全部放到一个盘中，堆得尖尖的，这样的做法是非常失礼仪的。

■女性不要斟酒

请谨记斟酒是“男性的工作”。

■不要把碗盘拿起来用餐

在瑞士，像“狗吃食”，把脸贴在盘子上用餐是极其招人讨厌的。而且，用手把碗盘端起来就餐也是不被允许的。

■右手拿刀，左手拿叉

用刀把食物切好之后，把刀换到左手，把叉放在右手用餐的人占多数，但在瑞士这样的做法被认为是没有教养的表现。从用餐开始到用餐结束，应该都是“右手拿刀，左手拿叉”。

应对突发情况

突发情况种类	突发情况的预防	突发情况的应对	紧急联络地址及电话
护照丢失/被盗 Lost / Stolen Passport	为了以防万一，出发前把登记有护照号、发证地、发证时间的那一页复印，并准备好照片，不要和护照放在一起。在出门观光时，尽量放在酒店的保险箱内，不要随身携带	首先，到派出所报案，领取丢失证明/被盗受理证明。接着，把护照的复印页、丢失/被盗证明、身份证等提交中国驻伯尔尼大使馆或日内瓦中国总领事馆，请求发放“回国通行证”	警察☎117 驻瑞士联邦大使馆 地址：KALCHEG-GWEG 10, 3006 BERN ☎031-352-7333 驻苏黎世总领事馆 地址：BELLARIAS-TRASSE 20, 8002 ZUERICH SWITZERLAND ☎0041-44-2011005
电子机票存根丢失 Lost Eelectronic Ticket Passenger Receipt	为以防万一，把电子机票存根和护照、贵重物品放在酒店的保险箱内保管。另外，最好事先记住归国的航班名称	如果丢失，持护照到航空公司的当地支店补领存根，这样在机场登机时才会顺利	航空公司的当地分店
现金/贵重物品丢失/被盗 Lost / Stolen Belongings	为防万一，在当地时应把多余部分的现金及贵重物品存放在酒店的保险箱中，最好不要随身携带	到派出所报案，领取丢失证明/被盗受理证明。参加海外旅行伤害保险的人到保险公司的当地支店办理相关手续	警察☎117 保险公司的当地分店 ☎ （参加保险时向保险公司确认）
信用卡丢失/被盗 Lost / Stolen Credit Card	为防丢失/被盗，应事先留有信用卡卡号及有效期间的存根。而且存根不要和信用卡放在一起	马上联系发卡公司进行挂失，然后提出申请，补办新卡	紧急呼叫中心

续表

突发情况种类	突发情况的预防	突发情况的应对	紧急联络地址及电话
遭遇抢劫 Robbery	在开房门之前，最好确认一下身后是否有可疑人员。当有人来访时，从房门的猫眼内确认身份后再开门	如果遇到抢劫，应把生命安全放在第一位，把现金等主动交给抢劫者。等抢劫者离去之后，马上通过酒店报警	警察☎117
生病/受伤 Illness / Injury	虽说是外出旅行，最好不要勉强自己，应保持和平常一样的作息时间，做好健康管理	拜托酒店为自己叫医生。参加海外旅行伤害保险的人还应该把诊断书和发票保留好	救护车☎144
遭遇交通事故 Traffic Accident	租车时，一定要两个人以上一起行动。一个人驾驶，另外一个人做助手	在高速公路遭遇事故时，马上拨140，其他情况应叫警察和救护车。参加海外旅行伤害保险的人，应配合汽车租赁公司一起与保险公司的当地分店联络	高速公路事故 ☎140 警察☎117 救护车☎144 汽车租赁公司电话 ☎自行记录
乘机时行李丢失 Lost Baggage	为防丢失，最好把行李箱上面贴上标签及名字。在办理乘机手续之前，为避免混乱，应该把行李箱上面之前的标签拿掉	向航空公司提交申请。出国的情况下，把行程及住宿地址告诉航空公司，一旦行李找到后，随后会邮寄到住宿地址。回国的时候，会邮寄到自己家中	当时办理此事工作人员的名字/联络方式等 ☎ 自行记录
无座机票及超员床位的预订 Overbooking	一定要带上酒店的预订确认书	和酒店及航空公司进行交涉，如果无果，则尽可能让对方给出一个好的替代方案	

英语 English 旅行会话

街道标识

～大街	~Avenue
～街	~Street
～广场	~Square
～桥	~Bridge
集市	Market
山	Mountain/Mt.
湖	Lake
中心区	Centre/Center
老城区	Old Town
邮局	Post Office
火车站	Station
月台	Platform
出发	Departure
到达	Arrival
车票(售票窗口)	Tickets
入口	Entrance
出口	Exit/Way Out
开店	Open
关店	Closed
欢迎光临	Welcome
推	Push
拉	Pull
结算处	Cashier/Pay Here
电梯	Lift
一层	Ground Floor
洗手间	Toilet/Restroom
男士用	Gentlemen
女士用	Ladies
无人使用	Vacant
使用中	Occupied

基本单词

单人间	single room
双人间	double room
费用	price
菜单	menu
前菜	appetizer
汤	soup
沙拉	salad
肉菜肴	meat
鱼菜肴	fish
奶酪	cheese
矿泉水	mineral water
碳酸水	with gas
无碳酸水	without gas
自来水	tap water
咖啡	coffee
红葡萄酒	red wine
白葡萄酒	white wine
结账	bill/check
昨天	yesterday
今天	today
明天	tomorrow
上午	morning
下午	afternoon
晚上	night
～点	~hours
～分	~minutes
东	east
西	west
南	south
北	north

1月	January
2月	February
3月	March
4月	April
5月	May
6月	June
7月	July
8月	August
9月	September
10月	October
11月	November
12月	December
周一	Monday
周二	Tuesday
周三	Wednesday
周四	Thursday
周五	Friday
周六	Saturday
周日	Sunday
先生	Mr.
女士	Mrs.
是(对)。	Yes
不是。	No
你好。	Hello
打扰了。	Excuse me.
请给我～	~, please.
对不起。	I' m sorry.
谢谢。	Thank you.
干杯!	Cheers !
开始吃了!	Good Appetite !

德语 Deutsch 旅行会话

街道标识

～大街	~strasse
～街	~gasse
～广场	~platz
～桥	~brücke
集市	Markt
山	Berg
湖	See
中心区	Zentrum
老城区	Altstadt
邮局	Die Post
火车站	Bahnhof
月台	Gleis
出发	Abfart
到达	Ankunft
车票(售票窗口)	Billette
入口	Eingang
出口	Ausgang
开店	In Betrieb
关店	Geschlossen
欢迎光临	Willkommen
推	Drücken
拉	Ziehen
结算处	Kasse
电梯	Lift
一层	Erdgeschoss
洗手间	Toilette
男士用	Herren
女士用	Damen
无人使用	Frei
使用中	Besetzt

基本单词

单人间	einzelzimmer
双人间	doppelzimmer
费用	preise
菜单	speisekarte
前菜	vorspeise
汤	suppe
沙拉	salat
肉菜肴	fleisch
鱼菜肴	fisch
奶酪	käse
矿泉水	mineral wasser
碳酸水	mit gas
无碳酸水	ohne gas
自来水	leitungswasser
咖啡	kaffee
红葡萄酒	rotwein
白葡萄酒	weisswein
结账	rechnung
昨天	gestern
今天	heute
明天	morgen
上午	morgen
下午	nachmittag
晚上	abend
～点	~stunden
～分	~minuten
东	ost
西	west
南	süd
北	nord

1月	Januar
2月	Februar
3月	März
4月	April
5月	Mai
6月	Juni
7月	Juli
8月	August
9月	September
10月	Oktober
11月	November
12月	Dezember
周一	Montag
周二	Dienstag
周三	Mittwoch
周四	Donnerstag
周五	Freitag
周六	Samstag
周日	Sonntag
先生	Herr
女士	Frau
是(对)。	Ja.
不是。	Nein.
你好。	Grüezi
打扰了。	Bitte.
请给我～	~, bitte.
对不起。	Entschuldigung.
谢谢。	Danke schön.
干杯！	Prost !
开始吃了！	Guten Appetit !

法语Francais旅行会话

街道标识

～大街	Boulevard~
～街	Rue ~
～广场	Place ~
～桥	Pont ~
集市	Marché
山	Montagne/Mont
湖	Lac
中心区	Centre
老城区	Vieille ville
邮局	La Poste
火车站	Gare
月台	Voie
出发	Départ
到达	Arrivée
车票(售票窗口)	Billet
入口	Entrée
出口	Sortie
开店	Ouvert
关店	Fermé
欢迎光临	Bienvenue
推	Poussez
拉	Tirez
结算处	Caisse
电梯	L 'ascenseur
一层	Rez-de-Chausée
洗手间	Toilettes
男士用	Hommes
女士用	Femmes
无人使用	Libre
使用中	Occupé

基本单词

单人间	chambre à un lit
双人间	chambre à deux lits
费用	prix
菜单	carte
前菜	entrées
汤	soupe
沙拉	salade
肉菜肴	viande
鱼菜肴	poisson
奶酪	fromage
矿泉水	eau minérale
碳酸水	avec gaz
无碳酸水	sans gaz
自来水	carafe d' eau
咖啡	café
红葡萄酒	vin rouge
白葡萄酒	vin blanc
结账	note
昨天	hier
今天	aujourd'hui
明天	demain
上午	matin
下午	l'après-midi
晚上	soir
～点	~heure
～分	~minute
东	est
西	ouest
南	sud
北	nord

1月	janvier
2月	février
3月	mars
4月	avril
5月	mai
6月	juin
7月	juillet
8月	août
9月	septembre
10月	octobre
11月	novembre
12月	décembre
周一	lundi
周二	mardi
周三	mercredi
周四	jeudi
周五	vendredi
周六	samedi
周日	dimanche
先生	Monsieur
女士	Madame
是(对)。	Oui
不是。	Non
你好。	Bonjour.
打扰了。	Pardon.
请给我～	~, s' il vous plaît.
对不起。	Excusez-moi.
谢谢。	Merci beaucoup.
干杯！	Santé !
开始吃了！	Bon appétit !

意大利语 Italiano 旅行会话

街道标识

～大街	Viale~
～街	Via ~
～广场	Piazza~
～桥	Ponte ~
集市	Mercato
山	Montagna/Monte
湖	Largo
中心区	Centro
老城区	Città Vecchia
邮局	La Posta
火车站	Stazione
月台	Binario
出发	Partenza
到达	Arrivo
车票(售票窗口)	Biglietto
入口	Entrata
出口	Uscita
开店	Aperto
关店	Chiuso
欢迎光临	Benvenuto
推	Spingere
拉	Tirare
结算处	Cassa
电梯	Ascensore
一层	Pianoterra
洗手间	Toilette
男士用	Uomo
女士用	Donna
无人使用	Libero
使用中	Occupato

基本单词

单人间	camera singola	1月	gennaio
双人间	camera doppia	2月	febbraio
费用	prezzo	3月	marzo
菜单	lista	4月	aprile
前菜	antipasto	5月	maggio
汤	zuppa	6月	giugno
沙拉	insalata	7月	luglio
肉菜肴	carne	8月	agosto
鱼菜肴	pesce	9月	settembre
奶酪	formaggio	10月	ottobre
矿泉水	acqua minerale	11月	novembre
碳酸水	con gas	12月	dicembre
无碳酸水	naturale	周一	lunedì
自来水	acqua del rubinetto	周二	martedì
咖啡	tazza grande	周三	mercoledì
红葡萄酒	vino rosso	周四	giovedì
白葡萄酒	vino bianco	周五	venerdì
结账	conto	周六	sabato
昨天	ieri	周日	domenica
今天	oggi	先生	Signor
明天	domani	女士	Signora
上午	mattino	是(对)。	Sì.
下午	pomeriggio	不是。	No.
晚上	notte	你好。	Ciao (Buon giorno)
～点	~ore	打扰了。	Permesso.
～分	~minuti	请给我～	~, per favore.
东	est	对不起。	Mi scusi.
西	ovest	谢谢。	Grazie.
南	sud	干杯!	Salute !
北	nord	开始吃了!	Buon appetito !

瑞士神奇景观

戴着斗笠的艾格尔峰

艾格尔峰顶上盖着一顶“斗笠云”，这是非常难得的景象。这张照片拍摄于格林德尔瓦尔德。

兼有美术欣赏功能的消防栓

在阿尔卑斯度假村随处可见画着有趣图案的消防栓。不知道是不是有意画上去的图案，有一些真的很有艺术感，而有一些则是诙谐可爱风格，千姿百态的消防栓给度假生活增添了不少乐趣。照片拍摄于里吉山。

回收利用旧靴子

窗台是鲜艳的天竺葵，仔细一看花盆竟然是一只旧靴子。照片拍摄于布斯阿尔卑。

“禁止穿高跟鞋”

雪地徒步游览入口处的标志，啊，原来还有这个规定啊！照片拍摄于雪朗峰。

飞行汽车？

这是一辆改装成飞机的汽车。能否飞上天？照片拍摄于铁力士山进山处，恩格尔贝格。

湖岸岩石上的座椅

是椅子插在岩石上呢，还是岩石是椅子的基座呢。照片拍摄于沃韦。

滑入湖中！

在出租的小湖船上安上了滑梯。可以从滑梯上滑入湖中，非常刺激有趣。照片拍摄于洛桑。

吹肥皂泡啦！

自动制作肥皂泡的机器，从可爱的小熊和小牛手中不断地吹出肥皂泡。照片拍摄于阿彭策尔。

活泼的双胞胎

这是面对面双胞胎婴儿车。这样两个小孩就可以面对面交流、玩耍了！照片拍摄于格林阿彭策尔。

竟然不是“木马”

这不是木马，而是木摩托。骑上它的小孩，是不是将来会成为摩托骑手呢。照片拍摄于格林布里恩茨。

与熊先生并肩而坐

真不愧是木雕的故乡，连座椅上都装饰着木雕的“熊先生”。照片拍摄于格林布里恩茨。

不是小猫巴士，而是……

这辆粉红的巴士不是小猫巴士而是小粉猪巴士。等车时能等到这辆可爱的巴士，一定会让人心情大好。照片拍摄于格林巴塞尔。

这是三明治？饭团？

这是在因特拉肯考普超市买到的海苔、白饭、鲑鱼改良版三明治，价格是CHF6.9。觉得新奇就买回家了，从冰箱取出后，里面的米饭粒粒分明，变得不好吃了，挺可惜的。

两用购物篮

米格罗超市的购物篮。篮子底部有轮子，既可以手提，也可以拖着走，尤其适合拉重的商品，很便利。

两用餐具

从考普买熟食时附赠的两用餐具。一端是叉子，另一端是勺子，还可以折叠，方便携带。

“请不要锯断座椅”

这是在无轨电车上看到的标志。难道在瑞士还有用锯子锯断座椅的“奇人”？照片拍摄于苏黎世。

INDEX 索引

城市・地区

山峰

瑞士15座最高山峰

❶罗莎峰 Monte Rosa …… 4634m
❷多姆峰 Dom …… 4545m
❸魏斯峰 Weisshorn …… 4506m
❹马特峰 Matterhorn …… 4478m
❺布朗什峰 Dent Blanche …… 4357m
❻大孔班山 Grand Combin …… 4314m
❼芬斯特拉峰 Finsteraarhorn …… 4274m
❽齐纳尔罗特峰 Zinalrothorn …… 4221m
❾林普费什霍恩 Rimpfischhorn …… 4199m
❿阿莱奇峰 Aletschhorn …… 4195m
⓫布来特峰 Breithorn …… 4164m
⓬少女峰 Jungfrau …… 4158m
⓭门希峰 Mönch …… 4107m
⓮施雷克峰 Schreckhorn …… 4078m
⓯贝尔尼纳峰 Piz Bernina …… 4049m

罗特峰(伯尔尼州)

冰川

瀑布

河流

湖泊

桥

博物馆·美术馆

INDEX

公园

城堡·要塞

大圣堂·教堂·修道院

温泉中心

其他景点

机场·火车站

旅行日记

LV XING RI JI

旅行日记

LV XING RI JI

旅行日记

LV XING RI JI

旅行日记

LV XING RI JI

乐游全球丛书
翻译委员会

丛书翻译统筹

潘寿君

翻译审订（以音序排名）

陈燕生　程长善　侯　越　李建忠　潘寿君　王　怡　谢立群
颜　悦　陶芳英　张建邦　张文颖　张志军　周　洁　周运堂

翻译成员（以音序排名）

陈　晨　迟晓春　董娜娜　宫　静　郭攀霞　郭文雅　韩佳梅
黄叶清　黄奕纬　凌　艳　刘东婧　刘　芳　柳慕云　罗芳芳
满新茹　潘　丽　裴　玺　任二青　王丽珠　王　平　吴媛媛
徐　超　徐　琳　徐珊珊　阎婷婷　杨　欢　张静超　张　楠
张　潇　张亚林　张　永　张　玉　赵　丽　赵季玉　郑　凤
钟萍萍　周　微　宗文玉

Staff

Producer & Chief Writer ——
葭原麻衣 Mai YOSHIHARA
フリーの旅行作家／出版プロデューサー。本書の企画構成、取材コーディネート、取材、編集、巻頭グラビアや本文の執筆を担当。

Writers（1st Edition）——
山口由美 Yumi YAMAGUCHI
川上裕深 Yumi KAWAKAMI
杉野升美 Masumi SUGINO

Chief Photographer——
つちだ耕平 Kohei TSUCHIDA
フリーカメラマン。本書の写真を担当

Photographers（1st Edition）——
島内英佑 Eisuke SHIMAUCHI
芳賀八城 Yashiro HAGA

Editorial Assistant ——
塩田純一 Junichi SHIOTA
フリーライター。データチェック、校正を担当。

Illustrator ——
熊谷京二 Kyoji KUMAGAI
フリーイラストレーター。本書のイラストを担当。

Body Copy Designer ——
杉田龍史 Ryusuke SUGITA
フリーグラフィックデザイナー。本書の巻頭グラビア、本文、中扉のデザインを担当。

Designers ——
オムデザイン OMU
道信勝彦 Katsuhiko MICHINOBU
目次、出発日検討カレンダーほか、シリーズ共通ページのデザインを担当。
岡本倫幸 Tomoyuki OKAMOTO

Map Production ——
（株）千秋社 Sensyu-sya
スイス全図、広域地図、各都市地図などを制作。
（株）ジェオ GEO
ユングフラウ地域の交通網（p.114～115）を制作。

Map Design & Graphic Map ——
（株）チューブグラフィックス TUBE
木村博之 Hiroyuki KIMURA
萩原佐知子 Sachiko HAGIWARA
地図デザインと、主要鉄道＆バス運行図（切りとりマップ）、山岳パノラマ地図（p.112～113、p.141、p.158～159）のデザイン・制作。

Cover Designer ——
鳥居満智栄 Machie TORII

Editorial Cooperation——
（有）ワイ・ワン・ワイ Y-ONE-Y
森高由美 Yumi MORITAKA

Special thanks to:
Christina & Manfred HÖRGER
Agnes & Roger BINDY
Susan & Reto WIDRIG-BERNHARDT
Peter SCHREINER
Colette RICHTER
Mutsuko KAISER-AOKI
小山幸春 Yukiharu KOYAMA

Very special thanks to:
（故）Aniello LAURO
（故）Beat KAISER-AOKI
（故）副島葉子 Yohko SOEJIMA

総扉・中扉写真
つちだ耕平 Kohei TSUCHIDA

写真協力
スイス政府観光局 swiss-image.ch
Jungfrau Railways
Switzerland Cheese Marketing AG

編集協力
林 弥太郎 Yataro HAYASHI

取材協力
エイビスレンタカーAVIS
スイス政府観光局
グリンデルワルト日本語観光案内所
Jungfrau Railways
Brienz Rothorn Bahn
Pilatus-Bahnen
Rigi Bahnen
Zermatt Bergbahnen
Art Furrer Hotels（Aletsch Region）

北京市版权局著作权合同登记图字：01-2011-1612
审图号：GS（2013）346

总 策 划：刘　权
执行策划：何　丹
责任编辑：何　丹

图书在版编目（CIP）数据

瑞士/实业之日本社海外版编辑部编著；徐珊珊译. --北京：旅游教育出版社，2015.4
（乐游全球）
ISBN 978-7-5637-3076-6

Ⅰ. ①瑞…　Ⅱ. ①实…　②徐…　Ⅲ. ①旅游指南—瑞士　Ⅳ. ①K952.29

中国版本图书馆CIP数据核字（2014）第279675号

乐游全球

瑞士

实业之日本社海外版编辑部　编著
徐珊珊　译

出版单位：旅游教育出版社
地　　址：北京市朝阳区定福庄南里1号
邮　　编：100024
发行电话：（010）65778403 65728372
　　　　　65767462（传真）
本社网址：www.tepcb.com
E-mail：tepfx@163.com
印刷单位：北京利丰雅高长城印刷有限公司
经销单位：新华书店
开　　本：880毫米×1230毫米　1/32
印　　张：11
字　　数：452千字
版　　次：2015年4月第1版
印　　次：2015年4月第1次印刷
定　　价：66.00元

（图书如有装订差错请与发行部联系）